内容简介

由阿特里尔和麦克雷尼所著的《管理会计（第10版）》是一本管理会计的入门教学用书，旨在帮助读者了解管理会计的原则和技术，培养制定理性经济决策的技能。

第10版的特色包括：

- 真实。引入大量真实的案例，帮助读者理解真实的管理会计问题。
- 前沿。将人工智能的发展、商业环境的变化引入本书，并与管理会计实践相结合。

本书既可以作为管理会计课程的教学用书，也可供会计工作人员等实务工作者学习参考。

作者简介

彼得·阿特里尔（Peter Atrill） 自由学者、作家，曾在欧洲和东南亚工作。曾任普利茅斯大学商学院会计和法律系主任以及商业和管理系主任。

埃迪·麦克雷尼（Eddie McLaney） 普利茅斯大学商学院会计和金融系客座研究员。

译者简介

耿云江 东北财经大学会计学院教授、博士生导师，管理会计研究中心常务副主任。全国高端会计人才，注册会计师。国家级一流本科课程负责人、国家级精品资源共享课主讲人，辽宁省教学名师。曾获国家级教学成果奖二等奖、辽宁省普通高等教育（本科）教学成果奖一等奖等奖项。

工商管理经典译丛·会计与财务系列
Business Administration Classics

管理会计

Management Accounting
for Decision Makers（Tenth Edition）

［英］ 彼得·阿特里尔（Peter Atrill）
［英］ 埃迪·麦克雷尼（Eddie McLaney）　著　　耿云江 ｜ 译

第10版

中国人民大学出版社
·北京·

　　欢迎阅读《管理会计（第 10 版）》。本书主要面向学习管理会计入门课程的读者。许多读者将在大学或学院学习，可能主修会计或其他课程，如商业研究、IT、旅游或工程。也有些读者可能正在自学，也许并不考虑获得资格证书。

　　本书采用"开放式学习"方法编写，我们相信读者会发现这一方法比传统方法对他们更友好。无论是把本书作为教学用书，还是用于个人学习，我们都觉得开放式学习方法更便于读者学习。

　　在写本书时，我们注意到大多数读者以前都没有学习过管理会计。我们试图通过多种方式使读者了解这一主题，包括避免不必要的术语。对于不可避免的专业术语，我们给出了清晰的解释。我们循序渐进地介绍各个主题，边介绍边解释，并在书中加入了各种类型的常见问题和任务，以帮助读者充分理解主题，就像一位优秀讲师在讲课时所做的那样。这些问题和任务的设计旨在培养读者的批判性思维。许多问题和任务要求读者思考材料之外的问题，将当前主题与书中前面提到的材料联系起来。

作者给学生的说明

　　管理会计关注的是为那些需要对其组织做出财务/经济决策的人提供信息。这些决策可能涉及以下方面：

- 评估零售店应持有多少存货才能实现最佳盈利；
- 根据盈利能力决定是否放弃生产某一产品；
- 评估投资新设备的经济可行性，使企业能够向客户提供新服务；
- 政府正在权衡修建一条从伦敦到伯明翰和英国北部的高速铁路的成本和效益。

　　显然，这类决策对企业、企业的员工和客户都有切实的影响。决策失误会产生深远的影响，可能导致企业倒闭、员工失业、客户不能购买到他们希望购买的产品或服务。就铁路项目而言，为该项目提供资金的纳税人、拟建铁路沿线的居民，以及最终将乘坐该线路火车出行的人都会受到影响。

　　为了将本书的主题与现实生活联系起来，每一章都包含一些"真实世界"的例子，它们通常是简短的案例研究，探讨企业如何处理特定的管理会计问题。在某些情况下，它们是研究的证据，说明企业通常如何处理这些问题。使用过本书以往版本的学生反馈，这些案例有助于将本书的主题运用于实践。

　　当你完成学业并在一家公司工作时，你需要具备解决问题的能力。能够向同事和客户阐释你的解决方案对你来说也至关重要。要做到这一点，你需要培养批判性思维能力。批判性思维可以定义为通过分析事实形成判断。在分析事实时，重要的是以合乎逻辑的方式使用事实证据。对证据持怀疑和质疑的态度也很重要。在招聘时，企业越来越重视潜在员工在解决问题时能够批判性思考的能力。

在编写本书时，我们意识到需要鼓励批判性思维。穿插在书中的"活动"（通常是简短的问题）旨在培养读者适当的批判性思维能力，每章末尾的复习思考题和练习题也是如此。

我们希望学生们会觉得这本书可读性强，对他们有帮助。

作者致讲师和导师的说明

在第 10 版中，我们对内容进行了改进。我们对管理会计不断变化的角色进行了扩展，使其能够在决策和规划过程中保持核心地位。在第 1 章中，我们纳入了最近制定的《全球管理会计原则》声明。这些原则已被英国和美国的主要管理会计专业机构确定为在确定管理者所需信息时应遵循的原则。在第 7 章中，我们引入了对管理控制领域当前思想和实践的讨论。在本版书中，我们加入了更多更新的管理会计实践案例，还增加了更多章节问题和图表。

彼得·阿特里尔

埃迪·麦克雷尼

管理会计导论

引 言

　　欢迎来到管理会计的世界！管理会计主要负责收集并分析财务信息和其他信息，然后将其传递给管理者。这些信息可以帮助企业和其他组织的管理者做出更好的决策。本章为介绍性章节，在本章我们将研究管理会计在企业中的作用。为了理解管理会计的背景，我们应从考察企业的性质和目标开始。首先我们要考虑企业寻求实现的目标以及企业是如何组织和管理的。然后我们将探讨如何在企业中使用管理会计信息来提高管理者决策的质量，并确定管理会计信息要发挥作用所必须具备的特征。随着企业经营环境的改变、经营主体规模扩大与经营主体复杂程度增大，管理会计取得了长足的发展。在本章中，我们将讨论已经发生的一些重要的变化。

学习目标

学完本章后，你应该能够：

- 确定企业的目标，并讨论组织和管理企业的方式；
- 讨论企业在确定长期方向时需要考虑的问题；
- 解释管理会计在企业中的作用，并描述管理会计所依据的关键原则；
- 解释随着时间的推移管理会计的作用和管理会计系统提供信息的类型发生的变化。

1.1 企业的目标

　　管理学家彼得·德鲁克（Peter Drucker）认为，"企业的目标是发现并留住客户"。这一对企业目标的界定是彼得·德鲁克于 1967 年提出的，当时大多数企业还不接受"以客户为中心"的理念。因此，他的观点是对企业经营观的根本挑战。如今，他的观点已经成为一种主流观点。现在人们普遍认为，为取得成功，企业必须致力于满足客户需求。

虽然客户一直是企业的主要收入来源，但这往往被认为是理所当然的。在过去，多数企业认为客户会欣然接受自己所提供的任何服务或产品。当竞争者不多、客户被动时，企业可以在这种假设下运营并依然盈利。然而，这样的时代已经过去了。如今，客户有更多的选择，对自己的需求也更加坚定。他们现在要求企业以更便宜的价格提供更高质量的服务和产品，他们还要求企业更快地提供服务和产品，甚至要求根据他们的个性化需求定制产品。如果一家企业不能满足这些标准，那么它的竞争对手可以做到。因此，当今时代的商业准则是"客户为王"。大多数企业都已认识到这一事实，并据此进行相应的调整。

真实世界 1-1 描述了互联网和社交媒体是如何为这一准则增加分量的。现在，客户有了一个强大的媒介来传播他们的不满。

真实世界 1-1

客户为王

近年来，由于互联网和社交媒体的兴起，"客户为王"的准则在企业中被赋予了更大的意义。在过去，一个不满意的客户可能只会告诉几个朋友他糟糕的购物体验，因此，对有关企业声誉的损害通常是相当有限的。然而，如今，通过互联网，几百人或更多的人可以快速得知他糟糕的购物体验。

企业担心互联网可能会损害声誉是可以理解的，但它们的担忧合理吗？客户在网络世界中传播他们的不满会对相关企业产生实际影响吗？一项针对英国和美国 2 000 名成年人的哈里斯民意调查（Harris Poll）显示，如果他们在网络世界中传播不满，企业应该感到担忧，社交媒体似乎可以对客户的购买决策产生很大的影响。

在网上进行的哈里斯民意调查显示，约 20% 的受访者在做出购买决策时使用社交媒体。在 18～34 岁的人群中，这一比例上升到近 40%。此外，60% 的受访者表示，他们将避免从产品或服务得到客户差评的企业购买产品或接受服务。

这似乎意味着在互联网时代，企业想要生存和繁荣，就必须更加努力地让客户满意。

资料来源：Miesbach, A. (2015) *Yes, the Customer Is Still King*, 30 October, www.icmi.com.

1.2 企业的组织

涉及少数所有者和/或员工的企业多会以有限公司的形式存在。资金来自所有者（股东），其形式包括直接以现金投资购买股份（企业所有权），以及股东允许将过去属于他们的利润再投资于企业。资金也将来自贷款机构（例如银行），以及提供产品和服务赊销的供应商。

在较大的有限公司中，所有者（股东）往往不参与企业的日常经营，而是任命董事会来代表他们管理企业。董事会主要负责三项工作：

- 设定企业总体发展方向；

- 监督和控制业务活动；
- 与股东及其他企业相关人员进行沟通。

每个董事会都有一名由董事选举产生的董事长。董事长负责董事会的平稳运行。此外，董事会任命首席执行官（CEO）来领导企业日常运营团队。有时，董事长和首席执行官的角色会合一，但二者由不同人员担任通常被认为是更好的做法，这可以防止个人拥有过多的权力。

董事会代表最高级别的管理层，低于这一级别的是经理层，每位经理负责企业运营的特定方面。

活动 1 - 1

为什么大型企业不是只由一位经理统一管理呢？试着至少想出一个原因。

三个常见的原因是：

- 活动或员工数量庞大，一个人无法管理。
- 某些业务运营可能需要专业的知识或专门的技能。
- 部分业务运营的地理位置偏远，因此将每个地理位置作为一个单独的部分或一组单独的部分进行管理更为实用。

出于管理目的，企业的部门可以按照不同的方式进行划分。提供单一产品或服务的小规模企业通常会设立独立的部门。将业务按照职能（如市场营销、人力资源和财务）划分，每个部门承担特定的职能。每个部门的经理向董事会负责。在某些情况下，部门经理也可能是董事会成员。一个典型的按业务职能划分的部门结构如图 1 - 1 所示。

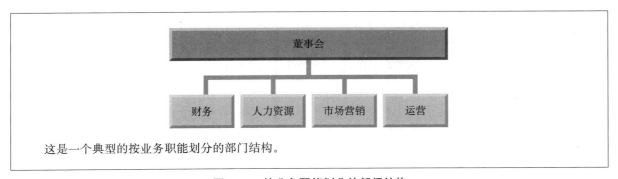

这是一个典型的按业务职能划分的部门结构。

图 1 - 1　按业务职能划分的部门结构

以职能为基础划分部门可以提高专业化程度，进而可以提升效率。然而，部门结构可能会变得过于僵化。这可能导致各部门之间沟通不畅，还可能导致对不断变化的市场状况反应迟钝。

图 1 - 1 所示的部门结构可以根据企业的特定需要进行调整。例如，如果一家企业的员工很少，那么可能不会单独设立人力资源部门，而是将其纳入其他部门。如果企业运作是专业化的，则可以设立单独的部门来处理每个专业领域的业务。例 1 - 1 说明了如何修改图 1 - 1 中的部门结构，以满足企业的特定需要。

例 1 - 1

Supercoach 有限公司拥有一小群客车车队，出租给私人旅行团，并配备司机。该公司聘用了约 60 名员工。它可以按照如下方式进行部门划分：

■ 市场营销部门：负责处理广告业务，回答潜在客户的询问，与现有客户保持良好的关系，并与客户签订合同。

■ 人力资源部门：负责司机的路径、时间表、职责和轮岗，以及特定的工作或合同中出现的问题。

■ 客车维修部门：负责客车的维修和维护，购买备件，并就更换旧客车或低效客车的需要提供建议。

■ 财务部门：负责管理现金流，计算业务活动的成本，为新提案定价，衡量财务绩效，编制预算，借款，支付薪酬，计算和收取客户应付款项，以及处理供应商的发票。

对于地域分布和/或产品范围广泛的大型企业，通常必须调整图 1 - 1 中所列出的简单的部门结构。通常为每个地理区域或主要产品组设立单独的部门。每个部门将单独管理，通常拥有一定的自主权，这可以对不断变化的市场情况做出更为灵活的反应。在每个部门内部，往往依据职能创建和组织分部。那些提供跨部门支持的职能，如人力资源，可在总部设立，以避免重复。每个部门的经理都将对董事会负责。在某些情况下，个别董事会成员也可能是部门经理。

典型的部门组织结构如图 1 - 2 所示。这里划分的主要依据是地理位置。例如，北区部门处理在北方的生产和销售业务等。

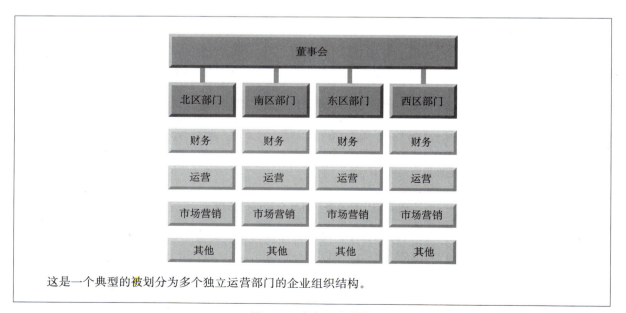

这是一个典型的被划分为多个独立运营部门的企业组织结构。

图 1 - 2　部门组织结构

虽然建立了特定的部门结构，但它不必是永久性的。成功的企业不断努力提高其运营效率，这很可能导致部门结构的调整。真实世界 1 - 2 摘录了一篇新闻稿，描述了一家著名企业如何进行重组，以简化运营和降低成本。

真实世界 1-2

工程变更

罗尔斯-罗伊斯有限公司（Rolls-Royce）在 2018 年宣布将简化其业务运营，包括将其五个运营部门合并为以民用航空、国防和电力系统为基础的三大核心部门。首席执行官沃伦·伊斯特（Warren East）对企业改组的理由解释如下：

> 在我们过去两年行动的基础上，我们进一步简化了业务，这意味着罗尔斯-罗伊斯将专注于三大运营业务，使我们能够更快地采取行动来满足客户的电力需求。这将在市场上创造一个规模更大的防御业务，使我们能够为客户提供更全面的产品和服务；还将加强我们在核心技术方面的创新能力，并使我们能够抓住电气化和数字化等领域未来的机会。

该企业在公布 46 亿英镑的税前亏损后不久宣布了重组。预计向更简单的结构转变将大大节省成本。

资料来源：Rolls-Royce（2018）Rolls-Royce announces further simplification of business, strategic review of Commercial Marine operation and plans to restructure support and management functions, Rolls-Royce. com Press Release, 17 January.

尽管分部和部门结构在实践中都非常流行，但需要注意的是，还会出现其他的组织结构。

1.3　企业的管理

在过去的 30 年里，企业的经营环境日益动荡且竞争日益激烈。有多种原因可以解释这些变化，包括：

- 客户日益复杂化；
- 随着经济全球化的发展，国家边界的影响已经变得不那么重要；
- 技术的快速变化；
- 国内市场管制的放松（例如，电力、水和天然气）；
- 来自所有者（股东）对竞争性经济回报的日益增长的压力；
- 金融市场波动加剧。

这些环境变化的影响使得管理者的角色更加复杂、对管理者的要求更高，再加上许多企业的规模不断扩大，促使管理者寻找新的方法来管理企业。为满足管理者的需要而开发的一个重要工具是战略管理（strategic management）。这与确立企业的长期发展方向有关。它包括设定长期目标，然后确保这些目标得到实现。为了帮助企业建立竞争优势，战略管理侧重于用多种方式做事，而不是简单地把事情做得更好。

战略管理为企业提供了明确的目标以及实现这一目标的一系列步骤。所采取的步骤应将企业的内部资源与竞争对手、供应商、客户等外部环境联系起来，等等。在此过程中，充分利用企业所有优势，如拥有技术成熟的劳动力，同时避免暴露任何弱点，如缺乏投资资金。要实现这一点，就需要制定战略和计划，同时考虑企业的优势和劣势，以及外部环境提供的机会和构成的威胁。进入一个新的、不断扩张的市场就是机会；主要竞争对手的降价决策就是威胁。

真实世界 1-3 展示了战略规划在实践中的使用情况。

真实世界 1-3

战略规划位居前列

最近的一项研究调查了世界各地各种管理工具的使用情况。调查发现，48%的企业使用了战略规划，这使它成为最流行的管理工具。该调查每年进行一次，多年来战略规划在使用量和满意度方面一直位居前列。图 1-3 揭示了该管理工具的使用量和满意度情况。

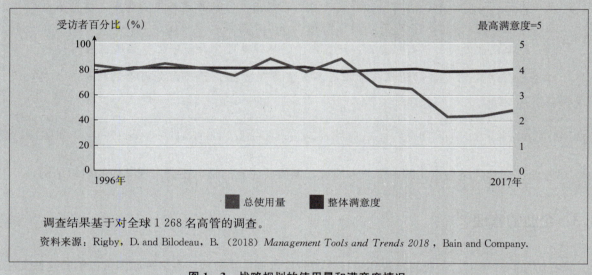

调查结果基于对全球 1 268 名高管的调查。

资料来源：Rigby, D. and Bilodeau, B. (2018) *Management Tools and Trends 2018*, Bain and Company.

图 1-3　战略规划的使用量和满意度情况

可以看到，随着时间的推移，对这一管理工具的满意度一直保持稳定，但使用量近年来出现下降。

战略管理过程可以采用不同的方式。下面介绍一种流行的方法，具体包括五个步骤。

1. 确立使命、愿景和目标

第一步是确立企业的使命，它可以以使命宣言（mission statement）的形式来阐明。这是对企业首要目标的简要说明。它解决了"我们处于什么行业"的问题。为了回答这一问题，管理者的关注点应该是企业试图满足的客户需求，而不是目前生产的产品。例如，小说出版商可能会得出结论：它确实是在娱乐行业。愿景与使命宣言密切相关，它宣示了企业的愿望。它解决了"我们想要实现什么"的问题，它应该尽可能简明。通过回答这两个问题，管理者得到了一个清晰的决策重点。除非管理者清楚企业的总体目标是什么，否则他们就没有制订计划和做出决策的依据。

活动 1-2

你能理解为什么企业的使命宣言和愿景都应该尽可能简明吗？

必须做出简明的陈述，这将迫使管理者非常仔细地考虑企业的本质和对企业的期望。在实践中，这可能比听起来更困难。简明的宣言还有额外的优势，即更容易记忆，也更容易传达给员工、所有者和其他人。

一家企业的使命和愿景往往会出现在其网站上。真实世界 1-4 提供了一家大型企业使命和愿景的例子。

真实世界 1-4

使命和愿景

Spire Healthcare 有限公司是英国一家领先的独立医院集团。

它的使命是：汇聚最优秀的人才，致力于开发优良的临床环境，提供最高质量的患者护理。

它的愿景是：成为公认的世界级医疗保健企业。

资料来源：Spire Healthcare plc, https://investors.spirehealthcare.com/about/, accessed 10 November 2019.

在确定了企业的使命和愿景后，就需要制定目标，以将其转化为具体的责任。目标有助于将真正的纪律引入战略过程。目标应该是既具有挑战性又可以实现的。目标还应为评估实际业绩提供依据。虽然可量化的目标能够提供最明确的目标，但某些绩效领域，如员工满意度，可能只能部分量化，其他领域，如商业道德，则可能无法量化。

实践中，企业设定的目标很可能涵盖所有关键领域，并可能包括实现以下目标：

- 该企业占竞争市场的特定份额；
- 客户满意度高；
- 员工高度参与；
- 新开发产品的销售收入占比；
- 企业交易中高标准的道德行为；
- 特定的营业利润率（营业利润占销售收入的比率）；
- 特定的资本回报率。

企业通常不会公开其目标。

活动 1-3

你能想到企业为什么不这样做吗？

这往往是因为企业不想向竞争对手表明它们的意图。

---

2. 进行定位分析

定位分析（position analysis）旨在发现企业是如何与其所处环境（客户、竞争对手、供应商、技术、经济、政治形势等）建立联系的。这需要结合企业的使命、愿景和目标来开展。定位分析通常在企业的优势、劣势、机会和威胁的框架内进行（SWOT 分析）。它包括识别企业的优势和劣势以及外部环境所提供的机会和威胁。优势和劣势是企业的内部属性，而机会和威胁则存在于企业经营的外部环境中。

瑞安航空控股有限公司（Ryanair）是一家非常成功的低成本航空公司。你能提出一些有可能是这家企业的优势、劣势、机会和威胁的要素吗？试着为每一个方面都想出两点（总共八点）。

优势可能包括：
- 强大、知名的品牌；
- 需要较少维护的现代化飞机队；
- 在准时和行李托运方面提供可信赖的客户服务；
- 几乎所有乘客都使用互联网预订航班，从而降低管理成本。

劣势可能包括：
- 目的地有限；
- 使用距离城市中心较远的二级机场；
- 二级机场的设施简陋；
- 有关投诉的客户服务较差。

机会可能包括：
- 新目的地即将可用，特别是在东欧；
- 商务旅客对廉价航空旅行的接受度提高；
- 开发新型节能飞机。

威胁可能包括：
- 竞争加剧——新的低票价竞争者进入市场，或传统航空公司降低票价来竞争；
- 燃料价格和机场收费提高；
- 机场拥堵加剧，使飞机更难迅速掉转方向；
- 监管环境的变化（例如，有关飞行员每月最长飞行时间的规定的变化）使其运营难度加大；
- 易受经济下滑和汇率变动的影响。

你可能已经想到了其他要素。

SWOT 分析并不是进行定位分析的唯一方法，然而，它非常流行。2009 年对涵盖不同行业、地理位置和规模的企业进行的调查发现，约 65％的企业使用了 SWOT 分析。

3. 确定和评估战略选择

这包括努力确定可用的行动方案或战略。所确定的每一个选择都应利用优势抓住机会、避免暴露劣势、避开威胁，从而帮助企业实现其目标。当然，优势、劣势、机会和威胁都是通过 SWOT 分析确定的。确定了可用的战略选择后，根据商定的标准对每一个战略选择进行评估。

4. 筛选战略选择并制订计划

企业将选择看起来最好的行动方案或战略（在步骤 3 中确定）。在此过程中，所选战略实现使命、愿景和目标的潜力必须是关键标准。尽管所选择的战略提供了大致的框架，仍需要一个更加详细的计划来具体说明所要采取的行动。这个总体计划通常会被细分为一系列计划，一个计划对应企业的一个方面。

为了使所选择的战略与可用的机会相匹配，企业可能会决定收购其他企业。真实世界1-5是一篇文章的摘录，这篇文章讨论了如何因"战略匹配"而进行收购。

战略匹配

星期二，英荷联合利华集团（Anglo-Dutch Conglomerate Unilever）在一份声明中表示，联合利华已从总部位于华盛顿的投资公司凯雷集团（Carlyle）手中收购了英国健康零食品牌 Graze。

这家消费品巨头击败了家乐氏（Kellogg's）和百事（PepsiCo）等竞争对手，它们曾表示对该业务感兴趣。联合利华食品和饮料业务总裁尼丁·帕兰杰（Nitin Paranjpe）表示收购 Graze 符合集团战略："此次收购将使我们在快速增长的健康零食领域以及国内市场中处于更加有利的位置，这对联合利华食品和饮料业务来说是一个极好的战略匹配，也是我们目标驱动品牌的绝佳补充。"

Graze 成立于 2008 年，销售无人工添加剂的坚果、谷物以及可定制配料的混合零食盒等。

资料来源：Espinoza, J.（2019）Unilever snaps up healthy snack brand Graze, ft. com, 5 February.
© The Financial Times Limited 2019. All Rights Reserved.

联合利华将上述收购描述为"极好的战略匹配"。如果战略不匹配，即使以同样的价格进行收购，也不会有那么多的收益。

5. 执行、评价和控制

最后，企业必须执行在步骤 4 中制订的计划。要对实际结果进行监督，并与计划进行比较，以确定进展情况是否令人满意。当实际情况与计划的绩效不相符时，必须采取措施进行控制。

图 1-4 显示了战略管理框架。这个框架将在后面的章节中进一步讨论。例如，我们将在第 6 章和第 7 章中看到，企业的使命和愿景是如何通过目标和长期计划与详细预算联系起来的。

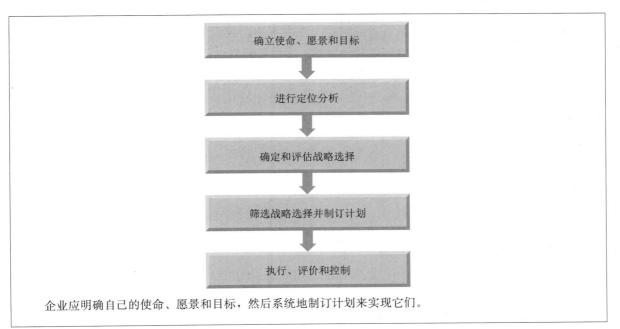

图 1 - 4　战略管理框架

1.4 不断变化的商业格局

前文提到的全球竞争加剧和技术进步等因素，对企业的生存和繁荣产生了巨大影响，它们还对企业所采用的业务结构和流程产生了影响。近年来，许多国家发生的变化如下：

■ 服务业的增长。这包括金融服务、通信、旅游、交通、咨询、娱乐等行业。服务业增长的同时制造业和采掘业（如煤矿开采业）下降。

■ 新兴产业的出现。这包括以科技为基础的产业，如基因工程和生物技术。

■ 电子商务的发展。消费者越来越喜欢在网上购买各种商品，包括食品杂货、书籍、音乐和电脑。企业也利用电子商务来订购物资、监控交货和配送产品。

■ 自动化生产。许多生产过程已经完全自动化，并用计算机来控制生产过程。

■ 精益生产。这包括对生产过程中的浪费、生产过剩、延迟、缺陷等进行系统的识别和消除。

■ 产品创新能力提高。生产创新产品的压力大大增加，其结果是增加了可用产品的范围，并缩短了许多产品的生命周期。

■ 外包增长。企业所需的而分包商可以做得更好的业务和流程，越来越多地被外包。

■ 响应时间更短。企业面临着要更快地开发产品、更快地生产产品以及更快地交付产品的压力。

这些变化给管理会计人员带来了巨大的挑战。他们开发了新的技术，并调整了现有的技术，以尽力确保管理会计保持其相关性。这些问题将在本书后续内容中更详细地进行讨论。

1.5 企业的财务目标

创建企业通常是为了增加其所有者的财富。在本书中，我们假设这就是企业的主要目标。这可能会令人惊讶，因为企业还可以追求其他目标，这些目标与企业其他利益相关者的需求有关。

活动 1-5

你能想到两个例子来说明其他目标可能是什么吗？

一家企业可能会寻求：

■ 为员工提供良好的工作环境；

■ 保护当地社区的环境；

■ 为客户开发更安全的产品；

■ 为不发达国家的供应商提供公平的交易条款。

你可能已经想到了其他例子。

虽然一家企业可以追求这些目标，但它的建立通常主要是为了增加其所有者的财富。实践中，随着时间的推移，企业的行为似乎与这一目标一致。

在市场经济中，强大的竞争力量在发挥作用，以确保未能提高所有者的财富不会被长期容忍。为获取所有者提供的资金的竞争和对管理者工作的竞争通常意味着所有者的利益将占上风。如果管理者不能实现预期的所有者财富增加，所有者有权用更能响应所有者需求的新团队来取代现有的管理团队。这是否意味着与企业相关的其他群体（员工、客户、供应商、公众等）的需求并不重要？如果企业希望长期生存和繁荣发展，这个问题的答案是：当然不是。

从长期来看，满足其他群体的需求通常与增加所有者财富是一致的。例如，心怀不满的客户可能会选择另一个供应商，从而导致原供应商的股东财富受损。员工不满可能会导致低生产率、罢工、高员工流动率等问题，进而对所有者的财富产生不利影响。一家因污染环境等不可接受的行为而破坏当地环境的企业，可能会招致恶名，导致客户流失和巨额罚款。

真实世界 1-6 描述了一家知名企业如何认识到未来的成功取决于一个重要的利益相关者群体——客户的持续支持。

真实世界 1-6

衣服的价格

耐克是一家非常成功的企业，其品牌享誉全球。然而，就在不久前，这家企业陷入了争议，成了抗议者关注的焦点，抗议者认为这家企业是"血汗工厂"。发表于 1992 年的一篇文章揭露了印度尼西亚耐克工厂中工人的低工资和工作环境恶劣的情况。随后的抗议和进一步的爆料引起了媒体的关注，而耐克迟迟没有对此做出适当的回应。然而，到了 1998 年，产品的需求减少意味着不能再对这个问题视而不见了。为此，耐克公开承认其因"血汗工厂"劳工行为而声名受损，以及这对客户的态度产生了不利影响。

企业的管理层意识到，改善生产耐克产品的工人的工作和生活条件对企业是有利的。这也引发了耐克对更好的工作环境、更高的工资和最低的工作年龄的承诺。耐克为其供应商制定了有关员工待遇的准则，并实施独立审计，以监督供应商对该准则的遵守情况。耐克还承诺提高透明度，发布关于责任和履行这些责任方式的报告。

耐克开始试图根除这些"血汗工厂"行为，并通过这样做消除其声誉污点。耐克因此获得了持续的产品需求。

资料来源：Nisen, M. (2013) How Nike solved its sweatshop problem, *Business Insider*, 9 May, and Allarey, R. (2015) This is how Nike managed to clean up its sweatshop reputation, www.complex.com, 8 June.

增加所有者的财富可能不是对企业寻求实现的目标的完美定义，但很明显，企业不能始终做出减少所有者财富的决策。如果这样做了，它将会因为没有足够的资金进行交易而迅速倒闭。

为所有者创造财富与寻求实现当年利润的最大化是不同的。财富创造应着眼于长期发展，因此它不仅与当年的利润有关，也与未来几年的利润有关。短期内，企业可以偷工减料，牺牲未来利润来提高当前利润。真实世界 1-7 是英国《金融时报》的一篇文章，它举例说明了强调短期利润可能造成的损害。

短期收益，长期问题

30 年前，零售商非常满足于以尽可能低的价格采购它们想要销售的鞋子。它们并不关心生产鞋子的工人的工作环境。后来，头条新闻和抗议活动层出不穷，社会开始要求企业对工作环境负责。像耐克这样的企业经历了一场转型，它们意识到自己正在抹黑自己的品牌。全球采购可视化程度提高。简单地用以最低价格买进和以最高价格卖出来定义成功已经不可行了。

如今的金融服务和投资业与 30 年前的鞋类行业如出一辙。公众对危机的愤怒使以前被掩盖的东西显露出来。以在美国的拖车公园里向穷人发放巨额贷款组合为例，这些贷款是在没有对借款人的情况进行适当审查的情况下批准的。然后，其他人认为这些贷款适合通过信用违约互换等进行证券化，而没有人关注交易的最终起源。

每个决策者都认为可以像 20 世纪 70 年代的鞋类买家一样行事。价格很有吸引力，这笔交易可以赚钱。这样做负责任吗？无关紧要。这样做是合法的，其他人也是这样赚钱的。如果每个人都这么做，会对银行系统造成什么影响呢？与我们无关。

消费者深感震惊。当然，我们竟然还认为那些为我们投资的聪明人在风险管理方面表现更好。他们怎么能如此轻信那些随意放贷的银行家呢？他们怎么能相信，他们的业绩奖金（至少部分来自他们的储蓄）可以"激励"更好的业绩？他们怎么能相信一家银行能够取得"更好"的业绩而不考虑其对整个银行系统的影响呢？那些代表投资者进行投资的人的受托责任在哪里？

答案是，他们中很少有人会履行受托责任。大多数人都退缩了，说这样做并没有给他们带来真正的回报。受托责任的失败源于当初造成不负责任贷款的心态。我们的心态变成了不管整个系统的健康，只考虑如何快速赚钱。责任意味着要意识到我们的行为可能招致的系统后果。这并不是杞人忧天，而是谨慎的基石。

资料来源：Goyder, M. (2009) How we've poisoned the well of wealth, *Financial Times*, 15 February.

© The Financial Times Limited 2009. All Rights Reserved. We would like to thank Mark Goyder, Founder Director of Tomorrow's Company for permission to quote his article 'How we've poisoned the well of wealth' as published in the *Financial Times*.

1.6 平衡风险和收益

所有的决策都试图影响未来的结果，财务决策也不例外。然而，关于未来唯一可以确定的事情是，我们不能确定将会发生什么。事情可能没有按计划进行，这是有风险的，在做财务决策时应该考虑到这一点。

与生活的其他方面一样，风险和收益往往是相关的。有证据表明，收益与风险相关，如图 1-5 所示。

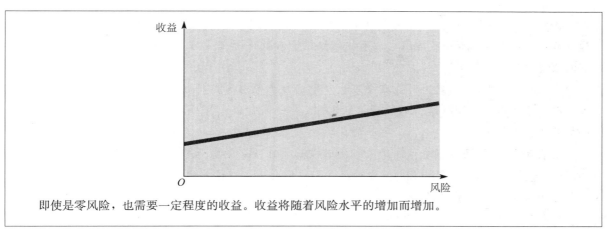

即使是零风险，也需要一定程度的收益。收益将随着风险水平的增加而增加。

图 1-5　风险与收益的关系

活动 1-6

请参见图 1-5，在风险收益线上概括说明以下投资：

（a）国债。

（b）石油勘探企业的股票。

国债通常是一种非常安全的投资。如果政府陷入财务困境，那么它可以印更多的钱来偿还投资者。然而，这种投资的收益通常很低。

投资商业企业的股票可能有失去部分或全部投资金额的风险。石油勘探比许多类型的业务活动面临更大的风险。然而，它可以产生非常高的收益。

因此，国债应处于风险收益线的最左边，而石油勘探企业的股票则处于最右边。

风险和收益之间的关系对于企业设定财务目标具有重要意义。所有者对他们的投资有一个最低收益要求，同时要求用额外的收益来补偿其承担的风险；风险越高，要求的收益就越高。管理者必须意识到这一点，在制定目标和采取特定行动时，必须在风险和收益之间取得适当的平衡。

实践中，我们并不总是能达到平衡。真实世界 1-8 讨论了一家大型企业如何努力从过去的错误中吸取教训。

真实世界 1-8

风险收益

全球最大的矿业公司之一必和必拓集团（BHP）正在寻求一项授权，并告诉投资者，它从过去的错误中吸取了教训，并制定了相应的规则，以确保在未来进行明智的投资。BHP 因在大宗商品繁荣时期向大宗交易和新项目投入数十亿美元而遭到股东们的猛烈抨击。例如，BHP 承认失败前曾斥资 400 多亿美元进军美国陆上石油行业，并在 2018 年年初以约 110 亿美元的价格将在美国的石油业务出售给英国石油公司（BP）。

但事实仍然是，矿工们必须从地下开采新的原材料，否则就会倒闭。在这个行业，在投资和股东回报之间找到平衡是很难做到的事情。

BHP 首席财务官彼得·比文（Peter Beaven）在周三的一份简报中表示，自新支出规则出台以来，Anglo-Australian 集团，一家被维权投资者批评资金管理不善的集团，一直在做出更好的投资决策。

他表示，BHP 未来更有可能在早期资产中进行小规模收购，而不是"大额"收购，并列举了该公司最近对 SolGold 进行的投资。SolGold 是一家初级勘探公司，希望在厄瓜多尔开发一个极具前景的铜矿。

他表示，BHP 还将投资于高风险、高回报的项目，如与墨西哥国家石油公司（Pemex）成立石油合资企业 Trion。"如果勘探失败，我们可能会失去在这些项目上的所有投资，但我们可以创造出未来的一级资产。"

资料来源：Hume, N. (2018) Anglo-Australian miner BHP seeks mandate to grow, ft.com, 21 November.

1.7 管理会计的含义

在考虑了什么是企业以及它们如何组织和管理之后，我们现在可以将注意力转向管理会计的作用。我们讨论的一个有用的出发点是理解会计的一般作用，也就是帮助人们做出明智的商业决策。所有形式的会计，包括管理会计，都涉及收集和分析财务信息和其他信息，然后将这些信息传达给决策者。会计的这一决策视角为本书提供了主题，并明确了我们处理每个主题的方式。

为了使会计信息对决策有用，会计必须清楚这些信息是为谁提供的，以及这些信息将被用于什么目的。在实践中，不同的群体（也称为"用户组"）对一个特定的组织感兴趣，因为他们需要对该组织做出决策。对于典型的私营企业而言，这些会计信息使用者中最重要的部分如图 1-6 所示。每个群体都有不同的需求。

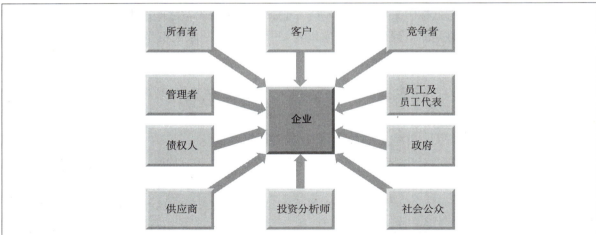

若干用户组对与企业相关的会计信息感兴趣，其中的大多数处于企业外部，但与企业有利害关系。这并不是一份详尽的潜在用户组名单，然而，这些群体通常被认为是最重要的。

图 1-6 企业会计信息的主要使用者

本书只关注为确定的用户组（管理者）提供会计信息，这是一个特别重要的会计信息使用群体。管理者负责经营企业，他们的决策和行动对企业的成功起到至关重要的作用。对未来的规划和对企业的日常控制均涉及一系列决策。例如，管理者可能需要决定是否：

- 开发新的产品或服务（如计算机制造商开发新系列的计算机）；
- 提高或降低现有产品或服务的价格或数量（如电信企业改变其移动电话和短信收费）；
- 将企业开展的业务外包给外部承包商（如航空公司将其票务业务外包）；
- 提高或降低企业的经营能力（如养牛企业调整其牛群规模）；
- 改变采购、生产或分销方式（如服装零售商从本地供应商转向海外供应商）。

所提供的会计信息应有助于确定和评估上述各类决策的财务后果。在后面的章节中，我们将考虑每一种决策类型，并了解如何评估其财务后果。

1.8　管理会计信息的有用性

有充分的证据表明，管理者认为管理会计信息是有用的。许多调查研究要求管理者将管理会计信息与其他来源信息进行比较，基于对决策的重要性进行排序。这些研究几乎无一例外地发现，管理者对管理会计信息的排名非常高。同样值得注意的是，任何规模的企业通常都会产生管理会计信息，即使没有法律强制要求企业这样做。据推测，提供这些信息的成本是合理的，理由就是管理者认为这些信息是有用的。然而，这些论点和证据没有回答这样一个问题，即这些信息是否真的对决策有用，也就是说，这些信息真的会影响管理者的行为吗？

管理会计信息对管理者的有用程度难以衡量。我们应该记住，这些信息通常只代表对某一特定决策的投入。管理者对信息技术的重视程度，以及由此带来的好处，无法准确评估。然而，我们很快就会看到，至少有可能确定会计信息有用性应遵循的原则。如果没有遵循这些原则，信息的有用性将受到损害。

1.9　提供服务

可以把管理会计视为一种服务。管理会计通过向"客户"（管理者）报告信息来提供服务。所提供服务的质量取决于管理者信息需求得到满足的程度。实际上，这可能很难评估。然而，通过遵循某些原则，管理会计信息更有可能满足这些需求，从而提高管理决策的质量。

两个一流的专业机构——美国注册会计师协会和英国特许管理会计师公会已经制定了全球管理会计原则。这些原则包括了确定管理者所需信息时应遵循的四个原则。图 1-7 中列出了侧重于四种结果的四个原则。

我们现在将逐一讨论这些原则。

- 影响。这一原则认为，沟通能够提供真知灼见，进而影响管理决策。在制定和实施企业战略和计划时，沟通尤为重要。战略规划要想取得成效，就必须依赖于参与人员之间的对话。通过这样的对话，可以更好地了解关键决策可能产生的影响，以及需要改进的地方。通过将信息输入对话，管理会计可以对决策和最终结果产生强有力的影响。管理会计和参与战略规划的人员之间的对话对于确定所需的信息类型也很重要。

为了最大限度地发挥影响力，管理者应该收到根据他们的需要定制的信息。这意味着，信息应以适合管理者财务理解水平的形式存在。这也意味着，信息应该避免行文密集、充满术语，并排除对管理者没有重大意义的信息。

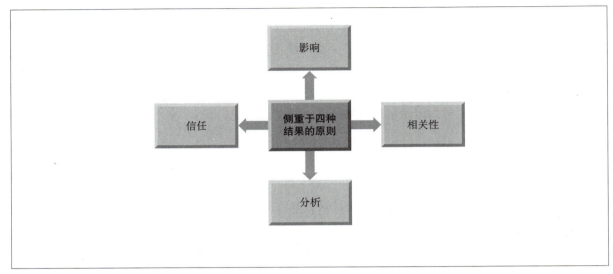

图1-7　侧重于四种结果的四个原则

活动1-7

向管理者提供对他们没有重大意义的信息可能会产生什么问题？

这会使管理会计报告杂乱无章，更加难以理解，也可能使管理者的注意力偏离报告中所包含的更有意义的信息。

■ 相关性。管理者依靠信息进行计划和控制。所提供信息的性质取决于决策的性质和管理者的需要。必须确定这些信息，以便检查可用信息的来源，并从中提取相关信息。这些信息有多种形式。它可以是财务或非财务信息，面向未来或过去的，从企业内部或外部提取的。然而，无论采取何种形式，这些信息都应该是可靠的，并且应该代表现有的最佳信息。

活动1-8

你认为应该将不完整或未经验证的信息提交给管理者吗？

有时，它可能是唯一可用的信息，因此管理会计可能会认为聊胜于无。然而，管理者必须了解所提供信息的不足之处，以便决定对这些信息的信任程度。

相关信息将涵盖对结果有重大影响的问题。然而，重要的是及时传达信息。除非信息在必须做出决策之前传达给管理者，否则信息就失去了相关性。

■ 分析。管理会计信息可以帮助企业识别可供选择的各种方案及其所涉及的风险。然后，它可以对每一种方法对企业绩效和财富的潜在影响进行建模。这将有助于管理者理解因果关系，并在相互排斥的选项之间做出决定。为了进行这种性质的影响分析，管理会计需要充分掌握企业的战略，并清楚了解企业的经营环境。

■ 信任。最后一个原则是维护企业的声誉和财富。它更多地与管理会计行为有关，而不是管理会计所提供信息的性质。管理会计应遵守较高的道德标准。这意味着他们应该诚实正直，避免利益冲突。他们还应该准备好面对任何与企业的既定价值观相悖的事情。通过这种方式，他们可以赢得管理层以及与企业相关的其他人的信任。

高标准的报告对于赢得信任至关重要。因此，管理会计应坚持最佳做法。他们应避免提供任何可能具有误导性的信息，并应遵守有关规章制度的文字和精神。

管理会计对其"客户"（管理者）负责，并对有关其绩效的问题做出回应。通过采取积极的问责态度，他们可以巩固自己的声誉，使自己更加可靠和值得信赖。

1.10　权衡成本和收益

理论上，只有当提供管理会计信息的成本低于使用该信息所能带来的收益或价值时，才应提供该信息。此成本收益问题将限制所提供的管理会计信息的数量。

图 1-8 显示了提供额外的管理会计信息的成本与价值之间的关系。

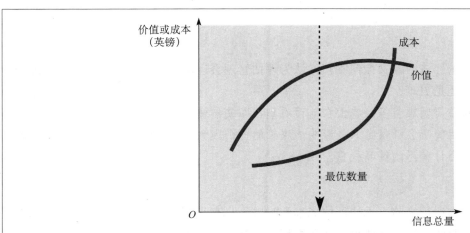

管理会计信息的价值最终会下降。然而，信息成本将随着每一额外信息的提供而增加。信息提供的最优数量是信息价值与信息成本之间差距最大之处。

图 1-8　提供额外的管理会计信息的成本与价值之间的关系

图 1-8 显示了管理者接收信息的总价值最终是如何开始下降的。这可能是因为额外的信息变得不那么相关了，或者因为管理者在处理所提供的大量信息时遇到了问题。然而，提供信息的总成本将随着信息数量的增加而增加。虚线表示信息的价值与提供该信息的成本之间差距最大的点。这代表了应该提供信息的最优数量。超过这个最优水平，每增加一条信息的成本都将超过拥有它的价值。然而，这个理论模型在实践中会带来一些问题，我们现在来讨论这些问题。

为了说明确定信息价值的实际问题，假设停车时，不小心撞在了停车场的墙上。这导致后备厢凹陷，车漆刮花。我们想在当地的汽车修理厂修复凹痕并重新喷漆。我们发现，最近的汽车修理厂收费400 英镑，但当地的其他修理厂可能会以更低的价格提供这项服务。要了解其他汽车修理厂的价格，唯一的方法就是去看看，这样修理厂就能看到汽车损坏的程度。考察汽车修理厂需要耗费汽油，也会占用我们的时间。了解当地不同汽车修理厂的维修价格是值得的吗？答案正如我们所见，如果发现花费的成本小于潜在的收益，那么获得这些信息就是值得的。

要确定维修的各种价格，需要考虑以下几点：

■ 我们要考察多少家汽车修理厂？
■ 考察每家汽车修理厂的油耗成本是多少？
■ 考察所有汽车修理厂需要多长时间？
■ 以什么价格来衡量我们的时间？

获得维修价格信息的经济效益可能更难评估。需要考虑以下几点：

■ 维修报价中最便宜的价格是多少？
■ 维修报价低于 400 英镑的可能性有多大？

可以想象，这些问题的答案远远不够明确——记住，到目前为止我们只联系了最近的汽车修理厂。在对会计信息的价值进行评估时，我们也面临类似的问题。

生成管理会计信息的成本可能会非常高。然而，这些成本往往难以量化。直接成本、付现成本，如会计人员的工资，通常很容易量化，但这些成本只是总成本的一部分。还有其他成本，如使用者花费在分析和解释所提供的信息上的时间成本。

活动 1 - 9

产生管理会计信息的经济收益又如何呢？你认为评估管理会计信息的经济收益比评估管理会计信息的产生成本更容易还是更难？

通常，评估经济收益要困难得多。我们在前面看到，即使能够准确地衡量某一决策所带来的经济收益，我们也必须牢记管理会计信息只是影响该决策的一个因素，还应考虑其他因素。此外，决策者通常无法确定管理会计信息的精确权重。

管理会计系统未投入运行之前，无法评估成本和收益。只有当系统启动和运行时，才可能真正估计管理者阅读报告的时间，以及这些报告在多大程度上会被用作决策依据。

成本和收益的权衡问题目前还没有简单的答案。虽然可以应用某些"科学"的方法来解决这一问题，但通常需要许多主观判断。

1.11　管理会计是一个信息系统

我们已经看到，管理会计可以看作向其"客户"（管理者）提供的一种服务。我们还可以把管理会计看作企业整体信息系统的一部分。管理者必须就稀缺经济资源的分配做出决策。为了确保这些资源得到有效配置，管理者往往需要经济信息作为决策依据。提供这些信息正是管理会计信息系统的职责。

管理会计信息系统具有企业内部所有信息系统共有的某些特征：

- 识别并获取相关信息（此种情况下为经济信息）；
- 系统地记录收集到的信息；
- 分析和解释收集到的信息；
- 以满足个别管理者需求的方式报告信息。

这些特征之间的关系如图 1-9 所示。

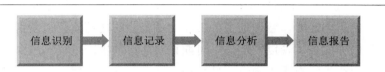

管理会计信息系统有四个连续的阶段。前两个阶段涉及准备工作，后两个阶段涉及所收集资料的使用。

图 1-9　管理会计信息系统

鉴于本书的决策重点，我们将主要关注最后两个阶段——信息分析和信息报告。我们将考虑管理者使用信息的方式，以及对管理者有用的方式，而不是识别和记录信息的方式。

管理会计系统的设计应反映企业的具体特征，这意味着没有哪两个管理会计系统是相同的。然而，所有管理会计系统的设计都应遵循上述讨论的原则（影响、相关性、分析和信任）。特别是，管理者需要信任生成信息的完整性，所提供的报告应符合个人需要。

管理会计系统并不是一成不变的。它们会随着外部环境的变化和内部业务流程的变化而不断发展。因此，技术、客户需求、产品创新、运营结构等方面的变化都会对捕获的数据类型以及分析和报告数据的方式产生影响。

如果会计系统被证明存在缺陷，那么企业的声誉和财富就会受到严重损害。真实世界 1-9 摘自一篇文章，该文解释了一家大型广告公司在发现其会计系统的缺陷后，如何损失了近 1/4 的价值。

真实世界 1-9

系统错误

2019 年 8 月，随着 M&C Saatchi 宣布因发现其财务报告存在差错而支出 640 万英镑，其股价下跌超过 1/5。这是该公司股价自 15 年前上市以来的最大跌幅。

对企业会计系统的内部审查显示，某些项目分类错误，导致收入高估和某些资产、负债错报。此次内部审查是在企业的审计师对整个企业的会计控制提出担忧后进行的。尽管会计差错总额为 490 万英镑，但为防止发现更多的错报项目，还预留了 150 万英镑。

为了让投资者相信该公司采取了适当的行动来处理这些差错，它宣布将对其会计系统进行独立审查。

法务会计专家加文·皮尔森（Gavin Pearson）认为，被发现的错报项目是由于会计系统存在缺陷，而不是故意为之。

资料来源：(2019) Market Screener M&C Saatchi: shares crash on accounting error, www.marketscreener.com 13 August and (2019) P. Nilsson, M&C Saatchi tumbles 22 percent after disclosing accounting issue www.ft.com 12 August.

1.12　管理会计的发展阶段

虽然管理会计一直致力于帮助管理者管理企业，但多年来提供的信息发生了深刻的变化。这是对企业经营环境和经营方法变化的响应。管理会计的发展可以划分为四个不同阶段。

第一阶段

直到 1950 年左右，企业都享有一个相当好的经济环境。产品很容易售出，竞争很弱，因此企业没有进行产品创新的迫切需要。管理层主要关注的是企业的内部流程。特别值得关注的是，确定生产的产品和提供的服务的成本，以及对这一时期相对简单的生产过程实施财务控制。在这一早期阶段，管理会计信息对决策没有重大影响。虽然编制了成本和预算信息，但并没有广泛提供给各级管理人员。

第二阶段

20 世纪 50 年代和 60 年代，管理会计信息仍然集中在企业内部，但重点转向了为短期计划和控制目的提供信息。管理会计逐渐被视为管理控制系统的重要组成部分，在控制企业生产和其他内部流程方面具有特殊价值。然而，所进行的控制在本质上主要是反应性的，问题往往是在实际绩效偏离计划绩效时才被发现，只有在这种情况下，才会采取纠正措施。

第三阶段

20 世纪 70 年代和 80 年代初，由于石油价格上涨和经济衰退，世界经历了巨大的动荡。这也是一个技术迅速变革和竞争加剧的时期。这些因素共同催生了新的生产技术，如机器人技术和计算机辅助设计。这些新技术使人们更加关注成本控制，特别是通过减少浪费来控制成本。因延误、瑕疵、过量生产等而产生的浪费被认为是一种非增值作业——增加成本但不产生额外收入的活动。人们开发了各种技术来减少或消除浪费。为了有效竞争，管理者和员工被赋予了更大的决策自由权，这反过来又导致需要更广泛地提供管理会计信息。计算机技术的进步，改变了管理会计信息的性质、数量和可用性。信息数量的增加及其对管理者可用性的提高意味着必须更加重视对管理会计信息系统的设计。

第四阶段

20 世纪 90 年代和 21 世纪初，制造技术和信息技术如万维网不断进步。这进一步加剧了竞争，进而导致了管理层关注的重点再次转移。竞争的日益加剧引起了管理层对更有效地利用资源的关注，尤其强调通过了解客户需求来为股东创造价值。这一变化导致管理会计信息变得更加关注企业外部。客户的态度和行为已经成为信息收集的主要内容。越来越多的成功企业是那些能够通过更深入地了解客户需求来获得和保持相对于竞争对手的竞争优势的企业。因此，提供有关客户和市场的详细信息变得至关重要。这些信息可能包括客户对所提供服务的评价（可能通过使用意见调查），以及特定企业所占市场份额的数据。

应该注意的是，这四个阶段的影响是累积性的。也就是说，每个连续的阶段都建立在已有的惯例之上，而不是取而代之。例如，第一阶段的活动（主要是确定成本）仍然是第四阶段管理会计工作的重要组成部分。

图 1-10 总结了现代管理会计发展的四个阶段。

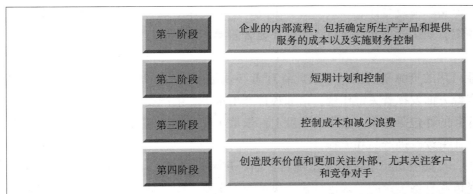

现代管理会计的发展经历了四个阶段，其中每一个阶段都是对前一阶段的补充而非替代。因此，确定产出成本不仅是第一阶段的重点，如今在管理会计中也发挥着重要作用。

图 1 - 10　现代管理会计发展的四个阶段

1.13　管理者需要的信息

我们已经看到，管理会计可以被视为一种服务，其中管理者是"客户"。这就提出了这样一个问题：这些"客户"需要什么样的信息？可以确定管理会计信息发挥重要作用的六个主要决策领域：

■ 制定目标和战略。如前所述，管理者负责制定企业目标，然后制定适当的战略来实现这些目标。管理会计信息可以通过确定可能的目标和战略，以及估计可能的结果来促成这一过程。有了这些信息，管理者就能更好地评估可用的方案，并选择最合适的方案。

■ 绩效评价和控制。管理会计信息有助于衡量企业在既定目标下的经营业绩，可以为企业的所有领域、活动和资源制定适当的衡量标准。

活动 1 - 10

Kallico 有限公司只生产一种产品——塑料小矮人（gnome）。试着至少想出五个与生产过程相关的领域、活动或资源，以制定绩效评价标准。

可针对以下方面制定绩效评价标准：

■ 材料使用情况；

■ 材料损耗率；

■ 员工产出；

■ 机器产出；

■ 员工成本；

■ 总生产成本；

■ 成品废品率。

当然还有更多的例子，所以你很可能已经想到了其他的例子。

应实施控制，以确保实际绩效与计划绩效一致。因此，应将实际结果与计划进行比较，以确定绩效是否高于或低于预期。如果管理会计信息表明存在显著差异，则应进行调查，并酌情采取补救措施。

■ 资源管理。企业可用的资源是有限的，因此管理者必须尽可能有效地利用这些资源。管理会计信息在配置稀缺资源方面发挥着关键作用。诸如最佳产出水平、生产设施的适当位置、产品的最佳组合以及产品或业务的外包等决策，在很大程度上都依赖于管理会计信息。此外，管理会计技术和信息有助于推动企业持续改进产品和流程。

■ 投资评估和控制。投资主要用于资本支出项目，如厂房和设备等，可以对企业的发展产生深远影响。因此，以谨慎和有条不紊的方式进行投资决策至关重要。管理会计信息可以为预期投资的潜在盈利能力及其所涉及的风险提供有价值的洞察。一旦进行投资，就可以向管理者提供进一步的信息，以帮助其监控业务进展。

■ 确定成本和收益。许多管理决策需要了解实施特定行动方案（如提供服务、生产新产品或关闭部门）的成本和收益。决策将涉及权衡成本和收益。管理会计信息对于此类成本收益分析至关重要。在某些情况下，成本和收益难以量化，然而，某些近似值可能依然有用。

■ 成本管理和控制。为了避免浪费和利用资源以达到更高的盈利目的，管理者必须持续努力管理企业的成本。要做到这一点，就需要管理会计信息来确定那些导致成本增加的活动。此外，还需要为控制成本制定切实可行的目标，并就这些目标是否实现提供反馈信息。

图 1-11 总结了这些广泛的、有交叉的管理决策领域。

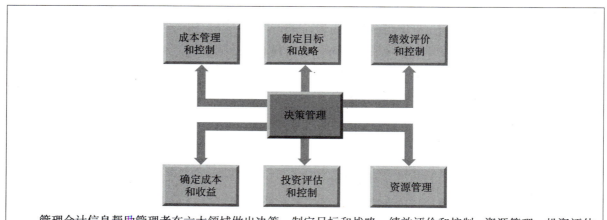

管理会计信息帮助管理者在六大领域做出决策：制定目标和战略，绩效评价和控制，资源管理，投资评估和控制，确定成本和收益，成本管理和控制。

图 1-11　需要管理会计信息的决策领域

1.14　报告非财务信息

采用更具战略性和以客户为中心的方法来经营企业，凸显了这样一个事实，即许多因素是成功的关键，但不能单纯地用财务术语来衡量。许多企业都制定了关键绩效指标（key performance indicators，KPI)。这些指标既包括传统的财务指标，如资本收益率，通常还包括很大比例的非财务指标，以帮助评估企业长期成功的前景。作为决策信息的主要提供者，管理会计越来越多地承担着报告有关质量、产品创新、产品周期、交付时间等非财务指标的责任。

活动 1 - 11

可以认为，严格来说，如上所述的非财务指标不属于会计信息的范围，因此可以（或应该）由其他人提供。你怎么看？

确实，其他人也可以收集到这类信息。然而，如上所述，管理会计是管理层的主要信息提供者，他们的职责就在于为决策提供广泛的信息。

管理会计的边界并不是固定不变的。非财务信息往往与财务成果密不可分。例如，缺乏产品创新可能会导致销售收入下降，因此管理会计可能认为其有义务报告二者之间的关系。为此，需要收集财务信息和非财务信息。

活动 1 - 12 考虑了管理会计可能为航空公司业务提供的以非财务术语表示的信息。

活动 1 - 12

想象一下，你是低成本航空公司瑞安航空控股有限公司（Ryanair）的首席执行官。哪些类型的非财务信息（即不包含货币价值的信息）可能帮助你评估特定时期的企业绩效？至少想出六点。

这里有一些可能的非财务信息，也可以选择很多其他信息：

- 运送到不同目的地的旅客量；
- 每次出行的平均载客率（即售出座位数占乘客座位总数的百分比）；
- 航空客运的市场份额；
- 瑞安航空在一段时间内建立的新航线的数量；
- 这些新航线产生的总客运量的百分比；
- 机场航班周转时间；
- 航班准点率；
- 飞机利用率；
- 航班取消次数；
- 行李丢失百分比；
- 客户满意度；
- 员工满意度；
- 通过互联网预订的百分比；
- 每架飞机的维护时间。

在第 10 章中，我们将介绍一些在实践中使用的财务 KPI 和非财务 KPI。

1.15　影响管理者的行为

我们已经看到，管理会计信息试图影响管理者的行为，其最终目的是提高他们的决策质量。然而，所提供的信息和计量标准有时可能不会产生预期的积极效果。

一个潜在的问题是，管理者将他们的注意力和精力集中在那些正在被报告和计量的业务方面，而忽视其他方面。这可能是因为被计量的方面通常用于评价管理者绩效。因此，管理者可能会得出这样的结论：最重要的是被计量的事情。然而，如此狭隘的关注点可能会给企业带来不良后果。

活动 1 - 13

部门经理负责控制部门成本，这是其年度绩效考核的重要组成部分。管理者每年分配一笔钱用于员工培训。管理者对"被计量的事情"的关注可能会导致不良后果吗？

为了体现成本意识，管理者可能会通过削减员工培训费用来减少全年的支出。虽然这可能有助于控制成本，但员工的士气和企业的长期盈利能力可能会受到不利影响。至少在短期内，由于成本控制是人们关注的焦点，这些不利影响可能不会被意识到。

另一个潜在的问题是，特定的信息或计量可能会被操纵。例如，当利润被视为重要的指标时，管理者可能会试图通过继续使用旧的提足折旧的设备来提高利润，并保持较低的折旧费用。尽管购买新设备将生产出更高质量的产品，并有助于企业在较长时期内蓬勃发展，但管理者仍可能使用旧设备，这种行为的动机通常与管理者的报酬有关。例如，在上述例子中，与利润相关的年终奖可能是管理者行为背后的关键动机。

还有一个潜在的问题是，设定的财务或其他指标（以及衡量绩效的指标）可能会被"博弈"。例如，销售经理可能故意提供较低的销售预测，该预测被用作确定销售目标的基础。这样做的动机可能与管理层的激励有关，比如在超过销售目标时发放奖金；也可能是为了确保付出相对较少的努力却依然可以实现未来的销售目标。

管理会计必须意识到所提供的信息和计量标准对管理者行为造成的意外后果。计量标准应充分考虑到企业的所有关键方面，尽管有些方面可能难以量化。此外，管理会计必须警惕管理者操纵计量标准或"博弈"目标，而不是努力实现企业目标的任何迹象。

1.16　享受信息技术带来的好处

信息技术（IT）对向管理者报告的管理会计信息以及其他信息的数量、质量和及时性的影响怎么夸张也不为过。计算机处理大量信息的能力意味着可以快速、准确地生成常规报告，其中有些报告可能是每天甚至实时的。这对于在竞争激烈的环境中运营的企业来说至关重要，因为企业可能会因依据不准确或过时的报告做出决策而失去竞争优势。IT 还会使信息在整个企业内得到更广泛的传播，越来越多的员工可以通过个人电脑获取相关信息和报告，以指导他们的决策和行动。

IT 使管理报告比手工系统所能设想的更加详细和多样。它还支持以相对较低的成本提供复杂的评价系统。通过允许变量（如产品价格、产量、产品成本等）改变，更容易评估方案。只需按几下键盘，就可以增加或减少关键变量的估计值，从而创建一系列可能的场景。

近年来，企业资源计划（enterprise resource planning，ERP）系统不断发展。ERP 系统提供了一套集成的应用程序或模块，用于追踪整个企业的资源。EPR 系统实时运行，并提供涵盖一系列业务功能的模块，包括会计、生产、市场营销和销售、人力资源和项目管理。ERP 系统提供及时和准确的报告，并生成各种与企业运营相关的数据。因此，管理者能够更好地计划和控制一系列的企业运营。

IT 革命仍在继续，它对企业的影响没有减弱的迹象。人工智能是一项重要的新发展，它对管理会计的作用具有潜在的深远影响。人工智能是模拟人类智能过程的技术，可以训练计算机学习，从而使它们能够执行通常由人类承担的任务，它们可以从周围的环境中吸收信息，然后根据所学知识做出反应。人工智能增强了计算机承担重复性任务如成本分类和记录的现有能力。然而，它的能力远不止于此。人工智能还可用于承担高度复杂的任务，如数据分析、预测、风险评估和问题解决。

另一项为管理会计职能带来巨大机遇和挑战的 IT 发展是大数据。这个术语用于描述企业现在收集到的与客户、竞争对手和更广泛的企业环境相关的大量数据。这些数据是从信用卡、互联网、社交媒体等多个渠道收集的，种类繁多，通常生成速度极快。分析这些数据使企业能够审视环境，以便验证趋势和模式，这些信息可以被纳入规划和决策过程。

活动 1-14

管理者在使用大数据时可能会面临什么问题？

管理者最终可能会"淹没在数据中"。收集的数据的数量和复杂性可能导致管理者难以处理。

传统的数据处理系统可能会发现大数据难以处理。为了克服这一问题，人工智能越来越多地被用于帮助处理和分析大数据。通过融合人工智能和大数据，企业可以获得巨大的竞争优势。将先进的分析能力应用于大型数据集可以深化对客户的了解，并更好地理解企业当前和未来的绩效。

1.17　从精打细算的账房先生到团队成员

基于上述变化，管理会计在企业中职能的转变就不足为奇了。IT 已经使管理会计从许多与编制管理会计报告相关的日常工作中解放出来。这使管理会计有更多的时间关注战略问题，包括信息系统的设计以及对所产生的信息进行分析和解释。图 1-12 说明了这一转变。

从日常工作中解放出来，也使得管理会计能够在企业中发挥更为积极主动的作用。现在，他们的工作范围已经不仅限于向管理者提供信息，还能为管理者提供建议。他们越来越多地被视为管理团队的一员。通过主导信息系统的设计，并调整和解释信息系统的输出，他们更直接地参与计划和决策。

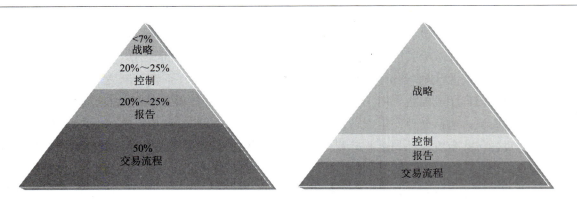

在传统财务金字塔中，只有不到7 %的
功能集中在战略上

在转型后的财务金字塔中，更高比例的
职能集中在战略上

受信息技术发展影响，管理会计的传统作用和财务职能发生了变化。

资料来源：Chartered Institute of Management Accountants，*What Big Data and AI mean for the Finance Professional*，www. cimaorg. com，accessed 17 November 2019.

图 1 - 12　管理会计职能和财务职能的改变

　　管理会计作为企业中的信息管理者，正逐渐承担着更广泛的角色。他们完全有能力做到这一点，因为他们在构建、分析和报告信息方面的核心技能可以应用于财务和非财务信息。此外，商业意识以及对管理者需求的理解是这些技能的基础。为了履行更广泛的职能，管理会计必须与 IT 专业人员密切合作。通常，他们可以在 IT 专业人员和管理团队之间架起一座桥梁。

　　加强管理会计的作用能为企业增加价值，并提高其竞争地位。然而，这需要一系列比传统角色更广泛的技能。

活动 1 - 15

当管理会计的作用加强时，你认为需要什么样的技能？试着至少想出两个。

所需技能包括：

- 跨界合作和作为团队成员工作所需的人际交往技能；
- 影响他人行为并提供建议和指导的沟通技巧；
- 作为管理团队成员的组织和领导能力；
- 设计新信息系统和解释生成信息的计算和分析技能。

你可能还会想到其他技能。

　　管理会计作用的转变应有利于管理会计学科的发展。管理会计作为跨职能团队的一部分发挥作用时，有机会提高其对战略和运营事项的认识，加深对管理者信息需求的理解，并更深刻地认识价值创造的重要性。这很可能对管理会计系统的设计和发展产生积极的影响。越来越多的证据表明，管理会计系统的设计是为了适应企业特定的结构和流程。

1.18　合乎道德的理由

在与利益相关者（客户、员工、供应商、社会公众和股东等）打交道时，企业在多大程度上表现出诚实、公平和透明成为一个关键问题。很多企业，包括一些非常有名的企业，以大多数人认为不道德和不可接受的方式行事。此类行为包括：

- 行贿，以利诱竞争对手的员工泄露信息；
- 压榨供应商，如使供应商在付款前等待的时间过长；
- 操纵财务报表，如夸大利润，使高级管理人员有资格获得绩效奖金。

尽管近年来许多不道德行为的例子引起了公众的关注，但据此就得出大多数企业都有不道德行为的结论是非常不公平的。然而，揭露不道德行为可能会损害整个企业界。不诚实、欺凌和卑鄙行为通常会导致公众对企业失去信心，进而导致企业被更严格地监管。大多数企业都意识到了这些后果，因此，它们努力证明自己对高道德标准行为的承诺。

有证据表明，高道德标准和卓越的财务绩效之间存在联系，这是一种对道德行为的额外激励。真实世界 1-10 描述了一项声称发现了这种联系的研究结果。

真实世界 1-10

名会带来利吗？

Ethisphere 协会是一个著名的组织，旨在促进合乎商业道德的实践。每年它都会发布一份全球最具道德公司名单。评估标准涵盖各个方面，包括公司治理、合规方案、道德文化、声誉等。

为了考察投资于道德企业是否有更高的投资者回报，一项研究创建了一个企业投资组合，其中包括被列入全球最具道德公司名单并在美国上市的企业。2007—2011 年，将该投资组合的回报与市场指数（标准普尔 500 指数）衡量的市场回报进行比较。在对风险差异进行调整后，研究发现，道德企业投资组合的回报始终优于市场投资组合。

在市场上涨和下跌期间，投资该投资组合产生的回报比预期高出 8%。该研究的作者认为，道德企业在危机时期受益于特殊保护。

资料来源：Carvalho, A. and Areal, N. (2016) Great Places to Work®: resilience in times of crisis, *Human Resource Management*, vol. 55, no. 3, pp. 479-98.

虽然真实世界 1-10 的研究结果很有趣，但我们在得出结论时应该谨慎。也许道德实践并不能驱动卓越的绩效，而是管理良好、高绩效的企业倾向于采用道德实践。

管理会计很可能处于企业道德问题的最前沿。在前面提到的三类不道德企业行为的例子（行贿、压榨供应商和操纵财务报表）中，管理会计可能不得不参与帮助实施或掩盖不道德的行为。因此，管理会计特别容易因受到压力而做出不道德行为。

为了表明对诚信和道德行为的承诺，一些企业为其高级财务人员提供了道德准则。真实世界 1-11 为一个示例。

> **真实世界 1-11**
>
> ### 唯一的出路是道德
>
> Cardtronics 公司是全球最大的 ATM 运营商。它为高级财务人员制定了一份财务道德准则，规定他们必须：
>
> - 以诚实和正直的品德行事，包括处理个人和职业关系之间实际或明显的利益冲突。
> - 在公司向美国证券交易委员会提交的报告和文件以及公司进行的其他公开交流中，提供全面、公平、准确、及时和可理解的披露。
> - 遵守对本公司有管辖权的国家、州、省和地方政府以及私人和公共监管机构（包括纳斯达克证券交易所）的适用法律、法规和规章。
> - 本着诚信、负责任的态度行事，具有应有的谨慎、胜任能力并勤勉尽责，不得歪曲重要事实也不允许屈从于其他利益代表公司做出独立的判断。
> - 在所有交易中履行对公司及其股东的受托责任，避免自我交易。
> - 促进他人在工作环境中的诚实和道德行为。
> - 重视在工作过程中获得的信息的保密性，但经授权或有其他法律义务披露的信息除外；此类保密信息不得用于任何高级管理人员或与高级管理人员相关的各方谋取私利。
> - 负责任地使用和维护高级管理人员使用或委托的所有资产和资源。
> - 及时向公司首席执行官、首席财务官、审计/风险官或总法律顾问报告违反本财务道德准则的行为，如果存在潜在冲突，向公司董事会的审计委员会主席报告。
> - 承担遵守本财务道德准则的责任。
>
> 资料来源：The Financial Code of Ethics, Cardtronics plc, Adopted 22 August 2019 https://ir.cardtronics.com/static-files/cac88a7e-18ae-42f6-9c13-44d3a0799488.

此外，专业会计机构也有自己的道德准则。例如，全球特许管理会计师（Chartered Global Management Accountant，CMGA）成员受道德准则的约束，其中包括诚信和客观性、馈赠和其他形式的诱导、处理利益冲突以及信息准备和报告等事项。

虽然道德准则可以用来防止不道德的做法，但只能提供部分解决办法。管理会计自身必须认识到公平竞争对建立长期关系的重要性，从而使所有与企业有关的人受益。

1.19 管理会计和财务会计

管理会计和财务会计是会计的两大分支。二者的使用群体不同。管理会计旨在满足管理者的需求，而财务会计旨在满足图 1-6 所述的其他用户的会计需求。

由于目标用户不同，会计的每一个分支都沿着不同的方向发展。主要区别如下：

- 所编制报告的性质不同。财务会计报告一般是通用的。虽然它们主要面向所有者和债权人等资金提供者，但它们包含的财务信息将对广泛的用户和决策有用。管理会计报告通常具有特定目的，它们的设计通常考虑特定的决策和/或特定的管理者。
- 详细程度不同。财务会计报告为用户提供一段时期内企业经济业绩和经营状况的大致情况。信息被整合（也就是加总）在一起，因此通常会忽略细节。然而，管理会计报告通常为管理者提供相当详细的信息，以帮助他们做出特定的经营决策。

■ 监管不同。许多企业的财务会计报告都要遵守法律和会计准则的规定。这些法规通常要求报告具有标准的内容，而且还要求采用标准的格式。由于管理会计报告仅供内部使用，因此其内容和形式不受外界法律法规的约束，可以根据特定管理者的需要进行设计。

■ 报告期间不同。对于大多数企业来说，财务会计报告是按年度编制的，一些大型企业会编制半年度报告，还有一些企业编制季度报告。管理会计报告根据管理者的需要编制。例如，销售经理可能需要每天、每周或每月的销售报告，以便密切监控销售业绩。也可根据需要编制有特定用途的报告，如根据需要对新设备的投资提议进行评估。

■ 时间导向不同。财务会计报告揭示了企业过去一段时期的业绩和经营状况。从本质上讲，它们是在回顾过去。管理会计报告常常提供有关未来业绩和过去业绩的信息。然而，如果认为财务会计报告不包含对未来的预期，显然是不全面的。企业偶尔会向其他信息使用者发布前瞻性信息，以筹集资金或抵制不必要的收购要约。即使是编制过去期间的财务会计报告，通常也需要对未来做出一些判断，如折旧资产的残值。

■ 信息的范围和质量不同。这里有两点值得注意。首先，财务会计报告关注可以用货币计量的信息。管理会计也会生成此类报告，但更可能编制包含非财务信息的报告，如存货的实际数量、收到的销售订单数量、推出的新产品数量、每个员工的实际产量等。其次，财务会计在编制报告时更加强调使用客观、可验证的证据。管理会计报告可能使用不太客观和可验证性较弱，但仍能为管理者提供满足他们所需的信息。

由此可见，管理会计比财务会计受的约束少。它可以从各种来源获取并使用可靠性程度不同的信息。在评估为管理者提供的信息的价值时，只需要考虑它是否提高了决策的质量。

图 1-13 总结了财务会计报告和管理会计报告的主要区别。

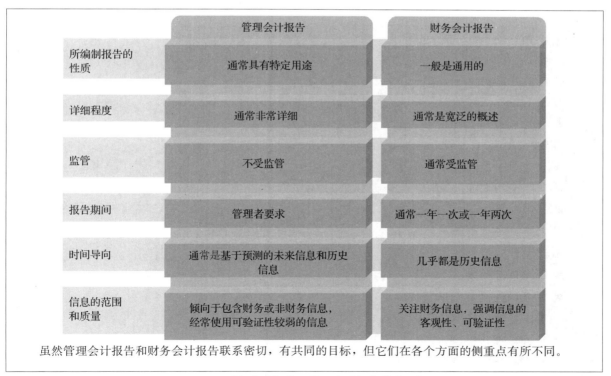

	管理会计报告	财务会计报告
所编制报告的性质	通常具有特定用途	一般是通用的
详细程度	通常非常详细	通常是宽泛的概述
监管	不受监管	通常受监管
报告期间	管理者要求	通常一年一次或一年两次
时间导向	通常是基于预测的未来信息和历史信息	几乎都是历史信息
信息的范围和质量	倾向于包含财务或非财务信息，经常使用可验证性较弱的信息	关注财务信息，强调信息的客观性、可验证性

虽然管理会计报告和财务会计报告联系密切，有共同的目标，但它们在各个方面的侧重点有所不同。

图 1-13　财务会计报告和管理会计报告的主要区别

管理会计报告和财务会计报告的区别表明，管理者和其他用户的信息需求存在差异。尽管存在差异，但两者的信息需求有很大的重叠。

活动 1 - 16

你能想出管理者和其他用户的信息需求有哪些重叠吗？（提示：考虑会计信息的时间导向和详细程度。）

脑海中浮现的两点是：

■ 管理者有时会对提供给其他用户的有关企业经营的历史概述感兴趣。

■ 其他用户会有兴趣收到与未来相关的详细信息，如计划利润水平，以及非财务信息，如销售订单状况和产品创新程度。

在某种程度上，这两大会计分支之间的差异反映了在获取财务信息方面的差异。管理者可以完全控制他们所接收的信息的形式和内容。其他用户必须依赖于管理者准备提供的内容或财务报告规范要求必须提供的内容。虽然财务会计报告的范围日益扩大，但出于担心失去竞争优势和用户对预测数据可靠性的担忧，其他用户无法与管理者获得同等详细和广泛的信息。

过去有人认为，会计系统偏向于向外部使用者提供信息。财务会计的要求一直被视为首要事项，管理会计也因此受到影响。然而，最近的调查证据表明，这一论点已经失去了有效性。如今，管理会计系统通常会向管理者提供与其需求相关的信息，而不是由外部报告要求确定的信息。然而，对外报告周期对管理会计仍有一些影响。管理者倾向于了解外部使用者的期望。

本章小结

本章的要点如下：

企业的目标是什么？

■ 发现并留住客户。

如何组织和管理企业？

■ 大多数企业都设立为有限公司。

■ 董事会由股东会选举产生，监督企业的经营。

■ 企业通常被划分为多个部门，并按职能线进行组织；然而，较大的企业可能会根据地理位置或产品线进行划分。

战略管理

■ 战略管理的发展是为了应对竞争环境的变化和许多企业规模的扩大。

■ 战略管理包括五个步骤：

• 确立使命、愿景和目标。

• 进行定位分析（如进行 SWOT 分析）。

• 确定和评估战略选择。

- 筛选战略方案并制订计划。
- 执行、评价和控制。

不断变化的商业格局

- 竞争加剧和技术进步改变了经营环境。
- 现有的业务类型已经发生了变化，业务结构和流程也发生了变化。

设定财务目标

- 企业的关键财务目标是增加所有者（股东）的财富。
- 在设定财务目标时，必须在风险和收益之间取得适当的平衡。

管理会计和用户需求

- 要使管理会计有用，就必须明确这些信息将被谁使用以及用于什么目的。
- 管理者是企业财务信息的重要使用者，还有其他一些使用者，包括所有者、员工、债权人和政府等。

提供服务

- 管理会计可以被视为一种服务，因为它涉及向"客户"（管理者）提供信息。
- 为了提供有用的服务，管理会计信息应基于某些关键原则。这些原则包括影响、相关性、分析和信任。
- 为管理者提供服务可能成本较高。只有当提供信息的成本低于所获得的收益时，才应提供信息。

管理会计是一个信息系统

- 管理会计是企业整体信息系统的一部分。它具有企业内所有信息系统共有的特征，即信息的识别、记录、分析和报告。

管理者需要的信息

- 为了满足管理者的需求，需要提供与以下广泛领域相关的信息：
- 制定目标和战略；
- 绩效评价和控制；
- 资源管理；
- 投资评估和控制；
- 确定成本和收益；
- 成本管理和控制。
- 提供非财务信息已成为管理会计职能中越来越重要的组成部分。

影响管理者的行为

- 管理会计的主要目的是影响管理者的行为。
- 然而，这样做并不总是有益的，而且可能会产生意想不到的后果。

享受 IT 带来的好处

- IT 对提供准确、详细和及时信息的能力产生了重大影响。
- IT 使人们能够收集和分析更广泛的信息，并使信息或报告能够在整个企业中更广泛地传播。
- IT 的发展对管理会计的职能产生了深远的影响。

管理会计职能的变化

- 多年来，随着企业环境（包括 IT 革命）和经营方式的改变，管理会计职能已经发生了转变。
- 管理会计用于编制报告的时间变少，将更多的时间用于分析和提供业务建议。
- 管理会计通常是管理团队的关键成员，这需要更强的人际交往能力、领导力和管理技能。
- 管理会计往往在企业内部承担更广泛的信息管理者角色。

道德行为

- 管理会计可能会面临实施不道德行为的压力。
- 现在，许多企业发布了一套规范会计人员行为的道德准则。此外，专业会计机构还对其成员实行自己的道德准则。

管理会计和财务会计

- 会计有两大分支——管理会计和财务会计。
- 管理会计力求满足企业管理者的需求，财务会计力求满足资金提供者的需求，但也对其他用户有用。
- 这两大分支在报告的性质、报告的详细程度、时间导向、监管、报告期间以及所提供信息的范围和质量方面有所不同。

复习思考题

1.1 会计有时被描述为"商业语言"。你认为这是为什么？这是对会计的恰当描述吗？

1.2 管理会计一直被描述为"管理者的眼睛和耳朵"。你认为这个表述是什么意思？

1.3 假设你是正在考虑推出一项新服务的管理者。哪些会计信息可能有助于你做出决策？

1.4 "管理会计信息应该是可理解的。由于一些管理者对会计知识缺乏了解，我们应该编制简化的财务会计报告来帮助他们。"你在多大程度上同意这个观点？

练习题*

基础练习题

1.1 你与一个创立了小型企业的朋友谈话，她说她读过一些关于战略管理的书，并表示任何一家现代企业都离不开战略管理。你的朋友对战略管理的内容知之甚少。

要求：

简要列出战略管理的步骤，并总结每个步骤所涉及的内容。

---

* 本书习题部分有所删减，序号未变。——译者

第 **2** 章

决策的相关成本和收益

引　言

　　本章主要考虑在进行管理决策时应如何确定相关成本和收益。本章概述的原则为本书后面的大部分内容奠定了基础。

　　管理决策旨在实现企业的目标。在考虑拟订的行动方案时，需要权衡相关收益和相关成本。我们要知道，并非所有可以确定的收益和成本都与特定的行动相关。因此，必须仔细区分相关的成本与收益和不相关的成本与收益，否则很容易导致管理者做出错误的决策。

学习目标

学完本章后，你应该能够：

- 定义和区分相关成本、付现成本和机会成本；
- 确定并量化与某项决策相关的成本和收益；
- 利用相关成本和收益做出决策；
- 以合理的形式列出相关成本与收益分析，以便将结果清晰地传达给管理者。

2.1　成本收益分析

　　管理者会花费大量时间制订计划和做出决策。在此过程中，他们试图评估正在考虑的每个行动方案可能产生的结果。这就需要对预期收益和相关成本进行仔细权衡。其中，收益是行动过程产生的结果，能够帮助企业实现其目标。成本则是为取得这些收益所需消耗的资源。为了让拟订的计划或决策有价值，其可能带来的收益应该超过相关成本。

　　真实世界 2-1 提供了一个有趣的例子，说明了成本收益分析用于评估旨在解决许多企业面临的严重问题的一个可能的行动方案。

存货盘点

员工偷窃是所有雇主都会面临的难题，这个问题在零售业尤为严重。哈佛商学院会计与管理学副教授塔蒂阿娜·桑地诺（Tatiana Sandino）与其合著者引用美国零售安全调查的数据对此现象展开了调查。调查结果显示，2008 年员工盗窃存货行为造成了 159 亿美元的损失。

为了找出阻止员工偷窃的方法，两位学者想知道更高的薪酬是否有助于解决此问题。他们假定：更高的薪酬可能会让员工感觉雇主更平易近人，如果这些员工得到更多的薪酬，出于不想失去工作的原因他们将不会倾向于偷窃存货，而且预先支付更多的薪酬会吸引更多诚实的员工加入公司。

考虑到员工所处的社会经济环境和商店雇用人数的不同等因素，两位学者对两组数据进行分析后发现：薪酬越高，员工偷窃行为越少，并且一定条件下这项管理决策具有财务意义。

一项成本收益分析发现，雇主在现金和存货偷窃中节省的资金约占提高薪酬所需成本的 39%。桑地诺教授指出："我们的研究表明，薪酬越高，偷窃行为越少，但这并不足以弥补雇主的损失。"两位学者认为，如果其他收益（如降低员工流动率或提高员工生产力）占薪酬增长所需成本的 61% 及以上，那么提高薪酬就是减少员工偷窃行为的正确做法。

资料来源：Anderson, L. (2012) Something for the weekend, ft.com, 16 November.

在衡量与特定决策相关的成本与收益时，如果二者都可以用货币来计量，那就为成本收益分析提供了一个可比较点，这非常有利于决策者进行分析。然而，某些成本和收益的价值可能无法通过货币来可靠计量，如因向客户销售有缺陷的产品而产生的成本、声誉损失，或为提高员工士气而采取的措施所带来的收益等。除计量问题外，成本和收益的发生与持续时间也难以估算。尽管如此，上述成本可能对企业目标的实现产生重大影响。因此，在做决策时，这些成本不能被忽视。然而，有些管理者认知狭隘，基于"能被计量的事情才有价值"的理念做出判断，这样的行为容易给决策带来风险。换言之，他们更倾向于关注那些容易被货币计量的相关成本和收益，忽略那些难以被估值的部分。我们将在本章的后面详细介绍此类情况。

如果考虑渐进式变革，例如推出扩展现有产品范围的新产品，那么成本收益分析将更容易开展。如果变革旨在改变业务，例如改变战略方向，那成本收益分析就难以开展了。

活动 2-1

为什么会出现这种情况？

革命式变革带来的不确定性远远大于渐进式变革带来的不确定性。在前一种情形下，成本和收益变得更加难以确定和评估，因为过去的经验无法为我们提供指导。

2.2 成本的含义

"成本"是一个模糊的概念。尽管前文讨论成本收益分析时给出了非常宽泛的描述，但成本可以用不同的方式界定。因此，管理者需要明确成本在决策中具体指什么。这是我们现在要讨论的一个重要问题。

乍一看，确定和衡量成本似乎非常简单：为所提供的产品或服务支付的金额。然而，决策过程中对成本进行衡量并不简单。下列活动说明了出现这种情况的原因。

活动 2 – 2

在最近的一次汽车拍卖会上，你以远低于定价的价格——5 000 英镑购买了一辆汽车。刚刚有人出价 6 000 英镑购买这辆汽车。

对你来说，将这辆汽车留作自用的成本是多少？（注意：忽略使用成本等，只考虑汽车的"资本"成本。）

将此车留作自用，你将放弃 6 000 英镑的收入。因此，将此车留作自用的实际损失或者成本是 6 000 英镑。

你所做的任何关于汽车未来的决策都应该基于 6 000 英镑来考虑。6 000 英镑就是机会成本，因为它代表了为追求另一种行动而放弃的机会的价值。（在本例中，另一种行动是保留这辆车。）

可以看到，留用汽车的成本并不等于购买价格。当然，从某种意义上讲，活动 2 – 2 中汽车的成本是购买者支付的 5 000 英镑。然而，显而易见，这一成本为历史成本，它仅具有学术意义。从逻辑上讲，历史成本不能用于决定以后如何使用这辆汽车。如果我们不认同这种观点，就应该问问自己，假定原始报价仍然有效，我们应该如何评估另一个人为此汽车开出的 5 500 英镑的报价。答案自然是我们应该将 5 500 英镑的报价与 6 000 英镑的机会成本进行比较，并拒绝这个报价，因为它低于 6 000 英镑的机会成本。此种情况下，以 5 500 英镑高于最初支付的 5 000 英镑为由接受该报价是不合逻辑的。我们唯一应该关心的其他数字是保留这辆汽车对我们的价值，如快乐、有用性等。如果我们对其估价高于 6 000 英镑的机会成本，就应该拒绝这两个报价。

然而，我们可能仍觉得 5 000 英镑与决策相关，因为它能帮助我们评估决策的盈利性。如果卖掉了汽车，我们能够赚取 500 英镑（5 500－5 000）或 1 000 英镑（6 000－5 000）的利润，具体金额取决于我们接受的报价。由于我们应该赚取更高的利润，正确的决策是以 6 000 英镑的价格出售汽车。然而，我们无须考虑汽车的历史成本即可做出正确的决定。如果我们以 4 000 英镑购买这辆汽车，应该如何决策？显然，我们仍然应该以 6 000 英镑而不是 5 500 英镑的价格出售汽车，因为重要的就是比较报价与机会成本的高低。无论汽车的历史成本是多少，我们都应该得出同样的结论。

为了强调上述观点，我们假定这辆车的成本为 10 000 英镑。即便如此，历史成本仍然是不相关的。如果我们以 10 000 英镑的价格购买了汽车，并很快发现它只值 6 000 英镑，就可能会对自己的错误购买感到愤怒，但这也不能使 10 000 英镑成为相关成本。在决定是出售还是保留汽车时，唯一相关的因素是 6 000 英镑的机会成本和保留汽车的价值。因此，历史成本永远不可能与未来的决策相关。

历史成本是不相关成本并不是说这种成本的影响总是无关紧要的。在上述例子中，我们拥有该汽车，因此能够决定如何使用它。这一事实并非无关紧要，反而是高度相关的。

真实世界 2 - 2 提供了一篇文章的摘录，这篇文章是关于一个著名的 DIY 连锁店哈贝斯（Homebase）被其澳大利亚所有者出售的案例。在决定何时将这家店以合适的价格卖给第三方时，其所有者取得这家 DIY 连锁店的历史成本是不相关成本。

真实世界 2 - 2

一英镑店

Homebase 被以 1 英镑的价格出售给重组专家 Hilco 公司——HMV 的所有者。这家 DIY 连锁店的澳大利亚所有者结束了其在英国的灾难性投资，数千个岗位上的工作人员面临着裁员风险。

两年前，西农集团（Wesfarmers）以 3.4 亿英镑的价格收购了该公司，现在宣称正在出售旗下 250 家 Homebase 连锁店，该连锁店有 1.1 万多名员工。

一旦交易在 6 月底完成，更名为邦宁斯（Bunnings）的 24 家门店都将成为下一个 Homebase。这家澳大利亚公司表示，此次出售预计亏损 2.3 亿英镑。

西农集团的总裁罗伯·斯科特（Rob Scott）表示，他们相信邦宁斯会在英国取得成功，但这项投资需要大量的资金，风险太大。他说："这次投资令人失望，公司将面临由于收购后执行不力引发的各种问题以及英国宏观环境和零售行业的恶化。"

资料来源：Butler, S. and Farrer, M. （2018）. Homebase sold to Hilco for £1 putting jobs and 60 stores at risk, www.theguardian.com, 25 May.

2.3 相关成本：机会成本和付现成本

从前述内容中可以知道，在做出有关未来的决策时，过去的成本（即历史成本）无关紧要。值得关注的是未来的机会成本和未来的付现成本。机会成本可以定义成为了追求特定目标而失去的下一个最佳机会的货币价值。付现成本是指为实现某一目标而必须花费的现金。我们很快就会遇到许多有关这两种未来成本的例子。

要与特定决策相关，未来的付现成本或机会成本必须同时满足以下三个条件：

1. 它必须与企业的目标相关。大多数企业将增加所有者（股东）的财富作为关键战略目标。换言之，它们正在努力变得更富有（见第 1 章）。因此，如果成本要与特定决策相关，它就必须对企业的财富产生影响。

2. 它必须是未来的成本。过去的成本与未来的决策不相关。

3. 它必须因决策而异。只有那些因决策结果不同而不同的成本才属于相关成本。例如，一家公路运输企业决定购买一辆新的卡车，将在两种不同的车型中做出选择。每辆卡车的价格、负载能力、燃料和维护成本都不同。与此相关的潜在成本和收益才是做决策时应考虑的相关项目。企业需要为每辆卡车配备一名司机，但合格的司机可以相同工资驾驶任何一辆卡车。因此，雇用司机的成本与购买哪辆卡车的决策无关，尽管这笔成本是未来发生的成本。

活动 2 - 3

如果公司不需要在两种卡车型号之间进行选择，而是考虑是否增添一辆卡车，那么雇用司机的费用是否与决策相关？

相关。因为这是一项随决策变化的成本。

图 2 - 1 展示了如何确定相关成本。

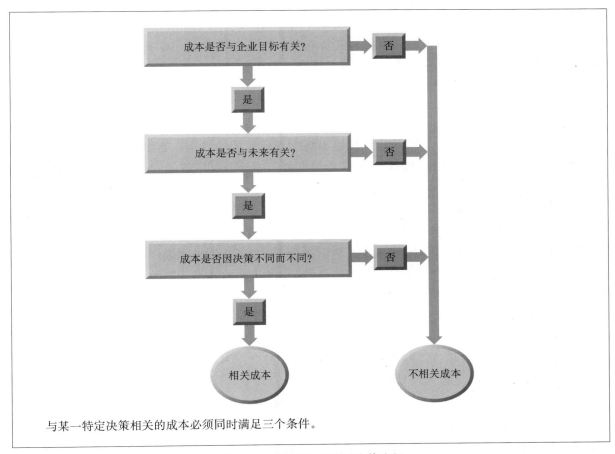

图 2 - 1　确定相关成本的决策流程

特定行动方案所产生的相关收益必须同时满足上述三个条件。也就是说，它们应该与企业目标相关，与未来相关，并且随着决策变化而变化。

活动 2 - 4

汽修厂几个月前买了辆汽车，该车需要更换新轮胎后才能上路。一家轮胎装配企业称安装四个新轮胎需要 400 英镑。

汽修厂购买这辆汽车时支付了 9 000 英镑。如果不装配新轮胎，它的售价约为 10 500 英镑。安装新轮胎的汽车的最低售价应该是多少呢？

汽车的最低售价应该包含所有相关成本。在这个价格下，收益完全等于成本，因此汽修厂既不盈利也不亏损。任何低于此金额的价格都意味着企业将亏损。在这种情况下，最低价格为：

	单位：英镑
汽车的机会成本	10 500
新轮胎的成本	400
总成本	10 900

经过上述学习，我们了解到汽车的历史成本与决策无关。我们关心的是汽车的机会成本，即放弃销售汽车产生的收入损失。如果购买新轮胎，汽修厂将支付 400 英镑；但如果不购买新轮胎，就不会付出这 400 英镑。因此，400 英镑是相关成本，因为它是随决策变化而变化的未来成本。

注意，汽修厂不会以 10 900 英镑的价格出售配备新轮胎的汽车，它会尽可能以高价出售汽车。毕竟，任何高于 10 900 英镑的价格都会给汽修厂带来比出售未配备新轮胎的汽车更多的收益。

尽管机会成本对决策很重要，但在记录收入、费用、资产和索赔等常规会计工作中很少考虑到这些成本。这是因为它们不涉及任何现金支出，只有在与特定管理决策相关的情况下才计算这些成本。历史成本涉及现金支出并被记录在案。它们被用于编制年度财务报表，例如资产负债表和利润表。这是合理的，因为它们旨在说明实际发生的情况，并且是在事后编制的。但是，不考虑机会成本将严重限制这些财务报表对决策的有用性。

真实世界 2-3 是一篇文章的摘录，该文讨论了机会成本如何影响制药企业在关键领域的研发。

▶ **真实世界 2-3**

放弃的好处

高价药物难以负担是一个广泛且日益严重的全球性问题。在美国，时任总统唐纳德·特朗普和他的许多潜在民主党对手都在寻找降低药物价格的方法。在英国，工党提出了两个想法：推翻对高价药物的专利保护，以及改变对药物研发工程的资助方式。经过漫长的谈判，授权仿制药竞争标志着政府当局将严格监管价格，限制患者等待药物的时间。

行业说客坚持认为，限制价格会妨碍药物的创新。但在某些情况下，高价格反而会阻碍创新。以抗生素为例，考虑到机会成本，大多数大公司已经退出了对抗生素的研发工作。虽然抗生素可以为公司带来盈利，但与来自癌症等领域的投资回报相比，这些收益就显得微不足道了。如果政府降低抗癌药物的价格，将促使企业投资于利润较低但仍然盈利的领域，并解决一些未得到满足的需求。

资料来源：Moon, S. (2019) There are solutions to the global drug price problem, ft.com, 16 October.

尽管机会成本很重要，但管理者是在了解不充分的情况下做出决策的，这些成本有时难以确定。即使被识别出来，结果中仍然有可能存在人为偏见。我们倾向于高估我们拥有的东西，低估我们没有的东西。心理学家将这种偏见称为"禀赋效应"，可能导致机会成本被低估。

2.4 不相关成本：沉没成本和约束性成本

沉没成本是指代历史成本的另一种方式，术语"沉没成本"和"历史成本"可以互换使用。因做出不可撤销的决定而产生的费用称为约束性成本。这通常是因为企业签订了具有法律约束力的合同。尽管可能在将来的某个时点才需要支付这项费用，但实际上它与沉没成本相同。由于企业最终必须支付这项费用，此项成本不会随决策的变化而变化。因此，与沉没成本相同，约束性成本永远不可能是影响决策的相关成本。

活动 2-5

历史成本是不相关成本，这是否意味着过去发生的成本都是无关的？

并非如此。事实上，拥有可以在未来使用的资产对企业而言非常重要，不相关的只是该资产的取得成本。

过去的成本可能与决策相关的另一个原因是，它为我们未来做决策提供了参考。假定我们需要估计未来做某件事的成本，它可以帮助我们决定是否值得去做。如果我们或他人有相关的经验，过去的成本就可以提供有利的指导，让我们知道未来可能要在这件事上花多少钱。

真实世界 2-4 描述了在活动 2-5 的回答中提出的第一点。它揭示了历史成本如何使超市在线上杂货配送方面比新市场进入者如奥卡多（Ocado）更具竞争优势。

真实世界 2-4

提供优势

对于绝大多数零售商来说，线上销售食品很难盈利。"这是现存最糟糕的商业模式之一"，美国食品零售顾问布里顿·莱德（Brittain Ladd）说。"零售商根本不具备为家庭提供盈利性服务的能力。"

"现存所有零售商都从门店业务中交叉补贴其送货上门服务"，奥纬咨询（Oliver Wyman）全球零售业务联席负责人尼克·哈里森（Nick Harrison）表示。他估计，拣选和完成一个订单的成本超过 10 英镑，而向客户收取的运费仅为这个数字的一半。英国大型零售商均不单独披露其杂货配送业务的销售额或利润。

英国是较早采用线上杂货店购物的国家，这部分归功于 2000 年奥卡多的推出。即便如此，根据 Forrester 的数据，它只占 1 900 亿英镑杂货市场的 6% 多一点，约占非食品零售市场的 1/3。莱德先生认为，如果没有更大的销量，超市就很难实现独立送货所需的订单密度。他说："部分英国人表示他们通过在同一天配送相对少量的食品来增强消费者对杂货的痴迷度"，"大多数货车都是空着一半。他们却能全部装满"。

还有一个问题是如何最大限度地满足这些需求。奥卡多公司认为，尽管配送时间较长，但其自动化履行中心效率很高。首席执行官蒂姆·斯泰纳（Tim Steiner）坚信，更多的自动化（最终包括自动驾驶送货车）将进一步降低成本。超市大多在店里手工拣选和包装商品。人工成本较高，而且是沉没成本，但商店离顾客更近。

资料来源：Eley, J. (2019) The difficulties of making online delivery pay, ft.com, 1 March.

2.5 沉没成本误区

我们在考虑未来的行动方案时应该忽略历史成本，但这说起来容易做起来难。人们似乎对历史成本经常表现出一种非理性的承诺。放不下之前投入的时间、精力或金钱，坚持沿之前的道路继续前进。最终结果往往是对未来的方向做出错误的决策。管理者同其他人一样会对这种行为感到内疚。

在行为经济学中，拒绝放弃对不可收回投资的依恋称为沉没成本误区。学者们已经给出了众多我们以这种方式行事的原因。在真实世界 2-5 中，我们将对部分原因进行讨论。

真实世界 2-5

执着于过去

也许你说过或听到过以下评论：

"我还不如读完这本书。虽然这本书的内容不是很好，但我付了钱。现在我已经读完一半多了。"

"我不能扔掉这双几乎全新的鞋。虽然它不舒服，但我为这双鞋付出了一大笔钱。"

"我真的不想买这辆车了。但是，我已经向经销商支付了不可退还的定金。因此我想我应该继续买。"

"我讨厌这份当会计师的工作，但我不能放弃花了这么多年获得的会计师资格。"

这些评论展示了决策者对过去决策的依恋，而不是对未来价值的关注。这是不合理的，因为以前发生的成本并不是未来效用最大化的良好指南。时间、金钱或其他资源的投入不应由已经花掉的钱来决定。

我们为什么要这样做呢？可能是因为我们厌恶损失，这是对浪费资源的强烈厌恶，也是一种强烈的负面情绪：浪费的数量越大，痛苦就越大。遭受损失的痛苦通常比获得同等收益的快乐要大得多。因此，我们总是相信未来的情况会有所改善，并选择读完这本书或坚持这份工作。

放弃投资可能会导致遗憾和挫败感，这都是我们会选择避免的。它也可能招致批评。我们可能由于太早放弃或坚持原始投资而被批评，这会使我们很难承认自己的糟糕决策。另外，如果我们不坚持投资，将很难辨别其他可行方案。然而，一旦我们放弃了沉没成本，新的机会可能就会出现。

商业中关于沉没成本误区的一个例子是，英国和法国政府同意开发协和式飞机（一种超音速客机）的项目。事实证明，这其实是一项非常糟糕的投资，开发成本远高于预期。在项目完成之前，人们就已经意识到它在财务上是不划算的。尽管如此，两国政府还是决定继续推进并完成该项目，而不是承认失败并注销投资成本。许多人认为，继续推进的决策在很大程度上取决于已经耗费的成本。协和式飞机从 1976 年至 2003 年运营。

　　资料来源：Leahy, R. （2014) Letting go of sunk costs, www.psychologytoday.com，24 September；J. Blasingame (2011) Beware of the Concorde fallacy, www.forbes.com，15 September.

2.6　确定人工和材料的相关成本

　　在阐述了构成相关成本的总体原则后，现在要考虑构成产品或服务成本的两个关键要素——人工和材料。确定每个要素的相关成本可能非常棘手，因为在实践中，人工和材料的使用会因具体情况而异。但是，只要牢记刚才讨论的原则，就能够将行动过程中产生的相关成本与所有不相关成本区分开。

2.6.1　人工的相关成本

　　人工的相关成本将根据企业是在有剩余产能的情况下运营，还是在满负荷的情况下运营而有所不同。在活动 2-6 中，我们列举了企业有剩余产能但不打算裁员的情况。

活动 2-6

　　在活动 2-4 的基础上，进一步假定汽车还需要更换发动机才能够驾驶。可以花 1 200 英镑购买一台翻新的发动机，机械师安装需要 7 小时，人工费为每小时 15 英镑。汽修厂目前业务较少，但因为在人才市场中很难找到熟练的机械师，而且汽修厂的业绩预计很快会好转，所以雇主不愿意解雇任何一名机械师，甚至不愿意减少他们的基本工作周。

　　配备翻新的发动机与新轮胎后的汽车的最低价格是多少？

　　同样，最低价格需要包含汽车的全部相关成本。最低价格如下所示：

	单位：英镑
汽车的机会成本	10 500
新轮胎的成本	400
翻新的发动机的成本	1 200
总成本	12 100

　　与新轮胎相同，新发动机的成本也是相关成本，因为它也是随着决策变化而变化的未来成本。如果汽修厂决定不安装发动机，就不会产生此项成本。相反，人工成本不会随决策变化而变化，因此人工成本是不相关成本。即使没有工作，机械师也不会被解雇，因此无论机械师是否承担更换发动机的工作，汽修厂都将承担相同的成本。如果不开展这项工作，即使机械师什么都不做也将获得报酬。因此，此项工作的额外人工成本为零。

　　如果企业满负荷运转，相关的人工成本将取决于是否雇用了额外的工人来承担此项任务，或者是否需要重新分配目前正从事其他任务的工人。我们首先考虑额外雇用工人来执行指定任务的情形。

活动 2-7

假定汽修厂目前满负荷运转，其他情况同活动 2-6。汽修厂可以雇用近期退休的机械师花 7 小时来安装发动机，其人工费为每小时 15 英镑。

在此种情况下，汽修厂出售配备翻新的发动机和新轮胎的汽车的最低价格是多少？

最低价格为：

	单位：英镑
汽车的机会成本	10 500
新轮胎的成本	400
机械师的成本（7×15）	105
翻新的发动机的成本	1 200
总成本	12 205

在计算最低价格时，汽车的机会成本、新轮胎的成本和翻新的发动机的成本与活动 2-6 相同，但还需要考虑增加的人工成本，因为现在的人工成本是随决策变化而变化的未来成本。如果汽修厂决定不安装发动机，就不会雇用额外的机械师。

如果向现有工人支付加班费以安装发动机，就会出现与临时雇用机械师类似的情况。加班费将被视为相关成本，因为它们也会随决策变化而变化。

在企业满负荷运转的情况下，还有可能重新分配现有工人以执行新任务。这意味着将会因为工人从其他创收任务中抽离而产生机会成本。活动 2-8 中就考虑了此种情况。

活动 2-8

假定汽修厂管理员抽调了一名机械师来执行更换发动机的工作，其他情况同活动 2-7。这就意味着原定由该机械师在 7 小时内承担的其他工作将不能开展。其他工作按每小时 60 英镑的价格向客户收费，但机械师每小时只有 15 英镑的报酬。

此种情况下，出售配备新轮胎和翻新的发动机的汽车的最低价格是多少？

最低价格为：

	单位：英镑
汽车的机会成本	10 500
新轮胎的成本	400
机械师的机会成本（7×60）	420
翻新的发动机的成本	1 200
总成本	12 520

与活动 2-7 相比，汽车的机会成本、新轮胎的成本和翻新的发动机的成本相同，但人工成本现在不同了。这是为腾出时间更换发动机而损失的收入。当机械师从事这项工作时，就失去了因做其他工作而由客户支付的 420 英镑。

需注意的是，每小时 15 英镑的机械师工资仍是不相关成本。无论他负责发动机更换还是其他工作，机械师每小时都将获得 15 英镑的报酬。

图 2-2 总结了上述确定人工成本的要点。

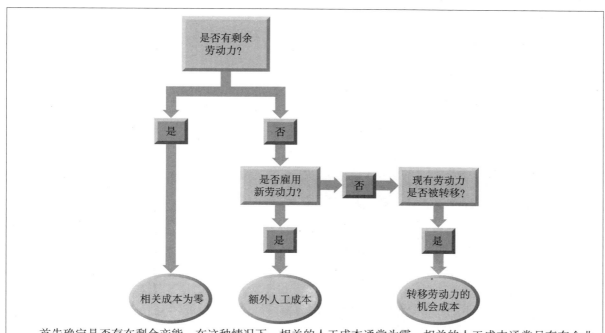

首先确定是否存在剩余产能。在这种情况下，相关的人工成本通常为零。相关的人工成本通常只有在企业满负荷运转的情况下才会出现。

图 2-2　确定相关人工成本的决策流程

2.6.2　材料的相关成本

材料的相关成本将根据材料是否有库存以及是否有更换它们的意愿而有所不同。在活动 2-9 中，某一特定工作所需的材料有库存，但并非所有材料都需要更换。在尝试此活动时，请牢记前文阐述的原则。

活动 2-9

一家企业正在考虑竞标承接一项合同。合同要求使用两种类型的原材料——A1 和 B2。企业的库存能够满足这两种原材料所需的数量。如果不签约，企业可以按照现有的状况出售原材料。合同需要企业使用这两种原材料的所有库存。有关原材料的资料如下：

金额单位：英镑

材料	数量	单位历史成本	单位销售价值	单位现行采购成本
A1	500	5	3	6
B2	800	7	8	10

原材料 A1 是企业的常用材料。

原材料 B2 是因为一份合同而购买的，但该合同并未生效。显然，除非当前正在考虑的合同能够继续，否则目前没有使用原材料 B2 的计划。

管理层希望推断出企业在不减少财富的情况下承接合同的最低价格（即成本与收益完全相等的价格）。这可以作为推算投标价格的基准。

就上述两个存货项目而言，最低价格中应包括什么？

最低价格必须涵盖相关成本。最低价格涵盖的成本为：

原材料 A1　　　　　　　6 英镑×500＝3 000 英镑
原材料 B2　　　　　　　8 英镑×800＝6 400 英镑

由于日常工作中经常使用原材料 A1。因此，如果在合同中使用 A1，企业就不得不额外购买 500 单位原材料 A1。该材料的购买成本为每单位 6 英镑，因此相关成本为 3 000 英镑（500×6）。

除非签订了合同，否则 B2 将永远不会被企业使用。这就意味着，如果没有签订合同，企业唯一合理的做法就是出售 B2。然而，如果签订合同并使用 B2，其机会成本就等于处置的潜在收益，即每单位 8 英镑。换句话说，相关成本就是已经放弃 B2 的销售价值。

请注意，这两种材料的历史成本为不相关成本。此种情形将一直存在，因为它代表着沉没成本。

- -

如果原材料没有库存，就必须专门为该工作购买该材料。此种情况下，材料的购买费用是相关成本。它是未来成本，随决策变化而变化。

图 2-3 总结了确定材料相关成本的要点。

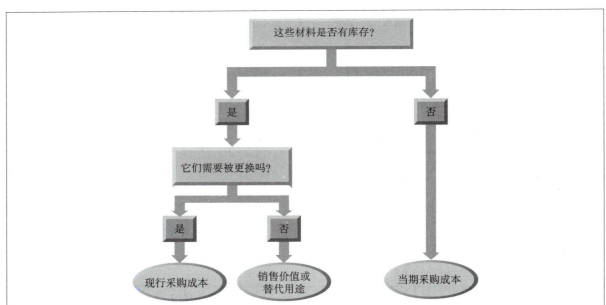

图 2-3　确定材料相关成本的决策流程

下面来看活动 2-10，它的难度有所增加。

活动 2-10

HLA 有限公司正在准备为客户的定制业务报价。该业务所需材料如下：

金额单位：英镑

材料	所需数量	现有库存数量			单位现行采购成本
		持有数量	单位历史成本	单位销售价值	
P	400	0	—	—	40
Q	230	100	62	50	64
R	350	200	48	23	59
S	170	140	33	12	49
T	120	120	40	0	68

材料 Q 是企业的常用材料。

由于之前的超额采购，该公司持有材料 R、S 和 T。除了此项定制业务外，材料 R 没有其他用途，但 140 单位的材料 S 可以作为单位价值 10 英镑的 225 单位材料 V 的替代品。材料 T 没有其他用途，它是一种难以储存的危险材料，企业已知处理目前持有的 T 材料将花费 160 英镑。

如果愿意，企业可以出售目前持有的材料 Q、R 和 S。

上述提到的材料的相关成本是多少？

相关成本（单位：英镑）如下：

材料 P

　　以单位 40 英镑的价格购买（400×40） 16 000

材料 Q

　　已有库存必须更换，还需要额外购买 130 单位。因此，相关成本是（230×64） 14 720

材料 R

　　公司持有 200 单位的待出售材料 R，其相关成本为放弃的销售收入（200×23） 4 600

　　还需购买 150 单位的材料 R（150×59） 8 850

材料 S

　　材料 S 可以被出售或用作材料 V 的替代品；现有存货可以 1 680 英镑（140×12）的价格出售

　　材料 V 节省的费用更多，更高者的成本将被视为机会成本（225×10） 2 250

　　必须额外购买材料 S 的费用（30×49） 1 470

材料 T

　　如果使用材料 T，将节省处置费用 (160)

相关成本总计 47 730

2.7 不可计量的成本和收益

如前文所述，某些成本和收益可能无法用货币来衡量。这些成本和收益通常对企业产生更广泛但不那么直接的影响。然而，最终它们可能会影响企业实现其目标的能力。

活动 2 - 11

活动 2 - 6、2 - 7 和 2 - 8 涉及使汽车达到可销售状态的成本。在做决策时，除了考虑上述可量化的项目，是否还需要考虑其他难以量化的成本或收益？试着至少想出两项。

我们可以想到四项难以量化的成本或效益：

- 为了翻新发动机而拒绝另一份业务可能会导致客户产生不满情绪。
- 在雇用临时工的情况下，工艺质量可能会降低，导致损害企业声誉。
- 工作开展后，客户对汽车的需求可能不确定。
- 除了产生特定汽车销售预期利润外，还可能产生其他收益。通过提供更丰富的汽车产品，吸引更多的购车客户。

或许你还有其他想法。

在最终确定计划或做出决策时需要进一步考虑"定性的"的成本和收益。为尽可能考虑到这些成本和收益，管理者在对它们进行评估时必须依靠主观判断。考虑这些成本和收益后，最终结果可能与只考虑可量化的成本和收益的情况大相径庭。

📝 自测题

JB 有限公司是一家小型专业电子元件制造商。民用和军用飞机制造商是它的主要客户。其中一家飞机制造商已向公司提供了一份合同，要求公司在未来 12 个月内供应 400 个相同的元件。生产每个元件的相关数据如下：

- 材料要求：

3 千克材料 M1（见注 1）

2 千克材料 P2（见注 2）

外购 1 个元件（编号 678）（见注 3）

注 1：材料 M1 是企业的常用材料；目前企业持有 1 000 千克。历史成本为 4.70 英镑/千克，但未来的价格将上升至 5.50 英镑/千克。

注 2：企业目前持有 1 200 千克材料 P2。历史成本为 4.30 英镑/千克。在过去的两年里，企业一直不需要该材料。其残值为 1.50 英镑/千克。唯一可预见的替代用途是作为材料 P4（常用材料）的替代品，但这涉及 1.60 英镑/千克的加工成本。材料 P4 的市价为 3.60 英镑/千克。

注 3：据估计，这些元件（编号 678）的单位售价为 50 英镑。

■ 人工要求：每个元件需要熟练员工工作 5 小时和半熟练员工工作 5 小时。企业目前有一名熟练员工，时薪 14 英镑。然而，对于由熟练员工完成的工作，必须以每小时 12 英镑的价格雇用替代人员。半熟练员工的现行时薪为 10 英镑，可以为这项工作额外雇用一名员工。

■ 制造成本：JB 有限公司的政策是按照 20 英镑/机器工时的费率向每份合同收取一定份额的一般成本（租金、供暖费等）。如果签订合同，预计一般成本将因签订合同而增加 3 200 英镑。

备用机器可用，每个元件制造完毕需要 4 个机器工时。潜在客户提供了每个元件 200 英镑的报价。

要求：

（a）是否可以接受该合同？用适当的数字来支持你的结论，并提交给管理层。

（b）管理层还应考虑哪些可能影响决策的因素？

📚 本章小结

本章的要点如下：

成本收益分析

■ 应该仔细权衡计划或决策的成本和收益。

■ 决策的收益应该超过相关成本。

■ 并非所有的成本和收益都可以用货币来计量。

相关成本与不相关成本

■ 相关成本必须满足如下条件：

· 与企业追求的目标相关；

· 发生在未来；

· 随决策的变化而变化。

■ 相关成本包括：

· 机会成本；

· 有差异的未来付现成本。

■ 不相关成本包括：

· 所有历史（或沉没）成本；

· 所有约束性成本；

· 无差异的未来付现成本。

人工和材料的相关成本

■ 人工的相关成本将根据企业是有剩余产能运转还是满负荷运转而有所不同。

■ 材料的相关成本将根据材料是否有库存和是否需要更换而有所不同。

不可计量的成本和收益

■ 最终确定计划或做出决策时应考虑。

■ 管理者权衡这些成本和收益时必须依靠主观判断。

📖 复习思考题

2.1 机会成本与本章提到的其他成本有哪些区别？在做出管理决策时，使用机会成本有什么问题？机会成本在资源分配中扮演什么角色？

2.2 在决定哪些成本与决策相关时，不应考虑历史成本。尽管如此，历史成本仍是编制财务会计报表（利润表和资产负债表）的主要基础。为什么？

2.3 一家公共汽车公司对其一条服务于农村社区的路线感到担忧。管理层决定对这条路线进行成本收益分析，以决定其是否值得保留。

除了可量化的成本外，在进行决策时是否还存在无法量化但需要考虑的成本？试着想出四种可能的成本。

2.4 如果进行成本收益分析需要在两种会计系统之间进行选择，可能会遇到哪些实际问题？

📖 练习题

基础练习题

2.1 Lombard 有限公司考虑到自己有剩余产能，签订了一份新合同。该合同要求 Lombard 有限公司提供 20 000 件相同的货物。制造该货物需要经过复杂的组装流程，并将在未来几个月内生产和交付，每件货物的价格为 80 英镑。每件货物的规格如下：

装配工作	4 小时
组件 X	4 个
组件 Y	3 个

在合同期内，还需要租用设备，付现成本为 20 万英镑。

装配组件是一项高水平的技术操作，劳动力目前未得到充分地利用。公司目前的政策是为了有足够的劳动力满足明年客户对正在开发的新产品的需求，保留全薪员工。公司有足够的熟练劳动力来承担目前正在考虑的合同，熟练工人的时薪为 15 英镑。

组件 X 被公司用于生产其他子组件，公司现有 50 000 个组件 X。组件 Y 是一项特殊采购，预期订单最终没有实现，因此，它超出了需求，目前持有的 100 000 个组件可能不得不被亏本出售。材料计划部门提供的组件 X 和 Y 的估算值如下：

		单位：英镑
	组件 X	组件 Y
单位历史成本	4	10
单位重置成本	5	11
单位可变现净值	3	8

据估计，与合同有关的额外相关成本（超出上述成本）将达到每个 8 英镑。

要求：

分析上述材料并就合同的可行性向 Lombard 有限公司提出建议。

2.2　地方政府拥有一个小型剧院和艺术中心，供当地剧团、其他参观团体和展览使用。委员会负责进行管理决策，并定期开会审查财务报表并规划设施的使用。

剧院雇用了一位全职非表演工作人员和一些艺术家，每月的总费用分别为 9 600 英镑和 35 200 英镑。剧院每月上演一部新作品，演出 20 场。剧院每月的其他费用如下：

	单位：英镑
服装	5 600
背景	3 300
供暖和照明	10 300
分担地方政府的行政费用	16 000
临时员工	3 520
茶点费	2 360

剧院里演出时，平均上座一半。剧院的容量和座位价格为：

200 个座位，每个 24 英镑

500 个座位，每个 16 英镑

300 个座位，每个 12 英镑

此外，演出期间剧院销售茶点收入为每月 7 760 英镑。节目广告收入补偿了它们的成本，节目中的广告收入为每月 6 720 英镑。

一个巡回演出团已经与委员会接洽，该团希望使用剧院一个月（演出 25 场）。该团准备向地方政府支付其门票收入的一半作为剧院使用费。预计剧院将实现 10 个晚上满座，15 个晚上的上座率达 2/3。票价比剧院通常的价格低 2 英镑。

地方政府将像往常一样支付供暖与照明费用，并履行与所有艺术家的合同，负担雇用出售茶点、门票等员工的费用。委员会预计如果同意此项预订，茶点或门票的销售量将与之前保持一致。

注：委员会在计算利润时包括分担地方政府的行政费用。假定上座率适用于所有价位的座位。

要求：

（a）基于财务方面的考虑，委员会是否应同意巡回演出团的提议？请展示必要的计算过程。

（b）还有哪些因素可能对委员会的决定产生影响？

2.3　Andrews 有限公司受邀投标某合同。该公司专门生产 1 万米长的电缆。企业评估部门提供了以下与合同有关的信息：

■ 材料：为制造电缆，企业将购入一批钢芯和一种特殊的塑料，并采用特殊工艺将钢芯涂上该塑料。覆盖层所需的塑料为 0.10 千克/米的成品电缆。

■ 直接人工：

熟练工人：10 分钟/米

非熟练工人：2.5 分钟/米

企业已拥有完成合同所需的所有材料。关于库存材料的单位成本信息如下：

	钢芯 （英镑/米）	塑料 （英镑/千克）
历史成本	1.50	0.60
市价	2.10	0.70
残值	1.40	0.10

钢芯在企业的日常工作中经常被使用。塑料是之前的合同剩余的，该合同出现了采购失误，采购了过量的塑料。如果不投标该合同，这种塑料将被废弃。

为履行合同，企业需要额外雇用一批非熟练工人，时薪为 15 英镑。目前业务相当稳定，这意味着如果不投标该合同，熟练工人即使无事可干也会按照全薪 18 英镑/小时受雇。企业熟练工人的储备足以完成该合同。

要求：

指出企业不盈不亏时，可以签订的合同最低价格。

第 **3** 章

本量利分析

引 言

　　本章考虑了成本、业务量和利润之间的关系。我们将探究如何利用对这种关系的理解来做出决策和评估风险，尤其是在短期决策的背景下。

　　第 2 章关于相关成本的内容将在本章进一步展开。我们将探讨在何种情况下，固定成本可被视为与决策无关的成本。

学习目标

学完本章后，你应该能够：

- 区分固定成本和变动成本，并结合这一区别来解释成本、业务量和利润之间的关系；
- 编制盈亏平衡图，并推导出某项活动的盈亏平衡点；
- 讨论盈亏平衡分析的缺点；
- 掌握在做短期决策时如何使用边际分析。

3.1　成本性态

　　我们在上一章中看到，成本代表了为获得收益而消耗的资源。企业发生的成本可以用不同的方法分类，其中一种是根据成本在业务量变化时的表现来分类。

- 当业务量发生变化时成本保持不变（固定）；
- 成本随着业务量的变化而变化。

　　这些成本分别称为固定成本和变动成本。就餐馆而言，为其房屋支付的租金是固定成本，而未经准备的食物的成本是变动成本。

　　正如我们所见，了解每种类型的成本与特定业务的相关程度，对决策者来说十分有价值。

3.2 固定成本

固定成本可以通过如图 3-1 所示的企业的固定成本与业务量的关系图来表示。距离 OF 代表固定成本，无论业务量如何变化，这个金额都保持不变。

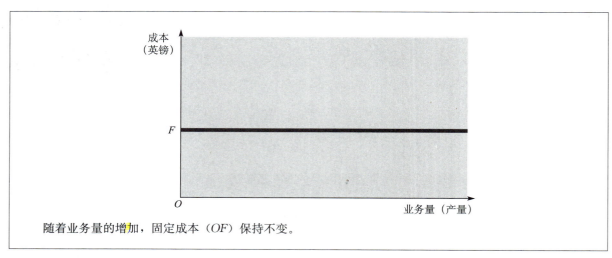

图 3-1 固定成本与业务量的关系图

活动 3-1

你能举出一些理发店可能固定的成本项目吗？

我们想出了以下几点：

■ 租金；

■ 广告；

■ 保险；

■ 互联网费用；

■ 地方商业税；

■ 行业杂志；

■ 清洁费；

■ 员工工资。

你可能会想出其他项目。

不管有多少顾客理发，这些项目的成本都是固定的。

员工薪水（或工资）通常被认为是变动成本，但在实践中，它们往往是固定成本。员工的工资通常不是根据产出量计算的，当业务量短期下滑时，一般不会解雇员工。如果业务量处于长期低迷的情况，或者管理层认为业务量会处于长期低迷的情况，为了节约固定成本，企业可能会选择裁员。然而，所有类型的固定成本都是如此。例如，为了节省租金成本，会关闭一些分店。

在某些情况下，人工成本是变动成本（例如，根据员工的产出量来向其支付工资），但这不是普遍情况。因此，某项特定业务的人工成本是固定的还是变动的，取决于实际情况。

需要注意的是，在这种情况下，"固定"仅仅意味着成本不受业务量变化的影响。然而，固定成本可能会受到通货膨胀的影响。如果租金（一种典型的固定成本）因为通货膨胀而上涨，固定成本就会增加，但这不是业务量的变化导致的。

同样，当所处时间范围发生变化时，固定成本不会固定不变。固定成本几乎总是以时间为基础的：固定成本会随着所处时间范围的变化而变化。两个月的租金通常是一个月租金的两倍。因此，固定成本通常随时间而变化，但不随产出量而变化。这意味着当我们谈论固定成本时，以 1 000 英镑为例，我们应该加上相关的时间段，比如每月 1 000 英镑。

活动 3 - 2

如果产出量大幅增加，那么固定成本是否也与产出量无关而保持不变？以理发店的租金成本为例。

事实上，租金只是在一个特定的范围内（称为"相关"范围）固定。如果想来理发店理发的人数增加，并且该理发店希望满足这种增加的需求，它最终将不得不扩大实际规模。这可以通过开设新的分店来实现，也可以通过将现有门店转移到更大的场所来实现。通过更有效地利用现有空间或延长开放时间，可以应对业务量的小幅增加。然而，如果业务量继续增加，租金上涨可能是不可避免的。

实际上，活动 3 - 2 中描述的情况类似于图 3 - 2。

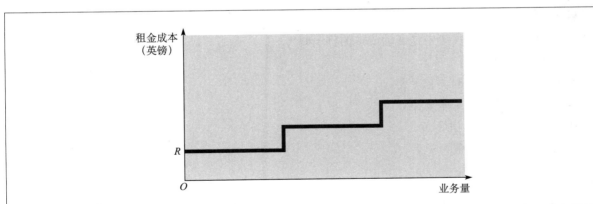

随着业务量从零开始增加，租金（固定成本）不受影响。在某一点上，如果不租用额外的空间，业务量就不会进一步增加。租用额外空间的成本将导致租金成本上升一个"阶梯"。如果业务量进一步增加，更高的租金成本将继续不受影响，直到达到另一个"阶梯"点。

图 3 - 2　租金成本与业务量的关系图

在业务量较少的情况下，图 3 - 2 所示的租金成本为 OR。随着业务量的增加，现有的场所无法满足需求。要想扩展业务，就需要更大的场所，这就意味着固定成本将急剧增加。如果业务量继续增加，就会达到这一场所也无法满足需求的另一个点。因此，将需要更大的场所，导致固定成本再一次急剧上升。以这种方式表现的固定成本通常称为阶梯式固定成本。

3.3 变动成本

我们在前面已经看到，变动成本随着业务量的变化而变化。例如，在制造企业中，这可能包括所用原材料的成本。

变动成本可以用图3-3来描述。当业务量为零时，变动成本也为零。随着业务量的增加，变动成本直线增加。

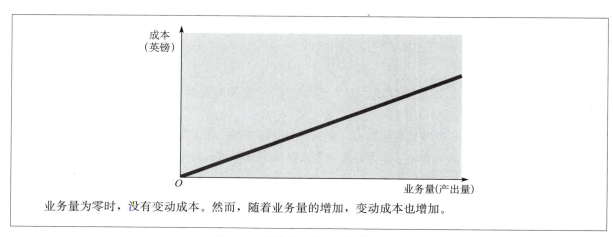

业务量为零时，没有变动成本。然而，随着业务量的增加，变动成本也增加。

图3-3　变动成本与业务量的关系图

活动3-3

你能想出一个在理发店中是变动成本的例子吗？

我们可以想到几个：

- 洗发水、喷雾剂和其他材料；
- 客户借记卡和信用卡费用；
- 毛巾的洗涤剂。

你可能还会想到其他例子。

与许多其他类型的企业一样，理发店的变动成本比固定成本低。因此，固定成本往往占总成本的大部分。

图3-3中的变动成本线意味着，无论业务量如何变动，单位变动成本都是相同的。我们将在本章后续部分讨论这一假设的实用性。

3.4 半固定（半变动）成本

在某些情况下，某一特定成本既包括固定成本又包括变动成本。这些成本可以被描述为半固定（半变动）成本。理发店的电费就是一个例子。一部分电费用于取暖和照明，这部分可能是固定的，至少在业务量增加到需要更长的开放时间或更大的场所之前都是如此；另一部分电费将随着业务量的变化而变化，如使用吹风机的电费等。

活动 3 - 4

你能想出理发店其他的半固定（半变动）成本的例子吗？试着至少想出一个。

固定电话的电话费往往有一部分固定租金。此外，某些电话可能与所涉及的业务量无关。然而，企业业务的增加可能会导致电话增多，从而增加电话费。

修理和更新往往都与时间相关，如理发店装修，而其他因素则与业务活动有关，如吹风机的维修。

分析半固定（半变动）成本

特定成本的固定和变动部分并不总是显而易见的。然而，过去的经验往往可以提供一些指导。我们再次以电费为例。如果我们有关于业务量的电费数据，比如一些业务三个月的相关数据（电费通常按季度计算），就可以估计电费的固定和变动部分。最简单的方法是使用高低点法。这种方法是从过去可用的季度数据中选取最高和最低的总电费数。然后假设这两个季度电费的差异完全是由变动成本的变化引起的。

例 3-1 展示了如何应用这种方法估算电费的固定和变动部分。

例 3-1

Davos 有限公司收集了几个季度电费和业务量的相关数据：

	电费最低季度	电费最高季度
业务量（台）	100 000	180 000
电费总额（英镑）	80 000	120 000

可以看到，业务量增加 80 000 台（即从 100 000 台增加到 180 000 台），导致电费增加 40 000 英镑（即从 80 000 英镑增加到 120 000 英镑）。由于假设该增加是由变动成本增加引起的，所以单位产品的变动成本是 0.50 英镑/台（40 000/80 000）。

因此，最高和最低季度的电费总额明细如下：

单位：英镑

	电费最低季度	电费最高季度
业务量（台）	100 000	180 000
变动成本		
100 000×0.50	50 000	
180 000×0.50		90 000
固定成本（倒挤得出）	30 000	30 000
电费总额	80 000	120 000

活动 3-5

你认为使用高低点法的主要缺点是什么？

它只依赖于与季度电费有关的一系列数据中的两点。所有其他数据都被忽略了。

如果在分析中使用每个季度的全部电费，可以对固定成本和变动成本进行更可靠的估计。每个季度的电费与业务量的关系如图3-4所示。

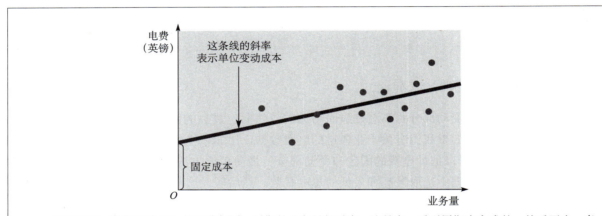

一段时间内（例如3个月）的电费与同一时期的业务量相对应。这是在一系列周期内完成的。然后画出一条最匹配图上各个点的线。从这条线我们可以推导出业务量为零时的成本（固定成本）和线的斜率（变动成本）。

图3-4　电费与业务量的关系图

图3-4中的每个点都代表特定季度的电费与该季度的业务量（可以销售收入衡量）。图上的线是最佳拟合线。这意味着（至少对我们来说）这是一条最能代表相关数据的线。通常可以使用统计方法（最小二乘回归）做出更好的估计，该方法不涉及绘制图表和做出估计。然而，就准确性而言，这两种方法之间可能没有什么实际差别。

从图中可以看出，电费中的固定成本部分是从原点（左下角）到最佳拟合线与图中纵轴相交点的垂直距离。单位变动成本是业务量增加一单位而引发的最佳拟合线上升的部分。

通过了解某一特定产品或服务的各部分成本，就可以预测不同产出水平下的总成本和单位成本。这些信息对决策者非常有用。本章余下的内容将从盈亏平衡分析开始，专门讨论这些信息是如何发挥作用的。

3.5　寻找盈亏平衡点

对于一个特定的产品或服务，如果我们知道一个时期的固定成本和单位变动成本，就可以制作如图3-5所示的图。该图展示了可能的业务量范围内的总成本。

图3-5的底部表示固定成本区域。变动成本为图中间的楔形部分。最上面的一条线代表不同业务量所对应的总成本。特定业务量的总成本可以用该图的横轴和最上面一条线对应的点之间的垂

直距离来表示。

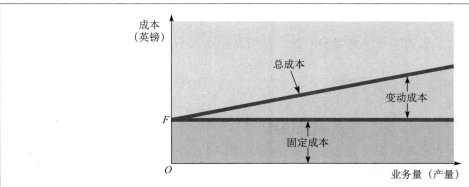

图的底部代表固定成本。在此基础上增加的楔形部分代表变动成本。这两部分加起来代表总成本。在业务量为零时,变动成本为零,所以总成本等于固定成本。随着业务量的增加,总成本也增加了,但这只是因为变动成本增加了。我们假设固定成本中没有阶梯式变动。

图3-5 总成本与业务量的关系图

逻辑上,业务量为零时的总成本就是固定成本。这是因为即使什么业务都没有,至少在短期内,企业仍需支付租金、工资等,当业务量从零开始增加时,固定成本与相关的变动成本相加,从而得到总成本。

如果我们在图3-5中的总成本图上添加一条代表整个业务量范围内总收入的线,就能得到盈亏平衡图,如图3-6所示。

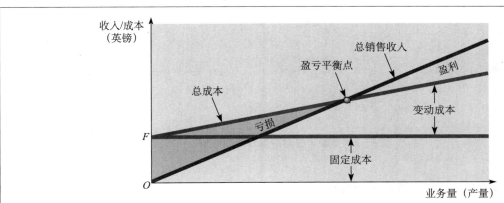

从原点出发的斜线代表不同业务量下的销售收入。这条线与从F点出发代表总成本的斜线的交点是盈亏平衡点。低于这个点代表企业亏损,高于这个点代表企业盈利。

图3-6 盈亏平衡图

请注意,在图3-6中,在业务量为零(销售量为零)时,销售收入为零。盈利(或亏损),即特定业务量的总销售收入与总成本之间的差额,是该业务量的总销售收入线与总成本线之间的垂直距离。如果这两条线之间没有垂直距离(总销售收入等于总成本),则业务量处于盈亏平衡点(break-even point,BEP)。此时既无盈利也无亏损,也就是说,企业达到盈亏平衡。当业务量低于盈亏平衡点时，将发生亏损，因为总成本超过了总销售收入。当业务量高于盈亏平衡点时，则会盈利，因为总销售收入超过了总成本。业务量低于盈亏平衡点越多，亏损就越多；业务量高于盈亏平衡点越多，盈利就越多。

真实世界 3-1 讨论了在美国开采页岩油的盈亏平衡点，以及不同地点之间存在的差异。

真实世界 3-1

石油价格

一项调查显示，过去一年，平均盈亏平衡油价已下跌 4‰（或每桶 2 美元），降至每桶 50 美元。50 美元掩盖了一些重要的差异。二叠纪盆地中的密德兰盆地和特拉华盆地等区域是页岩活动的温床，平均油价通常低于其他地区（见图 3-7）。运营商之间也存在变动，例如，在二叠纪盆地，私人调查的回应价格从 23 美元到 70 美元不等。

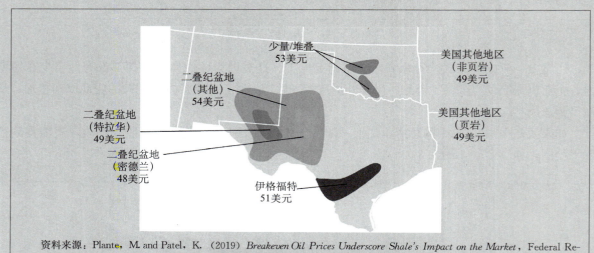

资料来源：Plante, M. and Patel, K. (2019) *Breakeven Oil Prices Underscore Shale's Impact on the Market*, Federal Reserve Bank of Dallas, 21 May, https://www.dallasfed.org/research/economics/2019/0521. Based on information from the Energy Information Administration, Federal Reserve Bank of Dallas.

图 3-7 美国页岩油的盈亏平衡油价

以图形方式推导 BEP 是一件费力的事情。然而，由于图中的关系都是线性的（即直线），计算 BEP 很容易。

我们知道在 BEP（而非其他业务量时）：

总销售收入＝总成本

（在除 BEP 之外的所有其他业务量下，要么总销售收入超过总成本，要么反之。只有在 BEP 它们才是相等的。）上述公式可以扩展为

总销售收入＝固定成本＋变动成本

如果我们设在 BEP 的单位产量为 b，那么

b×单位销售价格＝固定成本＋b×单位变动成本

因此

　　　　$b \times$ 单位销售价格 $- b \times$ 单位变动成本 $=$ 固定成本

　　　　$b \times ($ 单位销售价格 $-$ 单位变动成本 $) =$ 固定成本

得到

$$b = \frac{固定成本}{单位销售价格 - 单位变动成本}$$

如果我们回看图 3-6 所示的盈亏平衡图，这个公式似乎是合乎逻辑的。总成本线从 F 点开始，比总销售收入线的起点高 F（固定成本的金额）。因为单位销售价格大于单位变动成本，所以总销售收入线会逐渐赶上总成本线。它追赶的速度取决于两条线的斜率。记住两条线的斜率分别是单位变动成本和单位销售价格，上述计算 b 的等式看起来完全合乎逻辑。

虽然 BEP 可以不借助图表就能简单快速地计算出来，但这并不意味着盈亏平衡图没有价值。该图揭示了一系列活动中成本、业务量和利润之间的关系，并且以一种非财务领域的管理者也易于理解的形式呈现。因此，盈亏平衡图是解释这一关系的有用工具。

例 3-2

Cottage Industries 有限公司生产篮子。车间一个月的固定成本为 500 英镑。制作每个篮子需要花费 2 英镑的材料，制作时间为 1 小时。这家公司每小时付给制篮工人 10 英镑。公司与制篮工人都签有合同，只要他们不工作，就没有报酬。这些篮子以每个 14 英镑的价格卖给批发商。

公司制作篮子的 BEP 是多少？

答案：

BEP（按篮子数量）为：

$$\begin{aligned} BEP &= \frac{固定成本}{单位销售价格 - 单位变动成本} \\ &= \frac{500}{14 - (2 + 10)} \\ &= 250 （个/月） \end{aligned}$$

请注意，BEP 必须对应一段时间。

真实世界 3-2 提供了关于一家知名企业的 BEP 信息。

真实世界 3-2

瑞安航空的盈亏平衡点

商业航空公司似乎非常关注其 BEP 和客座率，即它们的实际业务水平。图 3-8 显示了瑞安航空这类低成本航空公司的 BEP 和客座率。以 2019 年为例，瑞安航空的客座率平均为 96%。平均而言，2019 年，客座率只要达到 83%，企业就可以实现盈亏平衡。

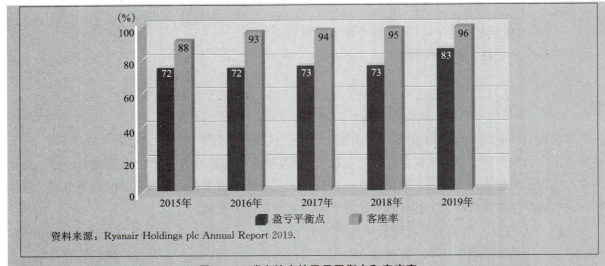

图 3-8　瑞安航空的盈亏平衡点和客座率

瑞安航空在 2015—2019 里每年都实现盈利。这是因为该航空公司的客座率始终高于其盈亏平衡点。

资料来源：Ryanair Holdings plc Annual Report 2019.

活动 3-6

在真实世界 3-2 中，我们看到瑞安航空的 BEP 在五年中从 72% 到 83% 不等。为什么每年都不一样？

BEP 取决于三大因素：销售收入、变动成本和固定成本。每个因素在每一年都有显著的变化。瑞安航空的销售收入会受到旅客可支配收入水平和（或）其他航空公司竞争水平的影响。每年的成本也都有所不同，尤其是航空燃料的成本。

[有趣的是，截至 2019 年 3 月 31 日，瑞安航空每位乘客的平均燃油成本为 17.08 欧元。相比之下，2018 年为 14.60 欧元，2017 年为 15.95 欧元。企业的这一主要成本每年都有很大变化。]

活动 3-7

你能想到为什么一家企业的管理者会认为了解他们计划开展的某些业务的 BEP 是有用的吗？

通过了解 BEP，可以将预计业务量与 BEP 进行比较，从而对风险做出判断。如果预计业务量仅略高于 BEP，可能表明这是一项高风险的投资。只要预计业务量小幅下降就可能导致亏损。

得出 BEP 并不是评估风险的唯一方法。在第 9 章中，我们将更详细地考虑风险这一主题及其评估和管理。

活动 3-8

Cottage Industries 有限公司（见例 3-2）预计每月销售 500 个篮子。这家公司打算租赁一台制篮机。这样做将使车间一个月的总固定成本增加到 3 000 英镑。使用这台机器可以将制作一个篮子的人工工时减少到半个小时。制篮工人仍将获得每小时 10 英镑的报酬。

（a）分别计算在使用机器和不使用机器的情况下，公司销售篮子每月获得多少利润。

（b）如果机器是租赁的，BEP 是多少？

（c）计算的数字有哪些变化？

答案：

（a）销售篮子每月预计获得的利润：

单位：英镑

	不使用机器		使用机器	
销售收入（500×14）		7 000		7 000
材料（500×2）	（1 000）		（1 000）	
人工（500×1×10）	（5 000）			
人工（500×1/2×10）			（2 500）	
固定成本	（500）		（3 000）	
		（6 500）		（6 500）
利润		500		500

（b）使用机器的 BEP（篮子数量）：

$$BEP = \frac{固定成本}{单位销售价格 - 单位变动成本}$$

$$= \frac{3\ 000}{14 - (2+5)}$$

$$= 429（个/月）$$

不使用机器的 BEP 是每月 250 个篮子（见例 3-2）。

（c）就利润而言，在预计销售量下，两种制造策略之间没有区别。然而，关于 BEP，两种策略之间存在明显的差异。一方面，如果不使用这台机器，实际销售量降到预计销售量的 50%（从 500 降至 250）时，公司仍然不会亏损。然而，使用这台机器，销售量仅下降 14%（从 500 降至 429），公司就无法盈利。另一方面，在预计销售量为 500 个篮子的基础上，不使用机器时销售一个篮子只能获得 2 英镑（14-（2+10））的额外利润，而使用机器时销售一个篮子可以获得 7 英镑（14-（2+5））的额外利润。（请注意：对 BEP 和预计业务量的了解为如何评估业务风险提供了基础。）

真实世界 3-3 描述了命运多舛的马来西亚航空公司如何努力实现盈亏平衡。公司采取的措施和面临的问题突出了成本、业务量和利润之间的关系。

真实世界 3-3

仍在准备起飞

马来西亚航空公司（Malaysian Airways）自 2010 年以来始终未实现盈利。令其财务困境雪上加霜的是，该公司在 2014 年还遭遇了两次重大空难，对客运量和盈利能力产生了不利影响。

为扭转业务颓势，公司采取了以下措施来降低成本和提高利润：

■ 重新谈判关键合同，包括与机场和燃料供应商的一些合同；

■ 使用更省油的飞机，比如空客350；

■ 通过促销活动增加乘客数量。

尽管取得了进展，但该公司未能按计划在2017年实现盈亏平衡。这导致盈亏平衡年度推迟到2019年。

为实现这一目标，公司采取了积极的销售举措。虽然这些举措增加了乘客数量，但并没有带来总收入的相应增长。这主要是由于该地区的航空旅行市场疲软。2019年6月，公司承认失败，并宣布当年无法实现盈亏平衡。

资料来源：Bahari, B. (2017) MAS targets profit by 2018, *New Straits Times*, 17 January；Kang Siew Li (2018) Malaysian Airlines still not out of the woods, *The Edge Malaysia Weekly*, 10 September; and Flight Global (2019) Malaysia Airlines may not break even in 2019, warns group chief, *Flight Global*, 14 June, https://www.flightglobal.com/news/articles/malaysia-airlines-may-not-break-even-in-2019-warns-458915/.

我们将进一步研究固定成本、变动成本和利润之间的关系，并在简要了解贡献的概念后，向 Cottage Industries 有限公司管理层提出建议。

3.6 贡 献

盈亏平衡公式的分母（单位销售价格减去单位变动成本）称为单位边际贡献。对于制作篮子业务，在不使用机器的情况下，单位边际贡献是2英镑，而在使用机器的情况下，单位边际贡献是7英镑。在做决策时，知道这个数字是非常有用的。之所以称为"贡献"，是因为它有助于补偿固定成本，如果贡献大于固定成本，就会实现盈利。

在本章的后续内容中，我们将会看到，了解特定业务所产生的贡献在做出各种短期决策时是有价值的。现在让我们考虑一个基于贡献概念的比率。

边际贡献率

边际贡献率是指某项业务的贡献占销售收入的百分比：

$$边际贡献率 = \frac{贡献}{销售收入} \times 100\%$$

贡献和销售收入都可以用单位额或总额来表示。对于 Cottage Industries 有限公司（见例3-2和活动3-8）来说，边际贡献率为：

$$不使用机器时：\frac{14-12}{14} \times 100\% = 14\%$$

$$使用机器时：\frac{14-7}{14} \times 100\% = 50\%$$

这个比率反映了变动成本消耗销售收入的程度。

3.7 安全边际

安全边际是指预计产量或销售量高于 BEP 的程度。为了说明如何计算安全边际，我们使用活动 3 - 8 的相关信息。

	不使用机器（篮子数量）	使用机器（篮子数量）
（a）预计销售量	500	500
（b）BEP	250	429
安全边际（（ε）和（b）的差）	250	71
安全边际与预计销售量的百分比	50%	14%

安全边际可以作为风险的部分衡量指标。

活动 3 - 9

根据安全边际值，你对 Cottage Industries 有限公司租赁机器有何建议？

采取何种策略，这是一个个人判断问题，而个人判断又与管理层对风险的态度有关。大多数人更倾向于不租赁机器的策略，因为预计业务量和 BEP 之间的安全边际要大得多。在收益水平相同时，不租赁机器的风险会更低。

安全边际与每个篮子的销售价格、变动成本和每月的固定成本直接相关。不使用机器时，每个篮子的贡献（单位销售价格减去单位变动成本）是 2 英镑；使用机器时是 7 英镑。另外，不使用机器时，每月的固定成本是 500 英镑，使用机器时则是 3 000 英镑。这意味着，使用机器时，在企业实现盈利之前，贡献需要"补偿"更多的固定成本。然而，由于变动成本较低，机器的贡献可以补偿固定成本的比率较高。因此，多卖或少卖一个篮子对盈利的影响要比不使用机器时大。这两种情况的对比如图 3 - 9 所示。

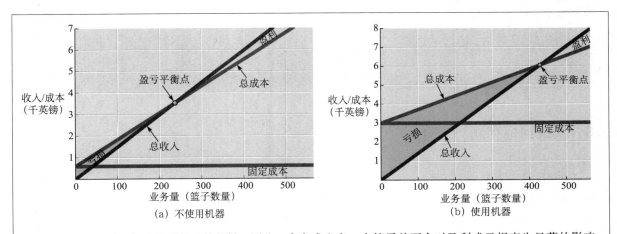

不使用机器时，每个篮子的贡献很低。因此，多卖或少卖一个篮子并不会对盈利或亏损产生显著的影响。然而，使用机器时，情况正好相反；销售量的小幅增减都会对盈利或亏损产生很大的影响。

图 3 - 9　Cottage Industries 有限公司制作篮子业务的盈亏平衡图

真实世界 3 - 4 更详细地介绍了瑞安航空近年来的安全边际和营业利润。

真实世界 3 - 4

瑞安航空的安全边际

正如我们在真实世界3-2中看到的，商业航空公司非常重视盈亏平衡点。它们还对自己的安全边际（客座率和盈亏平衡点之间的差异）感兴趣。

图 3-10 显示了瑞安航空近五年的安全边际和营业利润。

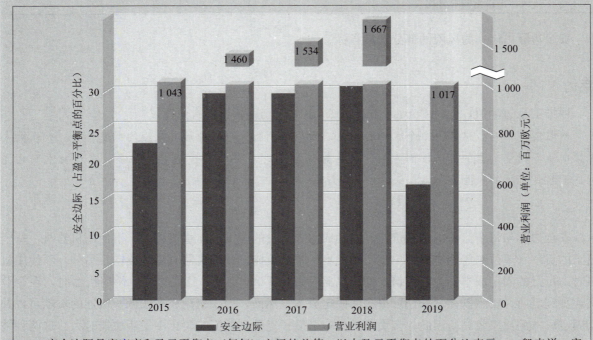

安全边际是客座率和盈亏平衡点（每年）之间的差值，以占盈亏平衡点的百分比表示。一般来说，安全边际越高，营业利润越多。

资料来源：Ryanair Holdings plc Annual Report 2019.

图 3-10　瑞安航空的安全边际

与前几年相比，瑞安航空 2019 年的安全边际大幅下降。

3.8　实现目标利润

正如可以推导出达到盈亏平衡所需的产量一样，我们也可以计算出达到特定利润水平所需的业务量。我们可以将"寻找盈亏平衡点"一节中的公式扩展为：

总销售收入＝固定成本＋总变动成本＋目标利润

如果我们设 t 为实现目标利润所需的业务量，那么

$t×$单位销售价格＝固定成本＋$t×$单位变动成本＋目标利润

因此

$t×$单位销售价格－$t×$单位变动成本＝固定成本＋目标利润

$t ×$（单位销售价格－单位变动成本）＝固定成本＋目标利润

得到

$$t = \frac{\text{固定成本} + \text{目标利润}}{\text{单位销售价格} - \text{单位变动成本}}$$

活动 3 - 10

Cottage Industries 有限公司（见例 3 - 2 和活动 3 - 8）的目标利润为每月 4 000 英镑。要实现这一目标需要多大的业务量：

（a）不使用机器；

（b）使用机器。

（a）基于上述公式：

$$\text{不使用机器时所需的业务量} = \frac{\text{固定成本} + \text{目标利润}}{\text{单位销售价格} - \text{单位变动成本}}$$

$$= \frac{500 + 4\ 000}{14 - (2 + 10)}$$

$$= 2\ 250\ （个/月）$$

（b）使用机器时所需的业务量 $= \dfrac{3\ 000 + 4\ 000}{14 - (2 + 5)} = 1\ 000\ （个/月）$

3.9 经营杠杆系数及其对利润的影响

固定成本和变动成本之间的关系称为经营杠杆系数（operating gearing 或 operational gearing）。在正常业务水平下，固定成本相对于总变动成本较高的业务称为具有较高的经营杠杆系数。因此，Cottage Industries 有限公司使用机器时的经营杠杆系数比不使用机器时的经营杠杆系数要高。租赁机器会显著提高经营杠杆系数，因为这会增加固定成本，但同时也降低了单位变动成本。

使用"杠杆"一词的原因是，与不同周长的相互啮合的齿轮一样，其中一个因素（业务量）的变动会带来另一因素（利润）更高比例的运动，如图 3 - 11 所示。

在经营杠杆系数相对较高的情况下，业务量轮的小幅转动会导致利润轮的大幅转动。业务量的增加会带来利润不成比例的更大幅度的增加。业务量的减少同样如此。

图 3 - 11 经营杠杆系数的影响

提高经营杠杆系数会使利润对业务量的变化更加敏感。我们可以用 Cottage Industries 有限公司制作篮子的业务对经营杠杆系数进行说明。

单位：英镑

	不使用机器			使用机器		
数量（篮子数量）	500	1 000	1 500	500	1 000	1 500
贡献*	1 000	2 000	3 000	3 500	7 000	10 500
固定成本	(500)	(500)	(500)	(3 000)	(3 000)	(3 000)
利润	500	1 500	2 500	500	4 000	7 500

* 不使用机器时每个篮子的单位边际贡献为 2 英镑，使用机器时每个篮子的单位边际贡献为 7 英镑。

请注意：不使用机器时（低经营杠杆系数），产量从 500 翻到 1 000 会带来 3 倍的利润。使用机器时（高经营杠杆系数），产量 500 翻一番可使利润增加为原来的 8 倍。然而，经营杠杆系数的作用是双向的。当经营杠杆系数较高时，产量的减少对利润的损害也更大。

活动 3-11

哪种类型的业务活动可能具有较高的经营杠杆系数？（提示：Cottage Industries 有限公司可能会给你一些启发。）

资本密集型的业务活动往往具有较高的经营杠杆系数。这是因为租赁或拥有资本设备会产生额外的固定成本，但也会降低变动成本。

真实世界 3-5 描述了一家企业如何从经营杠杆系数中获益。

真实世界 3-5

一个有用的工具

Northbridge Industrial Services 有限公司租赁和销售专业工业设备。在其 2018 年年度报告中，首席执行官评论了公司如何受益于经营杠杆系数，他说："2018 年是公司的分水岭，两个业务领域都出现了复苏的迹象，尤其是在 Tasman Oil Tools 公司。随着收入（尤其是租赁业务的收入）开始改善，经营杠杆系数对交易的影响开始使公司受益。经过一段时间的大幅削减成本，我们的大部分运营成本保持固定，尤其是对业务量不太敏感的开办费和折旧费。这意味着，随着收入的增加，毛利润的增长也会相应加快。此外，销售和租赁的组合也提高了经营杠杆系数，因为利润率较高的租赁收入的恢复速度快于制成品销售总额的增长速度。"

资料来源：Chief Executive's Review，Northbridge Industrial Services plc Annual Report and Account 2018, p. 9.

3.10 利润-业务量图

盈亏平衡图经过微调得到利润-业务量（profit-volume，PV）图。典型的 PV 图如图 3-12 所示。

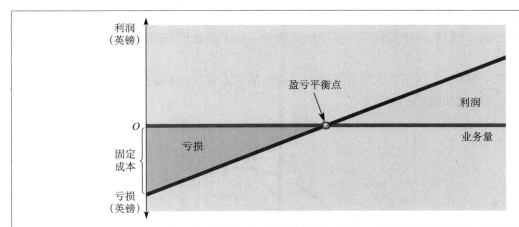

斜线代表利润（亏损）与业务量的关系。随着业务量的增加，贡献总额（销售收入减去变动成本）也增加。业务量为零时，没有贡献，所以亏损的金额等于固定成本。

图 3 - 12　利润-业务量图

PV 图是通过绘制亏损或利润与业务量的关系得到的。图的斜率等于单位边际贡献，因为每多卖出一单位产品就会减少亏损或增加利润，减少或增加的值为单位销售价格减去单位变动成本。当业务量为零时，没有贡献，因此亏损等于固定成本。随着业务量的增加，亏损逐渐减少，直至达到BEP。超过 BEP 即可获得利润，利润随业务量的增加而增加。

正如我们所看到的，PV 图并没有告诉我们盈亏平衡图中未显示的任何东西。但是，它突出了在任何业务量下产生的利润（或亏损）的关键信息。盈亏平衡图显示了总成本线和总销售收入线之间的垂直距离。PV 图实际上结合了总销售收入线和总变动成本线，这意味着利润（或亏损）是可以直接读取的。

3.11　经济学家对盈亏平衡图的看法

到目前为止，在本章中，我们假设所有的关系都是线性的，也就是说，图中所有的线都是直线。然而，在实践中，这种假设通常不成立。

例如，考虑盈亏平衡图中的变动成本线。会计人员通常将它视为一条直线。然而，在现实中，这条线可能不是直线。这可能是因为，在高产出水平下，可以产生规模经济。这些都是由产量增加而节省的成本。

活动 3 - 12

制造商如何从与原材料需求相关的规模经济中获益？

原材料（一种典型的变动成本）能够在产量更高的情况下得到更有效的利用。此外，购买大量原材料可以使企业有资格获得数量折扣，从而降低成本。

然而，高产量也可能会导致规模不经济。换句话说，它可能导致单位变动成本增加。例如，某一特定原材料的大量使用可能会导致短缺，从而导致供应价格上升。如果存在规模经济或规模不经济，单位变动成本在整个业务量范围内不会保持不变。

随着销量的增加，单位产品销售价格也有减少的趋势。为了销售更多的特定产品或服务，可能有必要降低单价。

出于上述原因，经济学家认识到，盈亏平衡图中描绘的关系很可能是非线性的。当此关系为非线性时，盈亏平衡图可能如图 3-13 所示。

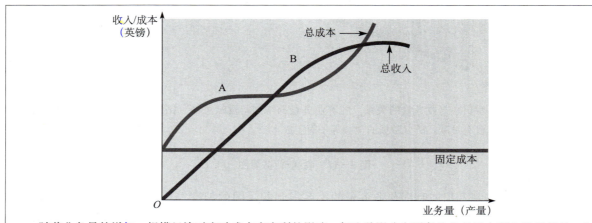

随着业务量的增加，规模经济对变动成本有有利的影响，但这种影响在更高的业务量水平上是相反的。与此同时，在更高的业务量水平上，单位销售价格往往会减少，以提高销量。

图 3-13　经济学家对盈亏平衡图的看法

请注意，在图 3-13 中，总成本线开始随着业务量急剧上升，但在 A 点附近，规模经济开始发挥作用。随着业务量的进一步增加，总成本不会急剧上升，因为增加一单位产出，变动成本会降低。规模经济将继续对成本产生良性影响，直至企业运营超出其有效范围。超过这个范围，就会出现对变动成本产生不利影响的问题。例如，企业可能无法找到如前所述的变动成本要素的廉价供应，或者可能由于密集的业务活动而面临生产困难（如机器故障）。因此，总成本线开始急剧上升。

在低业务量水平下，产品可能以相对较高的单价进行销售。然而，为了提高 B 点以上的销量，可能有必要降低单价。这意味着总收入线不会急剧上升，甚至可能会向下弯曲。请注意，这种盈亏平衡图的"曲线"很容易导致存在不止一个盈亏平衡点。

会计人员为他们的方法辩护。他们说，尽管在实践中这些线可能不是直线，但这种缺陷通常不值得考虑。部分原因是分析中使用的信息是基于对未来的估计。由于我们无法非常准确地预测，这些估计难免会有缺陷。因此，我们可以将总成本线和总收入线近似视为直线。只有在涉及规模经济或规模不经济的情况下，才应考虑变动成本的非线性。此外，对大多数企业来说，它们经营的可能产量范围（相关范围）相当狭窄。在短期内，把曲线当作直线来处理是完全合理的。

3.12　盈亏平衡问题

大多数企业在其发展过程中在努力实现盈亏平衡。对某些企业来说，这可能是相当常见的事。财富与商业周期（这个术语指的是一项经济活动随时间的收缩和扩张）相关的企业尤其容易受到此问题的影响。建筑、大宗商品和航空等行业的企业往往对商业周期的变动高度敏感。因此，对其产品或服务的需求可能会大幅波动。这意味着，当经济活动下滑时，盈亏平衡可能无法实现。

农业产业有自己的循环模式。好年景之后往往是坏年景。真实世界 3-6 描述了澳大利亚奶农发现难以实现盈亏平衡的情形。

真实世界 3-6

澳大利亚奶农难以实现盈亏平衡

根据澳大利亚政府的数据，2018—2019 年，澳大利亚奶牛场的平均收入预计将下降 42%。这一下降主要是由于澳大利亚东南部大部分地区长期干旱。

由于干旱，谷物价格几乎翻了一番，从每吨 165 美元上涨到每吨 285 美元。饲料成本上涨之时，正是超市挤压农场收入之际，超市为了吸引顾客进店，对牛奶进行打折促销。

这种"双重打击"意味着一些奶农无法实现盈亏平衡。为了生存，南澳大利亚乳制品协会主席担心奶农将不得不宰杀多达 15% 的牛群。

资料来源：J. Dicherell, (2018), Australian Drought Could Force Early Dairy Culling, Farm Journal (www. milkbusiness. com/article/australian-drought-could-force-early-dairy-culling), 17 October. Australian dairy: financial performance of dairy farms 2016 - 17 to 2018 - 29 https: //www. agriculture. gov. au/abares/research-topics/ surveys/dairy Accessed 14 August 2020, J. Clifford, (2018) Dollar-a-litre milk continues to hurt drought-hit dairy farmers https: //www. abc. net. au/news/rural/2018 - 08 - 31/dairy-farmers-nsw-hurt-by-drought-and-prices/10182876, 31 August.

3.13　盈亏平衡分析的不足

虽然盈亏平衡分析可以提供有关成本、业务量和利润之间关系的有用见解，但它也有缺点。一般有三个问题：

1. 非线性关系。盈亏平衡分析通常假设所绘制的总变动成本线和总收入线与业务量呈完全的线性关系。在现实生活中，这不太可能。然而，我们在前面已经看到，实践中，严格线性的微小变化可能并不显著，并且在企业的相关业务量范围内，曲线往往近似直线。

2. 阶梯式固定成本。大多数类型的固定成本不在整个业务范围内固定。它们趋向于如图 3-2 所示的阶梯式。这意味着，在实践中对固定成本进行假设时必须谨慎。因为许多业务涉及不同类型的固定成本（例如租金、管理者工资和管理费用），这些成本可能在不同临界点有不同的阶梯，这个问题就会被放大。

3. 多产品业务。大多数企业提供不止一种产品或服务。这为盈亏平衡分析带来了问题，因为一种产品的销售可能影响该企业另一种产品的销售。还存在确定与特定产品相关的固定成本的问题。固定成本可能产生于多种产品。例如，多种产品可能在同一工厂生产。在产品之间分摊固定成本有多种方法，但它们往往是随意的，这就削弱了盈亏平衡分析的价值。

活动 3-13

如上所见，实践中，成本、利润和业务量之间不一定是直线关系。你能想出至少三个理由并举例说明为什么会出现这种情况吗？

我们想到了以下几点：

- 利用劳动力实现规模经济。一家企业可以在更高的业务量下更经济地经营。例如，员工可以通过专注于特定任务来提高生产力。

- 通过购买产品或服务实现规模经济。企业可能会发现大批购进产品或服务更便宜，因为供应商会提供折扣。

- 规模不经济。这可能意味着业务量水平越高，单位产出成本越高。例如，可能有必要向工人支付更高的报酬，以招聘实现更高业务量所需的额外工作人员。

- 在高业务量水平下降低销售价格。一些消费者可能只准备以较低的价格购买特定的产品或服务。因此，如果不降低价格，就不可能实现较高的销售量。

你可能还能想到其他情形。

尽管存在一些问题，但盈亏平衡分析仍被广泛使用。真实世界 3-7 提供了一些支持证据。

真实世界 3-7

盈亏平衡分析的使用

2012 年对美国管理学院（US Institute of Management）200 名成员进行的一项调查显示，约 38% 的美国企业广泛使用盈亏平衡分析，另有 21% 的企业考虑使用这种方法。

2013 年对英国 11 家中小型企业进行的一项调查发现，它们都采用了某种形式的盈亏平衡分析。小型企业往往采取非正式的方法，即粗略了解所产生的固定成本和补偿成本所需的销售水平。中型企业则采取了更正式的方法。它们采用盈亏平衡分析，同时计算目标利润和安全边际，作为正式计划程序的一部分。

资料来源：Clinton D. and White L.（2012）Roles and practices in management accounting 2003—2012, *Strategic Finance*, November, pp. 37-43; and Lucas, M., Prowle, M. and Lowth, G.（2013）*Management Accounting Practices of UK Small-Medium-Sized Enterprises*, CIMA, July.

媒体经常提及商业和其他活动的 BEP。足球就是一个例子。人们经常提到某个俱乐部要达到盈亏平衡所需的观众人数。此外，欧足联和英国足球的四大联赛（超级联赛、英冠联赛、甲级联赛、乙级联赛）已经基于盈亏平衡的概念为足球俱乐部实施了财务公平规则。参加或希望参加这些比赛的俱乐部必须至少大致平衡其开支与所产生的收入。目的是防止俱乐部为了追求成功而不顾一切地花钱，从而危及它们的长远未来。这也是为了防止非常富有的足球俱乐部所有者用与俱乐部收入无关的资金为其俱乐部进行融资。

未能遵守这一盈亏平衡规则可能导致高额罚款，甚至被排除在各种比赛之外。真实世界 3-8 讨论了一个此类惩罚的例子。

惩罚

英格兰足球联赛冠军俱乐部女王公园巡游者（Queens Park Rangers）的主场位于伦敦西部。由于在 2013—2014 赛季违反财务公平规则，该俱乐部不得不在 2018 年达成 4 200 万英镑的和解协议。在那个赛季，俱乐部获得了升入英超的机会，但仅仅在一个赛季之后就降级了。

资料来源：Reuters（2018）QPR agree 42 million pound settlement for FFP rules breach, *Reuters*, 27 July, https://uk.reuters.com/article/uk-soccer-england-qpr-ffp/qpr-agree-42-million-pounds-settlement-for-ffp-rules-breach-idUKKBN1K! H1! BF.

媒体还报道了一些正在努力实现盈亏平衡的企业。真实世界 3 - 9 描述了一家企业如何慢慢实现盈亏平衡。

请阅读全文

《卫报》和《观察家报》的所有者——卫报传媒集团（Guardian Media Group，GMG）已经将年度亏损减半，而且有望在 2019 年实现盈亏平衡，这符合集团恢复稳定的三年计划。GMG 首席执行官戴维·佩姆塞尔（David Pemsel）在接受采访时表示，2017—2018 年，更严格的成本控制以及鼓励读者捐款的计划已将亏损从 3 890 万英镑降至 1 860 万英镑。他说："两年前，我们制订了到明年 3 月实现盈亏平衡的计划，现在我们已经步入正轨。"这项为期三年的计划由佩姆塞尔和《卫报》编辑凯斯·瓦伊纳（Kath Viner）于 2016 年制订，当时集团亏损高达 5 700 万英镑。预计未来几年亏损将大幅上升，这也使得人们担心集团最终将破产。

资料来源：Garrahan, M.（2018）Guardian owner halves losses and heads towards break-even, ft.com, 24 July.

3.14　利用贡献进行决策：边际分析

在第 2 章中，我们讨论了决策的相关成本。我们发现，在对两个或多个可能的方案做出决策时，分析中只应包括因该决策变化而变化的成本。这一原则也适用于固定成本。对于涉及以下内容的许多决策，固定成本是不相关成本：

- 与现有做法相比差异较小；
- 相对有限的时间。

无论做出何种决策，结果都是一样的。这是因为固定成本在短期内不能或不会改变。

阿里有限公司（Ali plc）拥有一个提供 IT 维修和维护服务的车间。最近客户对这项服务的需求有所下降。阿里有限公司有可能搬到更小、更便宜的办公场所去开展业务。

你能想出为什么公司不能立即搬到更小、更便宜的办公场所吗？

我们大致想到了三个理由：

1. 通常不可能在接到通知后很短的时间内就为现有办公场所找到买主，也很难迅速找到可用的替代场所。

2. 在有精密设备需要移动的情况下，很难快速搬到新的办公场所。

3. 管理层可能认为业绩下滑不是永久性的，因此，不愿意采取如此重大的举措，也不愿意失去从可能复苏的生意中获益的机会。

你可能还想到了其他理由。

我们现在来考虑一些固定成本可以被视为不相关成本的决策。在做出决策时，我们的主要目标应该是增加所有者（股东）的财富。这些决策本质上是短期的，因此产生尽可能多的净现金流入通常会增加财富。

边际分析是成本收益分析的一种形式。它关注的是特定业务的额外成本与其产生的额外收益的比较。因此，在采用这种方法时，只应考虑因决策变化而变化的成本和收益。这意味着固定成本通常可以忽略。单位变动成本通常等于边际成本，边际成本是指多生产一单位产出的额外成本。然而，有时生产一个或多个单位产品将涉及固定成本的阶梯式变动。如果发生这种情况，边际成本就不仅仅是变动成本，它还包括固定成本增加的部分。

边际分析可用于四个关键领域的决策：

- 对签订合同机会的定价/评估；
- 稀缺资源的最有效利用方式；
- 自制或外购决策；
- 终止或继续经营决策。

让我们依次考虑这些领域。

3.14.1 对签订合同机会的定价/评估

为理解边际分析如何用于评估机会，请考虑以下活动。

Cottage Industries 有限公司（见例 3 - 2）制篮工人有一些空闲时间，因此具有闲置产能。一家海外零售连锁店向该公司提供了 300 个篮子的订单，每个篮子的价格为 13 英镑。

在不考虑其他问题的情况下，公司是否应接受该订单？（假设公司不租用机器。）

固定成本在任何情况下都会发生，因此与本决策无关。我们所要做的就是看这个订单所提供的价格是否会产生贡献。如果会，则接受订单比拒绝订单对公司更有利。

	单位：英镑
单位额外收入	13
单位额外成本	（12）
单位额外贡献	1

　　300 个篮子的额外贡献为 300 英镑（300×1）。由于不涉及固定成本增加，接受这个订单要比拒绝这个订单多赚 300 英镑。

　　与以往的决策一样，还有其他难以量化或无法量化的因素。在做出最终决策之前，应该考虑这些因素。关于 Cottage Industries 有限公司做出是否接受海外订单的决策，可能包括以下内容：

　　■ 闲置产能被廉价"出售"的风险。可能出现提供更高价格的潜在客户，届时产能已完全投入使用。这种可能性有多大，是一个商业判断的问题。

　　■ 销售相同的产品但价格不同可能会导致失去客户的好感。为不同国家（即不同市场）的客户设定不同的价格，可以避免这一潜在问题。

　　■ 更积极的是，企业可能将此视为打入另一市场的方式。如果公司按正常价格销售，这可能是无法实现的。

　　边际成本是企业销售产品或提供服务的最低价格。这导致企业不会因为销售而变得更好或更坏。但超过这个最低价格将会产生利润，从而增加所有者的财富。

　　边际成本定价方法只适用于无法以覆盖全部成本的价格出售的情况。从长远来看，企业要想盈利，售价就必须能够弥补所有的成本，包括变动成本和固定成本。

活动 3 - 16

　　一架商用飞机将在一小时后起飞，还有 20 个座位尚未售出。这些座位可以出售且航空公司不会因此变得更差的最低售价是多少？

　　任何高于多载一名乘客的边际成本的价格都是可以接受的最低价格。如果没有这样的成本，最低价格为零。

　　这并不是说航空公司将寻求收取最低价格；它可能会寻求收取市场能够承受的最高价格。市场不承担全部成本和利润加成的事实，原则上不应成为航空公司在有剩余载客量座位的情况下拒绝出售座位的充分理由。

　　实际上，航空公司是边际成本法的主要使用者。因为没有足够的顾客愿意支付"正常"价格，它们通常为非高峰旅行提供低价票。由于强调往返机票必须在周六中途停留，航空公司可能会把被返出行的商务旅客排除在外，因为周六中途停留对他们来说没有吸引力。英国铁路运营商经常为非高峰旅行提供大幅折扣。同样，酒店在非高峰时段的房价通常也较低。主要供商务旅客入住的酒店可能会在周五、周六提供较低的房价。

　　近年来，制药企业越来越受到来自政府和慈善机构的压力，要求它们降低药品价格。人们常常认为，药品价格应该更准确地反映边际生产成本。真实世界 3 - 10 是一篇文章的摘录，指出了制药企业涉及的权衡问题。

真实世界 3-10

药品价格

将价格设定在接近边际成本的水平对创新产业（包括生物制药）来说是行不通的。在创新产业中，生产一单位产品（比如一个药丸或一剂药剂）的边际成本通常比总固定成本（特别是在研发和测试方面）要小。作为创新型公司，生物制药企业必须能够收回这些高昂的前期成本。与电影等其他行业一样，生物制药企业为药物定价，不仅要弥补药物的固定成本和边际成本，还要弥补失败药物的成本。高昂的固定成本（来自成功和失败的成本）使得企业需要将药物价格定得远远高于边际成本。如果药品收入基于边际成本，虽然药品的短期可承受性可能会提高，但企业将无法收回成本，这将导致它们停止对未来研究的投资，产生亏损并倒闭。

因此，药物定价需要在短期可承受性和长期创新之间取得平衡。低廉的价格（以及公共补贴）让更多的人现在能够负担得起药物，但如果以牺牲生物制药企业的收入为代价，企业投资新药物的动力就会下降。较高的价格会增加这种激励，但也可能使许多患者负担不起。通过私人保险或政府支付的药品补贴，特别是对中低收入家庭的补贴，是平衡这一冲突的一种方式。遗憾的是，如何取得适当的平衡没有正确的答案，但那些试图达到平衡的企业需要意识到其中的问题。

资料来源：Kennedy, J.（2019）*The Link Between Drug Prices and Research on the Next Generation of Cures*, Information Technology and Innovation Foundation，9 September，https://itif.org/publications/2019/09/09/link-between-drug-prices-and-research-next-generation-cures.

3.14.2 稀缺资源的最有效利用方式

在许多情况下，企业的产量是由顾客对特定产品或服务的需求决定的。然而，产量会受到企业生产能力的限制。有限的生产能力可能源于任何生产要素的短缺——人工、原材料、空间、机器产能等。这种稀缺因素通常称为关键或限制性因素。

当产能制约产量时，管理层必须决定如何最好地配置稀缺资源。也就是说，他们必须决定在现有的产品范围内生产哪些产品，以及每种产品生产多少。此种情况下，边际分析对管理层是有用的。指导原则是：当稀缺要素的单位边际贡献最大时，最有利可图的产品组合才会出现。例 3-3 说明了这一点。

例 3-3

一家企业提供三种不同的服务，具体情况如下：

单位：英镑

服务（代码名称）	AX107	AX109	AX220
单位售价	50	40	65
单位变动成本	(25)	(20)	(35)
单位边际贡献	25	20	30
单位劳动时间（小时）	2.5	1.5	3

在合理范围内，市场将尽可能多地接受每种服务，但提供服务的能力受到人工的限制，所有服务都需要熟练工人。固定成本不受所选择提供服务的影响，因为三者都使用相同的设施。

最赚钱的服务是 AX109，因为它每小时产生 13.33 英镑（20/1.5）的贡献。另外两项服务每小时仅产生 10 英镑（25/2.5 和 30/3）的贡献。因此，为了实现利润最大化，应当优先考虑使限制性因素的单位边际贡献最大的产品。

我们的第一反应可能是企业应该只提供服务 AX220，因为它每销售一单位产品产生的贡献最大。如果是这样的话，我们就误将销售能力当作限制性因素。如果上述分析还不能令人信服，我们可以随意设定一些可利用的工时，然后思考单独提供每项服务能够获得的最大贡献（以及由此产生的利润）是多少。牢记一点：其他因素包括市场需求在内都不缺，缺的只是人工。

活动 3 - 17

一家企业生产三种不同的产品，具体如下：

产品（代码名称）	B14	B17	B22
单位售价（英镑）	25	20	23
单位变动成本（英镑）	10	8	12
每周需求（台）	25	20	30
单位机器时间（小时）	4	3	4

固定成本不受产品选择的影响，因为这三种产品使用相同的机器。机器工作时间限制为每周 148 小时。

如果企业要获得最高利润，应该生产哪种产品组合？

单位：英镑

产品（代码名称）	B14	B17	B22
单位售价	25	20	23
单位变动成本	(10)	(8)	(12)
单位边际贡献	15	12	11
单位机器时间（小时）	4	3	4
单位机器小时贡献	3.75	4.00	2.75
优先顺序	第 2	第 1	第 3

因此，生产：

20 台 B17 产品		60 小时
22 台 B14 产品		88 小时
合计		148 小时

这使得另外 3 台 B14 产品和 30 台 B22 产品的市场需求未得到满足。

活动 3-18

在活动 3-17 中，可以采取哪些实际步骤来提高企业的利润？

我们想到的改进措施如下：

■ 考虑获得额外的机器时间。这可能意味着购买一台新机器，将加工业务分包给另一家企业，或者每周从企业自己的机器中挤出几个小时。这两种或更多种的组合都是有可能的。

■ 重新设计产品，减少每种产品所需机器生产的时间。

■ 提高三种产品的单位价格。这样做可能会抑制需求，但目前无法满足现有需求。因此，从长远来看，售出的每一单位产品都做出更大的贡献可能比采取其他行动方案来提高企业利润更有利可图。

活动 3-19

回到活动 3-17，假设不在企业内部进行加工不会节省固定成本或变动成本，那么相关企业准备支付给分包商来加工剩余 B14 的最高价格是多少？如果我们考虑 B22，是否会有不同的最大值？

如果剩下的 3 个 B14 产品被免费分包出去，那么企业能够获得 15 英镑的单位边际贡献，而这是它通过其他方式无法获得的。因此，每台 15 英镑以内的单价都值得支付给分包商来进行加工。当然，企业希望支付尽可能少的费用，但每台 15 英镑以内的费用仍然值得将加工分包出去。

B22 的情况并非如此，因为它的单位边际贡献不同，B22 只有 11 英镑的单位边际贡献。

3.14.3 自制或外购决策

企业通常需要决定是自己生产销售的产品或服务，还是从其他企业购买。电器生产商可能会决定将其一种产品的生产分包给另一家企业，这可能是因为生产商自己的工厂生产能力不足，或者是因为它认为分包比自己生产电器成本更低。

企业可能只是将产品或服务的一部分分包出去。例如，生产商可能拥有由另一家制造商生产的设备组件。原则上，自制或外购决策的范围几乎没有任何限制。实际上，生产主要产品或服务所需的任何零件、部件或服务，或者主要产品或服务本身，都可能成为自制或外购决策的主题。因此，举例来说，通常由内部人员履行的企业人力资源职能可以分包。同时，通常由外部电力公司提供的电力也可以在内部生产。从分包商处获得服务或产品称为外包。

活动 3-20

Shah 有限公司的一种产品需要一个组件。它可以将组件的生产外包给分包商，分包商将以每件 20 英镑的价格提供该组件。Shah 有限公司也可以在内部生产该组件，每个组件的总变动成本为 15 英镑。Shah 有限公司有剩余产能。该组件应该分包还是内部生产？

Shah 有限公司应该在内部生产组件，因为分包的变动成本比内部生产的变动成本高 5 英镑（20-15）。

活动 3 - 21

现在假设 Shah 有限公司（见活动 3 - 20）没有剩余产能，因此它只能通过减少另一种产品的产量来生产该组件。生产每个组件时，将损失另一产品 12 英镑的贡献。

该组件应该分包还是内部生产？

分包。在此情况下，必须同时考虑内部生产的变动成本和损失贡献的机会成本。因此，各组件的相关内部生产成本为：

	单位：英镑
组件生产的变动成本	15
其他产品损失的机会成本	12
合计	27

这显然比必须支付给分包商的每个组件 20 英镑的费用要高。

活动 3 - 22

在做出自制或外购决策时，除了可以量化的财务因素，你还会考虑哪些因素？

我们认为有两个主要因素：

1. 分包的普遍问题，特别是：

（a）失去对质量的控制；

（b）供应的潜在不可靠性。

2. 专业知识和专业化。一般来说，企业应该关注自己的核心竞争力。

关于活动 3 - 22 中的第二点，正如我们前面提到的，对于大多数企业来说，只要有足够的决心，几乎所有的事情都可以在内部完成。然而，这可能需要一定水平的技能和设备，而大多数企业既不具备也不希望获得这些技能和设备。例如，虽然大多数企业可以自己发电，但其管理层通常认为这最好由电力公司来做。专业人士通常可以更低的成本完成工作，出错的风险也更小。

真实世界 3 - 11 摘录了一篇文章，揭示了新冠疫情如何导致许多大型企业重新考虑其外包需求。

真实世界 3 - 11

问题的根源

在过去的 30 年里，随着全球化的发展，印度已成为外包大国。从班加罗尔到海得拉巴，超过 400 万人在向西方企业提供呼叫中心、IT 维护和各种其他服务的庞大园区中工作。但该国由于新冠疫情封锁造成的混乱局面让许多外包商在转向远程工作时争相避免停电中断，凸显了集中外包业务的风险。

> 印度外包商在转向远程工作过程中面临的一个挑战是严格的隐私规则，即规定哪些东西可以带出办公室。另一个挑战是缺乏基础设施。该国饱受停电之苦，员工在家中经常缺乏可靠的互联网连接。一名德意志银行高管表示："他们家里没有高速宽带，因为太贵了，所以我们不得不给员工提供一张 sim 卡、笔记本电脑并支付他们的电话费，这样他们就可以远程工作。"
>
> 波兰是欧洲最大的外包和离岸中心，是世界五大外包中心之一，也是希望从外包中获利的竞争方之一。波兰的工业在劳动力成本方面无法与印度和菲律宾竞争。相反，它试图利用距离西方市场更近、欧盟成员国的法律和监管框架、受过良好教育、会多种语言的劳动力以及良好的基础设施，来吸引西方跨国公司。那里的高管们希望，波兰外包商应对疫情期间向远程工作转变的方式，将成为另一个有利的因素。
>
> 波兰商业服务贸易机构 ABSL 的联合创始人说："把东西从英国运到波兰，通常可以节省 50% 的成本，搬到印度可以节省 70%～75% 的成本。但今天的不同之处在于，这不仅仅是一场金融危机，需要你找到节约成本的方法，恢复能力也是你需要考虑的因素。"
>
> 资料来源：J. Shotter and B. Parkin (2020) The outsourcers hoping to gain from the crisis ft. com 3 June.

3.14.4 终止或继续经营决策

企业通常会为每个部门或分部编制单独的财务报表，以评估其相对业绩。例 3-4 考虑了边际分析如何帮助企业应对发现某个部门表现不佳的情况。

例 3-4

Goodsports 有限公司是一家零售商店，分三个部门经营，所有部门都在同一个场所办公。这三个部门占用的面积大致相等。预计明年的交易结果如下：

单位：千英镑

	合计	运动器材	运动服装	普通服装
销售收入	534	254	183	97
销售成本	(482)	(213)	(163)	(106)
利润（或亏损）	52	41	20	(9)

如果普通服装部门关闭，公司的利润将会更高，每年可以增加 9 000 英镑。

如果将成本分为变动部分和固定部分，可以推导出每个部门的贡献，并得到以下结果：

单位：千英镑

	合计	运动器材	运动服装	普通服装
销售收入	534	254	183	97
变动成本	(344)	(167)	(117)	(60)
贡献	190	87	66	37
固定成本（租金等）	(138)	(46)	(46)	(46)
利润（或亏损）	52	41	20	(9)

很明显，在不采取其他措施的情况下关闭普通服装部门将使公司的业绩下降 37 000 英镑（该部门的贡献）。该部门不应关闭，因为它做出了贡献。无论该部门是否关闭，固定成本都将继续存在。从以上分析可以看出，区分变动成本和固定成本，并推导出贡献，可以使情况更清楚。

活动 3-23

在考虑 Goodsports 有限公司（见例 3-4）时，我们发现"在不采取其他措施的情况下"，不应关闭普通服装部门。哪些"其他措施"会影响这一决定，使普通服装部门继续存在更有吸引力或不那么有吸引力？

我们所能想到的是：

■ 扩展其他部门或以全新的业务部门取代普通服装部门。只有当普通服装部门目前占用的空间每年至少能产生 37 000 英镑的贡献时，这才有意义。

■ 转租普通服装部门占用的空间。同样，这需要每年产生超过 37 000 英镑的净租金，以使其比保持该部门继续经营更具财务效益。

■ 保持部门继续经营，即使它没有产生任何贡献（假设空间没有其他用途），可能仍然是有益的。如果顾客被吸引到这家商店是因为它有普通服装，那么他们可能会从其他部门购买一些东西。同样，转租可能也会吸引顾客进店。（反之，可能会把顾客赶走！）

你可能想到了其他措施。

图 3-14 总结了倾向于使用边际分析的四个关键决策领域。

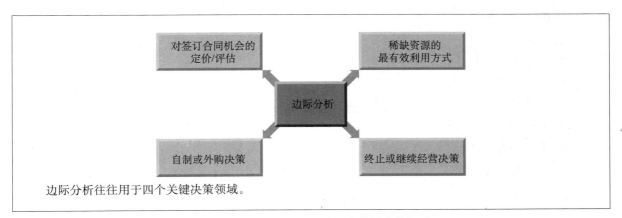

边际分析往往用于四个关键决策领域。

图 3-14 使用边际分析的四个关键决策领域

自测题

Khan 有限公司可以使用相同员工提供三种不同类型的服务（Alpha、Beta 和 Gamma）。对明年的情况做出的各种估计如下：

单位：英镑

	Alpha	**Beta**	**Gamma**
单位销售价格	30	39	20
变动材料成本	15	18	10
其他变动成本	6	10	5
固定成本	8	12	4
所需工时（小时）	2	3	1

明年的固定成本预计将达到 40 000 英镑。

要求：

（a）如果企业明年仅提供 Alpha 服务，那么需要提供多少单位的服务才能实现盈亏平衡？（对于这个问题，假设对市场规模和人员配备水平没有有效的限制。）

（b）如果企业明年的可用工作时间有限，这三种服务的优先顺序是什么？

（c）三种服务明年的最大市场需求如下：

  Alpha 3 000 单位

  Beta   2 000 单位

  Gamma 5 000 单位

Khan 有限公司明年最多有 10 000 工时可用。

该企业下一年每种服务应该提供多少？预期会产生多少利润？

📚 本章小结

本章的要点如下：

成本性态

- 固定成本与业务量无关（例如租金）。
- 变动成本随业务量而变化（例如原材料）。
- 半固定（半变动）成本是固定成本和变动成本的混合（例如电费）。

盈亏平衡分析

- 盈亏平衡点（BEP）是总成本（固定成本＋变动成本）等于总销售收入时的业务量。
- 盈亏平衡点的计算方法如下：

$$\text{BEP}(\text{产量}) = \frac{\text{本期固定成本}}{\text{单位边际贡献}}$$

- 特定业务的 BEP 有助于评估风险。
- 单位边际贡献＝单位销售价格－单位变动成本。
- 边际贡献率＝贡献/销售收入×100%。
- 安全边际＝计划产量（或销售收入）－盈亏平衡点产量（或销售收入）。

■ 实现目标利润所需的业务量（t）计算如下：

$$t = \frac{\text{固定成本} + \text{目标利润}}{\text{单位销售价格} - \text{单位变动成本}}$$

■ 经营杠杆系数是某业务的固定成本与变动成本之间的关系。

■ 利润-业务量（PV）图是盈亏平衡图的替代方法。

■ 考虑到销售的规模经济（和规模不经济），以及要销售大量产品单位价格就必须下降的事实，经济学家倾向于采取不同的方法看待 BEP。

盈亏平衡分析的不足

■ 成本、收入和业务量之间存在非线性关系。

■ 可能存在阶梯式固定成本。大部分固定成本在所有业务中并不固定。

■ 多产品企业在将固定成本分配给特定业务方面存在问题。

边际分析（忽略不受决策影响的固定成本）

■ 对签订合同机会的定价/评估——只考虑对贡献的影响。

■ 稀缺资源的最有效利用方式——通过最大化其单位边际贡献来最有效地利用限制性因素。

■ 自制或外购决策——采取能带来最高贡献的决策。

■ 终止或继续经营决策——应依据对贡献总额的净影响进行评估。

复习思考题

3.1　业务量和销售收入/变动成本之间的线性关系假设是否总是合理的，即使业务量范围相当小？

3.2　现代企业的经营杠杆系数水平往往高于 50 年前。为什么会出现这种情况？

3.3　一种盈亏平衡分析方法可能会产生多个盈亏平衡点。为什么？

3.4　如果存在限制销售的稀缺资源，企业将如何实现利润最大化？解释你所确定的利润最大化方法的逻辑。

练习题

基础练习题

3.1　Motormusic 有限公司生产一种标准型号的汽车收音机，以每台 60 英镑的价格卖给汽车制造商。明年公司计划生产和销售 2 万台收音机。公司的成本如下：

制造	
变动材料	20 英镑/台
变动人工	14 英镑/台
其他变动成本	12 英镑/台
固定成本	8 万英镑/年
管理和销售	
变动成本	3 英镑/台
固定成本	6 万英镑/年

要求：

（a）计算下一年的盈亏平衡点。分别以收音机产量和销售额表示。

（b）计算下一年的安全边际。分别以收音机产量和销售额表示。

中级练习题

3.3 Gandhi 有限公司向小型零售企业提供促销服务。服务分三个等级：基本、标准、综合。该公司计划明年以全部产能投入工作。管理层认为，市场不会以计划价格接受这三种服务中的任何一种。计划包括：

金额单位：英镑

服务	服务的单位数	销售价格	单位变动成本
基本	11 000	50	25
标准	6 000	80	65
综合	16 000	120	90

该公司每年的固定成本总计 660 000 英镑。无论服务的等级如何，每项服务花费的时间大致相同。

一位会计人员刚刚出具了一份报告。从该报告看，标准服务似乎无利可图。报告的相关摘录如下：

标准服务成本分析

单位：英镑

单位销售价格	80
单位变动成本	(65)
单位固定成本	(20)　(660 000/(11 000＋6 000＋16 000))
损失	(5)

该报告提供者建议公司明年不提供标准服务。此外，报告还建议，如果基本服务的价格降低，可以扩大市场。

要求：

（a）假设其他两种服务的产量无法扩大以利用闲置产能，那么公司明年是否还应提供标准服务？

（b）假设闲置产能可用于提供新服务"Nova"，每单位向客户收取 75 英镑，该服务的单位变动成本为 50 英镑，每单位所需时间是其他三项服务的两倍。公司明年是否还应提供标准服务？

（c）假设扩大基本服务的必要产能只能来自不提供标准服务，可以接受的基本服务的最低价格是多少？

第 **4** 章

完全成本法

引言

完全成本法（吸收成本法）是一种被广泛使用的方法，它考虑了生产一个特定产品或提供一项特定服务所产生的全部成本。在本章中，我们将会了解到如何使用这种方法来计算某些业务的成本，例如生产一单位的产品（例如一罐烤豆）、提供一次服务（例如汽车修理）或建造一项设施（例如铺设一条从伦敦到伯明翰的高速铁路）。

计算完全成本的精确方法取决于每一产品或服务是否与其他产品或服务相同，或者每项工作是否有其各自的特点。这也取决于企业是否按部门计算间接费用。我们将研究完全成本是如何计算的，还要考虑它对管理工作的用处。

本章探讨了完全成本法的传统形式。在第 5 章中，我们将讨论最近兴起的一种方法，即作业成本法。

学习目标

学完本章后，你应该能够：

- 计算单一产品与多产品环境下一个成本单位的完全（吸收）成本；
- 讨论实践中计算完全（吸收）成本的若干问题；
- 详述完全（吸收）成本信息对管理者的有用性；
- 比较和区分完全成本法与变动成本法。

4.1　完全成本法的含义

完全成本是指为实现某一特定目标而耗用的资源总量，通常用货币计量。如果企业要向客户提供一种产品或服务，那么为生产该产品或提供该服务而耗用的所有资源都是完全成本的一部分。为了计算完全成本，需要将所发生的各项成本累积起来，并分配到特定的产品或服务上。

完全成本法的基本原则是，运行办公室或工厂等生产设施的全部成本，应被视为产品成本的一部分。以建筑师办公室的租金为例。尽管建筑师再多承担一项任务，租金可能不会改变，但如果没有这间办公室，他就无处工作。因此，在计算每个建筑项目的完全成本时，应将办公室租金考虑在内。

成本单位是确定成本时的一个单位，例如一项建筑任务。成本单位通常指某一产品或服务的一个产出单位。

4.2 完全成本信息的作用

我们在第 1 章中看到，提供管理会计信息的唯一目的是提高管理者决策的质量。与企业产品或服务的完全成本相关的信息主要在以下四个方面发挥作用。

■ 定价与产出决策。掌握完全成本信息可以帮助管理者做出向客户收取产品或服务价格的决策。完全成本信息以及有关价格的信息也可用于确定产品或服务的生产数量。我们将在第 10 章中详细探讨这一问题。

■ 实施控制。确定产品或服务的完全成本通常是实施成本控制的一个良好起点。例如，如果报告的完全成本数额过高，就可以对完全成本的各个部分进行审查，看看是否有节约成本的机会。这可能会导致需要重新设计生产流程，找到新的供货来源等。我们将在后面的章节，特别是第 7 章和第 11 章中讨论这一点。

■ 评估相对效率。完全成本信息有助于比较特定方式或在特定地点开展活动的成本与以不同方式或在不同地点开展活动的成本。例如，汽车制造商可能希望比较两家制造厂生产某一型号汽车的成本，这有助于决定未来的生产地点。

■ 评估绩效。利润是衡量企业绩效的重要指标。要衡量某一产品或服务产生的利润，应将其产生的销售收入与产生该收入所消耗的成本进行比较。这有助于评估过去的决策。它还有助于指导未来的决策，如继续提供或放弃特定的产品或服务。

图 4 - 1 显示了完全成本信息的四种用途。

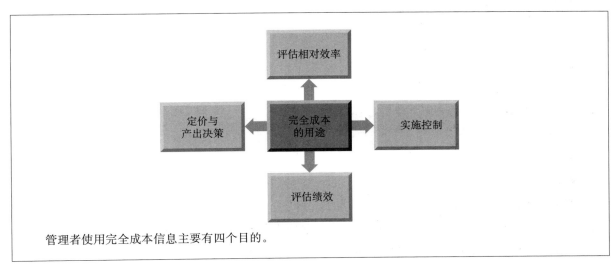

图 4 - 1 管理者使用完全成本的用途

现在让我们考虑一下真实世界 4 - 1。

真实世界 4 - 1

学位的成本

2016—2017 学年，英国一名本科生的平均教育费用为 10 372 英镑。

这个数字代表了开展这项活动的全部成本。

资料来源：KPMG LLP（2019）*Understanding Costs of Undergraduate Provision in Higher Education*，Department for Education，May.

在考虑真实世界 4 - 1 中的信息时，一个重要的问题是"完全成本包括什么？"它只包括教师在授课、研讨会和辅导课上所赚取的工资成本，还是包括其他成本？如果包括其他成本，那么是哪些成本？例如，是否包括教师在以下方面花费的时间成本：

- 准备授课材料；
- 编辑和更新课程材料；
- 准备和评阅试卷；
- 考试监考；
- 组织和参观实习。

是否包括非教职员工开展教学辅助活动的成本，如：

- 课程表；
- 制定章程；
- 学生福利和咨询辅导；
- 职业建议。

是否包括使用大学的设施和资源的成本，如：

- 图书馆设施；
- 材料和消耗品；
- 报告厅；
- 实验室和工作室。

是否包括大学的行政服务的成本，如：

- 人力资源；
- 会计；
- 法律服务；
- IT 服务。

如果不包括这些项目的成本，那么计算的数字是否存在误导性？相反，如果将这些项目的成本包括在内，又如何确定适当的学费？解决此类问题是本章和第 5 章前半部分的重点。

在接下来的内容中，我们首先考虑如何计算提供单一产品或服务企业的单位产出的完全成本。然后，我们探讨如何计算提供多产品或服务企业的单位产出的完全成本。

4.3　单一产品企业

确定单位产出的完全成本，最简单的情况是企业只生产单一产品或提供单一服务。此种情况下，生产过程将涉及一系列连续或重复的活动，产出将由相同或相近的项目组成。要计算单位产出的完全成本，我们必须将总制造成本平均到所生产的单位数量上。简单来说，就是把某一特定时期所有的生产成本要素（材料、人工、租金、燃料、电力等）相加，并将其除以该期间的总产出数。这种方法称为分步成本法。

活动 4-1

Fruitjuice 有限公司于 5 月初开始运营。该公司只生产一种名为"橙子气泡水"的起泡橙汁饮料。5 月，该公司生产了 7 300 升这种饮料。发生的制造成本如下：

5 月生产每升橙子气泡水的完全成本是多少？

单位：英镑

配料（橙子，糖，水等）	390
燃料	85
厂房租金	350
设备折旧	75
人工	852

每升完全成本＝总制造成本/生产的升数

$$＝(390＋85＋350＋75＋852)/7\ 300$$
$$＝1\ 752/7\ 300$$
$$＝0.24（英镑）$$

分步成本法的问题

分步成本法的计算往往比较简单，因为它用于相同或相近项目的生产。然而，在计算制造成本的某些要素时，仍会出现问题。例如，Fruitjuice 有限公司的折旧成本是如何计算的？它只能是一种估算，因此其可靠性值得商榷。原材料成本也可能是一个问题。我们应该使用原材料的"相关"成本（此种情况下，几乎可以肯定是重置成本），还是使用实际支付的价格（历史成本）？由于每升橙子气泡水的成本可能用于决策目的，重置成本可能是更合理的选择。然而出于某种原因，历史成本似乎在实践中得到了更广泛的应用。

在计算产量方面也可能存在问题。如果橙子气泡水的制造过程不是很快，那么在某些时刻，难免会有一些产品处于制作过程中。部分完工的橙子气泡水就是在产品，在计算一段时期的总产出及单位产出的成本时应将其考虑在内。然而，这可能有点棘手。在例 4-1 中，我们将了解到为什么以及应当如何处理在产品。

例 4-1

Gnome Sweet Gnome 有限公司于 9 月 1 日开始运营。该公司只生产一种产品，是一种供花园和庭院使用的小矮人雕像。在第一个月（9 月），该公司实现了以下产出：

已完工的雕像	120 个
9 月底部分完工的雕像	15 个

我们如何用一个数字来衡量 9 月的总产量？不能简单地以 120 个已完工的雕像来衡量总产量，这样做会忽略 9 月的部分制作工作已经花费在部分完工的雕像上的事实。我们也不能简单地将 120 个已完工的雕像与 15 个在产品雕像相加，这将忽略一些雕像仍然处于未完工状态的事实。因此，在计算总产量时，必须以某种方法将部分完工的雕像考虑在内。

这个方法就是计算在产品所能代表的约当产量，即用已发生的材料成本和其他制造成本可以生产出的完工产品的数量。为此，我们必须首先估算在产品的完工程度。

我们假设，就材料、人工及其他费用而言，在产品估计已完成 80%。因此，部分完工雕像的约当产量可以通过在产品雕像数乘以其完工百分比来计算，即 12 个（15×80%）。

因此，该时期的总约当产量应为 132 个（120+12）。这个数字是将完成程度作为权重的加权平均数。

活动 4-2

承例 4-1，假设 9 月生产小矮人雕像所产生的制造成本如下：

	单位：英镑
材料（塑料、油漆、树脂等）	1 680
设备用电	140
厂房租金	1 050
设备折旧	230
人工	1 920
其他制造成本	260

9 月，每个雕像的约当产量完全成本是多少？

9 月所产生的成本既与已完工雕像有关，也与月末在产品雕像有关。为了得出每个雕像的约当产量完全成本，我们必须将产生制造成本的所有要素相加，然后将该金额除以约当产量。因此：

$$每个雕像的约当产量成本 = 总制造成本/雕像的约当产量$$
$$= (1\ 680 + 140 + 1\ 050 + 230 + 1\ 920 + 260)/(120 + 12)$$
$$= 5\ 280/132$$
$$= 40.00（英镑）$$

总制造成本现在可以按照以下方式在已完工和部分完工的雕像之间进行分配：

	单位：英镑
已完工雕像的成本（120×40）	4 800
部分完工雕像的成本——在产品（12*×40）	480
总计	5 280

＊请注意，使用的是约当产量，不是实际单位数。

在估计完工程度时，必须尽可能准确。如果估计过高，会夸大约当产量。这将导致 9 月生产的雕像的单位成本被少算。如果估计过低了，则相反。

上面的例 4-1 让我们对如何处理在产品有了一定的了解，但可能会出现更多的复杂情况。其中一个问题是，期初和期末都存在在产品。另一个问题是同一在产品各个生产要素的完工程度不同。例如，一种产品可能在材料方面完工了 90%，但在人工和其他成本方面只完工了 80%。这些技术性较强的问题虽然不难处理，但超出了本书的范围。

当需要考虑在产品时，分步成本法的关键步骤如图 4-2 所示。

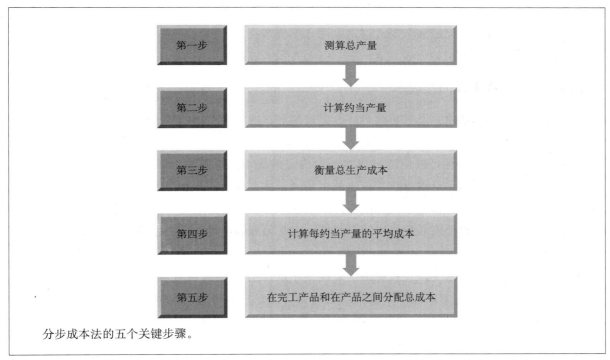

分步成本法的五个关键步骤。

图 4-2　分步成本法的关键步骤

活动 4-3

能想到分步成本法可能适用的特定行业吗？试着至少想出两个。

适用的行业可能包括：

- 油漆制造；
- 化学加工；
- 石油开采；

- 塑料制造；
- 造纸；
- 制砖；
- 饮料；
- 半导体芯片。

你可能还想到了其他行业。

4.4 多产品企业

许多企业提供不同的产品或服务。此种情况下，在橙子气泡水（见活动 4-1）和小矮人雕像（见例 4-1）中使用的分步成本法将不再适用。虽然将成本平均分配给每个相同的产出单位可能是恰当的，但如果产出单位差别很大，情况就并非如此了。例如，如果不考虑汽车修理的复杂程度和规模，将相同的成本分配给汽车修理厂的每次汽车修理，是不合逻辑的。

当企业提供不同的产品或服务时，通常采用订单成本法。要将每一产出单位的成本累计起来，以确定其完全成本。要了解如何做到这一点，首先需要了解直接成本和间接成本的区别。

4.4.1 直接成本和间接成本

为了提供完全成本信息，必须将各种成本要素累加，然后在合理的基础上分配给特定的成本单位。当成本单位不完全相同时，首先要做的就是将成本分为两类：直接成本和间接成本。

- 直接成本。这是一种可以用特定成本单位确定的成本。也就是说，成本可以追溯到特定的成本单位，并且可以可靠地计量。直接成本的主要例子是直接材料和直接人工。因此，在确定汽车修理厂的汽车修理成本时，修理中使用的备件成本和修理工的时间成本都构成直接修理成本的一部分。收集直接成本要素需要有效的成本记录系统，它必须能够记录每项工作使用的直接材料成本和直接人工成本。

- 间接成本（或间接费用）。它包括了总成本中的所有其他要素，也就是不能追溯到特定成本单位（订单）的项目。因此，汽车修理厂所支付的租金将是特定汽车修理的间接成本。

"间接成本"和"间接费用"是同义词，我们将在本书的其余部分交替使用这两个词。

真实世界 4-2 在一定程度上说明了直接成本和间接成本在实践中的相对重要性。

真实世界 4-2

计算成本

阿尔-奥米里（Al-Omiri）和德鲁里（Drury）对 176 家英国企业进行了一项调查，这些企业处于不同行业，且年销售额均超过 5 000 万英镑。调查发现，企业产出的完全成本中直接成本和间接成本的平均占比如图 4-3 所示。

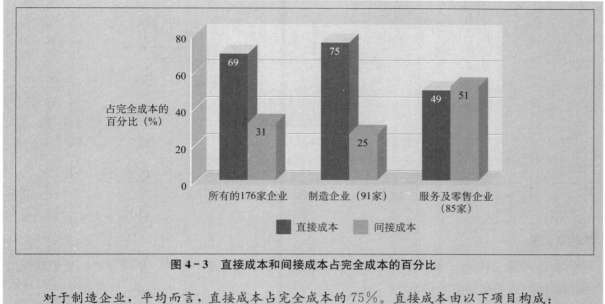

图 4-3 直接成本和间接成本占完全成本的百分比

对于制造企业，平均而言，直接成本占完全成本的 75%。直接成本由以下项目构成：

直接材料	52%
直接人工	14%
其他直接成本	9%

资料来源：Al-Omiri, M. and Drury, C.（2007）A survey of factors influencing the choice of product costing systems in UK organizations, *Management Accounting Research*, vol. 18, pp. 399-424.

活动 4-4

汽车修理厂的老板希望了解每项工作（汽车维修）的直接成本。如何收集特定工作的直接成本（人工和材料）信息？

通常，直接人工需要记录每项工作花费的时间。因此，从事这项工作的机修工会记录在汽车上工作的时间长度。工资率可从人力资源部获得。接下来就简单了，将工作时间乘以相关的工资率即可。通常要求仓库管理人员记录每项工作所用零件和材料的成本。

企业通常会为每项工作准备一份"工作表"（可能是在电脑上编制的）。所产生信息的质量将取决于员工是否忠实地记录工作中使用的直接人工和直接材料。

4.4.2 订单成本法

要推算某个成本单位的完全成本，我们首先要确定成本单位的直接成本，这通常相当简单。然而，下一步就不那么简单了。我们必须向每个成本单位"分配"适当份额的间接成本（间接费用）。换句话说，成本单位会吸收间接成本。因此，完全成本法也被称为吸收成本法。吸收过程如图 4-4 所示。

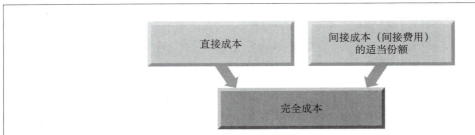

图 4-4 直接成本与间接成本的关系

活动 4-5

Sparky 有限公司是一家雇用了大量电工的企业。该公司向客户提供一系列服务，从更换保险丝到在新房中安装全套电线系统。

对于 Sparky 有限公司完成的特定工作而言，下列成本要素属于哪一类成本（直接成本或间接成本）？

- 承担这项工作的电工的工资；
- 电工使用工具的折旧；
- 订单中使用的电缆和其他材料的费用；
- Sparky 有限公司存放电缆和其他材料库存的建筑物的租金。

电工在特定工作中赚取的工资和工作所用材料的成本都包含在直接成本中。因为我们可以计算特定工作花费了多少时间（即直接人工成本）以及使用的材料数量（即直接材料成本）。

其他成本要素包括在企业经营的一般成本中，是完成工作的间接成本的一部分。这些成本无法根据特定的工作来衡量。

需要注意的是，一项成本是直接成本还是间接成本取决于要计算成本的项目——成本目标。不明确成本目标来分析间接成本是错误的。

活动 4-6

如果我们要计算 Sparky 有限公司整个业务运营一个月的成本，那么活动 4-5 中列出的每个成本要素属于哪一类成本，直接成本还是间接成本？

所有这些成本要素都将构成直接成本的一部分，因为它们都与一个月的业务运营相关，并以一个月的业务为衡量标准。

覆盖范围较广的成本目标（如 Sparky 有限公司运营一个月），往往比范围更小的目标（如 Sparky 有限公司承接的特定工作）包含更多的直接成本。计算范围更广的成本目标比计算范围更小的成本目标简单，这是因为直接成本通常比间接成本更容易处理。

在详细讨论完全成本法之前,首先要明确它与上一章讨论的方法的区别。

4.4.3 完全成本法和成本性态

我们在第 3 章中看到,某项工作的完全成本(或总成本,在边际分析中通常称为总成本)可以分为固定成本和变动成本,如图 4-5 所示。

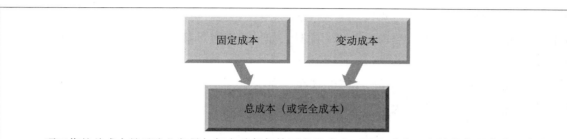

图 4-5 固定成本、变动成本和总成本之间的关系

图 4-5 与图 4-4 所示的内容明显相似,这可能会给人造成变动成本和直接成本相同、固定成本和间接成本(间接费用)也相同的印象。然而,事实并非如此。

固定成本和变动成本是根据业务量变化时的成本性态来定义的,直接成本和间接成本则是根据它们在多大程度上可以与特定的成本单位(订单)相联系并对其进行衡量的程度来定义的。这两组概念完全不同。虽然固定成本通常是间接成本,变动成本通常是直接成本,但这远非硬性规定。以大多数制成品为例,它们可能有间接成本,如机械动力,这是变动成本;也有直接成本,如人工费用,这是固定成本。因此,确定一项成本是间接成本还是直接成本,并不能说明它是固定成本还是变动成本。

成本对业务量变化的反应,以及如何收集成本要素以推断特定项目的完全成本,如图 4-6 所示。

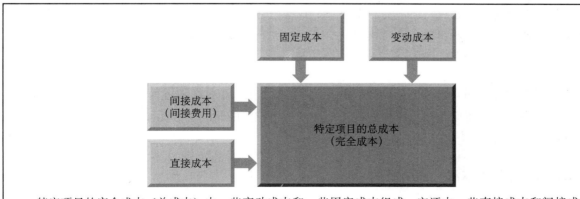

图 4-6 特定项目的直接成本、间接成本、变动成本和固定成本之间的关系

总成本是直接成本和间接成本的总和，也是固定成本和变动成本的总和。我们应该始终记住，这两个事实是没有联系的。

4.4.4　间接成本问题

值得强调的是，直接成本和间接成本之间的区别只在订单成本法的环境中，即产出单位不同的情况下。在计算一升橙子气泡水（见活动4-1）的成本时，这种区别并不重要，因为所有成本都由每升橙子气泡水平摊。然而，当产出单位不同时，如果我们想对某个订单的全部成本进行适当衡量，就不能这样做。

尽管间接成本是构成每个成本单位完全成本的一部分，但根据定义，它不能直接与特定的成本单位相联系。这就提出了一个重大的实际问题：如何将间接成本分配给各个成本单位？

4.5　间接成本

间接成本（间接费用）可视为向成本单位提供服务。以一家律师事务所为某一特定客户提供的法律案件服务为例。该法律案件可视为由完成该工作的办公室提供的服务。因此，向每个案件（成本单位）收取一部分办公室运营成本（租金、照明、供暖、清洁、建筑维护等）是合理的。这一费用与办公室提供的服务数量相关也是合理的。

下一步是困难的。办公室的运营成本，即事务所承接的所有工作所产生的成本，应如何在各个法律案件之间进行分配？

最简单的方法是在该期间内，在公司处理的每个案件之间平均分摊这笔间接费用。然而，这种方法并没有什么可取之处。

活动 4 - 7

为什么这种方法并不可取？

就每个案件从办公室获得服务的程度而言，这些案件不太可能完全相同。这是因为它们在案件大小和复杂性方面都有所不同。

如果客户没有得到完全相同的服务，我们必须确定一些可观察和可衡量的内容，将成本区分开，在实践中，往往使用直接人工在处理每个案件上所花费的时间。然而，必须强调的是，这不是"最正确"的方式，当然也不是唯一的方式。

4.5.1　订单成本法：一个实例

为了解订单成本法的原理，让我们看一下例4-2。

例 4-2

Johnson 有限公司提供个人电脑维护和修理服务。该公司每月有 10 000 英镑的间接费用。每月直接人工工时为 1 000 小时，并计入成本单位（企业承接的订单）。该公司承担一次个人电脑维修使用的直接材料成本为 15 英镑，直接人工工时为 3 小时，工资率为每小时 16 英镑。Johnson 有限公司按直接工时收取间接费用。这个维修订单的完全成本是多少？

答案：

首先，让我们确定间接成本分配率（间接费用补偿率），即单次维修应分配的间接费用。该比率为每直接人工工时 10 英镑（10 000/1 000）。

因此，此项维修的完全成本为：

	单位：英镑
直接材料	15
直接人工（3×16）	48
	63
间接费用（3×10）	30
完全成本	93

请注意，在例 4-2 中，计算完全成本时，直接人工工时（3 小时）出现了两次：一次用于计算直接人工成本，另一次用于计算间接费用。这实际上是两个独立的问题，尽管两者都基于相同的直接人工工时。

还需注意的是，如果该月内承接的所有订单都以类似的方式分配间接费用，即 10 000 英镑的间接费用将会在各个订单之间分摊。使用大量直接人工工时的订单将被分配很大一部分间接费用。同样，使用少量直接人工工时的订单将被分配小部分间接费用。

活动 4-8

你能想到为什么直接人工往往被视为成本单位之间分摊间接费用最合理的依据吗？试着至少想出一个原因。

我们想到的原因如下：

■ 从逻辑上讲，大型订单应该吸收大量的间接费用。因为与小型订单相比，大型订单可能会从间接费用中得到更多的"服务"。直接人工工时的长短可以被视为衡量订单相对规模的一种粗略方法，尽管还可以找到其他方法——例如，相对实物大小，即成本单位是实物，如产成品。

■ 所有间接费用都与时间有关。租金、供暖、照明、非流动资产的折旧以及监督者和管理者的工资，这些都是典型的间接费用，它们都与时间有关。也就是说，一周的间接费用往往是类似的两周费用的一半。因此，根据产出单位从间接费用提供的"服务"中受益的时间，将间接费用分配给各订单是合乎逻辑的。

■ 直接人工工时对每个订单来说都是可测算的。一般情况下，都会对其进行测量，以推算成本的直接人工要素。因此，以直接人工工时为基础计算间接费用是合乎逻辑的。

没有"最正确"的方法来分配订单的间接费用，这点再怎么强调都不为过。根据定义，间接费用不能直接与单个订单相关联。然而，如果我们希望将间接费用纳入所有订单完全成本的一部分，就必须找到某种方法，将总间接费用分配给每个订单。实践中，直接人工工时法似乎是最普遍的方法。

真实世界 4-3 介绍了某知名组织使用的另一种间接费用分配方法。

真实世界 4-3

补偿成本

英国国家医疗服务体系计算其为患者提供的各种医疗和外科手术的费用。在确定需要作为住院患者住院期间的手术费时，英国国家医疗服务体系确定了特定手术（例如膝关节置换手术）的全部费用。除此之外，它还增加了一部分医院的间接费用，以补偿患者的住院费用。

直到最近，它用一段时间的病房间接费用总额除以整个医院的"床位天数"来确定"床位日费率"。一个床位天数是指一名患者在医院占用一天的床位。特定患者治疗的总费用计算如下：

总费用＝手术费用＋（患者住院天数×床位日费率）

该体系没有采用以直接人工工时为基础的计算方法。相比之下，床位日费率是以时间为基础的合乎逻辑的替代方法。

英国国家医疗服务体系现在使用的是另一种形式的完全成本计算法，我们将在下一章介绍。

资料来源：NHS England（2014）*NHS Better Care Better Value Indicators*，15 May.

活动 4-9

Marine Suppliers 有限公司承接一系列订单，包括为小型帆船量身定制船帆。该公司预计下个月将出现以下情况：

直接人工成本	120 000 英镑
直接人工工时	6 000 小时
间接人工成本	19 000 英镑
设备折旧	8 000 英镑
租金	10 000 英镑
供暖、照明及电力	2 000 英镑
机器使用时间	2 000 小时
间接材料	1 500 英镑
其他间接生产成本要素（间接费用）	1 200 英镑
直接材料成本	36 000 英镑

该公司收到了一份关于船帆的询价函。据估计，这种特殊的船帆需要 6 个直接人工工时来制作，需要 20 平方米的帆布，每平方米帆布价值 25 英镑。

该公司通常以直接人工工时为基础，分配间接费用。

制作船帆的完全（吸收）成本是多少？

制作船帆的直接成本可确定如下：

	单位：英镑
直接材料（20×25）	500.00
直接人工（6×(120 000/6 000)）	120.00
	620.00

为了推导出必须计算的间接成本（间接费用）以得出制作船帆的完全成本，我们首先需要将这些成本要素汇总如下：

	单位：英镑
间接人工	19 000
折旧	8 000
租金	10 000
供暖、照明及电力	2 000
间接材料	1 500
其他间接生产成本要素（间接费用）	1 200
总间接成本（间接费用）	41 700

由于公司以直接人工工时为基础分配间接成本，我们需要推算直接人工工时的间接成本（或间接费用）分配率。这很简单：

间接成本分配率＝41 700/6 000＝6.95（英镑/直接人工工时）

因此，预计制作船帆的完全成本为：

	单位：英镑
直接材料（20×25）	500.00
直接人工（6×(120 000/6000)）	120.00
间接成本（6×6.95）	41.70
完全成本	661.70

图 4-7 展示了活动 4-9 所提到的船帆的间接成本（间接费用）和直接成本的计算过程。

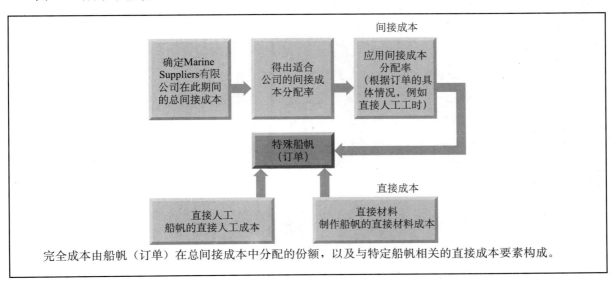

图 4-7　Marine Suppliers 有限公司在活动 4-9 中计算制作船帆的完全成本的过程

活动 4-10

假设 Marine Suppliers 有限公司（见活动 4-9）使用机器工时来计算订单的间接成本。如果预计需要 5 个机器工时（以及 12 个直接人工工时），那么这个订单的成本是多少？

无论以何种方式将其计入订单，公司的总间接成本都是相同的。按机器工时计算的间接成本分配率为：

间接成本分配率＝41 700/2 000＝20.85（英镑/机器工时）

因此，预计制作船帆的完全成本为：

	单位：英镑
直接材料（20×25）	500.00
直接人工（6×(120 000/6 000)）	120.00
间接成本（5×20.85）	104.25
完全成本	724.25

可以看到，这样计算得出的完全成本与使用直接人工工时计算得出的完全成本数字大相径庭。

真实世界 4-4 简要描述了两项调查的结果。第一项调查揭示了大型企业和中小型企业在分配间接成本方面的差异。第二项调查重点关注中小型企业。

真实世界 4-4

规模问题

一项针对英国制造企业 272 名管理会计师的问卷调查发现，与大型企业相比，中小型企业将间接成本分配给产品成本的比例更低。此外，在将间接成本分配到产品成本时，这些进行分配的中小型企业使用了更低的间接成本分配率。

考虑到中小型企业和大型企业在资源配置水平以及管理者的财务意识水平方面的差异，这些调查结果在意料之中。这些发现与真实世界 4-9 中讨论的另一项调查一致。

对 11 家中小型企业的管理会计实践进行深入研究发现，在确定产品成本时，没有一家企业分配间接成本。换句话说，它们只考虑了直接成本。尽管这一发现再次与资源配置及财务意识问题相吻合，但研究者认为，间接成本被排除在外可能是因为这样做利大于弊。由于难以将间接成本分配给特定产品，因此收益被低估了。

资料来源：Brierley, J. (2011) A comparison of the product costing practices of large and small-to medium-sized enterprises: a survey of British manufacturing firms, *International Journal of Management*, vol. 28, pp. 184-93; Lucas, M., Prowle, M. and Lowth, G. (2013) *Management Accounting Practices of (UK) Small-Medium-Size Enterprises: Improving SME Performance Through Management Education*, vol. 9, issue 4, Chartered Institute of Management Accountants, www.cimaglobal.com/Documents/Thought_leadership_docs/2013-07-12-ManagementAccountingPracticesOfSmall-Medium-SizedEnterprises.pdf.

活动 4-11

你能想到适用订单成本法的行业或企业吗？试着想出至少两个。

订单成本法可能适用于很多行业或企业，包括：

- 房屋建筑；
- 土木工程；
- 法律服务；
- 电气维修；
- 景观园艺；
- 会计服务；
- 电影制作；
- 室内设计；
- 咨询；
- 造船业。

你可能还想到了其他行业或企业。

4.5.2　选择分配间接成本的依据

我们在前面看到，没有唯一正确的方法来分配间接成本。最终的选择取决于判断。不过，间接成本的性质会影响其按订单分配间接成本的依据。如果生产是资本密集型的，且间接成本主要基于机器（如折旧、机器维护、电力等），则机器工时可能是首选。否则，可以选择直接人工工时。

因为特定的订单会分配到更高或更低的间接成本，倾向于选择其中一种方法而不选择另一种方法是不合理的。无论在各个订单之间如何分配，总间接成本都是相同的，因此，如果某个订单的间接成本较高，则其余订单的间接成本必然较低。一块蛋糕的大小是固定的，如果一个人分得的蛋糕比较大，其他人平均分得的蛋糕就一定比较小。为了进一步说明间接成本的分配问题，请看例 4-3。

例 4-3

一家提供服务的企业预计下个月将产生 20 000 英镑的间接成本。直接人工工时预计为 1 600 小时，机器运行时间预计为 1 000 小时。

在下个月，该企业预计只需完成两项大型订单。每个订单的相关信息如下：

单位：小时

	订单 1	订单 2
直接人工工时	800	800
机器工时	700	300

如果分别采用以下依据分配间接成本，则每个订单将分配多少间接成本？

（a）直接人工工时；

（b）机器工时。

关于计算得到的两组数字，你注意到了什么？

答案：

（a）直接人工工时法。

间接成本分配率＝20 000/1 600 ＝12.50（英镑/直接人工工时）

订单1 12.50×800 ＝10 000（英镑）

订单2 12.50×800 ＝10 000（英镑）

（b）机器工时法。

间接成本分配率＝ 20000/1 000＝20.00（英镑/机器工时）

订单1 20.00×700 ＝14 000（英镑）

订单2 20.00×300 ＝6 000（英镑）

从这些计算结果中可以看出，无论采用哪种方法，向订单分配的间接成本总额都是相同的（即20 000英镑）。与直接人工工时法相比，按机器工时法计算的订单1的间接成本较高，订单2则恰恰相反。

在一个订单中，采用一种方法计算间接成本，而对另一个订单采用另一种方法计算间接成本是不可行的。这就意味着，要么间接成本没有完全计入订单，要么订单多计入了间接成本。例如，如果订单1采用直接人工工时法（10 000英镑），而订单2采用机器工时法（6 000英镑），那么在总计20 000英镑的间接成本中，只有16 000英镑被分配到订单中。这就会导致无法实现完全（吸收）成本法的目的，即将所有间接成本计入该期间承接的订单。此外，如果销售价格以完全成本为基础，企业就有可能无法收取足够高的价格来补偿所有成本。

图4-8展示了对订单1和订单2分配间接成本的两种不同方法的结果。

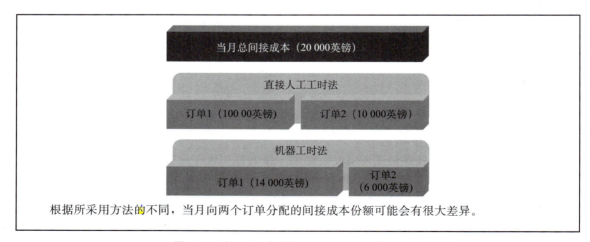

根据所采用方法的不同，当月向两个订单分配的间接成本份额可能会有很大差异。

图4-8 例4-3中使用不同方法分配间接成本的结果

活动4-12

上文已经指出，仅仅因为某个订单的间接成本分摊额较高或较低，就倾向于采用某种方法分配间接成本，这通常是不合理的。因为不论这一方法向各个订单分配了多少间接成本，总间接成本是相同的。

你能想到在什么情况下，这种做法可能不那么不合理吗？

如果客户同意根据完全成本加上商定的固定利润百分比为某个订单支付价格，就可能会出现这种情况。在这种情况下，尽可能提高订单总成本对生产商有利。

众所周知，中央和地方政府等公共部门组织都签订过此类成本加成定价合同。然而，这种合同现在已经非常罕见，因为它们很容易被滥用。通常情况下，合同价格是事先商定的，一般与竞标同时进行。

真实世界 4 - 5 提供了在实践中补偿间接费用的一些启示。

真实世界 4 - 5

实践中的间接费用补偿率

一项对 129 家英国制造企业的调查显示，将间接费用（间接成本）计入成本单位的直接人工工时法（或近似方法）的做法最受欢迎。72% 的调查对象采用这种方法。

15% 的受访者采用了"基于生产时间的间接成本率"。这类似于机器工时率。

虽然这项调查仅针对制造企业，但在缺乏其他信息的情况下，它提供了一些实践中发生情况的事实。

资料来源：Brierley, J., Cowton, C. and Drury, C. (2007) Product costing practices in different manufacturing industries: a British survey, *International Journal of Management*, vol. 24, pp. 667 - 75.

4.5.3　细分间接成本

我们刚刚看到，对不同的订单按不同的方法收取相同的间接成本是不可行的。然而，以一种方法分配总间接成本的一部分，而以另一种方法分配另一部分间接成本，这是完全可行的。

活动 4 - 13

仍以例 4 - 3 的业务为例。经过仔细分析，我们发现下月的间接成本总额为 20 000 英镑，其中 8 000 英镑与机器有关（折旧、维护、机器占用空间的租金等），其余 12 000 英镑与一般的间接成本有关。有关该业务的其他信息与以前完全相同。

如果与机器相关的间接成本以机器工时为基础分配，剩余的间接成本以直接人工工时为基础分配，那么有多少间接成本会被分配到各个订单中？每个订单将分配多少间接成本？

直接人工工时法：

　　间接成本分配率＝12 000/1 600＝7.50（英镑/直接人工工时）

机器工时法：

　　间接成本分配率＝8 000/1 000＝8.00（英镑/机器工时）

向订单分配间接成本：

单位：英镑

	订单 1	订单 2
直接人工工时法：		
7.50×800	6 000	
7.50×800		6 000
机器工时法：		
8.00×700	5 600	
8.00×300		2 400
总计	11 600	8 400

从中可以看出，20 000 英镑的所有间接成本都已分配。

以这种方式分配间接成本是很常见的。许多企业，尤其是大型企业，为了计算成本，都会将企业划分为不同的区域。然后，根据每个区域的订单性质，以不同的方式分配不同的间接成本。

4.5.4 以成本中心为基础分配间接成本

我们在第 1 章中看到，企业通常被划分为多个部门，每个部门执行单独的任务。许多企业都按部门向成本单位分配间接成本。它们相信这将得到更准确的完全成本信息。然而，可能只有在少数情况下，这种做法才会大大提高准确性。虽然按部门分配间接成本可能不会带来巨大的好处，但这并非一项昂贵的活动。出于其他目的，特别是控制，成本要素很可能是按部门收集的，因此，按部门分配间接成本可能是一件相当简单的事情。

在例 4-4 中，我们将看到在服务行业中，如何应用按部门分配的方法来计算完全成本。

例 4-4

Autosparkle 有限公司提供汽车喷漆服务。它的业务范围很广，从轿车的一小部分喷漆（通常是在一次小事故之后），到双层巴士的全面重新喷漆。

每个订单都从维修车间开始，在那里为喷漆车间的订单做准备。在这里，订单由直接人工负责。在大多数情况下，他们会从仓库中取一些直接材料来处理旧漆面，让车辆做好重新喷漆的准备。因此，该订单将由直接材料、直接人工和准备部门的一部分间接成本构成。然后，订单将转移到喷漆车间，按照维修车间的成本进行估价。

在喷漆车间，直接人工从仓库取出直接材料（主要是油漆），直接人工使用复杂的喷涂设备以及手工操作，花时间重新喷漆。因此，在喷漆车间，这个订单由直接材料、直接人工和该车间的一部分间接成本构成。现在这个订单将转移到精加工车间，按照前两个车间累积的材料、人工和间接成本进行估价。

在精加工车间，车辆被清洗和抛光，准备返还给客户。这里发生了直接人工，在某些情况下还产生了材料耗用。所有订单都分配了该车间的一部分间接成本。该订单现已完成，将车辆返还给客户。

图 4-9 展示了 Autosparkle 有限公司的成本累积过程。

一个订单在各个部门执行过程中会产生成本，可以把它比作在雪地上滚动的雪球：滚动过程中，雪球（间接成本）会越滚越大。

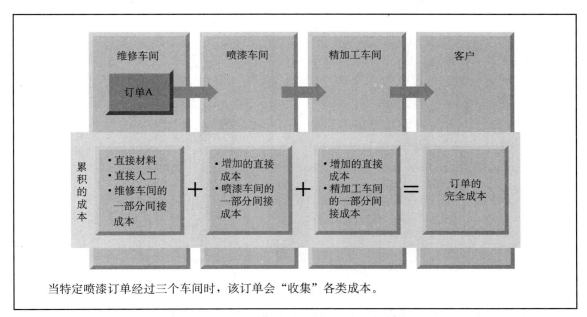

当特定喷漆订单经过三个车间时，该订单会"收集"各类成本。

图 4-9 Autosparkle 有限公司成本单位的业务流程

这三个车间分配间接成本的方法（例如直接人工工时）可能相同，也可能因部门而异。与喷涂设备相关的成本要素可能在喷漆车间的间接成本中占主要地位，因此喷漆车间的间接成本很可能以机器工时为基础进行分配。另外两个车间可能是劳动密集型部门，因此直接人工工时法较为合适。

如果是按部门确定成本的，则每个部门都被称为成本中心。成本中心可以是一个特定的实际区域，也可以是某些活动或功能，其成本是单独确定的。在部门系统中，将直接成本计入订单与将整个企业作为一个单一的成本中心完全相同。只需记录以下内容：

- 直接人工完成特定订单的小时数和人工等级，不同的等级有不同的工资率；
- 从仓库取出并应用于订单的直接材料的成本；
- 与订单相关的任何其他直接成本要素，例如一些分包工程。

这种记录通常由成本中心进行保存。

整个企业的总间接成本必须以成本中心为基础进行细分。也就是说，它们必须在成本中心之间进行划分，这样各个成本中心的间接成本之和等于整个企业的间接成本。然后成本中心将其间接成本分配计入各个订单，这样就把企业的所有间接成本计入了各个订单。

真实世界 4-6 提供了企业在实践中使用的成本中心的数量。

真实世界 4 - 6

实践中的成本中心

企业通常有几个成本中心。德鲁里（Drury）和泰勒斯（Tayles）对有多种活动的 186 家大型英国企业进行的调查显示：

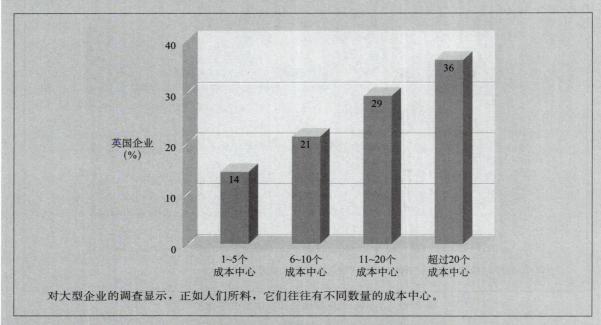

对大型企业的调查显示，正如人们所料，它们往往有不同数量的成本中心。

图 4 - 10 企业的成本中心数量分析

可以看到，86％的受调查企业拥有 6 个或更多的成本中心，36％的企业拥有超过 20 个成本中心。虽然图 4 - 10 中没有显示这一点，但 3％的受调查企业只有单一的成本中心（即采用了全业务或总体间接成本分配率）。显然，以全业务为基础分配间接成本的企业相对较少。

资料来源：Drury, C. and Tayles, M. （2006）Profitability analysis in UK organisations，*British Accounting Review*，vol. 38，pp. 405 - 25.

为了进行成本分配，我们需要区分产品成本中心和服务成本中心。产品成本中心是指由直接人工完成订单和/或增加直接材料的中心。在这些成本中心中，订单可以按其间接成本的份额估价。例 4 - 4 中讨论的准备车间、喷漆车间和精加工车间都是产品成本中心的例子。

活动 4 - 14

你知道什么是服务成本中心吗？你能举出一个大型制造企业的服务成本中心的例子吗？

服务成本中心是指不涉及直接成本的中心。它向其他成本中心提供服务。例如：

■ 清洁；

■ 培训；

■ 仓储；

■ 维修；

- 人力资源；
- 餐饮。

你可能还想到了其他例子。

- -

服务成本中心的成本必须分配到产品成本中心，并成为产品成本中心间接成本的一部分，这些间接成本也都可以计入订单。这意味着企业的所有生产间接成本都会计入订单成本。

从逻辑上讲，服务成本中心的成本应根据向每个产品成本中心提供的服务水平进行分配。因此，机器维修较多的产品成本中心应承担维修成本中心（部门）较大的成本份额。

这里的关键问题是"如何在各个成本中心之间分配间接成本"。这通常包括以下步骤：

- **成本分配**。将间接成本要素分配给特定成本中心。这些项目与各个成本中心相关，并可以具体计量。换句话说，它们是运行成本中心的直接成本的一部分。包括：
  - 完全属于成本中心的间接工人的工资，例如成本中心经理的工资；
  - 成本中心所在大楼可以单独确定的租金；
  - 每个成本中心单独计量的电费。
- **成本分摊**。将更一般的间接成本分摊到成本中心。这些间接成本可能与多个成本中心相关，也可能与所有的成本中心相关。包括：
  - 租金，如果同一栋建筑内有多个成本中心；
  - 未单独计量的电费；
  - 在各成本中心服务的清洁人员的工资。

这些间接成本将根据各成本中心从相关间接成本中受益的程度向各成本中心进行分配。例如，租金成本可根据各成本中心所占的建筑面积的平方米数进行分摊。使用电力驱动机械时，分摊的基础可能是每个成本中心的机械化水平。与向单个订单分配间接成本一样，没有将一般间接成本分摊到成本中心的唯一"正确"方式。

- 在将制造成本分配与分摊到所有成本中心后，必须将服务成本中心的总成本分配给产品成本中心。所采用的分配基础应反映所提供服务的水平。这一次，它将反映单个服务成本中心向单个生产成本中心提供的服务。以人力资源成本中心（部门）的成本为例，分摊的基础可能是每个产品成本中心的员工数量。

活动 4 - 15

你能想到为什么人力资源部门的这种分配基础不一定总是合适的吗？它的假设是什么？

它假设员工数量决定了从人力资源成本中心获得的好处。如果某个产品成本中心存在严重的员工问题，那么就算它雇用的人员相对较少，也可能会占用人力资源部门大量的时间。

- -

每个产品成本中心的最终间接成本总额将在订单经过该成本中心时向它们进行分配。以成本中心（部门）为基础将间接成本分配到成本单位的过程如图 4 - 11 所示。

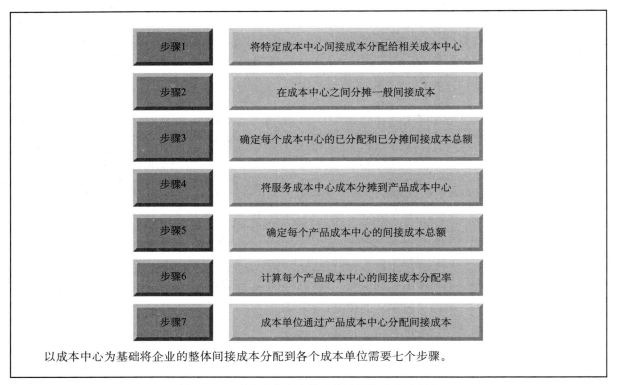

图 4-11　以成本中心为基础分配间接成本的步骤

我们继续考虑例 4-5，它以成本中心（部门）为基础分配间接成本。

例 4-5

某企业由四个成本中心组成：

■ 准备部；

■ 机械加工部；

■ 精加工部；

■ 人力资源部。

前三个部门是产品成本中心，最后一个部门为其他三个部门提供服务，其所提供的服务水平大致与每个产品成本中心的员工数量成正比。

该企业预计下个月的间接成本和其他数据如下：

单位：千英镑

租金	10 000
机器动力	3 000
供暖和照明	800
建筑物保险	200
清洁	600
机器折旧	2 000

単位：千英镑

间接工人的月薪总额：	
准备部	200
机械加工部	240
精加工部	180
人力资源部	180

人力资源部的员工仅由间接员工（包括经理）组成。其他部门既有间接员工（包括经理），也有直接员工。这四个部门中每个部门都有 100 名间接员工，没有一人从事任何"直接"订单。

预计每个直接员工下个月将工作 160 小时。每个部门的直接员工人数为：

准备部	600
机械加工部	900
精加工部	500

机械加工部直接员工的时薪为 24 英镑；其他直接员工的时薪为 20 英镑。

所有的机器都在机械加工部。预计下个月机器将运转 120 000 小时。

各部门占地面积（平方米）如下：

准备部	16 000
机械加工部	20 000
精加工部	10 000
人力资源部	2 000

可以使用如下计划表逐个计算成本中心的间接成本：

单位：千英镑

		总计	准备部	机械加工部	精加工部	人力资源部
分配成本：						
机器动力		3 000		3 000		
机器折旧		2 000		2 000		
间接工资		800	200	240	180	180
分摊成本：						
租金	10 000					
供暖和照明	800					
建筑物保险	200					
清洁	600					
按占地面积分摊		11 600	3 867	4 833	2 417	483
成本中心间接成本		17 400	4 067	10 073	2 597	663
按员工数量（包括间接员工）		—	202	288	173	(663)
重新分配人力资源成本						
		17 400	4 269	10 361	2 770	—

活动 4 - 16

假设机械加工部的间接成本（见例 4 - 5）按机器工时计入订单，其他两个部门的间接成本采用直接人工工时法。具有以下特征的订单的完全成本是多少？

	准备部	机械加工部	精加工部
直接人工工时	10	7	5
机器工时	—	6	—
直接材料（英镑）	85	13	6

（提示：应将每个成本中心视为一个单独的部门来处理，然后将订单的部门成本要素累加在一起，得出总的完全成本。）

首先，我们需要推算每个成本中心的间接成本分配率：

准备部（基于直接人工工时）：

间接成本分配率＝4 269 000/（600×160）＝44.47（英镑/直接人工工时）

机械加工部（基于机器工时）：

间接成本分配率＝10 361 000/120 000＝86.34（英镑/机器工时）

精加工部（基于直接人工工时）：

间接成本分配率＝2 770 000/（500×160）＝34.63（英镑/直接人工工时）

订单成本如下：

单位：英镑

直接人工		
准备部（10×20）	200.00	
机械加工部（7×24）	168.00	
精加工部（5×20）	100.00	
		468.00
直接材料		
准备部	85.00	
机械加工部	13.00	
精加工部	6.00	
		104.00
间接成本		
准备部（10×44.47）	444.70	
机械加工部（6×86.34）	518.04	
精加工部（5×34.63）	173.15	
		1 135.89
订单的完全成本		1 707.89

活动 4 - 17

Buccaneers 有限公司明年的制造成本预计如下：

	单位：千英镑
直接材料	
成型部	450
机械加工部	100
精加工部	50
直接人工	
成型部	360
机械加工部	240
精加工部	150
间接材料	
成型部	40
机械加工部	30
精加工部	10
人力资源部	10
间接人工	
成型部	80
机械加工部	70
精加工部	60
人力资源部	60
维护成本	50
租金	100
供暖和照明	20
建筑物保险	10
机器设备保险	10
机器设备折旧	120
制造成本总额	2 020

以下附加信息可用：

1. 四个部门都被视为单独的成本中心。

2. 所有直接员工的工资为每小时 20 英镑。

3. 人力资源部为三个生产部门提供服务。

4. 企业的建筑面积为 50 000 平方米，划分如下：

成型部	20 000 平方米
机械加工部	15 000 平方米
精加工部	10 000 平方米
人力资源部	5 000 平方米

5. 预计维护员工将按以下方式在生产部门之间分配时间：

成型部	15%
机械加工部	75%
精加工部	10%

6. 预计机器工时如下：

成型部	5 000 小时
机械加工部	15 000 小时
精加工部	5 000 小时

根据这些信息：

（a）向三个产品成本中心分配和分摊间接成本。

（b）对于每个产品成本中心的间接成本，使用两种不同的方法计算每个产品成本中心的间接成本分配率。

（c）计算具有以下特征的订单的完全成本：

直接人工工时	
成型部	4 小时
机械加工部	4 小时
精加工部	1 小时
机器工时	
成型部	1 小时
机械加工部	2 小时
精加工部	1 小时
直接材料	
成型部	40 英镑
机械加工部	9 英镑
精加工部	4 英镑

使用（b）中推导的两个间接成本分配方法中你认为更恰当的一种方法。

（d）解释为什么你认为（c）中使用的方法更恰当。

（a）间接成本可按以下方式分配和分摊：

单位：千英镑

成本	分摊基础	总计	成型部	机械加工部	精加工部	人力资源部
间接材料	各自分摊	90	40	30	10	10
间接人工	各自分摊	270	80	70	60	60
维护成本	直接人工工时	50	7.5	37.5	5	—
租金		100				

续表

成本	分摊基础		总计	成型部	机械加工部	精加工部	人力资源部
供暖和照明		20					
建筑物保险		10					
	面积		130	52	39	26	13
机器设备保险		10					
机器折旧		120					
	机器工时		130	26	78	26	—
			670	205.5	254.5	127	83
人力资源	直接人工工时		—	39.84	26.56	16.6	(83)
			670	245.34	281.06	143.6	—

注：直接成本不包括在上表中，因为它直接分配给了订单。

（b）间接成本分配率如下：

方法 1：直接人工工时。

成型部间接成本＝245 340/（360 000/20）＝13.63（英镑/直接人工工时）

机械加工部间接成本＝281 060/（240 000/20）＝23.42（英镑/直接人工工时）

精加工部间接成本＝143 600/（150 000/20）＝19.15（英镑/直接人工工时）

方法 2：机器工时。

成型部间接成本＝245 340/5 000＝49.07（英镑/机器工时）

机械加工部间接成本＝281 060/15 000＝18.74（英镑/机器工时）

精加工部间接成本＝143 600/5 000＝28.72（英镑/机器工时）

（c）订单的完全成本——基于直接人工工时的间接成本分配率：

单位：英镑

直接人工成本（9×20）		180.00
直接材料（40＋9＋4）		53.00
间接成本		
成型部（4×13.63）	54.52	
机械加工部（4×23.42）	93.68	
精加工部（1×19.15）	19.15	167.35
完全成本		400.35

（d）使用直接人工工时法而不是机器工时法的原因是，就用于产出的小时数而言，直接人工工时比机器工时更重要。使用其他计算方法的理由也很充分；当然，机械加工部采用机器工时是合理的。对一个产品成本中心的间接成本选择一种计算方法，而对另一个产品成本中心的间接成本选择另一种计算方法可能是合理的。例如，机械加工部可以使用机器工时法，其他两个部门可以使用直接人工工时法。

从迄今为止的讨论中可以看出，向产品分配间接成本既是一门艺术，也是一门科学。因此，有人呼吁对这个问题采取更严密的方法也不足为奇。我们将在下一章中详细讨论这一点。然而，与此同时，请看一下真实世界 4-7。

真实世界 4-7

我们想要什么？什么时候要？

2012 年的一项对 200 名美国管理会计师的调查显示，所有会计师都对其业务中产生的成本信息的准确度表示担忧。2003 年的另一项类似调查显示，80％ 的受访者也有同样的担忧。在这两项调查中，最常见的原因是间接成本的分配。

图 4-12 展示了两次调查的受访者对成本信息准确度的需求。

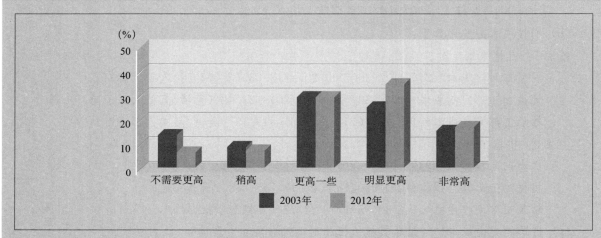

图 4-12　对成本信息准确度的需求

2003—2012 年，对非常高和明显更高的成本信息需求从 45％ 增加到了 54％。

这些发现很有趣，更有趣的是，推测为什么那些要求更高准确度的管理会计师不采取措施来改进这一问题。

资料来源：Clinton，D. and White，L.（2012）Roles and practices in management accounting：2003—2012，*Strategic Finance*，vol. 94，pp. 37-43.

4.5.5　批量成本法

许多类型的产品和服务是在一批相同或几乎相同的产出单位中生产的。然而，生产的每个批次都与其他批次明显不同。例如，剧院可能会上演一部性质和成本与其他作品截然不同的作品。然而，忽略不同类型座位的差异，所有作品的单位产出（观看作品的门票）都是相同的。

在这种情况下，每张票的成本可以采用批量成本法计算，包括：

■ 使用订单成本法（考虑直接成本和间接成本等）来确定开展演出的成本；
■ 将开展演出的成本除以预计售出的门票数量，得出每张门票的成本。

图 4-13 展示了计算一个批次中一个成本单位（产品）的完全成本的过程。

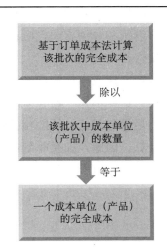

该批次的成本是采用订单成本法得出的，将其除以该批次中成本单位（产品）的数量，可以确定一个成本单位（产品）的完全成本。

图 4 - 13　计算一个批次中一个成本单位（产品）的完全成本

批量成本法被应用于多种行业，包括服装制造、工程部件制造、轮胎制造、烘焙食品和鞋类制造等。

活动 4 - 18

考虑以下企业：

- 药品制造厂
- 煤矿开采企业
- 糖厂
- 建筑师工作室
- 图画设计室
- 水泥制造商
- 私立医院
- 古董家具修复室

尝试为以上企业确定哪种形式的完全成本计算法（分步成本法、订单成本法或批量成本法）可能是最合适的。

分步成本法可能最适合糖厂、煤矿开采企业和水泥制造商。每家企业通常都通过一系列重复活动生产相同或相似的产品。

订单成本法可能最适合图画设计室、私立医院、建筑师工作室和古董家具修复室。这些企业通常都参与生产定制产品或服务，每个项目都需要不同的人工、材料等投入。

批量成本法可能最适合药品制造厂。生产过程通常包括批量生产相同的产品，如片剂和药品，每批产品不同。

4.5.6　非制造间接成本

国际会计准则（IAS 2 存货）规定，所有存货，包括在产品，均应按完全成本计价。在计算完全成本时，只应包括与制造过程相关的间接成本。非制造间接成本不构成完全成本计算的一部分。这些间接成本通常与一般管理、销售、营销和分销有关，应在发生时计入当期费用。然而，上述准则仅适用于外部报告，而不用于内部报告目的。

为了便于管理决策，有时会将非制造间接成本作为产品总生产成本的一部分。为此，必须找到将这些间接成本分配给产品的适当依据。这并不是一项容易的任务，会经常使用不恰当的依据。实践中使用的一种依据是直接人工工时，尽管其与此目的的相关性值得怀疑。另一种依据是根据非间接成本总额占总制造成本的百分比来计算。因此，如果非制造间接成本总额为 250 万英镑，而制造成本总额为 1 000 万英镑，则将额外增加 25％（250 万/1 000 万）的附加额，作为间接成本总额的一部分。

活动 4-19

使用任意基数分配非制造间接成本有什么风险？

除非将非制造间接成本的适当份额分配给产品，否则管理者将获得误导性信息。

值得一提的是，如果产品成本包括制造成本和非制造成本，并且结果符合预期，那么以产品的完全成本销售产品应该会使企业刚好实现盈亏平衡。因此，将任何利润（总额）加到完全成本上以确定实际销售价格，都将导致在此期间赚取该水平的利润。

真实世界 4-8 介绍了一项有关如何处理非制造间接成本的研究结果。

真实世界 4-8

增加成本

一项针对英国制造企业管理会计师的问卷调查发现，仅有一半稍多的企业将非制造间接成本作为总产品成本的一部分。

169 份答复结果表明，非制造间接成本在经营单位成本总额中所占的百分比越小，就越不太可能被列入总成本。这是一个令人惊讶的结果，其原因尚不清楚。与之相反的结果可能在意料之中。也就是说，非制造间接成本占比越高，它们被列入总成本的可能性就越大。

研究还发现，其他因素如企业的规模和竞争水平，对将非制造间接成本纳入总成本的决定没有显著影响。

资料来源：Brierley, J. (2015) An examination of the factors influencing the inclusion of non-manufacturing overhead costs in product costs, *International Journal of Managerial and Financial Accounting*，vol. 7，pp. 134–50.

4.5.7 完全（吸收）成本法与估算误差

虽然可以在工作完成后计算完全成本，但通常都会提前估算完全成本。这可能是因为需要对完全成本有一定的了解，以将其作为确定售价的基础。然而，估算结果很少能 100％准确。如果实际结果与估算结果不同，就通常会出现间接成本补偿过度或不足的情况。例 4-6 说明了如何计算这些补偿过度或不足的费用。

例 4-6

　　Downham Engineering 公司生产一种标准阀门。年初预计全年将产生 400 万英镑的间接成本，全年需要 40 万直接人工工时。该公司采用直接人工工时法分配间接成本，将间接成本分配率设定为 10 英镑/直接人工工时（400 万/40 万）。

　　年底时该公司发现，在生产阀门的过程中发生了 45 万直接人工工时，但间接成本总额与计划一致。

　　本年度分配的间接成本可按以下公式计算：

　　　　分配的间接成本＝间接成本分配率×实际直接人工工时

　　由于发生了 45 万直接人工工时，分配间接成本的金额为：

　　　　分配的间接成本＝450 000×10＝4 500 000（英镑）

　　通过将计划产生的间接成本与实际分配的间接成本进行比较，我们发现存在 50 万英镑（450 万－400 万）的间接成本补偿过度。

　　出于外部报告的目的，任何间接成本的补偿过度或不足都会在利润表中进行调整。因此，例 4-6 中的补偿过度部分通常会从当年利润表的销售成本中扣除。

活动 4-20

　　参考例 4-6，假设在年末，发现在制造阀门的过程中发生了 38 万直接人工工时，产生的间接成本为 420 万英镑。

　　本年度利润表应如何调整？

　　补偿的间接成本将为 380 万英镑（380 000×10）。发生的间接成本为 420 万英镑。这意味着存在 40 万英镑（420 万－380 万）的间接成本补偿不足。该金额将添加到本年度利润表的产品成本中。

　　真实世界 4-9 取自英国特许管理会计师公会（Chartered Institute of Management Accountants，CIMA）于 2009 年 7 月进行的一项调查的结果。该调查要求各种类型和规模的企业的管理会计师说明其企业在多大程度上使用了一系列管理会计工具，439 名管理会计师完成了调查。我们将在本书中多次提及这一调查。在提及时，我们将称之为"CIMA 调查"。

真实世界 4-9

完全成本信息的使用

CIMA 调查的企业使用的完全成本信息如图 4-14 所示。

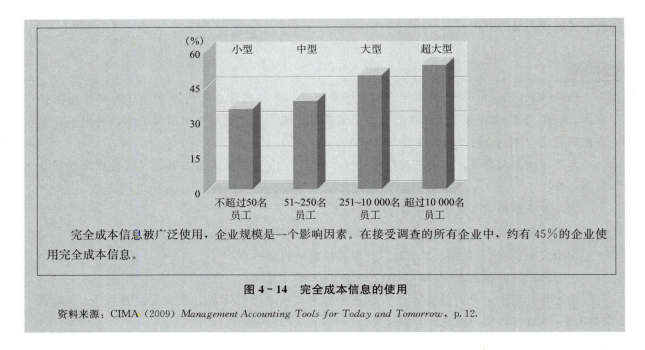

完全成本信息被广泛使用，企业规模是一个影响因素。在接受调查的所有企业中，约有 45% 的企业使用完全成本信息。

图 4 - 14   完全成本信息的使用

资料来源：CIMA（2009）*Management Accounting Tools for Today and Tomorrow*，p.12.

CIMA 调查显示，大型企业比小型企业更广泛地使用完全成本信息，其原因尚不清楚。可能是因为大型企业比小型企业拥有更多的资源和专业知识，这使它们能够采用对小型企业来说并不切实可行的工具；也可能是因为每个规模类别中的企业类型不同。

4.5.8   完全（吸收）成本法与相关成本

我们在第 2 章中了解到，出于决策目的，相关成本是随决策变化而变化的未来成本。然而，我们也知道，完全成本计算往往依赖于过去的成本。它侧重于支出成本而忽略了机会成本。这似乎表明，在相关成本和完全成本法之间存在着不可逾越的鸿沟。如果是这样的话，就引起了人们对完全成本法在决策方面的有用性的怀疑。

从理论上讲，当需要为产品定价、推出新产品或停止生产现有产品时，都应进行相关成本分析。但实际上，这样做可能并不可行。假设一家大型企业生产 300 种不同类型的产品。这种情况下，可能的成本分析组合是巨大的。除了对每种产品进行相关成本分析，还可以对两种、三种、四种产品等的不同组合进行成本分析。为了应对这些选择，可以使用基于历史成本的完全成本信息作为过滤器。它可以引导人们关注那些最受益于相关成本分析的产品或服务。通过提供每种产品的长期平均成本指标，管理者对将发生的长期现金流出有一定的了解。然后，他们可以决定利用相关成本分析进行进一步调查。

4.6   完全（吸收）成本法与变动成本法

完全（吸收）成本法的另一种选择是变动（边际）成本法——我们在第 3 章中讨论了这一方法。我们可以回想一下，这种方法区分了固定成本和变动成本。

在变动成本法下，收益的计量方式与完全成本法不同。它只将变动成本（即变动直接成本和变动间接成本）作为所生产产品或服务成本的一部分。任何固定成本（即固定直接成本和固定间接成本）都被视为其发生期间的费用。因此，从一个会计期间到下一会计期间的产成品或在产品存货仅根据其变动成本进行估值。

正如我们所见，完全成本法通过计算产品生产期间的直接成本（无论是固定成本还是变动成本）和间接成本（无论是固定成本还是变动成本）的适当份额来计算产品成本。

为了说明这两种成本计算方法之间的差异，让我们看一下例 4 - 7。

例 4 - 7

Lahore 有限公司于 6 月 1 日开始经营，该公司生产单一产品，每件售价 14 英镑。在经营的前两个月，取得了以下成果：

单位：件

	6 月	7 月
产量	6 000	6 000
销量	4 000	5 000
期初库存量	—	2 000
期末库存量	2 000	3 000

制造间接成本为每月 18 000 英镑，制造直接成本为每件 5 英镑。此外，每月固定的非制造间接成本（营销成本和管理成本）为 5 000 英镑。6 月底或 7 月底都没有在产品。为简化题目，假设 Lahore 有限公司的直接成本都是变动的，间接成本全部为固定成本。（然而，这在实践中是非常罕见的。）

每个月的营业利润计算如下，首先采用变动成本法，然后采用完全成本法。

变动成本法

此种情况下，只有变动成本计入生产单位，所有固定成本（制造和非制造）计入当期费用。存货成本将按其变动成本结转。

单位：英镑

	6 月		7 月	
销售收入				
(4 000×14)		56 000		
(5 000×14)				70 000
期初库存				
(2 000×5)		—		10 000
生产单位成本				
(6 000×5)	30 000		30 000	
期末库存				
(2 000×5)	(10 000)	(20 000)		
(3 000×5)			(15 000)	(25 000)
边际贡献		36 000		45 000

续表

	6月		7月	
固定成本：				
制造	(18 000)		(18 000)	
非制造	(5 000)	(23 000)	(5 000)	(23 000)
营业利润		(13 000)		(22 000)

完全成本法

此种情况下，制造间接成本成为产品成本的一部分，存货按其完全成本结转至下一个期间——直接（全部变动）成本加上适当的制造间接成本（全部固定）成本要素。每个期间生产 6 000 件产品，每个期间的固定制造间接成本为 18 000 英镑。因此，每件产品的制造间接成本为 3 英镑（18 000/6 000）。因此，单位完全成本为 8 英镑（5＋3）。

单位：英镑

	6月		7月	
销售收入				
(4 000×14)	56 000			
(5 000×14)			70 000	
期初库存				
(2 000×8)	—		16 000	
生产单位成本				
(6 000×8)	48 000		48 000	
期末库存				
(2 000×8)	(16 000)	(32 000)		
(3 000×8)			(24 000)	(40 000)
毛利润		24 000		30 000
非制造成本		(5 000)		(5 000)
营业利润		19 000		25 000

可以发现，按变动成本法计算，这两个月的营业利润总额为 35 000 英镑（13 000＋22 000）。按完全成本法计算，这两个月的营业利润总额为 44 000 英镑（19 000＋25 000）。两者之间的差额为 9 000 英镑（44 000－35 000）。这种差异源于处理制造间接成本（全部固定）的方式。在完全成本法中，7 月底的存货成本包括尚未作为费用处理的 9 000 英镑（3 000×3）间接成本。然而，在变动成本法中，这些间接成本已经作为费用处理。

实践中，成本计算方法的选择可能不会对报告利润产生如例 4-7 所示的显著影响。本例中两种方法（变动成本法和完全成本法）产生的营业利润差异是由于不同期间库存水平的变化而产生的，从 6 月初的 0 到 6 月底的 2 000 件，再到 7 月底的 3 000 件。在月产量仅为 6 000 件的情况下，这些变化是非常大的。实际上，这种情况并不常见。如果在报告期末持有相同水平的库存和在产品，且固定成本在一个报告期至下一报告期保持不变，则两种方法报告的利润不会发生变化，这是因为相同金额的固定成本将被视为每个期间的费用。在变动成本法下，所有固定成本都源自当期，在完全成本法下，部分固定成本源自过去期间。

同样需要注意的是，在特定企业的整个生命周期内，无论采用哪种成本计算方法，总营业利润是相同的。这是因为，所有固定成本最终都将作为费用列支。

方法比较

这两种方法的主要区别在于，在变动成本法下，利润仅受销售额变化的影响；完全（吸收）成本法下，利润则受生产和销售水平变化的影响。

活动 4 - 21

请简要解释为什么采用完全成本法计算的利润会受到生产和销售水平变化的影响，参考例 4 - 7。

在变动成本法下，所有固定生产成本都计入其发生的期间。而在完全成本法下，固定生产成本分配到存货中，只有与该期间售出的存货相关的固定生产成本才计入当期的销售收入。

如果某一期的产量超过销售量，则该期间产生的部分固定生产成本将作为存货价值的一部分结转至下一期间。结转的固定生产成本金额越大，当期从利润中扣除的金额就越小。如果销售量超过产量，则当期利润将扣减上期存货结转的固定生产成本。

由于忽略了生产水平变化的影响，变动成本法计算的利润更能真实地衡量总体成果。然而，在多产品环境中，除非每个项目都分配了总成本的适当份额，否则就无法确定每个项目的盈利能力。毕竟，只有在生产过程中产生了固定成本，才能提供产品和服务。这表明完全（吸收）成本法能更有效地逐项计量利润。

变动成本法强调了成本、产量和利润之间的关键关系。这在做出一系列管理决策时非常有用。相反，完全（吸收）成本法往往会模糊这种关系。在正常的报告程序下，固定成本和变动成本是不分开的。然而，这样做是完全可能的。

我们在第 3 章中看到，计算变动成本能够确定短期内可以避免的成本，这同样有助于做出一系列管理决策。然而，一个有力的反驳是，从长远来看，所有的成本都是可以避免的。管理者只关注短期内可以避免的成本（变动成本）可能不是一个好主意。例如，在做出长期规划决策时管理者需要了解生产产品或提供服务的全部成本。

实际上，内部财务报告可以采用这两种方法中的任何一种来编制。外部报告必须采用完全成本法编制。一些企业的内部报告和外部报告程序一致。因此，完全成本法也可用于内部报告，这样做的一个潜在优势是，管理者关注的数字与提交给股东和债权人的数字相同。

真实世界 4 - 10 提供了一些关于实践中变动成本法的使用情况。

真实世界 4 - 10

实践中的变动成本

一项对 41 家英国制造企业的调查发现，68% 的企业采用变动成本法编制管理报告。

许多人会觉得这令人惊讶。按照规定，企业公布的年度报告中的财务报表必须采用完全成本法计算。人们普遍认为，这些企业在管理报告中也会采用完全成本法。然而，情况似乎并非如此。

需要补充的是，许多人在使用变动成本法时可能误用了这种方法。例如，3/4 的受访企业将人工成本视为变动成本。在某些情况下，人工成本可能是变动的（随着生产水平的变化而变化），但对大多数企业来说，这似乎并不正确。同时，68% 的企业大多将所有间接成本视为固定成本。对于大多数企业来说，间接成本似乎是一个可变因素。

资料来源：Dugdale, D., Jones, C. and Green, S. (2005) *Contemporary Management Accounting Practices in UK Manufacturing*, CIMA Research Publication, vol. 1, no. 13.

自测题

Hector 有限公司已受邀投标一份生产 1 000 个衣架的合同。以下信息与该合同有关。

■ 材料：衣架由金属丝制成，外面覆盖一层软垫织物。每个衣架需要 2 米的金属丝和 0.5 平方米的织物。

■ 直接人工：每个衣架需要耗用熟练工人 10 分钟和非熟练工人 5 分钟。

该公司已持有完成合同所需的所有材料。材料成本信息如下：

	金属丝 （英镑/米）	织物 （英镑/平方米）
历史成本	2.20	1.00
当前买入成本	2.50	1.10
报废价值	1.70	0.40

该公司经常使用金属丝生产一系列产品。织物在公司中没有其他用途，如果当前合同不继续执行，它将被废弃。

非熟练工人的工资为每小时 15.00 英镑，需要专门雇用非熟练工人以完成这份合同。目前，该公司业务并不繁重，这意味着公司拥有一批熟练工人，如果合同不继续执行，即使他们无事可做，也仍将以每小时 24.00 英镑的全额工资受雇。熟练工人足以完成合同。

该公司以直接人工工时为基础向订单分配间接成本。合同签订当月整个公司的生产间接成本预计为 50 000 英镑。预计工作的总直接人工工时为 12 500 小时。公司倾向于不改变既定的间接成本分配率，以反映新合同产生的预计总人工工时的增加或减少。总间接成本预计不会因履行合同而增加。

该公司通常会在订单成本上增加 12.5% 的利润，以得出投标价格的初步估算额。

要求：

(a) 在传统订单成本法的基础上得出此订单的价格。

(b) 计算合同可执行的最低价格，以使公司经营状况不会因执行此合同而变得更好或更糟。

📚 本章小结

本章的要点如下：

完全（吸收）成本＝为实现特定目标而耗用的资源总量

完全（吸收）成本信息的作用

- 定价与产出决策。
- 实施控制。
- 评估相对效率。
- 评估绩效。

单一产品企业——分步成本法

- 如果所有产出的计量单位相同，则可按以下方式计算完全成本：

单位成本＝总产出成本/产量

- 如果期末有在产品，则必须计算在产品的约当产量，以得出总产出成本和单位产出成本。

多产品企业——订单成本法

- 如果产出单位不相同，成本可分为两类：直接成本和间接成本（间接费用）。
- 直接成本＝可以用特定成本单位确定和衡量的成本（例如，与特定汽车修理相关的修车厂技工的人工工资）。
- 间接成本（间接费用）＝无法用特定订单确定和衡量的成本（例如，修车厂租金）。
- 完全（吸收）成本＝直接成本＋间接成本。
- 直接/间接成本与变动/固定成本无关。
- 间接成本很难分配到各个成本单位——各单位使用不同的分配依据，没有唯一正确的方法。
- 传统上，间接成本被视为向成本单位提供"服务"的成本。
- 实践中，基于时间的分配方法，如直接人工工时法，通常用于将间接成本分配给成本单位。

以成本中心（部门）为基础分配间接成本

- 通常以成本中心为基础分配间接成本（间接费用），每个产品成本中心都有自己的间接成本分配率。
- 成本中心是单独确定成本的领域、活动或职能。
- 间接成本必须分配或分摊到成本中心。

- 服务成本中心成本必须分摊到产品成本中心的间接成本中。
- 产品成本中心的间接成本必须由成本单位（订单）吸收。

批量成本法

- 订单成本法的一种变形，其中每个订单由多个相同（或接近相同）的成本单位组成。

  单位成本＝批次成本（直接成本＋间接成本）/批次中成本单位的数量

完全成本信息与相关成本

- 完全成本法不考虑相关成本。它关注过去的成本且忽略了机会成本。
- 由于可能的选择范围很广，相关成本分析在实践中很难应用。
- 完全成本法可以将管理者的注意力直接引向可能从相关成本分析中受益的领域。

完全（吸收）成本法与变动成本法

- 在完全成本法中，固定成本和变动成本都包含在产品成本中，并在产品销售时作为费用处理。
- 在变动成本法中，只有变动成本与产品挂钩。固定成本被视为其发生当期的期间费用。
- 根据变动成本法支持者的说法，变动成本法往往更为直接，并提供了一个更现实的总体绩效衡量标准。
- 完全成本法的支持者认为，它提供了一个更好的逐项衡量盈利能力的指标。制造固定成本是产品总成本的重要组成部分。
- 变动成本法强调了成本、产量和利润之间的关系，而在完全成本法下，这一关系是模糊的。
- 变动成本法将管理者的注意力直接引向那些短期内可以避免的（变动）成本。然而，从长远来看，所有成本都可以避免。

📚 复习思考题

4.1 考虑以下企业：

- 餐具制造商；
- 卫星制造商；
- 广告公司；
- 谷物制造商；
- 快递公司；
- 木材制造商；
- 矿泉水装瓶厂；
- 定制裁缝店；

■ 玩具制造商。

尝试为每家企业确定哪种形式的完全成本法（分步成本法、订单成本法或批量成本法）最合适，并给出原因。

4.2 管理者使用完全成本信息的用途之一是确定销售价格。这是否意味着企业可以在完全成本的基础上增加利润，并以此方式设定售价？

请解释你的回答。你的答案会因企业类型的不同而不同吗？

4.3 在真实世界 4-4 中，一些中小型企业并不试图将间接成本分配给产品。管理者在为产品分配间接成本时可能会遇到哪些实际问题？

4.4 我们在本章中看到，完全成本信息可用于做出各种类型的决策。同时，也有人认为，它有助于引导管理者的注意力。你能想到如何使用完全成本法来引导注意力吗？

📚 练习题

基础练习题

4.1 考虑以下陈述：

在订单成本计算系统中，有必要将企业划分为多个部门。每个部门的固定成本（或间接成本）都要收集。如果某项固定成本与整个企业相关，则必须在各部门之间进行分配。通常这是根据每个部门相对于整个企业占用的建筑面积进行分配的。当确定每个部门的固定成本总额后，除以每个部门的订单小时数，可以得出间接成本分配率。在部门内每个订单将根据订单时间的长短分配到相应的固定成本份额。因此，每个订单的总成本将是该订单的变动成本及其分配的固定成本的份额之和。

要求：

准备一个两列表格。在第一列中，说明上述陈述中你不认同的任何短语或句子。在第二列中，说明你不同意的理由。

中级练习题

4.4 Promptprint 有限公司是一家印刷企业，该公司收到了一位潜在客户的询价函，要求提供一份订单的报价。公司的定价政策基于下一财年的计划，如下所示。

销售收入（与客户的账单）	196 000 英镑
材料（直接）	(38 000) 英镑
人工（直接）	(32 000) 英镑
变动间接成本	(2 400) 英镑
维护费	(3 000) 英镑
折旧	(27 600) 英镑
租金	(36 000) 英镑

供暖和照明	（8 000）英镑
利润	49 000 英镑
预计对特定订单分配的直接成本为：	
直接材料	4 000 英镑
直接人工	3 600 英镑

要求：

（a）根据计划为该订单制定一个建议价格，并对你采用的方法进行评论，忽略附录（以下）中给出的信息。

（b）考虑附录（以下）中所示信息对直接材料成本进行估算，并解释你认为有必要对上述4 000英镑的直接材料成本做出的任何更改。

附录

根据历史成本，直接材料成本计算如下：

一级纸张	1 200 英镑
二级纸张	2 000 英镑
卡片（最高等级）	500 英镑
墨水和其他物品	300 英镑
合计	4 000 英镑

公司业经常使用一级纸张。目前有足够的此类纸张来完成这个订单。因为它是进口的，所以估计如果将其用于此订单，就必须很快下新的采购订单。自上次采购以来，英镑对外币贬值了25%。

二级纸张和一级纸张从同一渠道购买。公司持有的纸张正好足够完成这个订单，但这是为一个特殊订单购买的。尽管违约客户需要支付500英镑的纸张成本，但该订单依旧被取消了。会计已将其与原始成本抵销，得出上述2 000英镑的数字。这种纸张很少使用，而且由于其特殊的化学涂层，如果不用于目前这个订单，未来也将无法使用。

卡片是该公司目前为另一专门项目持有的。如果需要更换，预计将花费750英镑。但是，库存管理员计划花费130英镑进行套印，以使用该卡替代成本为640英镑的其他材料。

印刷车间经常使用墨水和其他物品。

4.5 许多企业以成本中心为基础向订单分配间接成本。

要求：

（a）以成本中心为基础向订单分配间接成本的优势是什么？为什么？

（b）无论是在整个企业范围内还是在成本中心收取间接成本，都需要确定什么情况下会对特定的工作产生影响？（请注意，本章中没有具体介绍这一问题的答案。不过，你应该能够从你所学到的知识中推断出原因。）

第 **5** 章

竞争环境中的成本计算和成本管理

引 言

近年来商界发生了重大变化，包括客户需求的提高、对企业管制的放松、民营化、股东预期的提高以及新技术的冲击。这些变化导致企业所处的经营环境变化更快，竞争也更加激烈。在本章中，我们将讨论几种可以帮助企业在新时代保持竞争力的管理会计技术方法。

本章首先研究竞争环境对传统的完全成本法的影响。第 4 章对这一方法进行了研究，但因未能提供管理成本所需的重要信息而备受批评。作业成本法（activity-based costing, ABC）是一种完全成本计算方法，它提供了一种替代传统成本法的方法。如我们所见，该方法对间接成本（费用）更多的是探究，而不是接受。

为提供满足客户对质量和价格的要求的产品和服务，同时获得可接受的财务回报，企业正在采取更精简的运营方式。企业致力于消除浪费，只将资金用于创造价值的活动。在本章中，我们继续探讨为实现这个目标而开发的成本计算和成本管理方法。为改变现状，这种新的方法往往依赖于跨学科团队，而非传统的管理层，还需要更加密切地检查业务流程。

学习目标

学完本章后，你应该能够：

■ 描述现代产品成本计算和定价环境的性质；

■ 讨论作业成本法的原理和实践；

■ 描述可用于管理产品全生命周期成本的方法；

■ 解释价值链分析和标杆管理在管理成本中的作用；

■ 解释全面质量管理在现代环境中的重要性，并确定可能产生的主要质量成本类型。

5.1 变化的商业环境下的成本确定

5.1.1 成本计算与定价：传统方法

在工业生产成本这一概念诞生之初，一种传统的、仍广泛应用的订单成本法形成了。这大约发生在英国工业革命时期，其工业特征如下：

■ 直接劳动密集型和直接人工生产。劳动是生产的核心问题。机器主要是为了支持直接人工的工作而使用，生产速度由直接人工决定。

■ 相对于直接成本，间接成本水平较低。在电力、取暖和照明、机械（折旧费用）和其他现代企业典型的间接成本（费用）方面的花费很少。

■ 市场相对缺乏竞争力。运输困难、全球范围内的产量有限以及客户对竞争对手的价格不了解，意味着企业可以在成本计算不太科学的情况下蓬勃发展。通常，它们只需在完全成本的基础上加上边际利润就能得到售价（成本加成定价法）。此外，客户通常会接受企业提供的产品，而不是一直苛求他们想要的产品。

由于当时的间接成本在总成本中所占的比例很小，所以随意处理这些费用既可为人所接受，又切实可行。企业无须花费太多精力控制间接成本，这是因为与严格控制直接人工和材料成本所带来的好处相比，控制间接成本所带来的收益要少得多。以直接工时为单位计算间接成本也是合理的。大部分间接成本都是用于支持直接人工的，如为工人提供工作场所、为工作场所供暖和照明、雇用人员监督工人等。这些工人可以在机器的辅助下完成所有生产。

当时，服务业在经济中占比很小，主要由个体经营者组成。他们多数只是计算了一个粗略的小时/日费率，然后以此作为定价的基础。

5.1.2 成本计算与定价：新环境

近年来，工业生产的世界发生了根本性的变化，其主要特点是：

■ 资本密集型和机械化生产。机器设备是许多生产的核心，包括制造产品和提供服务。大多数工人为机器服务，例如对机器进行技术维修。此外，生产速度通常由机器决定。真实世界 4 - 2 给出的数据显示，直接人工在制造企业中仅占全部成本的 14%。

■ 间接成本比直接成本高。现代企业的折旧费用、维修费用和电费都很高，也有很高的人工成本和员工福利，这在早期的工业生产中是很难想象的。同时，直接人工成本很低（有时甚至没有）。虽然直接材料成本是影响总成本的一个重要因素，但如果采用更有效的生产方法就可以减少浪费，从而降低材料总成本，这也使间接成本（费用）占主导地位。根据真实世界 4 - 2，间接成本分别占制造企业和服务及零售企业完全成本的 25% 和 51%。

■ 竞争激烈的国际市场。其中，许多生产是高度复杂的，而且遍布全球。运输（包括快速空运）相对便宜。传真、电话，尤其是互联网，确保潜在客户可以较低的价格在不同的供应商处找到合适的报价。目前市场上的价格竞争日趋激烈。随着市场的不断发展，客户对产品的个性化要求也在不断提高。这就要求企业对它们的产品成本有更精确的认识。它们也不得不采用更为审慎和合理的定价方法。

■ **产品生命周期短。** 技术创新、市场竞争日益加剧以及客户对产品的要求更高，迫使企业加快新产品研发的步伐。例如，以技术为基础的产品不断更新，使产品具有更高的性能和更快的处理器。这使得设计阶段的重要性大大提高，也更需要对此阶段的成本进行管理。如今，大家普遍认识到，产品的设计方式将在很大程度上决定未来的生产成本。更短的产品生命周期也要求企业更准确地预测未来需求。这样可以保证产品在客户有需求的时候销售出去。同样，较短的产品生命周期要求对存货进行密切跟踪，以避免报废成本的发生。

在英国，与许多发达国家一样，服务业在经济中占主导地位，雇用了绝大多数劳动力，并创造了绝大部分生产价值。虽然仍有个体经营者提供服务，但许多的服务提供者都是大型企业。

活动 5 - 1

你能想到哪些大型服务企业？试着至少想出三个。

我们提出以下例子：

■ 银行；

■ 连锁餐厅；

■ 保险企业；

■ 航空公司；

■ 连锁酒店；

■ 影院运营商。

你可能还会想到其他例子。

对于大多数大型服务企业来说，其经营活动与现代制造业类似。它们也具有资本密集度高、间接成本比直接成本高以及竞争激烈的国际市场等特点。

5.2 成本管理系统

竞争环境的变化意味着企业现在必须更有效地管理成本。为此，成本管理系统就需要为管理者提供必要的资料。此种情况下，传统的成本管理系统已不能满足这种要求，于是，在近几年出现了一些新系统。我们将研究其中的一些新系统，但在此之前，我们先来看看它们发展的一个重要原因。

5.2.1 费用问题

在第 4 章中，我们研究了传统的订单成本法（即在每个产出单位与其他产出单位存在差异时，得出一个产出单位的全部成本）。这种方法涉及收集每个订单的直接成本，这些成本可以清楚地与特定订单挂钩，并对其进行相应计量。不能以同样方法计量的间接成本将被分配或分摊到产品成本中心，然后使用适当的间接成本分配率计入单个订单。

活动 5-2

你能回想起第 4 章讨论的将间接成本计入单个订单的两种主要方法吗？

这两种方法分别是基于直接人工工时和机器工时。

在过去，这种方法相当有效，主要是因为每个直接人工工时的间接成本分配率（即间接成本计入单个订单的比率）通常远低于支付给直接人工的工资。但如今，间接成本变得更加重要。间接成本分配率是每小时工资率的 5～10 倍并不罕见。如果生产以直接人工为主（比如每小时 15 英镑），则使用例如每小时 1 英镑的间接成本分配率分配间接成本可能不会产生重大影响。然而，当间接成本分配率为每小时 75 英镑时，这造成的影响就大得多了。产品成本计算非常随意。即使是直接人工数量上的微小变动，也会对总成本产生很大的影响。这并非由于直接人工的工资较高，而是由于直接人工工时对间接成本负担的影响。在现代制造业中，直接人工往往只占很小的一部分，间接成本和每个订单所需的直接人工工时几乎没有联系。所以，若仍使用直接人工间接成本分配率，就会加大产品成本核算的随意性。

5.2.2 仔细观察

上述讨论的竞争环境的变化导致人们更加密切地关注间接成本、造成间接成本的原因以及如何将间接成本计入订单等问题。越来越多的人认识到，间接成本并非偶然发生的，一定是什么原因造成的。为了说明这一点，我们来看看例 5-1。

例 5-1

Modern Producers 有限公司在其工厂内有一个仓库，专门用于储存完工产品。仓库的运营成本包括工厂租金的一部分和其他设施成本，如供暖和照明，还包括受雇看管存货的员工的工资。

该公司有两条生产线：A 和 B。产品 A 往往是小批量生产，完工产品的库存很少。这家公司以及时供应产品 B 为傲，仓库的大多数地方都装满了完工产品 B，一旦接到订单就能立即发货。

传统上，整个仓库的运营成本将被视为管理费用的一部分，并可能以直接人工工时为基础计入订单费用总额。这意味着，在评估产品 A 和 B 的成本时，仓库的运营成本将根据制造每个产品的直接人工工时数进行分摊，这一因素与仓储无关。事实上，大部分仓储成本应计入产品 B，因为该产品耗用（并从中受益）的仓储成本远高于产品 A。

5.3 作业成本法

作业成本法（ABC）旨在通过直接跟踪支持生产过程的所有活动的成本（即间接成本）并将这些成本与特定的产出单位（产品或服务）联系起来，来克服上述问题。这是在导致间接成本的特定产出单位与它们相关联的基础上完成的，正如我们在例 5-1 中看到的仓库的运营成本。对于制造企业来说，辅助作业可能包括材料订购、机器运行、检验、处理客户订单等。这些辅助作业的成本将构成总间接成本。以这种方式跟踪活动成本的目的是为特定产出单位的间接成本要素提供一个更真实、更精细的计量账户。

要实施作业成本法，管理者必须首先仔细检查企业的经营。他们需要确定：

■ 生产产品或提供服务过程中涉及的各项辅助作业；
■ 分配给每项辅助作业的成本；
■ 导致每项辅助作业的成本发生变化的因素，即成本动因。

确定成本动因是成功实施作业成本法的重要因素。（然而，这也是作业成本法最困难的地方。）成本动因与作业成本有因果关系，因此被用作将辅助作业成本分配给特定产出单位的基础。下面进一步详细考虑这一点。

5.3.1　分配间接成本

一旦确定了各项辅助作业及其成本以及驱动这些成本的因素，作业成本法就需要三个步骤：

1. 为每项辅助作业建立一个间接成本库。每个单独的成本动因只有一个成本库。成本库相当于传统方法中的成本中心。稍后对此进行讨论。

2. 将与每项辅助作业相关联的总成本分配给相关的成本库。

3. 根据相关的成本动因，将每个成本库内的总成本分摊到各种产品。

上述步骤 3 是用每个成本库中的金额除以成本动因的估计总使用量，得出成本动因的单位成本。然后，将成本动因的单位成本乘以特定产出单位所使用的成本动因单位数，就可以确定该产出单位分摊（或吸收）的间接成本金额。例 5 - 2 可以清楚地说明这一过程。

例 5 - 2

Modern Producers 有限公司（见例 5 - 1）的管理会计估计，明年运营完工产品仓库的成本将为 90 000 英镑。这是分配给“仓库成本库”的金额。

据估计，每个产品 A 在出售前平均在仓库存放一周。产品 B 的存放周期为四周。这两种产品的尺寸大致相似，储存需求也非常相似。因此，人们认为在仓库存放的时间（“产品周”）是成本动因。

明年，预计将有 5 万件产品 A 和 2.5 万件产品 B 存放在仓库。成本动因的估计总使用量是产品在储存区域存放的“产品周”总数，即：

产品 A　50 000×1 周 = 50 000
产品 B　25 000×4 周 = 100 000
　　　　　　　　　　　 150 000

成本动因率是仓库总成本除以如上计算的“产品周”总数，即 0.60 英镑（90 000/150 000）。

为了确定每种产品的特定单位所需的成本，0.60 英镑的数字必须乘以产品在仓库停留的“产品周”数。因此，单位产品 A 分摊 0.60 英镑（0.60×1），单位产品 B 分摊 2.40 英镑（0.60×4）。

辅助作业的性质及其成本动因将因企业而异。下表列出了制造企业中可能存在的辅助作业及其可能的成本动因。

辅助作业	可能的成本动因
采购	订单采购数量
安装机械	安装次数
运行机械	机器工时
维护机械	维护工时
调度生产线	生产调度程序的工时
产品测试	测试次数
返工缺陷产品	缺陷产品数量

从表中我们可以看到有两种类型的成本动因：作业动因和资源动因，前者是衡量作业执行的频率或强度（如订单采购数量），后者是衡量作业消耗的资源量（如维护工时）。

在确定相关的成本动因时，可能需要在所需的精确度和收集信息的成本之间进行权衡。以一家生产多种不同产品的大型制造企业为例，每种产品都有若干辅助作业。在这里，产品和各种辅助作业之间存在很大的关联。因此，可能会确定出几十个成本动因。然而，成本计算系统越复杂，运行成本就越高。因此，可以通过对与特定产出单位有关的一组辅助作业使用相同的成本动因，来限制成本动因的数量。

作业成本计算过程中的关键步骤如图 5-1 所示。

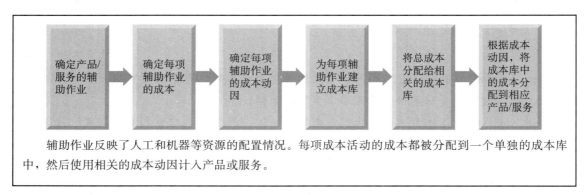

图 5-1　ABC 计算过程中的关键步骤

5.3.2　作业成本法和传统方法的比较

传统的完全成本法和作业成本法有一些共同点，这两种方法都采用两阶段来分配间接成本。在传统方法中，间接成本先被分配给产品成本中心，然后用间接成本分配率将每个成本中心的总成本分摊到特定产品。在作业成本法中，首先将间接成本分配给成本库，然后根据作业的成本动因率，将累积成本计入产出单位。

在分配的第一阶段，传统的完全成本法的成本中心和作业成本法的成本库发挥了类似的作用。二者都为分配间接成本提供了依据。然而，成本中心通常以部门为基础（见例 4-5），成本库则以作业为基础（见例 5 - 1 和例 5 - 2）。在第二阶段，间接成本分配率和成本动因率的作用也很相似。两者都提供了一种将间接成本分配给特定产品的依据。然而，二者所采用的方法不同。

我们在第 4 章中看到，间接成本分配率通常基于机器工时或直接人工工时。传统方法下，以此为基础为产品分配间接成本是合适的。机器运行成本（电力、油等）通常会根据机器工时而变化。类似地，监督费用也可能因直接人工工时数而异。然而，在现代制造环境中，很多间接成本并不取决于机器工时，也不取决于直接人工工时。传统的完全成本法没有考虑到这一点，而作业成本法考虑到了。

活动 5 - 3

针对下列业务，你能提出哪些成本动因？
- 机器测试和校准；
- 获取生产材料。

可能的成本动因：
- 测试次数或维修人员测试机器所花的时间；
- 所处理零件的数量或所收到材料的重量。

你可能还能想到其他成本动因。

在比较作业成本法和完全成本法时，有两点值得注意。第一，相比完全成本法下设定的成本中心，作业成本法下依据辅助作业确定的成本库的数量更多。第二，与传统方法相比，作业成本法下的每项辅助作业都可能有其独特的成本动因，从而会形成更多的间接成本分配方法。因此，作业成本法核算系统往往比传统的完全成本法核算系统更复杂。图 5 - 2 列出了处理间接成本的两种方法。

5.3.3　作业成本法和服务业

我们对作业成本法的讨论主要集中在制造业，因为作业成本法的早期用户是制造企业。然而，作业成本法可能与服务业更相关。在没有直接材料要素的情况下，服务企业的总成本通常主要由间接成本构成（真实世界 4 - 2 表明间接成本占服务及零售企业总成本的 51%。）我们后面会讲到，有证据表明，与制造企业相比，作业成本法已被提供服务的企业而不是生产产品的企业更广泛地采用。

活动 5 - 4

与传统的完全成本法相比，使用作业成本法计算直接成本的方式有什么不同？
完全没有区别。这两种方法的区别仅在于间接成本的分配。

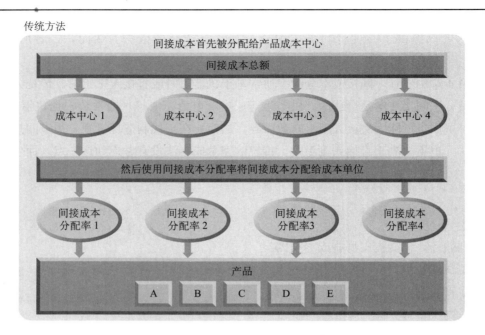

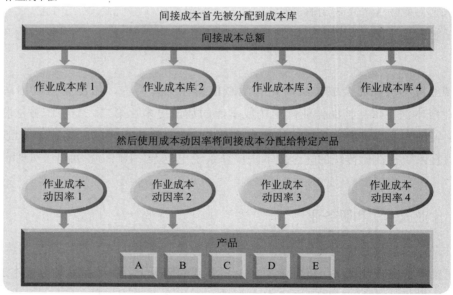

传统方法下，首先将间接成本分配给产品成本中心，然后按照每个成本中心的间接成本分配率（使用成本单位的直接人工工时或其他方法）分配到特定产品。作业成本法下，间接成本先归集到成本库，然后将间接成本分配给特定产品，以推动成本库中的成本流转。

资料来源：Innes, J. and Mitchell, F. (1990) *Activity Based Costing*: *A Review with Case Studies*, CIMA Publishing. With kind permission of Elsevier.

图 5-2　传统方法与作业成本法

例 5-3 举例说明了作业成本法，并将迄今为止提出的观点汇总在一起。

例 5-3

Comma 有限公司生产两种类型的产品——标准版和豪华版。每种产品都需要使用难以手工生产的特殊部件（标准版需要 1 个、豪华版需要 4 个）。这两种产品都是批量生产的（标准版大批量生产，豪华版小批量生产）。每个新批次都需要调试生产设施。

这两种产品的详细信息如下：

金额单位：英镑

	标准版	豪华版
年产量和销售量（个）	12 000	12 000
单位售价	80	110
批量（个）	1 000	50
单位直接人工工时（小时）	2	2.5
直接人工小时费率	16	16
单位直接材料成本	22	32
单位产品需要特殊部件的数量（个）	1	4
每批的装配数量（个）	1	3
每批单独从库房取用的物料数量（个）	1	1
每年发出的采购订单数量（个）	50	240

最近几个月，Comma 有限公司一直在试图说服购买标准版产品的客户购买豪华版产品。Comma 有限公司的间接成本分析提供了以下信息：

间接成本	英镑	成本动因
生产装配成本	73 200	设备数量
特殊部件搬运成本	60 000	特殊部件数量
采购订单成本	29 000	采购订单数量
材料搬运成本	63 000	批次数量
其他间接成本	108 000	劳动时间

要求：

（a）分别用以下两种方法计算标准版和豪华版产品的单位利润和销售利润率：

　　（1）传统的完全成本法；

　　（2）作业成本法。

（b）评论上述（a）的结果对该公司的影响。

答案：

（1）传统的完全成本法。

采用传统的完全成本法（见第 4 章），将间接成本相加，得出间接成本分配率如下：

单位：英镑

生产装配成本	73 200
特殊部件搬运成本	60 000
采购订单成本	29 000
材料搬运成本	63 000
其他间接成本	108 000
	333 200

间接成本分配率＝总间接成本/直接人工工时

＝333 200/(12 000×2＋12 000×2.5)＝6.17（英镑/直接人工工时）

每种产品的单位成本是通过将直接成本加上单位间接成本来计算的。通过将花费在产品上的直接人工工时数（标准版每个 2 小时，豪华版每个 2.5 小时）乘以上述计算出的间接成本分配率，即可计算出单位间接成本。因此：

单位：英镑

	标准版	豪华版
直接成本		
直接人工	32.00	40.00
直接材料	22.00	32.00
间接成本		
间接成本（每小时 6.17 英镑）	12.34	15.43
单位总成本	66.34	87.43

销售利润率计算如下：

单位：英镑

	标准版	豪华版
单位售价	80.00	110.00
单位总成本（见上文）	66.34	87.43
单位利润	13.66	22.57
销售利润率（（单位利润/单位售价）×100%）	17.08%	20.52%

（2）作业成本法。

使用作业成本法，作业成本动因率的计算方法如下：

单位：英镑

间接成本库	动因	(a) 标准版 动因量	(b) 豪华版 动因量	(c) 合计动因量 (a+b)	(d) 成本	(e) 成本动因率 (d/c)
生产装配成本	每批装配的次数	12	720	732	73 200	100
特殊部件搬运成本	专用部件个数	12 000	48 000	60 000	60 000	1
采购订单成本	采购订单数量	50	240	290	29 000	100
材料搬运成本	批次数量	12	240	252	63 000	250
其他间接成本	人工工时	24 000	30 000	54 000	108 000	2

作业成本法下：

单位：英镑

间接成本	(f) 标准版总成本 (a×e)	(g) 豪华版总成本 (b×e)	标准版 单位成本 (f/12 000)	豪华版 单位成本 (g/12 000)
生产装配成本	1 200	72 000	0.10	6.00
特殊部件搬运成本	12 000	48 000	1.00	4.00
采购订单成本	5 000	24 000	0.42	2.00
材料搬运成本	3 000	60 000	0.25	5.00
其他间接成本	48 000	60 000	4.00	5.00
总间接成本			5.77	22.00

单位总成本计算如下：

单位：英镑

	标准版	豪华版
直接成本		
直接人工	32.00	40.00
直接材料	22.00	32.00
间接成本	5.77	22.00
单位总成本	59.77	94.00

销售利润率的计算如下：

单位：英镑

	标准版	豪华版
单位售价	80.00	110.00
单位总成本（见上文）	59.77	94.00
单位利润	20.23	16.00
销售利润率（（单位利润/单位售价）×100%）	25.29%	14.55%

（b）数据显示，在传统的完全成本法下，豪华版产品的销售利润率略高。然而，作业成本法表明，标准版产品更赚钱。因此，企业应重新考虑其试图说服客户转向购买豪华版产品的策略。

5.3.4　作业成本法的收益和成本

作业成本法能够更准确地分配间接成本，从而为产品提供了更准确的成本数据。在评估产品盈利能力以及制定定价和产品组合决策时，这可能是非常有价值的。作业成本法还可以帮助管理者更好地理解业务运营情况。反过来，这将帮助他们找到提高绩效和降低成本的方法。

活动 5 - 5

作业成本法如何帮助管理者理解业务运营情况，以及如何提高绩效？

管理者通过识别各种辅助作业的成本以及导致这些成本变化的原因，对业务有了更深入的了解。之后，管理者就能更好地控制成本、提高效率和制订未来的计划。

尽管作业成本法有明显的优势，但批评者指出使用这种方法是一项代价高昂的工作。建立和更新成本核算系统需要消耗大量的资源。运行作业成本计算系统复杂且耗时，尤其是在业务操作涉及大量作业和成本动因的情况下。由复杂的作业成本计算系统生成的管理报告也可能很复杂。如果管理者认为这些报告很难理解，那么使用作业成本法的潜在好处可能永远无法实现。

如果产品或服务具有类似的产出，涉及类似作业和流程，或间接成本在总成本中占比相对较低，则作业成本法提供的更为准确的测量结果不太可能与传统方法所获得的结果显著不同。因此改善定价、规划和成本控制的机会就会很少。此种情况下，选择使用作业成本计算系统就没有太大价值。

作业成本法可能会出现测量与跟踪问题。并非所有成本都可以轻易地追溯到特定的作业。然而，所有作业成本都必须分配到某一个成本库。为了确保所有这些成本都被考虑在内，一些成本会被任意分配到某一成本库中。关于作业成本的低质量数据也可能导致随意的成本分配。作业成本与其成本动因之间的关系可能也难以确定。当作业成本固定且不随运营活动变化而变化时，很难确定因果关系。由于存在这些难点，从作业成本计算系统获得的成本信息可能与从传统方法获取的成本信息一样具有随意性。

作业成本法受到批评的原因与传统的完全成本法相同——没有为决策提供相关信息。

活动 5 - 6

你还记得第 4 章中为什么批评传统的完全成本法与决策无关吗？

传统的完全成本法倾向于使用过去的成本，而忽略机会成本。然而，过去的成本与决策无关；而机会成本与决策相关，且可能影响巨大。基于这些原因，一些人认为完全成本法是在浪费时间。

作业成本法也有同样的缺点。我们从第 4 章中了解到，完全成本法的支持者认为完全成本法与决策相关。它提供了一个长期平均成本的指标，该指标能让管理者对未来长期现金流有进一步的了解。

5.3.5　作业成本法的实践应用

真实世界 5-1 简要描述了英国皇家邮政（Royal Mail）是如何使用作业成本法的。

真实世界 5-1

邮政服务中的作业成本法

英国皇家邮政每年处理和投递超过 140 亿封信件和 10 亿个包裹。在 2013 年成为民营企业之前，它一直属于公共部门。该企业在内部决策和外部报告方面，均采用作业成本计算系统。鉴于其规模和业务活动，作业成本计算系统非常复杂也就不足为奇了。该企业有一本长达 100 多页的成本计算手册，概述了该系统所采用的原则和方法。

英国皇家邮政使用的作业成本计算系统包括以下主要步骤：

1. 将所有记录在英国皇家邮政会计系统中的成本按类型分类；

2. 将业务流程分解为多个作业，作业是指完成业务流程所需的各种任务或工作；

3. 使用资源动因将成本类型分配给作业并计算成本，从而确定每类成本分配给相关作业的比例；

4. 使用作业动因将作业成本分配给产品和服务。

为了帮助说明这些步骤，英国皇家邮政开展的主要业务流程包括：

业务流程	说明
国际业务邮件	处理出口并发送到海外的邮件，或处理从全国各地发送到其他邮件中心的进口邮件
网络配送	邮件在邮件中心、国际业务和区域配送中心之间进行网络配送，使邮件更接近其最终配送目的地
投递-上门	将邮件分拣到特定的投递路线，然后按顺序投递到最终投递点，为实际投递到各个地址做准备
投递-户外	从配送办公室领取邮件并投递到各个地址

如上所见，英国皇家邮政的作业成本计算系统在两阶段过程中使用了资源动因和作业动因。使用资源动因将企业使用的资源分配给作业。消耗的主要资源及动因如下：

资源	资源动因
操作人员	工作时间
车辆	车辆使用时间
机器	机器工时
不动产	占地面积

按照资源动因计算出的作业成本被分配给使用作业动因的产品。（我们可以想象，客户邮寄的邮件数量是确定作业动因的重要依据。）

图 5-3 总结了作业成本计算系统的工作原理。

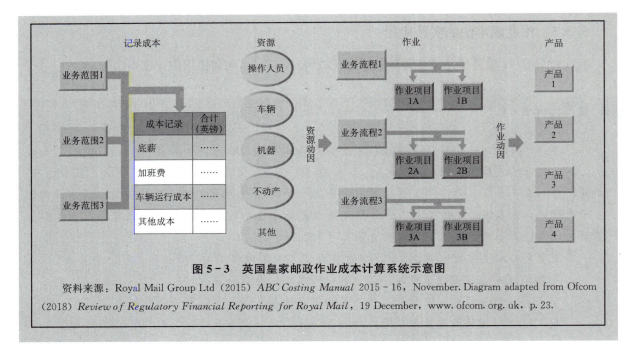

图 5-3 英国皇家邮政作业成本计算系统示意图

资料来源：Royal Mail Group Ltd（2015）*ABC Costing Manual* 2015-16，November. Diagram adapted from Ofcom（2018）*Review of Regulatory Financial Reporting for Royal Mail*，19 December，www. ofcom. org. uk，p. 23.

真实世界 5-2 说明了作业成本法在实践中的应用情况。

真实世界 5-2

作业成本法的实践应用

阿尔-奥米里（Al-Omiri）和德鲁里（Drury）对英国 176 家不同行业的企业进行了调查，这些企业的年销售收入都超过 5 000 万英镑。这项调查表明，29％的英国大型企业使用了作业成本法，但不同行业对作业成本法的使用差异很大，如图 5-4 所示。

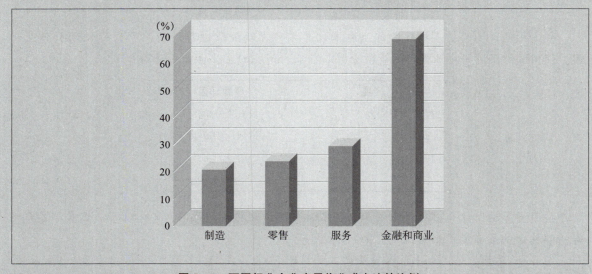

图 5-4 不同行业企业应用作业成本法的比例

他们进一步分析了特定企业应用作业成本法的动因。他们发现，使用作业成本法的企业往往是：

- 大型；
- 在运用先进管理会计技术方面经验丰富；
- 处于竞争激烈的产品市场；
- 从事服务业，尤其是金融服务业。

2009 年的 CIMA 调查支持了这一发现，即大型企业比中小型企业更倾向于应用作业成本法。调查显示，在员工人数少于 50 人的企业中只有 22% 使用作业成本法，而在员工人数超过 10 000 人的企业中有 46% 使用了该方法。

然而，最近对 171 家爱尔兰大型企业（前 1 000 家）进行的调查发现，只有 19% 的企业采用了作业成本法。

资料来源：Al-Omiri, M. and Drury, C. (2007) A survey of factors influencing the choice of product costing systems in UK organisations, *Management Accounting Research*, vol. 18, pp. 399 - 424; CIMA (2009) *Management Accounting Tools for Today and Tomorrow*, p. 12; Quinn, M., Elafi, O. and Mulgrew, M. (2017) Reasons for not changing to activity-based costing: a survey of Irish firms, *PSU Research Review*, vol. 1, no. 1, pp. 63 - 70.

即使在大型企业中作业成本法的采用率也相对较低，这就提出了一个问题：为什么企业不采用作业成本法？真实世界 5 - 3 探讨了有关此问题的证据。

真实世界 5 - 3

它并不那么容易

在真实世界 5 - 2 中提到的对 171 家爱尔兰大型企业进行的调查也询问了那些没有采用作业成本法的企业为什么没有采用这一方法。它们的回答如下：

	百分比（%）
认为它们目前的产品成本计算方法是恰当的	52
认为采用作业成本法太费时	15
对作业成本法缺乏足够的认识	9
认为采用作业成本法的成本太高	8
其他原因	16
	100

现在大多数企业仍采用传统的产品成本计算方法，对转为采用作业成本法几乎没有什么动力。

资料来源：Quinn, M., Elafi, O. and Mulgrew, M. (2017) Reasons for not changing to activity-based costing: a survey of Irish firms, *PSU Research Review*, vol, 1, no. 1, pp. 63 - 70, https: //doi.org/10.1108/PRR - 12 - 2016 - 0017.

5.4　产品生命周期成本管理

在本章的其余部分，我们将进一步研究在高度竞争的环境中可用于成本管理的方法。首先，我们将研究在产品生命周期内管理成本的方法。

5.4.1　全生命周期成本法

全生命周期成本法使管理层意识到，成本的产生不仅仅是在生产阶段。成本在更早的时候就开始累积，并在生产之后继续累积。全生命周期成本法是指跟踪和报告产品从开始使用到终止使用的所有相关成本，这些成本可能持续 20 年或更长时间。如果还跟踪产品在生命周期内产生的收入，则可以评估其盈利能力。这与传统的管理会计方法截然不同，传统的管理会计方法通常只评估一年或更短时间内的业绩。

全生命周期成本法首先把产品或服务的生命周期分为三个阶段，分别是：

1. 预生产阶段。该阶段是指产品或服务生产之前的一段时间。在此阶段，进行产品或服务的研发。产品或服务是经过设计的，生产方式也是如此。这一阶段在建造必要的生产设施并进行广告和促销后结束。

2. 生产阶段。在此阶段，完成产品的生产及销售或将服务提供给客户。这是传统的完全成本法或作业成本法通常贡献最大的阶段。

3. 生产后阶段。该阶段纠正所销售产品或服务（售后服务）出现的故障，可能会产生费用。这些费用可能在最后一个产品或服务销售之前就开始产生，因此该阶段通常与生产阶段重叠。在此阶段，即使在产品或服务生命周期结束时停产也可能产生成本。在必须消除环境破坏风险的情况下，这些成本可能非常高。

活动 5-7

请举两个生产结束时可能需要对造成的环境破坏进行恢复的例子。

包括停运成本的例子：

■ 石油钻井；

■ 核电站；

■ 采石场；

■ 煤矿。

你可能还想到了其他例子。

产品或服务的全生命周期如图 5-5 所示。

对于一些企业，特别是那些从事先进制造的企业，在某一特定产品的生命周期内所产生的总成本中，有很高比例（可能高达 80%）是在预生产阶段产生或承付的。以汽车制造商为例，在设计、开发和生产新车型时，产生的成本在全生命周期成本中占比很大。此外，在生产阶段也会产生成本。这是因为该设计将包含导致特定制造成本的部分。一旦汽车设计完成进入制造阶段，要想设计出一个昂贵的功能而不产生巨大的成本，可能为时已晚。在预生产阶段做出的决定也可能导致在生产后阶段产生成本。因此，做出恰当的决策非常关键，因为它们有可能在后期节省大量成本。

产品或服务的
全生命周期

研发、生产安装、　　预生产阶段
产前营销成本

制造和营销成本　　　生产阶段

售后服务和生产　　　生产后阶段
设备停运成本

从生产者角度来看，产品的生命周期可以看作三个不同的阶段。首先，研发产品，准备好一切，以便开始生产和销售。然后，生产和销售产品。最后，负责处理生产后的活动。

图 5-5　产品或服务的全生命周期

活动 5-8

请举例说明新车型在预生产阶段做出的决策将导致生产后阶段产生成本。

由于某些设计错误，可能会产生售后服务成本。一旦建造了生产设施，修改设计可能并不划算，而只能通过售后服务程序来处理问题。

如果停产时不再需要制造厂或生产设施，则可能会产生停运成本。

为获得竞争优势，制造商可以尝试降低其产品的全生命周期成本。以飞机制造商为例，客运航空公司在其生命周期内的总成本（包括维护、燃料和飞机停运时的收入损失）可能非常高，因此，飞机制造商需要在预生产阶段采取措施以降低客户的这些成本，这可以通过开发新材料、新技术、新工艺等来实现。

真实世界 5-4 展示了全生命周期成本是如何影响航空公司决定经营多少种类型的飞机、是否购买新飞机以及保留多长时间的。

真实世界 5-4

航空成本

低成本航空公司（low-cost carriers，LCC）或廉价航空公司，正在世界各地增加其市场份额。这些公司倾向于采取类似的策略方法，其中之一是使用相同品牌和型号的飞机，而且经常购买新飞机。例如，瑞安航空只使用波音 737 飞机，易捷航空的机队全部由空客 A320 组成。

乍一看，购买新飞机似乎与 LCC 的性质相反，但从战略上讲，这可能是一种明智的做法。飞机制造商逐渐意识到航空公司更愿意购买全生命周期成本低的飞机，并将其纳入设计。再加上新飞机需要的维护较少，购买新飞机就会变得很有吸引力。

如果机队仅由一种型号的飞机（如瑞安航空和易捷航空）组成，或者由同一制造商提供数量非常有限的不同型号的飞机，就购买和持有成本而言，可能会产生相当大的规模经济。

资料来源：Massey-Beresford，H.（2018）Why LCC airline MRO strategies might be good for OEMs, *Inside MRO*，24 October，www.mro-network.com/airlines/why-lcc-airline-mro-strategies-might-be-good-oems.

如前所述，在生产阶段开始时，试图管理产品全生命周期成本可能为时已晚。使用全生命周期成本法，管理者可以在预生产阶段将特定设计或特定元素纳入产品的成本。如果这些成本是不可接受的，就可以考虑其他选择，仍有充分的时间做出改变。

真实世界 5-5 提供了一些在实践中应用全生命周期成本法的信息。

真实世界 5-5

实践中的全生命周期成本法计算

2012 年，一项对美国管理学院 200 名成员进行的调查显示，约 10% 的美国企业广泛应用全生命周期法，另有 12% 的企业考虑应用这种方法。

资料来源：Clinton，D. and White，L.（2012）Roles and practices in management accounting：2003-2012，*Strategic Finance*，November，pp.37-43.

5.4.2 目标成本法

我们在第 4 章中看到，企业可以采用成本加成定价法，即在产品或服务成本的基础上增加一定比例的利润得出销售价格。然而，成本加成定价法通常不适用于在竞争激烈的市场中运营的企业。

活动 5-9

你认为为什么会这样？
客户可能无法接受由此得出的成本加成价格。

目标成本法从与成本加成定价法相反的方向进行定价决策。它以为产品设定目标价格为起点，通常基于市场调查，从确定的目标价格中扣除反映企业财务目标的目标利润，得出产品的目标成本。如果目标成本低于当前估计成本，就会出现"成本缺口"。企业必须努力弥补这一差距，以满足目标成本的方式制造产品或提供服务。

从设计、生产、采购和营销等主要部门抽调的专家团队通常负责实现目标成本，也可以从企业外部邀请利益相关者（如供应商和客户）加入团队。他们将一起检查产品和生产过程的各个方面，试图消除任何不增加价值的部分。比如修改设计、开发更有效的生产方式，以及与供应商谈判，以更低的价格提供产品和服务。该过程通常是迭代的（反复试验），并将持续进行，直到产品总成本降至目标成本数字，或者发现无法实现目标成本数字为止。为了防止在这个过程中消耗过多的时间和资源，可以为达到目标成本设定最后期限。

与其说目标成本法是一种成本计算方法，不如说它是一种可以应用各种学科和技术的框架。本章其他部分涉及的一些方法，如作业成本法、标杆管理和价值链分析，可帮助企业实现目标成本。

图 5 - 6 总结了目标成本的计算过程。

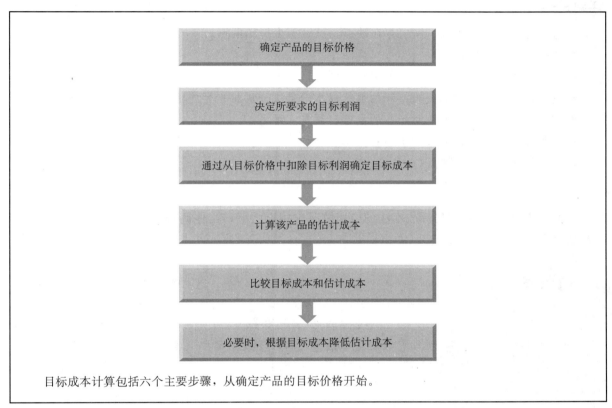

确定产品的目标价格

↓

决定所要求的目标利润

↓

通过从目标价格中扣除目标利润确定目标成本

↓

计算该产品的估计成本

↓

比较目标成本和估计成本

↓

必要时，根据目标成本降低估计成本

目标成本计算包括六个主要步骤，从确定产品的目标价格开始。

图 5 - 6　目标成本的计算过程

目标成本法可以视为全生命周期成本法的一部分。如我们所见，产品总成本的很大一部分可能在预生产阶段确定。在产品生命周期的这一阶段仔细规划可以防止未来制造成本被"锁定"。例如，设计中的微小变化可能会减少所需组件的数量，或者允许使用标准组件而不是专用组件。最后，这些微小的变化可能会带来显著的成本节约。

目标成本法是 20 世纪 70 年代日本企业为了应对日益激烈的竞争环境而制定的。它主要适用于生命周期较短的产品和服务的制造商。

活动 5 - 10

为什么目标成本法适用于生命周期短的产品？

这是因为在需要对现有产品进行频繁更新和/或不断开发新产品的情况下，成本节约可能最大——例如，快速变化的电子消费品的生产。

目标成本法对于产品开发不重要的企业（包括许多服务企业）来说意义不大。尽管如此，这些企业仍有机会使用这种成本计算方法。例如，一家管理咨询公司可能会考虑竞标一份特定合同，因为它相信一个特定的价格可以确保获得该合同。这个价格将成为目标价格，然后必须找到提供服务的方式，以符合合同规范和咨询公司所需的财务回报。

活动 5 - 11

尽管目标成本法有优点，但也存在缺点。试着至少提出两点。

可能存在的缺点包括：

- 降低成本的尝试可能会产生冲突——例如，企业和供应商之间以及企业和员工之间。
- 它会给那些试图达到极难实现的目标成本的员工造成相当大的压力。
- 它可能非常耗时，导致新产品的发布出现重大延迟。
- 它可能是一项代价高昂的工作。

你可能还想到了其他缺点。

真实世界 5 - 6 揭示了目标成本法的应用情况。相比之下，其他调查证据显示目标成本法在日本制造企业中的应用非常广泛。

真实世界 5 - 6

目标成本法的实践

2009 年的 CIMA 调查显示，目标成本法并没有在实践中被广泛应用，如图 5 - 7 所示。

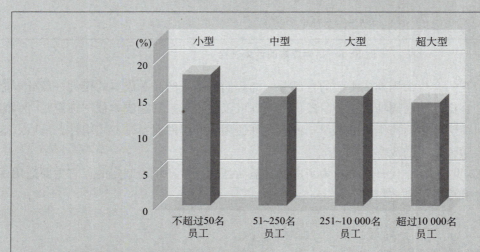

不清楚为什么大型企业不像小型企业那样使用目标成本法。在接受调查的所有企业中，约有 16% 应用了目标成本法。

图 5 - 7　目标成本法的应用

　　2012 年的一项对美国管理学院 200 名成员的调查显示，约 11% 的美国企业广泛应用目标成本法，另有 18% 的企业考虑应用该方法。

资料来源：CIMA（2009）*Management Accounting Tools for Today and Tomorrow*，p. 12 and Clinton D. and White L. (2012) Roles and practices in management accounting：2003 - 2012，*Strategic Finance*，November，pp. 37 - 43.

5.4.3　改善成本法

　　为了确保长期竞争力，企业可能会考虑在产品生命周期的预生产阶段不局限于使用目标成本法。当进入生产阶段后，企业可使用改善成本法（kaizen costing）继续寻求成本节约。日语中"kaizen"的意思是"持续改进"，可以通过许多小步骤来实现。改善成本法寻求通过持续的、小规模的、渐进的变化来实现成本节约，而不是通过"一次性"的对生产过程的彻底重新设计。由于生产阶段在产品生命周期的后期（从成本管理的角度来看），通常只能节省少量成本。生产阶段的大部分成本节约应该已经通过目标成本法实现了。

　　为了降低制造成本，要在寻求改进的过程中对生产过程进行仔细检查。重点是减少不必要的努力和过多的流程导致的浪费。改善成本法带来的改进包括：

- 消除生产过剩；
- 减少因工艺变更而产生的劣质品数量；
- 同步生产过程，消除瓶颈；
- 识别和消除过剩库存；
- 通过与供应商建立更紧密的联系，减少交货等待时间；
- 改进储存和处理流程。

　　当发现了小的改进机会时，高级管理人员应当认可这些结果。这样做可以强调这种方法的重要性。

　　改善成本法旨在将产品的制造成本降到低于前一阶段的成本。这涉及目标设定。设定一段期间制造成本减少的目标百分比，并在每个期间结束时，将实际减少的百分比与该目标进行比较。管理人员应调查目标与实际减少百分比之间的任何显著偏差，如果未达到目标，应及时采取措施。

　　图 5 - 8 归纳了改善成本法的流程。

　　改善成本法通常是企业持续改进文化的一部分，其基本理念是，任何流程都不可能完美，总是有改进的余地。它包括对生产过程的每一部分进行仔细检查，并就如何改进提出想法。员工被视为这一方法成功的关键，领导应该鼓励员工就消除浪费、改进流程和产品质量提出建议。与传统的降低成本方法不同，那些直接从事生产或提供服务的人，如工厂工人，而不是工程师、会计师或管理者，被视为改进的关键。

活动 5 - 12

　　为什么工厂里的工人是改进的关键？

　　那些最接近生产的人，特别是那些有实际操作经验的人，对生产过程有更深入的了解。因此，他们更有可能发现小的改进机会，比如减少去商店的时间或改变一系列小操作。

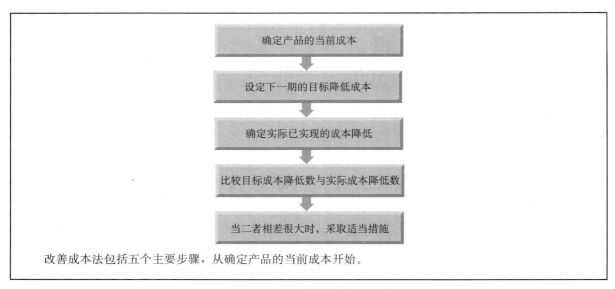

确定产品的当前成本

↓

设定下一期的目标降低成本

↓

确定实际已实现的成本降低

↓

比较目标成本降低数与实际成本降低数

↓

当二者相差很大时，采取适当措施

改善成本法包括五个主要步骤，从确定产品的当前成本开始。

图 5 - 8　改善成本法的流程

改善成本法的另一个特点是注重良好的内务管理，这为持续改进提供了另一个目标。密切注意保持工作场所的干净和整洁，努力保证工人的安全并提高工人工作的舒适度，避免工人受伤或疲劳对于增强工人的士气和动力非常重要。

改善成本法有助于创造一个更开放的方法来处理企业内部问题，还可以通过团队合作和员工参与，帮助企业创建一支更具奉献精神和积极性的员工队伍。然而，这种方法也存在潜在的问题。一些管理者对这种方法持怀疑态度，觉得这种民主的决策方式削弱了自己的权力。他们也可能在为企业文化和运营中进行必要变革所需的时间和精力上选择退缩。因此，企业高管需要做出强有力的承诺，将改善成本嵌入业务。另外，由于持续降低成本的压力，员工可能会承受压力。如前所述，目标成本法也存在这种风险。

日本叉车制造商丰田物料搬运集团（Toyota Materials Handling，以下简称丰田）是改善成本法和持续改进理念的主要倡导者。真实世界 5 - 7 描述了它的运行方式。

真实世界 5 - 7

丰田的改善成本法

丰田认为改善成本是一个关键问题。所有资历级别的员工都在日常工作中寻求改进企业的运营方式。在此过程中，所有员工都同等重要。丰田积极鼓励员工以自己的工作为荣，并努力提高工作效率。这包括确定持续改进的明确目标。在实施改善成本法时，丰田鼓励所有员工思考他们所做的工作，而不是简单地机械地完成工作。丰田的改善超出了生产流程，范围扩大到所有领域，包括营销、研发和管理。

如果员工发现了可能需要改进的领域，则鼓励他们提出改进运营方式的建议。在整个企业中，每年会收到来自各级员工的约 3 000 项改进建议。这些建议都要经过仔细评估，每一项改进建议都需要满足五项标准，然后才能实施。

除了消除浪费，丰田认为改善成本法可以提高员工留任率。赋予员工更大的工作责任，可以提高他们的士气和工作满意度。

资料来源：Kaizen, Toyota Materials Handling, www.bt-forklifts.com/En/company/BTProduction/TPS/Kaizen/Pages/default.aspx, accessed 22 November 2018；www.toyotaforklift.com/resourcelibrary/material-handling-solutions/products/valuing-the-toyota-production-system-and-lean-manufacturing, accessed 30 November 2019.

图 5-9 展示了所讨论的三种成本计算法所涵盖的产品生命周期的各个阶段。

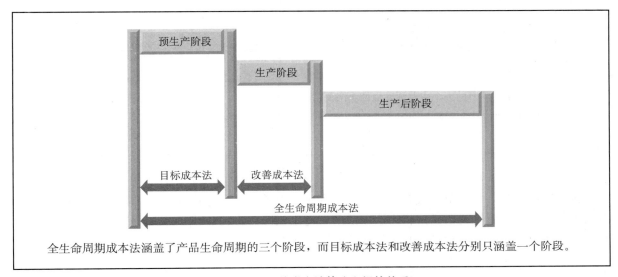

图 5-9　三种成本计算法之间的关系

5.5　竞争环境中成本计算与管理的其他方法

5.5.1　价值链分析

为了确保竞争优势，企业必须能够比竞争对手更成功地开展关键活动。这意味着企业要么获得独特的成本优势，要么在某些方面与竞争对手形成差异。为了帮助企业确定获得竞争优势的具体方式，将企业视作一系列创造价值的活动进行分析是很有用的，这一系列活动被称为价值链。价值链分析研究价值链每个环节的增值潜力。

对于制造企业来说，价值创造的过程从原材料和资源等投入的获取开始，以销售完工产品和售后服务结束。价值链分析同样适用于服务企业。服务企业在向客户提供服务之前也有一系列的活动。对于这两类企业，分析这些活动从而确定并消除非增值活动，可以获得巨大的回报。

制造企业价值链中的主要"环节"如图 5-10 所示。

我们可以看到价值链的主要环节包括五个主要活动和四个次要活动。主要活动是指投入、生产、产出、营销和销售、服务。次要活动为主要活动提供支撑作用。

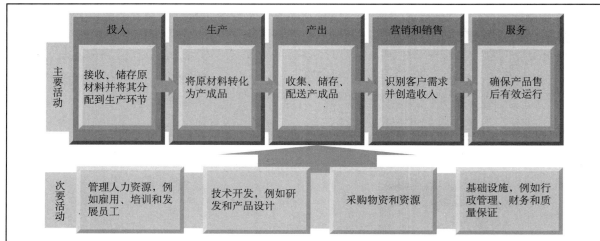

形成价值链主要环节的五个主要活动由四个次要活动支撑。

资料来源：Porter，M.（1985）*Competitive Advantage：Creating and Sustaining Superior Performance*，*The Free Press*. 1998 by Michael E. Porter.

图 5-10　制造企业价值链中的主要环节

价值链中的每一个环节都代表着一项会产生成本并影响利润的活动。理想情况下，每个环节都会增加价值——也就是说，客户将为这项活动支付比执行它的成本更多的钱。然而，如果一家企业想要超越竞争对手，就必须确保其价值链的配置方式能带来成本优势或差异化。

真实世界 5-8

价值链分析

前面提到的 CIMA 调查考察了不同规模企业使用价值链分析的情况，结果如图 5-11 所示。

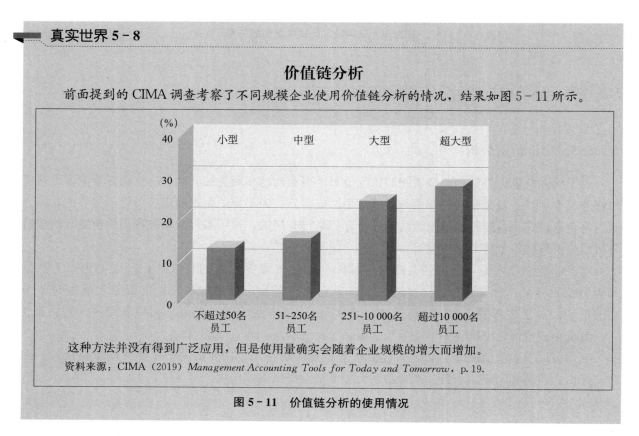

这种方法并没有得到广泛应用，但是使用量确实会随着企业规模的增大而增加。

资料来源：CIMA（2019）*Management Accounting Tools for Today and Tomorrow*，p. 19.

图 5-11　价值链分析的使用情况

为了实现成本优势，必须确定与价值链中每个环节相关的成本，然后检查其是否可以减少或消除。例如，可以识别非增值活动，例如由质量控制员完成对产品的检查。在企业中引入"质量"文化可以提高产品质量的可靠性。因此，不再需要进行检查，这一费用可以消除。要实现与竞争对手的差异化，企业必须在价值链的至少一个环节实现独特性。例如，大型面包店可能会尝试将生产设施移动到零售店，以确保客户可以获得新鲜的面包，从而实现产品差异化。

价值链分析有助于管理者更清楚地了解企业的优势和劣势，并确定需要改进的领域。在某些情况下它可能会导致重大的运营变化，如引入新的生产或服务技术或制定新的销售策略。此外，它可能会导致重大的战略转变。例如，制造商可能会发现无法与竞争对手的制造成本相提并论，但是它在营销和分销领域具有竞争优势。此种情况下，该制造商可以将重点放在企业的核心竞争力上，这可能会导致其将生产职能外包，只专注于商品的营销和分销。

5.5.2 标杆管理

标杆管理通常是一项持续的活动，在这项活动中，企业试图模仿"同类最佳"的企业，以获得更大的成功。同类最佳企业提供了一个标准或基准，企业可以据此比较自己的业绩。标杆管理可以深入了解如何提高绩效，还可以帮助企业避免掉入其他企业已经遇到的陷阱。研究一家高绩效的企业，发现其成功的因素，可以为企业提供新思路，从而提高运营效率，并获得更大的竞争优势。

标杆管理过程包括一系列步骤，如图 5-12 所示。

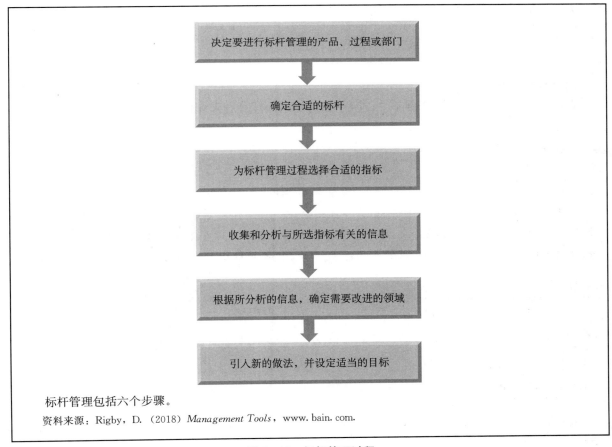

标杆管理包括六个步骤。

资料来源：Rigby，D.（2018）*Management Tools*，www.bain.com.

图 5-12 标杆管理过程

标杆管理过程与我们之前讨论的改善成本法计算过程具有相似之处。它通常由一个团队来执行，其成员来自各个业务部门，并且通常会随着时间的推移而持续下去。此外，员工对整个过程都做出了重要贡献。他们可以提供改进建议，并帮助实施商定的改进。与改善成本法一样，这种新的工作方式很容易出现一些阻力，因此它的成功采用依赖于高级管理人员的大力支持。

标杆管理既可应用于产品或流程，也可应用于企业战略和战略决策。这意味着识别和衡量绩效的方法有很多种，比如使用来自管理者、员工、供应商和客户的访谈和问卷调查，绘制业务流程图并进行统计分析，以及使用基于时间、质量、收入和成本等关键因素的绩效指标。

许多企业为了避免泄露商业敏感信息，并不愿意被其他企业当作标杆，这是可以理解的。因此，被视为同类最佳的竞争企业不太可能成为标杆管理过程中的合作伙伴。尽管如此，通过使用其他来源的信息对竞争对手的活动进行分析，仍有可能收集到很多信息。如果同类最佳企业不是直接竞争对手，则它可能愿意共享有关双方企业某些流程的信息，例如信贷收集和库存控制。企业也可以通过使用一个成功的部门作为业内最好的部门来进行内部标杆管理。

在某些情况下，数据库操作员可以提供用于标杆管理的信息。例如，行业协会可以收集、传播或参与企业提交的绩效指标相关的信息。但是，提供的信息可能无法识别单个企业，并且数据可能是合计数。因此，当试图理解某些企业为何表现良好时，这种标杆管理往往没有那么有用。

活动 5－13

为什么标杆管理有时不是那么有用呢？

它不能提供接触一流企业的机会。因此，无法更深入了解它们的决策和流程。

标杆管理实例

真实世界 5－9 提供了一个例子，说明了如何使用标杆管理来评估律师事务所的运营效率。

真实世界 5－9

法律费用

国民西敏寺银行集团（NatWest Bank）对英国 148 家律师事务所的绩效进行了分析。国民西敏寺银行集团的报告涵盖了 2018 年法律费用收入达到 6 700 万英镑的律师事务所。一系列指标被用于比较经营效率。报告所采用的主要指标以及各指标中排名前 1/4 的律师事务所的数据如下：

绩效指标	指标计算	排名前 1/4
每位权益合伙人的费用（千英镑）	总费用/权益（非带薪）合伙人数量	931
人均收费（千英镑）	总费用/产生费用的员工人数	182
费用利润率（%）	（利润/总费用）×100%	31
权益合伙人人均利润（千英镑）	权益合伙人的利润/权益合伙人的数量	217

续表

绩效指标	指标计算	排名前 1/4
收费小时数（每年）	向客户服务的小时数	1 396
小时报酬率（英镑）	收费者记录的小时费率×可以计费的记录时间百分比	198
正在推进的工作（天）	从记录已完成工作的时间到产生账单的延迟时间	28
应收账款天数（天）	客户支付账单所花费的时间	21
总锁定天数（天）	从记录已完成工作到收到现金的时间（正在推进的工作＋应收账款天数）	62

为了进行标杆管理，排名前 1/4 的数字可以用于衡量绩效卓越的指标，因此可以作为同类最佳数据的替代。

资料来源：NatWest Bank（2019）*2019 Legal Benchmarking Report*，http://cdn13. contentlive. co. uk.

活动 5 - 14

试着想出两个指标，作为律师事务所衡量其运营效率的标杆。（提示：考虑与时间、收入和利润相关的指标。）

还可以使用以下指标：

- 收入总额的同比变化；
- 权益合伙人人均利润的同比变化；
- 收费员工占员工总数的百分比；
- 收费者记录的向客户计费的时间百分比；
- 每位员工的利润（收费者和非收费者）；
- 坏账占已赚取费用总额的百分比。

你可能还想到了其他指标。

真实世界 5 - 10 提供了一些关于大型企业标杆管理的使用情况和满意度的说明。

真实世界 5 - 10

标杆管理

贝恩公司（Bain & Company）是美国一家大型的管理咨询公司，它每年都要对关键管理工具进行调查。图 5 - 13 显示了其 2018 年的调查结果，该调查基于全球 1 268 名高管的观点，调查了标杆管理的使用情况和满意度。

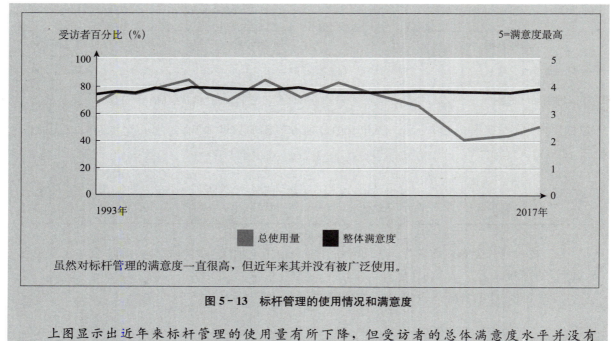

图 5 - 13　标杆管理的使用情况和满意度

上图显示出近年来标杆管理的使用量有所下降，但受访者的总体满意度水平并没有下降。

资料来源：Rigby, D.（2018）*Insights Management Tools*，*Benchmarking*，Bain & Company，2 April，www.bain.com.

5.5.3　全面质量管理

质量已成为企业在与竞争对手竞争时使用的主要武器。如前所述，客户越来越需要满足其特定需求的产品。这些要求之一是产品应具有适当的质量。这意味着产品应满足客户的需求，并以他们愿意支付的价格提供。

这种对创造高质量产品的重视催生了全面质量管理（total quality management，TQM）。TQM 的理念是提供始终满足或超越客户需求的产品。这意味着有缺陷的产品永远不能送到客户手中。理想情况下，不应有任何残次品。全面质量管理被描述为"第一次做好，次次都做好"。它旨在创造一个良性循环，其中质量改进能够减少生产问题，提高客户满意度，增加利润。

如果要发展质量文化，企业内各级员工的参与至关重要。因此，管理者必须采取措施来实现这一目标。

活动 5 - 15

企业可以采取哪些措施来确保员工高度参与质量改进？试着至少想出三个措施。

企业可以采取以下措施：

■ 致力于管理层和员工之间保持高度沟通。包括让员工充分了解企业的目标和战略，以及外部环境的关键变化。

■ 使员工意识到以客户为中心的重要性以及质量在满足客户需求中所起的作用。

■ 提供质量保证程序方面的培训。

- 提供质量改进相关的激励措施。
- 鼓励员工提出质量改进建议。
- 授权员工对可提高的质量流程进行更改。
- 展示最高管理层对发展质量文化的承诺。

你可能还想到了其他措施。

与本章中讨论的其他方法一样，全面质量管理通常被视为一项持续的行动，而不是"一次性"的实践。它需要对现有的流程进行详细调查，以确定需要改进的领域。为完成相应工作，可以由来自不同业务职能部门的成员组成员工团队。他们将负责收集和分析与现有流程有关的数据，确保开发新的流程并对其进行适当的监测。在寻求质量改进的过程中，可以使用多种方法，如标杆管理、员工和客户调查、统计分析和绘制业务流程图。

应采取系统的方法来改进质量，主要步骤见图 5-14。

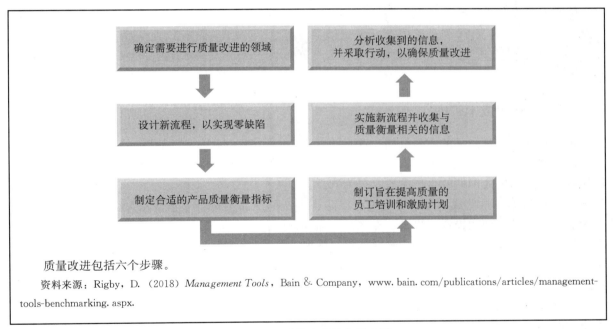

质量改进包括六个步骤。

资料来源：Rigby，D.（2018）*Management Tools*，Bain & Company，www. bain. com/publications/articles/management-tools-benchmarking. aspx.

图 5-14　质量改进的主要步骤

真实世界 5-11 提供了一些关于全面质量管理在实践中的使用情况和满意度的介绍。

真实世界 5-11

全面质量管理的实践

图 5-15 展示了贝恩公司的调查结果（见真实世界 5-10），调查受访者对全面质量管理的使用情况和满意度。

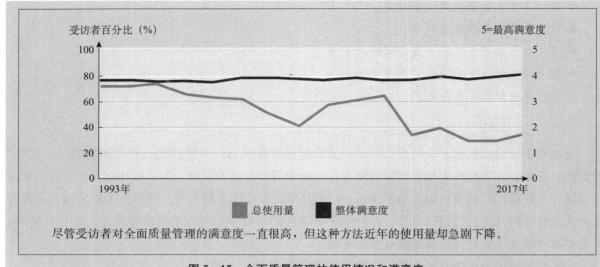

图 5 - 15　全面质量管理的使用情况和满意度

近年来，尽管受访者对全面质量管理的满意度一直很高，但近年来这种方法的使用量却急剧下降。

资料来源：Rigby, D.（2018）*Insights Management Tools*，*Total Quality Management*，Bain & Company, 2 April, www. bain. com.

5.5.4　质量成本管理

企业必须确保其产品的质量合格。这意味着它们必须满足客户对产品性能的要求，还必须在技术上是可靠的。然而，这样做会产生成本。据估计，质量成本可能高达总加工成本的 30％。它们往往发生在产品生命周期的生产阶段，分为四类：

1. 预防成本。这些成本与程序有关，以防止生产的产品不符合质量要求。此类程序包括对工作人员进行质量培训和投资新设备。在产品生命周期的预生产阶段，可能会产生某些类型的预防成本，其中生产流程的设计可以避免潜在的质量问题。

2. 评估成本。这些成本与检测原材料、在产品和产成品有关，以确保它们达到设定的质量标准。

3. 内部故障成本。这些成本包括在不合格产品交付客户前对其进行整改的成本，以及因质量问题而产生的报废成本。

4. 外部故障成本。这些成本包括纠正已交付给客户的产品的质量问题的成本，还包括企业因质量和可靠性方面丧失声誉的成本。

这四类成本共同构成了企业的质量成本。

活动 5 - 16

在上述四类质量成本中，哪一类是最关键的？为什么？

外部故障成本通常是最关键的。因为纠正这些故障的成本非常高，还可能导致销售减少和声誉损失，从而危及整个企业的未来。

真实世界 5 - 12 描述了一款知名产品如何被制造商（三星）召回，并给整个品牌蒙上了一层阴影。尽管遭遇了这一挫折，三星似乎已经恢复了声誉和市场。

真实世界 5 - 12

涅槃之火

2016 年，当韩国大型电子产品制造商三星将其新款智能手机 Galaxy Note 7 推向市场时，似乎占据了有利的市场地位。三星智能手机的销量超过了所有竞争对手，人们认为最新机型的创新比其主要竞争对手苹果做得好。

突然，事情开始变得非常糟糕！该手机发布后不久，当地消费者就遇到了手机着火的情况，有的手机甚至因为电池故障而爆炸。三星立即停止生产该型号手机，召回已售出的手机，并用其他手机替代卖出的手机。随着公司在股市上损失了 260 亿美元，该公司的前景黯淡。

本以为这就是最糟的情况，结果更糟糕的事情发生了。替换手机也出现了同样的问题，美国政府出面宣布 Note 7 为非法产品。据一位专家估计，这些问题造成的销售损失达 170 亿美元。人们担心，这些事件可能会摧毁三星的智能手机业务，或者至少会让 Note 机型陷入困境。

然而，不到两年，三星似乎已反弹。三星发布了下一代机型 Galaxy S9，与苹果 iPhone X 相抗衡。相比担心电池会着火，人们的注意力似乎更多地集中在手机摄像头的质量上。

2017 年，三星实现了 500 亿美元利润，创下了公司纪录。人们似乎认为高质量的产品最终会克服问题。

资料来源：Tsukayama, H.（2018）How Samsung moved beyond the exploding Galaxy Note 7, *Gadgets 360*，24 February, https://gadgets. ndtv. com/mobiles/features/how-samsung-moved-beyond-the-exploding-galaxy-note-7-1816762.

图 5 - 16 总结了质量成本的主要类别。

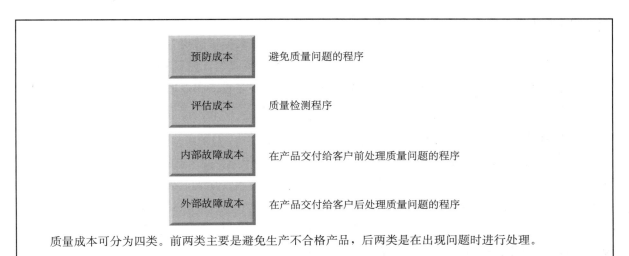

图 5 - 16　质量成本的主要类别

活动 5-17

回顾可能发生的四类质量成本（预防成本、评估成本、内部故障成本和外部故障成本），并试着为每一类质量成本举两个具体的例子。

■ 预防成本。可能包括与质量培训课程、质量改进会议、对与质量相关的信息系统的投资、统计质量控制、产品设计审查和旨在进行产品改进的项目相关的成本。

■ 评估成本。可能包括与对所提供的原材料的检查和测试、现有工艺的审查、最终产品的质量审核、测试设备的检查和性能标准的审查相关的成本。

■ 内部故障成本。可能包括与返工材料、重新测试产品、报废产品和降低产品质量等级（以及降低销售价格）相关的成本。

■ 外部故障成本。可能包括与处理客户投诉、未来订单丢失、退货返工、产品召回、声誉损失和不符合合同规范的法律责任有关的成本。

通过识别、分类和衡量各种质量成本，就有了管理这些成本的基础。我们可以更清楚地看到投资于质量改进的回报。假定一家企业生产的产品中含有相当大比例的缺陷产品。它很可能通过增加评估成本来应对这个问题。但是，这可能不足以消除问题，仍可能产生内部故障成本和外部故障成本，如返工材料和处理客户投诉。如果企业在预生产阶段增加投资，如购买新设备和增加员工培训次数，评估成本、内外部故障成本可能会降低。换句话说，要生产出更高质量的产品，总成本不必增加。事实上，所产生的额外预防成本可能会被较低的评估成本和内外部故障成本所抵销，从而大大节省成本。

5.5.5 其他观点

虽然许多企业使用了上面描述的成本计算方法，并认为这些方法很有用，但有些企业认为它们不能提供成功管理成本的关键。有人认为，过分强调成本计算方法，如全生命周期成本法，是错误的，企业真正需要的是不断学习并形成适应多变的环境的方法。为了成功地管理成本，企业应在面临新的威胁和压力时不断审查成本，而不是依赖特定的方法来提供解决方案。

霍普伍德（Hopwood）建议，为了随着时间的推移转换成本，使其符合战略目标，企业不需要非常复杂的技术或高度官僚化的系统。相反，它们需要改变看待和处理成本的方式。他建议应采用以下广泛的原则。

1. 分散责任

整个企业的员工都应分担管理成本的责任。因此，设计专家、工程师、商店经理、销售经理等都应参与成本管理，并将其视为工作的一部分。目标成本法和改善成本法都有一个显著的特征，那就是存在非会计人员的参与。这一点似乎已被大众接受。

霍普伍德建议，应向员工提供关于成本核算理念的基本知识，如固定成本和变动成本、相关成本等，以使他们能够充分提出自己的想法。随着成本意识在企业中的渗透，以及非会计人员越来越多地参与成本管理，会计人员的角色将发生变化。他们通常会促进而不是提出成本管理建议，并将成为从事创造性管理的多技能团队的一部分。

2. 传播信息

在整个企业中，成本与成本管理应当成为日常讨论的话题。管理者应抓住每一个机会向员工提出这些问题，因为讨论成本问题通常会使员工产生管理成本的想法并采取相应的行动。

3. 本土考虑

应集中对特定位置和环境进行成本管理。如果允许部门、产品线或当地办事处的经理在他们可以控制的领域采取主动行动，他们就更有可能参与成本管理。本地经理往往拥有总部经理所不具备的本地知识。他们比资深的同事更有可能发现节省成本的机会。如果高级管理人员制订了成本管理计划，并将其应用于整个企业，则这些计划不太可能产生与本地计划相同的有益效果。

4. 持续标杆管理

标杆管理应该是一个永无止境的过程。应定期和专门报告成本信息，以进行标杆管理。如前所述，竞争对手的成本可以为比较提供有用的基础。此外，由于采用新技术或工作模式而产生的预期成本可能会有所帮助。

5. 关注管理成本，而不是减少成本

传统的管理会计倾向于降低成本，这本质上是从短期视角来看待成本。然而，有效的成本管理要求在某些情况下增加而不是减少成本。

活动 5 - 18

什么情况下增加成本是有利的？试着至少想出一种情况。

这可能包括以下情况：

- 产生额外收入；
- 降低长期成本；
- 降低其他业务领域的成本。

你可能还想到了其他情况。

霍普伍德认为，这些原则如果与整体财务控制结合使用，就能提供管理成本的最佳方式。

自测题

Psilis 有限公司生产两种质量的产品："基本品"和"优等品"。该公司按照 25% 的成本利润率销售这些产品。管理层担心利润太低。

单位产品的完全成本根据直接人工工时分配每种产品的附加成本来计算。相关成本如下：

	基本品	优等品
直接人工（20 英镑/小时）	80	120
直接材料（英镑）	15	20

总间接成本为 100 万英镑。

根据近年经验，在未来一年，该公司预计将生产和销售 4 万件基础品和 1 万件优等品。

最近，该公司管理会计试图确定作业和成本动因，以便比以前更精确地处理间接成本。这个练习揭示了对年度间接成本的分析：

作业（和成本动因）	成本（千英镑）	年度作业次数		
		合计	基本品	优等品
机器设置次数	280	100	20	80
质量控制检查次数	220	2 000	500	1 500
已处理的销售订单数	240	5 000	1 500	3 500
日常生产（机器工时数）	260	500 000	350 000	150 000
合计	1 000			

管理会计对 100 万英镑间接成本的解释如下：

■ 这两种产品的批量相对较小，库存中的成品数量可以忽略不计。由于市场上对优等品的需求量比较少，所以优等品的批量很小。每一次生产，都要有技术娴熟的工人重新设置机器。一年大概生产基本品 20 次，优等品 80 次，共计 100 次。雇用机器安装工人的成本一年大约是 28 万英镑。显然，安装次数愈多，安装成本也愈高；换句话说，机器设置次数是机器设置成本的动因。

■ 所有的产品都必须进行质量检查，每年大约花费 22 万英镑。优等品的规格越高，意味着出现质量问题的可能性越大。优等品每年一共检查 1 500 次，而基本品只需要检查 500 次。检查次数是质量成本的动因。

■ 销售订单（处理客户订单，从收到原始订单到发货）每年花费约 24 万英镑。虽然基本品的数量很大，但是由于基本品是以比较大的订单量出售给批发商的，所以一年仅有 1 500 份销售订单。优等品主要通过邮购直接向公众销售，通常是非常小的订单。一般情况下，订货量是处理订单成本的动因。

要求：

（a）根据已知信息计算两种产品的总成本及当前售价。

（b）根据管理会计最近的调查，按照作业成本法计算每种产品的全部成本。

（c）你能得出什么结论？你对公司的管理有什么建议？

（d）管理者担心销售订单的处理没有被有效地执行。因此，他们决定将此与同类最佳进行比较。编制一份公司可能使用的衡量指标清单，作为标杆管理的基础。（提示：在制定指标时，考虑时间、质量、收入和成本等关键因素。）

（e）标杆管理过程由一组工作人员进行。列出你认为选择团队成员时适合使用的标准。

📖 **本章小结**

本章的要点可概括如下：

作业成本法（ABC）

■ 作业成本法把所有成本都视为由作业引起或"驱动"，基于此来分配间接成本（在完全成本法中）。它比传统方法更符合现代的商业环境。

- 识别辅助作业及其成本（间接成本），然后分析这些成本，确定它们的动因。
- 每项辅助作业的成本都被收集到一个成本库中，依据成本动因将成本库中的间接成本分配到特定产品中。
- 作业成本法为特定产品提供更准确的成本，有助于更好地控制间接成本。
- 作业成本法耗时且昂贵，衡量也不容易，并不适合所有企业。

全生命周期成本法

- 全生命周期成本覆盖产品从生命周期开始到结束相关的所有成本。
- 产品的生命周期可分为三个阶段：预生产、生产和生产后。
- 在预生产阶段发生的成本比例很高。

目标成本法

- 目标成本法是一种基于市场的成本管理方法，用于在预生产阶段管理成本。
- 试图降低成本，按照目标价格获得利润。
- 提供了一个框架，在其中可以使用各种方法来降低成本，而不是一种成本计算方法。

改善成本法

- 改善成本是指在生产阶段持续、渐进地降低成本。
- 包括设定每个时期的间接成本降低目标，然后将实际成本降低数与目标进行比较。
- 这是企业持续改进文化的一部分。

价值链分析

- 价值链分析包括检查产品生命周期中的各种作业，确定并试图消除非增值作业。
- 价值链中的每个环节都代表了一种作业。任何不能增加价值的环节都应该进行严格的评估，并尽可能消除。

标杆管理

- 标杆管理旨在模仿企业内外部实现的成功操作。
- 这通常是一个持续的过程，旨在获得更高的运营效率和更大的竞争优势。
- 它涉及为特定产品或功能确定合适的标杆，收集和分析与标杆相关的信息，确定需要改进之处，然后引入新的方法和目标。

全面质量管理

- 全面质量管理（TQM）的理念是提供满足或超越客户要求的产品。
- 为确保产品质量而产生的成本称为质量成本。它可分为四类：预防成本、评估成本、内部故障成本和外部故障成本。
- 如果在预防成本上花费更多，则可以通过降低评估成本和内外部故障成本来节省总成本。

其他观点

在以下情况下，可以不使用复杂的方法来管理成本：

- 共同承担管理成本的责任；

- 成本讨论日常化；
- 管理成本本土化；
- 持续进行标杆管理；
- 关注管理成本，而不是降低成本。

复习思考题

5.1 作业成本法与传统方法有何不同？它们之间的根本区别是什么？

5.2 采用目标成本法时可能会出现哪些问题？

5.3 采用标杆管理作为评估和改进绩效的手段时，可能会出现什么问题？

5.4 真实世界 5-5 表明，企业很少使用全生命周期成本法。为什么？

练习题

基础练习题

5.1 请你对无意中听到的以下陈述进行评论：

（a）"实现质量需要付出额外的成本。如果你想提高产品的质量，就必须增加总成本。"

（b）"全面质量管理和改善成本法在理念和方法上有着惊人的相似之处。"

（c）"相比服务业，目标成本法在制造业应用更多。"

5.2 描述目标成本法与改善成本法的主要区别与联系。

5.3 Saxos 有限公司是一家采用全面质量管理的工程企业。管理者担心与管理产品质量相关的评估成本非常高。

要求：

（a）确定公司可能产生的不同类型的评估成本。

（b）解释公司如何应对高额的评估成本。

中级练习题

5.4 Kaplan 有限公司生产各种尺寸和形状的行李箱。行李箱有十种不同型号。为了将成品行李箱的库存降至最低，每种型号都是小批量生产的。每一批都单独进行成本计算，每个行李箱的成本都按照批次成本除以批次中行李箱的数量来计算。

目前，该公司使用传统的订单成本法计算每批行李箱的成本。公司最近任命了一位新的管理会计师，他提倡使用作业成本法降低批次成本。管理会计师称，作业成本法带来了更可靠、更相关的成本，而且还有其他好处。

要求：

（a）解释目前公司如何降低每个行李箱的成本。

（b）讨论在传统基础上推导出的每个行李箱的成本信息可以用于什么目的，以及成本对相关目的的有效性。

（c）解释按照作业成本法如何计算行李箱成本，指出其与传统方法之间的区别。

（d）解释新管理会计师可能认为作业成本法与传统方法相比具有哪些优势。

第 **6** 章
预 算

引 言

英国天空广播公司（Sky plc）在其 2018 年的年度报告中指出：公司有一个全面的预算编制和预测流程，定期审查和更新的年度预算由董事会批准。

正如我们将看到的，英国天空广播公司的做法是各种规模企业的典型做法。

什么是预算？它有什么作用？如何编制？由谁编制？为什么董事会认为它非常重要？在本章中，我们将逐一探寻这些问题的答案。

我们将看到，预算制订了短期计划，以帮助管理人员管理企业。它提供了评估实际绩效是否符合计划的方法，如果不符合，原因是什么。预算并非存在于真空中，而是经营良好的企业所采用的计划框架的组成部分。因此，为充分理解预算的性质，我们必须了解制定预算的战略计划框架。

本章首先讨论预算框架，然后详细介绍预算的流程。我们将看到，编制预算有赖于对与成本性态和完全成本计算有关问题的理解。这些都是我们在第 4 章和第 5 章中探讨过的主题。

学习目标

学完本章后，你应该能够：

■ 定义预算，并说明预算、战略目标和战略计划之间的关系；

■ 解释预算流程和企业内部各种预算之间的联系；

■ 确定预算的用途，并根据相关数据编制各种预算，包括现金预算；

■ 讨论对预算的批评。

6.1 预算与战略计划和目标的联系

企业为未来制订计划至关重要。除非企业管理人员明确企业未来的发展方向，否则无论企业想要实现什么目标，都不可能实现。正如我们在第 1 章中所讨论的，计划的制订包括五个关键步骤：

1. 确立使命、愿景和目标。使命和愿景阐明了企业的首要目标及其寻求实现的目标。战略目标将这些目标转化为未来的具体目标，并作为评估实际绩效的基础。你可能还记得，在第 1 章中，我们介绍了 Spire Healthcare 有限公司的使命和愿景。

2. 进行定位分析。包括根据企业的使命、愿景和战略目标，评估企业目前所处的位置和它理想的位置。

3. 确定和评估战略选择。企业必须探索从现在的位置（在步骤 2 中确定）到理想的位置（在步骤 1 中确定）的各种方法。

4. 选择战略方案并制订计划。包括从行动方案或战略（步骤 3 中确定）中选择最佳方案，并制订长期战略计划。然后，将此战略计划分解为一系列短期计划，一个短期计划对应企业的一个方面。这些计划就是预算。因此，预算是短期（通常为一年）的企业计划，主要以财务术语表述，其作用是将战略计划转化为近期可采取行动的蓝图。预算将明确以下方面的具体目标：

- 现金收支；
- 销售量和收入，细分为企业提供的每种产品或服务的数量和价格；
- 详细的存货要求；
- 详细的人工要求；
- 具体的生产要求。

5. 执行、评价和控制。企业要执行步骤 4 中编制的预算。通过将实际结果与预算进行比较，管理人员可以了解事情是否按计划进行。如果实际绩效与预算不符，就必须采取行动进行控制。

活动 6-1

步骤 3 中描述的方法建议管理人员系统地收集信息，然后仔细评估所有备选方案。你认为这是管理人员真正要做的吗？

在实践中，管理人员可能不像建议中那样理性和有能力。

为了进一步说明活动 6-1 的答案中提出的观点，管理人员可能会觉得难以处理与各种选择相关的大量信息。为避免超负荷工作，他们可能会限制选择的范围和/或放弃一些信息。管理人员也可以采用简单的方法来评估所提供的大量信息。然而，这种应对机制可能导致决策失误。

从我们刚刚对计划过程的描述中可以看出，使命、愿景、战略目标、战略计划和预算之间的关系可以总结如下：

- 使命和愿景确定了总体方向，一旦确定，就可能会持续很长一段时间，也许会贯穿整个企业的生命周期；
- 战略目标也是长期的，它将使命和愿景转化为具体的、往往是可以量化的目标；
- 战略计划确定如何实现每个目标；
- 预算详细列出了实现战略目标所需的短期计划和目标。

我们可以从学生报名学习课程的角度进行类比。学生的使命可能是拥有一个快乐而充实的生活。这项任务的一个关键战略目标可能是从事一份在各方面都能有所回报的工作。特定的学习课程可能被视为实现这一目标的最有效的途径。成功完成课程将是战略计划。在制订这一战略计划的过程中，通过课程的某一阶段可能被确定为某一年的目标。这个短期目标与预算类似。在完成了第一年的预算后，第二年的预算就变成了通过第二阶段，依此类推。

实施控制

无论一家企业的活动计划得多么周密，如果不采取措施在实践中实施这些计划，这些活动都将化为乌有。使计划的事项变成现实的过程称为控制。这是上述步骤 5 的一部分。

控制可以定义为使事件符合计划。这个定义在任何情况下都适用。例如，当我们谈论控制一辆汽车时，我们指的是让汽车按照我们的计划行事。

在企业中，管理会计在控制过程中发挥着重要作用。这是因为许多计划都可以用财务术语（如预算）来表述。由于可以用相同的术语来说明实际结果，因此将实际结果和计划结果进行比较是一件相对简单的事情。如果实际结果与预算不一致，财务信息应突出这种差异。然后，管理人员就可以采取措施，使企业回到实现预算的轨道上。我们将在第 7 章更深入地探讨预算控制问题。

图 6-1 展示了计划和控制过程。

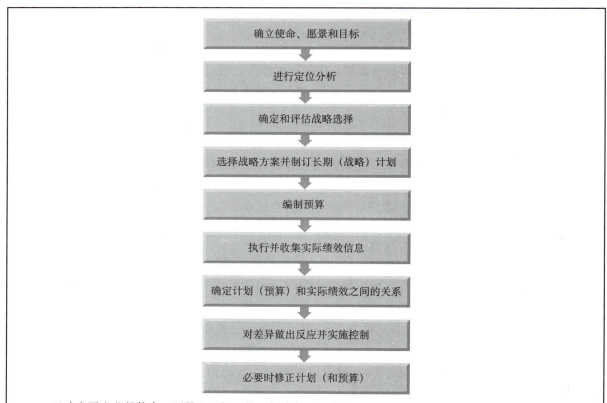

一旦确定了企业的使命、愿景和目标，就必须确定和评估各种可用的战略选择，以制订战略计划。预算是在战略计划框架内编制的短期财务计划。可以通过比较预算和实际执行情况来实施控制。如果出现重大差异，应采取某种形式的纠正措施。如果预算数据被证明是基于对未来的错误假设，那么可能有必要修正预算。

图 6-1 计划和控制过程

应该强调的是，计划（包括预算）是管理人员的责任，而不是会计人员的责任。尽管会计人员通过向管理人员提供相关信息，并作为管理团队的一员参与决策而在计划过程中发挥了作用，但他们不应该主导这个过程。然而，在实践中，这种情况似乎经常发生。虽然会计人员可能擅长处理财务信息，但如果管理人员允许他们对预算过程施加过大的影响，他们就没有尽到自己的责任。除非管理人员大量参与预算的编制工作，否则编制的数据很可能不可靠。

真实世界6-1提供的证据表明，计划和预算过程在很大程度上是会计人员的责任。

真实世界6-1

编制预算

一项由英国特许公认会计师公会和毕马威会计师事务所委托进行的调查，询问了50多个国家、900多名会计人员的意见。调查中要求受访者确定在企业中谁在计划、预算和预测上花费最多的时间。65％的受访者表示是会计人员，另有18％的受访者表示是首席财务官。

受访者还被问及谁"控制"企业的计划和预算流程。33％的人表示是首席财务官，另有13％的人表示是会计人员。这些结果表明，对于许多企业来说，计划和预算编制在很大程度上被视为一个以财务为基础的过程，而不是整个企业的过程。

资料来源：O'Mahony，J. and Lyon，J.（2015）*Planning，Budgeting and Forecasting：An Eye on the Future*，KPMG ACCA，p. 9.

6.2 计划和预算的时间范围

制订战略计划是一项重大工作，通常每五年进行一次。预算则通常是在当年为下一年制定预算。然而，这些时间范围可能因企业的特定需要而变化。那些从事某些行业（比如信息技术）的企业可能会觉得五年的计划期太长，因为新的发展可能会在一夜之间出现。这种情况下，2～3年的计划期可能更合适。同样，预算也不一定必须为一年，尽管这似乎是一个广泛使用的时间范围。

格林王公司（Greene King plc）是一家经常审查其战略计划的企业，经营酿酒、酒吧和酒店业务。真实世界6-2摘自格林王公司的年度报告，它解释了战略计划如何成为公司每年的年度活动的。

真实世界6-2

酒吧的战略计划

根据格林王公司的年度报告，其战略计划方法如下：

每年2月，董事会都会召开一次为期两天的会议，重点讨论战略问题。业务部门的总经理和主要职能部门（即商业、人力资源等）的负责人将参加会议。会议包括深入审查影响该部门的相关经济因素和问题以及管理层的中期预测。然后，董事会可以就所有领域的中短期战略计划达成一致。在战略获得批准后，开始编制下一会计年度的预算，并在4月由董事会审查和批准。董事会还制订了一个计划，不时对公司的不同方面进行更详细的审查，并定期审查专题安排，以确保其适当性。相关总经理或职能部门负责人出席此类会议并回答问题。

资料来源：Greene King plc, Annual Report 2019, p. 65.

活动 6-2

你能想到为什么大多数企业都要编制未来一年的详细预算，而不是更短或更长时间吗？

原因可能是，一年的时间足够长，使预算编制工作是值得的，但也足够短，以便能制订详细的计划。正如我们将在本章后面看到的，编制预算的过程是一项耗时的工作，但也有规模效应。例如，编制下一年的预算通常不会比编制下半年的预算花费两倍的时间和精力。

年度预算为下一年企业的各个方面设定了目标。它通常被分解为月度预算，以确定月度目标。事实上，在许多情况下，年度预算将根据月度数据编制。例如，销售人员可能需要为预算期内的每个月设定销售目标。每个月的目标可能不同，特别是在季节性需求变化的情况下。企业每个月还会编制其他预算，稍后将对此进行解释。毫无疑问，一年是标准的预算编制期，但有些人会认为这太长了。调查证据表明，70％的管理人员认为他们无法对未来三个月以上的时间进行详细规划，因为年度预算在相关期限结束之前就已经过时了。

6.3 预算和预测

正如我们已经看到的，预算可以被定义为短期计划。请特别注意，预算是计划，而不是预测。计划表明了实现目标的意图或决心，预测则往往是对未来环境状况的预告。

显然，预测对计划者/预算制定者非常有帮助。例如，如果一位声誉良好的预测师预测了明年英国购买新车的数量，那么汽车制造企业的管理人员在制定明年的销售预算时考虑这一点将是很有价值的。然而，预测和预算截然不同。

6.4 定期预算和连续预算

预算可以定期或连续进行。定期预算是为某一特定时期（通常为一年）编制的预算。管理人员将商定年度预算，然后让预算按计划进行。虽然有时需要修正预算，但编制定期预算实质上是每个财务年度的一次性工作。连续预算，顾名思义，就是不断更新的预算。我们已经看到，年度预算通常会细分为更小的时间间隔（通常是每月），以帮助控制业务活动。连续预算将会增加一个新的月份以取代刚刚过去的月份，从而确保在任何时候都有一个完整计划期的预算。连续预算也称为滚动预算。

活动 6-3

你认为哪种预算编制方法成本更高，哪种方法更有利于未来计划？

定期预算通常会花费更少的时间和精力，因此成本较低。然而，随着时间的推移，预算期会缩短，在财务年度即将结束时，管理人员的工作计划期将会非常短。连续预算的编制将确保管理人员始终有一整年的预算来帮助他们做出决策。据称，连续预算编制确保了管理人员全年都有计划，而不是每年只做一次。这样，它就能保持一种永远向前看的态度。

虽然连续预算鼓励前瞻性的态度，但也存在一种危险，那就是预算编制有可能成为一种机械性的工作。管理人员可能没有时间从每月的其他任务中抽身出来，充分考虑未来。因此，持续保持这种前瞻性的态度可能难以维持下去。

6.5 限制性因素

企业的某些方面不可避免地会阻止其最大限度地实现目标。比如，企业销售产品的能力通常有限。正如我们在第 3 章中看到的，生产短缺（如劳动力、材料或工厂），或者与之相关的资金短缺，都是限制性因素。通常，生产短缺可以通过增加资金来解决——例如，购买或租赁更多的工厂，但这并不总是一个切实可行的解决办法，因为再多的钱也买不到某些劳动技能或增加一些原材料的供应。

缓解初始限制性因素，例如工厂产能问题，可能是可行的。这意味着其他一些因素，也许是销售需求不足，将取代生产问题，尽管产量水平较高。然而，企业最终将达到一个上限；一些限制性因素将被证明是不可缓解的。

必须确定限制性因素。最终，大多数（即使不是全部）预算都会受到限制性因素的影响。如果能够在一开始就确定这一点，那么所有管理人员都可以在预算编制过程中及早获知限制性因素。在编制预算时，将限制性因素考虑在内。

6.6 预算之间的相互关联

典型的大型企业会为某一特定时期编制多个预算。编制的每个预算都会涉及其业务的一个具体方面。理想的情形是，对于每个担任管理职位的人，无论其级别如何，都应该有一个单独的业务预算。每个单独的业务预算的内容将汇总到总预算中，通常包括预算利润表和预算资产负债表。一些人认为现金预算是第三个总预算。

图 6-2 以制造业为例说明了各个经营预算之间的相互关联。

通常首先编制销售预算（图 6-2 左侧），因为销售水平往往决定了下一期间的总体业务水平。这是因为销售需求可能是最常见的限制性因素。产成品库存需求往往由销售水平决定，但也取决于企业选择持有的产成品库存水平。产成品库存需求将决定所需的生产水平，而生产水平又将决定各个生产部门或地区的需求。生产需求结合企业在原材料投入生产前库存时间的政策，将决定原材料

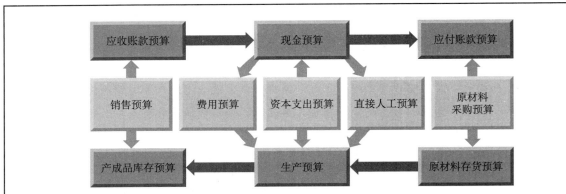

起点通常是销售预算。预计销售水平通常决定了企业的总体业务水平。其他预算将据此制定。因此，销售预算将在很大程度上确定产成品库存需求，由此我们可以确定生产需求等。图中显示了制造企业经营预算的相互关联。

图 6-2　经营预算之间的相互关联

存货预算。采购预算将由原材料存货预算决定，而原材料存货预算又与企业向供应商赊账的政策相结合，一起决定应付账款预算。现金预算的一个决定因素是应付账款预算；另一个决定因素是应收账款预算，该预算通过企业对赊购客户的信用政策从销售预算中得出。现金预算还将受到间接成本和直接人工成本（与生产相关）以及资本支出的影响。现金也将受到新融资和现有资本赎回的影响（图 6-2 中未显示这一点，因为该图只关注与经营活动有关的预算）。

图 6-2 以制造企业为例，因为它拥有实践中发现的所有类型的经营预算。服务业也有类似的预算，但可能没有存货预算。所有与预算有关的问题同样适用于所有类型的企业。

销售需求不一定是限制性因素。假设预算过程按照上述顺序进行，在实践中可能会发现，除了销售需求，还有其他限制性因素。例如，企业的生产能力可能无法满足在一个或多个月达到与销售预算相匹配的必要产出水平。找到克服这一问题的切实可行的方法是可能的。在万不得已的情况下，可能需要将销售预算调整到较低水平，以符合生产限制。

活动 6-4

你能想出办法来克服制造商生产设备的短期短缺吗？

我们想到了以下几点：

■ 前几个月产量增加，库存增加以满足更高的需求；
■ 通过加班和/或收购（购买或租赁）额外的工厂，增加生产能力；
■ 分包部分生产；
■ 通过在淡季提供折扣或其他特殊条款，鼓励潜在客户改变购买时间。

你可能还想到了其他办法。

预算之间存在横向关系，但通常也会有纵向关系。将销售预算分解为若干个子预算，如为每个区域的销售经理分别制定一个预算，这是一种常见的方法。总销售预算是对子预算的汇总。几乎所有其他预算都是如此，尤其是生产预算。

图 6-3 显示了一家企业销售预算的纵向关系。该企业有四个销售区域，每个区域由一名单独的销售经理负责。每个区域的销售经理都对企业的销售总经理负责。总销售预算是四个销售区域的预算之和。

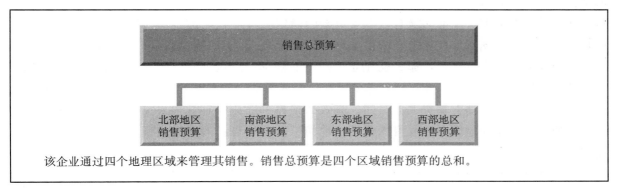

该企业通过四个地理区域来管理其销售。销售总预算是四个区域销售预算的总和。

图 6-3　企业销售预算之间的纵向关系

虽然销售通常按区域进行管理，其预算也反映了这一点，但也可以按其他方式进行管理。例如，销售系列产品的企业可以根据产品类型来管理销售，每种类型的产品由一名专业经理负责。因此，一家保险公司可能会为人寿保险、家庭保险、汽车保险等分别配备不同的销售经理，从而制定不同的预算。规模非常大的企业甚至可能在每个区域设单独的产品经理。每个经理都编制一个单独的预算，这些预算将合并成为整个企业的销售总预算。

所有经营预算必须相互配合，并与总预算即预算利润表和预算资产负债表相互配合。

6.7　预算的作用

预算通常被认为有五个方面的作用，分别是：

■ 预算可以促进前瞻性思维和识别短期问题。我们已经看到，预算编制过程中可能会出现生产能力不足的问题。及时发现这一问题，就有可能找到许多解决问题的方法。如果能及早发现潜在的生产问题，就可以探索活动 6-4 答案中的所有建议，以及解决问题的其他办法。及早发现问题，让管理人员有时间冷静、理性地思考解决问题的最佳方法。只有在能够提前采取行动的情况下，最佳解决方案才是可行的。

■ 预算可以帮助协调企业的各个部门。企业各部门、各地区的业务相互关联，相辅相成，这是至关重要的。如我们在图 6-2 中所见，制造企业采购部门的活动应与生产部门的原材料需求相匹配。如果不这样做，生产部门可能会出现原材料短缺问题，导致昂贵的生产停工或购买过多的原材料，从而导致大量和不必要的存货持有成本。我们将在本章后面的部分看到这种协调如何在实践中发挥作用。

■ 预算可以激励管理人员提高绩效。制定一个明确的任务可以激励管理人员和员工提高绩效。简单地告诉管理人员尽力而为可能不会有太大的效果，但设定一个需要达到的水平更可能产生激励作用。管理人员能够将自己的具体职责与企业的总体目标联系起来，这样将更好地激励管理人员。

由于预算直接来自战略目标，所以预算编制使这成为可能。允许管理人员在不受约束的环境中工作是不可行的。必须以一种与企业目标相匹配的方式开展工作，这是在有效的企业中工作的代价。

■ 预算可以为控制系统提供基础。正如我们在本章前面所看到的，控制的目的是确保各项活动符合计划。如果管理人员希望控制和监督自己和较低级别员工的绩效，他们就需要一些衡量和评估绩效的标准。当前的绩效可以与过去的绩效进行比较，也可以与其他公司的绩效进行比较。然而，计划绩效通常是最好的衡量标准。如果有关于一个时期实际绩效的信息，并且可以将其与计划绩效进行比较，那么就建立了控制的基础。在这种情况下，高级管理人员可以将大部分时间用于处理那些未能达到预算要求的员工或活动（例外情况），而不必在那些实际绩效符合计划的员工或活动上花费太多时间。有效的预算可以让所有管理人员进行自我控制。通过了解对他们的期望和他们实际取得的成绩，他们可以评估自己的绩效表现，并采取措施纠正未能实现的事项。

■ 预算可以为管理人员提供一个授权系统，使他们在特定限额内支付资金。有些活动（例如员工发展、研究与开发）由高级管理人员酌情分配固定数额的资金，这就为支出提供了授权。

图6-4展示了预算的作用。

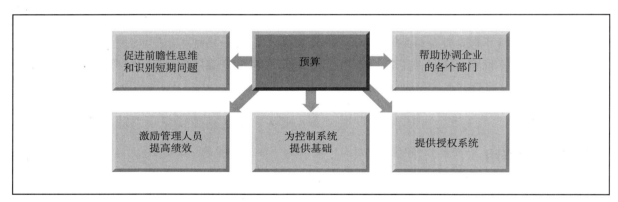

图6-4　预算的作用

以下两个活动讨论了与预算的作用有关的问题。

活动6-5

预算的作用中的第三点（激励）意味着管理人员被设定了既定的任务。你认为要求管理人员朝着既定的目标努力是否会扼杀他们的技能、天赋和热情？

如果制定预算的方式是提供具有挑战性但可实现的目标，那么管理人员仍然需要表现出技能、天赋和热情。然而，如果目标设定得不好（要么要求过高，要么太容易实现），就有可能降低管理人员的积极性并产生抑制作用。

活动6-6

预算的作用中的第四点（控制）意味着将当前的管理绩效与某些标准相比较。将实际绩效与过去的绩效或其他人的绩效进行比较，以实施控制，这有什么错？

过去发生的事情，或其他地方正在发生的事情，不一定代表本企业今年的合理目标。考虑上一年和其他企业的情况可能有助于制订计划，但不应将过去的事件和其他企业的绩效自动视为目标。

预算的五个作用有时会相互冲突。将预算作为一种激励手段就是一个例子。有些企业设定的预算目标很高，超出了管理人员合理预期的水平，试图以此激励他们更加努力。然而，出于控制目的，预算作为比较实际绩效的基准就变得不那么有用了。正如我们将在第 7 章中看到的，我们有充分的理由怀疑将设定过高的目标作为一种激励手段的有效性。

当预算的不同作用之间发生冲突时，管理人员必须决定应优先考虑哪一个。他们必须准备好在预算的不同作用所带来的利益之间做出权衡。

6.8 预算编制流程

对企业和其他组织来说，预算编制是一个非常重要的领域，它往往以一种相当有条理和正式的方式进行。这通常包括多个步骤，我们现在就来讨论这些步骤。

步骤 1：确定预算编制流程中的责任

负责预算编制流程的人员必须在企业内部拥有真正的权力。

活动 6-7

为什么是这样的呢？

这一过程的关键是建立预算之间的协调，使一个部门的计划与其他部门的计划相匹配和互补。这通常需要在必须进行初始预算调整时做出妥协。这反过来又意味着高级管理人员必须密切参与。只有这样的人才有可能拥有影响力，并拥有必要时使部门管理人员做出让步的正式权力。

通常会成立一个预算委员会来监督和负责预算编制流程。该委员会通常包括企业大多数职能领域（市场营销、生产、人力资源等）的高级代表。通常会任命一名预算员来执行委员会的技术任务，或监督其他人执行这些任务。鉴于会计人员的技术专长，他们往往被委以重任。

活动 6-8

正如我们刚刚看到的，如果需要，让高级管理人员参与预算编制流程，可以使他们在必要时行使权力。你能提出让高级管理人员参与预算编制流程的另一个好处吗？

让高级管理人员参与进来，有助于突出他们对预算和预算编制流程的重视。

步骤 2：向相关管理人员传达预算指导方针

预算是为实现战略计划和企业总体目标而制订的短期计划。因此，在编制预算时，管理人员必须清楚地了解战略计划是什么，以及下一个预算期打算如何实现战略计划。管理人员还需充分了解他们所处的商业/经济环境，包括对市场趋势、未来通货膨胀率、技术变化预测等的认识。预算委员会有责任确保管理人员掌握所有必要的信息。

步骤 3：确定关键或限制性因素

正如我们在本章前面所看到的，存在制约企业最大限度地实现其目标的限制性因素。在预算编制流程的最初阶段确定限制性因素将很有帮助。

步骤 4：编制限制性因素领域的预算

限制性因素将决定企业的总体业务水平。正如我们已经看到的，限制性因素预算通常是销售预算，因为销售能力通常是未来增长的制约因素。（在本章前面讨论预算的相互关系时，我们就是从销售预算开始讨论的。）

步骤 5：编制所有其他领域的预算草案

其他预算是根据限制性因素领域的预算编制的。在所有预算编制中，计算机已成为不可或缺的工具。编制预算的大部分工作都是重复和乏味的，但最终的预算必须可靠地反映所制订的计划。计算机非常适合这样的工作，而人类则不然。预算经常因为一些小的改动而需要重新起草数次，计算机可以完成这些工作。

制定个人预算的方法大致有两种。自上而下的方法是由每个预算领域的高级管理人员提出预算目标，他们可能会与较低级别的管理人员讨论这些目标，从而在最终版本产生之前对其进行细化。采用自下而上的方法，目标从最基层向上传输。例如，初级销售经理将被要求制定自己的销售目标，然后将其纳入更高级别的预算，直到形成销售总预算。

如果采用自下而上的方法，通常需要在不同级别的权力机构中进行讨价还价和谈判，以达成一致意见。也许某些部门的计划与其他部门的计划不符，或者下级管理人员设定的目标不被上级所接受。在实践中，自下而上的方法不如自上而下的方法受欢迎。

活动 6-9

每种预算方法（自下而上和自上而下）的优缺点是什么？

自下而上的方法允许管理人员更多地参与预算编制流程，这反过来又可以提高管理人员对既定目标的承诺水平。它还能使企业更充分地利用管理人员的详细知识和专业技能。然而，这样做可能会很费时间，导致一些管理人员为了能够轻松完成而设定不高的目标。

自上而下的方法使高级管理人员能够与员工沟通计划，并更容易协调企业的活动。这也有助于为管理人员制定更严格的目标。然而，对预算的承诺水平可能较低，因为许多负责实现预算的人员被排除在预算编制流程之外。

第 7 章将进一步讨论管理人员参与目标制定的好处。

步骤 6：审查和协调预算

在这个阶段，预算委员会必须审查各项预算，确保预算相互一致。在缺乏协调的情况下，必须采取措施确保预算相互一致。由于这需要至少对一项预算进行修改，因此，这项活动通常需要达成共识。然而，最终，委员会最终可能被迫行使权力，坚持进行修改。

步骤 7：编制总预算

总预算是指预算利润表和预算资产负债表，或许还包括现金预算。已经编制的单项业务预算应提供编制总预算所需的所有信息。预算委员会通常负责编制总预算。

步骤 8：将预算传达给相关各方

现在，正式商定的业务预算将转交给负责实施预算的各个管理人员。实际上，这是高级管理人员向其他管理人员传达预期实现的目标。

步骤 9：监控与预算相关的绩效

除非将每个管理人员的实际绩效与预算中体现的计划绩效基准进行比较，否则大多数预算编制活动都是毫无意义的。第 7 章将详细讨论这个问题。

预算编制流程中的步骤如图 6-5 所示。

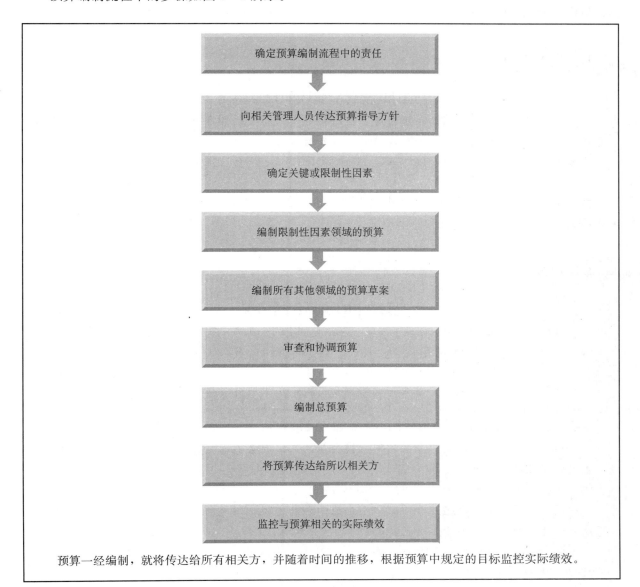

预算一经编制，就将传达给所有相关方，并随着时间的推移，根据预算中规定的目标监控实际绩效。

图 6-5　预算编制流程中的步骤

如果既定的预算被证明是不现实的，对其进行修改是有帮助的。预算不切实际的原因可能是最初编制预算时的某些假设被证明是错误的。这可能发生在管理人员（预算编制者）判断错误或环境发生意外变化的情况下。不切实际的预算毫无价值，重新编制预算可能是唯一合理的做法。然而，修改预算应被视为例外情况，只有在经过深思熟虑后才能进行。

6.9 预算在实践中的应用

本节介绍预算的使用方式、使用程度及准确性。

真实世界 6 - 3 展示了英国联合食品集团（Associated British Foods plc，ABF）——总部在英国的国际食品加工商（包括 Ovaltine 和 Ryvita）和零售商（Primark）是如何进行预算编制的。

真实世界 6 - 3

英国联合食品集团的预算编制

根据英国联合食品集团的年度报告：所有业务部门都要编制年度经营计划和预算，并定期更新。在业务部门层面集中监控预算绩效，并及时报告差异。

资料来源：Associated British Foods plc，Annual Report 2019，p. 75.

大量调查证据显示了企业在实践中使用预算的程度。真实世界 6 - 4 回顾了其中一些证据，这些证据表明大多数企业都编制和使用预算。

真实世界 6 - 4

实践中的预算使用情况

一项对 41 家英国制造企业的调查发现，在接受调查的企业中，有 40 家编制了预算。

资料来源：Dugdale，D.，Jones，C. and Green，S.（2006）*Contemporary Management Accounting Practices in UK Manufacturing*，CIMA Research Publication，vol. 1，no. 13.

一项针对英国食品和饮料行业企业的调查发现，几乎所有企业都编制了预算。

资料来源：Abdel-Kader，M. and Luther，R.（2004）*An Empirical Investigation of the Evolution of Management Accounting Practices*，Working paper no. 04/06，University of Essex，October.

一项对北美 340 家不同行业、不同规模企业的高级财务人员的意见调查显示，97% 的企业有正式的预算编制流程。

资料来源：BPM Forum（2008）*Perfect How You Project*.

一项对英国 7 家小型企业和 4 家中型企业的调查发现，不是所有的小型企业都有正式的预算编制流程。然而，所有中型企业都有。

资料来源：Lucas，M.；Prowle，M. and Lowth，G.（2013）*Management Accounting Practices of UK Small-Medium-Sized Enterprises*，CIMA，July 2013，p. 6.

一项针对美国 301 家小型企业的调查显示，企业规模会影响企业是否编制预算。图 6-6 显示，2018 年，编制正式预算的极小型企业（1～10 名员工）远远少于其他小型企业（11～500 名员工）。

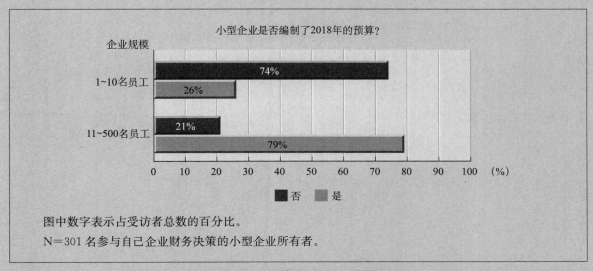

图中数字表示占受访者总数的百分比。
N＝301 名参与自己企业财务决策的小型企业所有者。

图 6-6 预算编制和企业规模

资料来源：Panko，R.（2018）Why small businesses need budgets, Clutch Co.，23 October, https：//clutch.co/ac-counting/resources/why-small-businesses-need-budgets.

尽管这些调查涉及英国和北美的企业，但它们为发达国家其他地方可能采取的做法提供了思路。

活动 6-10

为什么企业规模会影响企业是否编制预算？

这可能是因为企业内部缺乏财务技能，也可能是因为缺乏财务资源。与大型企业相比，小型企业不太可能雇用合格的会计人员，也不太可能拥有独立的财务职能部门。

真实世界 6-5 提供了一些关于预算准确性的见解。

真实世界 6-5

预算准确性

真实世界 6-4 中提到的对北美企业高级财务人员的调查要求他们将 2007 年的实际收入与预算收入进行比较。图 6-7 显示了调查结果。

可以看到，只有 66％ 的收入预算的准确率在 10％ 以内。调查显示，支出预算一般较为准确，74％ 的支出预算准确率在 10％ 以内。

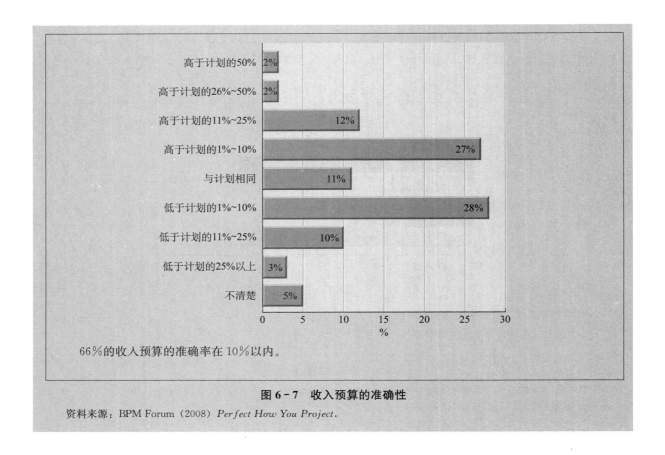

图 6-7 收入预算的准确性

资料来源：BPM Forum（2008）*Perfect How You Project.*

6.10 增量预算和零基预算

预算的编制通常以上一年的情况为基础，并根据预计会影响下一预算期的因素（例如通货膨胀）的变化做一些调整。这种方法称为增量预算，通常用于可自由支配的预算，如研发和员工培训。在此类预算中，预算负责人（负责预算的管理人员）将被分配一笔钱用于相关活动领域。此类预算称为可自由支配预算，因为分配的金额通常由高级管理人员自行决定。这些预算在地方和中央政府（以及其他公共机构）很常见，在商业企业中也被用于开展上述类型的活动。

可自由支配预算通常出现在投入（使用的资源）和产出（效益）之间没有明确关系的领域。例如，与制造企业的原材料使用预算进行比较，在这方面，所用原材料的数量以及由此涉及的资金数量与产出水平有明确的关系，并最终与销售量有关。可自由支配预算很容易占用资金，却没有明显的收益。通常只有定期增加这些预算的建议才会受到严格审查。

真实世界 6-6 介绍了增量预算在实践中的使用情况。

零基预算建立在所有支出都必须合理的理念之上。因此，在确定比如每年的培训预算时，不能仅仅因为培训课程是在当年进行的就自动认为今后应该为其提供资金。培训预算将从零（即根本没有资源）开始，只有在有充分理由将企业的稀缺资源分配给这种形式的活动时，预算才会在零以上。最高管理层必须确信，提议的活动"物有所值"，符合战略计划中规定的优先事项。

真实世界 6-6

增量预算

2009 年的 CIMA 调查显示,增量预算在实践中得到了广泛应用,如图 6-8 所示。

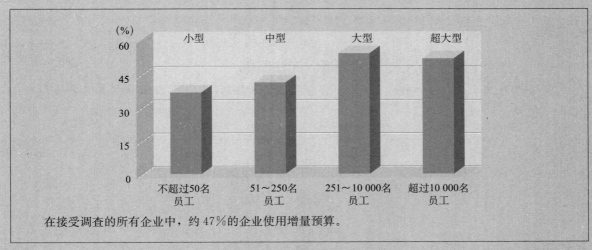

在接受调查的所有企业中,约 47% 的企业使用增量预算。

图 6-8 增量预算的使用情况

似乎可以合理地推定,当企业使用增量预算时,是在可自由支配预算的范围内进行的。

资料来源:CIMA (2009),*Management Accounting Tools for Today and Tomorrow*,p. 15.

零基预算鼓励管理人员对其职责范围内的活动持质疑态度。为证明资源分配的合理性,管理人员常常被迫认真考虑特定的活动及其开展方式。这种质疑态度能够更有效地使用企业资源。

随着生产和服务的日益计算机化,大多数企业的总成本中,产出和投入之间的关系并不总是很清晰。因此,资源的投入是自主支配的,而不是由生产驱动的。零基预算越来越重要,并被视为与第 5 章讨论的一些技术方法相似的成本管理方法。

活动 6-11

你能想到零基预算有什么缺点吗?

零基预算的主要问题是:

- 耗时,因此费用高昂;
- 可能导致人们把注意力集中在削减成本上,而忽略了更广阔的前景;
- 职责范围受零基预算约束的管理人员可能会受到威胁。

有选择地使用零基预算,可以在很大程度上享受零基预算的好处(也许成本不会太大)。例如,某一特定预算领域只能每三年或四年才接受一次零基预算类型的审查。如果频繁使用零基预算,管理人员每年都会使用同样的论据来证明他们的活动是合理的。这个过程将变成一个简单的机械性的工作,且其优点会丧失殆尽。对一家典型的企业来说,有些领域可能比其他领域更容易从零基预算中受益。如前所述，最有可能受益的领域包括可自由支配支出，如培训、广告以及研发。

如果高级管理人员意识到他们的下属可能会受到这种预算编制方式的威胁，就应谨慎地使用零基预算。然而，在追求成本控制和物有所值的过程中，零基预算会导致很难做出一些决策。

真实世界 6-7 介绍了一些零基预算的实际使用情况。

真实世界 6-7

太低，无法归零

根据 2009 年的 CIMA 调查，很大一部分英国企业在实践中使用零基预算。具体情况如图 6-9 所示。

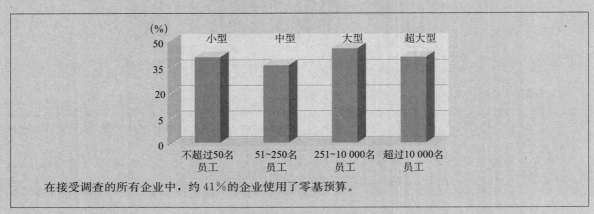

在接受调查的所有企业中，约 41％ 的企业使用了零基预算。

图 6-9 零基预算的使用情况

另一项针对 406 家北美企业的调查发现，使用零基预算的企业比例从 2014 年的 10％ 猛增至 2016 年的 38％。美国的主要食品制造商走在了前列，金宝汤公司、家乐氏公司和卡夫亨氏公司都采用了这一技术。

美国管理咨询公司贝恩公司开展的一项年度调查显示，从 2012 年到 2017 年，约 10％ 的受访企业使用零基预算。使用零基预算的企业认为它非常有用。贝恩公司的年度调查覆盖全球 1 000 多家企业。

贝恩公司的研究结果与其他两项调查的结果（涉及英国企业和美国企业）存在一些不一致。然而，贝恩公司的调查涉及全球企业，包括亚洲、非洲、中东和拉丁美洲。这可以解释不一致的原因。

资料来源：CIMA（2009）*Management Accounting Tools for Today and Tomorrow*, p.15; McLaughlin, T.（2017）Back to zero: companies use 1970s budget tool to cut costs as they hunt for growth, *Reuter Business News*, 30 January, http: //uk. reuter. com; and Bain（2018）*Management Tools*：*Zero-based Budgeting*, 2 April, www. bain. com/insights/ management-tools-zero-based-budgeting/.

6.11　编制预算

现在，我们将详细介绍典型企业所使用的各种预算是如何编制的，从现金预算开始，然后再介绍其他预算。

6.11.1 编制现金预算

从现金预算开始学习可能会有所帮助，原因如下：

■ 它是一项关键预算（有些人将其与预算利润表和预算资产负债表一起称为总预算）；企业的大多数经济状况最终都会反映在现金上。这意味着，对于一家典型的企业来说，现金预算比其他任何单一预算更能全面地反映企业的整体情况。

■ 规模小、业务不复杂的企业（例如，街边商店）可能不需要全面预算，但几乎可以肯定的是，它至少应该编制现金预算。

由于预算通常仅用于内部目的，因此其格式取决于管理层的选择，且会因业务而异。然而，所有的管理人员，不管是什么业务，使用预算的目的都是相似的，因此在方法上可能会有一定的一致性。大多数企业的现金预算具有以下特点：

1. 预算期将被细分为若干个子期，通常为月。

2. 预算会采用表格形式，每月一列。

3. 现金收款会在不同的标题下标明，并显示每个月的收款总额。

4. 现金付款会在不同的标题下标明，并显示每个月的付款总额。

5. 确定每月的现金收款总额超过付款总额或付款总额超过收入总额的余额部分。

6. 确定流动现金余额。具体做法是在上月底现金余额的基础上，根据当月收支相抵后的现金溢余或短缺数字调整得到。

通常情况下，第3点至第6点中的所有信息都对管理人员有用。

通过例6-1来理解这个问题。

例6-1

Vierra Popova 有限公司是一家批发企业。未来六个月的预算利润表如下：

单位：千英镑

	1月	2月	3月	4月	5月	6月
销售收入	52	55	55	60	55	53
销售成本	(30)	(31)	(31)	(35)	(31)	(32)
薪金和工资	(10)	(10)	(10)	(10)	(10)	(10)
电费	(5)	(5)	(4)	(3)	(3)	(3)
折旧费	(3)	(3)	(3)	(3)	(3)	(3)
其他间接费用	(2)	(2)	(2)	(2)	(2)	(2)
总费用	(50)	(51)	(50)	(53)	(49)	(50)
本月利润	2	4	5	7	6	3

该公司允许所有客户享有一个月的赊账（例如，1月的销售收入将在2月收到）。12月销售收入总计60 000英镑。

　　该公司计划将存货一直维持在现有水平，直到 3 月。3 月存货将减少 5 000 英镑。存货将无限期保持在这一较低水平。存货采购有一个月的信用期。12 月的采购总额为 30 000 英镑。薪金和工资以及其他间接费用在相关月份支付。电费在 3 月和 6 月按季度支付。该公司计划在 3 月购买并支付一辆新的货车，这将花费总计 15 000 英镑，但现有的面包车作为交易的一部分，将以 4 000 英镑的价格进行交易。

　　该公司预计 1 月初有 12 000 英镑的现金。

　　1—6 月的现金预算如下：

单位：千英镑

	1 月	2 月	3 月	4 月	5 月	6 月
收款						
应收账款（注 1）	60	52	55	55	60	55
付款						
应付账款（注 2）	(30)	(30)	(31)	(26)	(35)	(31)
薪金和工资	(10)	(10)	(10)	(10)	(10)	(10)
电费	—	—	(14)	—	—	(9)
其他间接费用	(2)	(2)	(2)	(2)	(2)	(2)
购买货车	—	—	(11)	—	—	—
付款总额	(42)	(42)	(68)	(38)	(47)	(52)
当月现金溢余	18	10	(13)	17	13	3
期初余额（注 3）	12	30	40	27	44	57
期末余额	30	40	27	44	57	60

注：

1. 应收账款的现金收入比销售滞后一个月，因为客户有一个月的信用期。因此，12 月的销售收入将在 1 月收到，依此类推。

2. 为了使存货在每个月月底保持不变，公司必须准确补充与已使用量完全相同的存货。因此，在大多数月份，存货的购买将等于销售成本。但在 3 月，公司计划将存货减少 5 000 英镑。这意味着该月的存货购买量将低于存货使用量。存货采购的付款滞后于采购一个月，因为公司期望有一个月的信用期支付其所购存货。

3. 每个月的现金余额是上月余额加当月的现金溢余（或减去现金短缺）。根据（上文）提供的信息，1 月初的现金余额为 12 000 英镑。

4. 折旧不会产生现金付款。在计算利润时（利润表中），折旧是一个非常重要的方面。然而，这里我们只考虑与现金有关的项目。

活动 6-12

　　纵观 Vierra Popova 有限公司的现金预算，你得出了什么结论？你对相关时期的现金余额有何建议？

　　考虑到公司的规模，现金余额相当大，而且似乎正在增加。管理层可能会考虑：

■ 将部分现金存入收益性存款；

■ 增加对非流动（固定）资产的投资；

■ 增加流动资产投资；

■ 向所有者支付股息；

■ 偿还借款。

你可能想到了其他建议。

活动 6-13

Vierra Popova 有限公司（见例 6-1）现在希望编制下半年的现金预算。下半年每月的预算利润表如下：

单位：千英镑

	7月	8月	9月	10月	11月	12月
销售收入	57	59	62	57	53	51
销售成本	(32)	(33)	(35)	(32)	(30)	(29)
薪金和工资	(10)	(10)	(10)	(10)	(10)	(10)
电费	(3)	(3)	(4)	(5)	(6)	(6)
折旧费	(3)	(3)	(3)	(3)	(3)	(3)
其他间接费用	(2)	(2)	(2)	(2)	(2)	(2)
总费用	(50)	(51)	(54)	(52)	(51)	(50)
本月利润	7	8	8	5	2	1

该公司将继续为所有客户提供一个月的信用期。

该公司计划在 6 月 30 日至 9 月（包括 9 月），每月增加 1 000 英镑存货。在随后的三个月内，存货每月将减少 1 000 英镑。

在 6 月付款之前，存货采购一直按一个月的信用期，从 6 月开始，信用期变为两个月。薪金和工资以及其他间接费用将继续在相关月份支付。电费按季度在 9 月和 12 月支付。12 月底，该公司打算偿还部分借款。这笔款项将使公司在明年年初有 5 000 英镑的现金余额。

编制 6—12 月的现金预算。（注意：例 6-1 给出了你需要的与今年前六个月有关的信息，包括预计将于 7 月 1 日结转的现金余额。）

截至 12 月 31 日的六个月的现金预算为：

单位：千英镑

	7月	8月	9月	10月	11月	12月
收款						
应收账款	53	57	59	62	57	53
付款						
应付账款（注1）	—	(32)	(33)	(34)	(36)	(31)
薪金和工资	(10)	(10)	(10)	(10)	(10)	(10)
电费	—	—	(10)	—	—	17
其他间接费用	(2)	(2)	(2)	(2)	(2)	(2)
偿还借款（注2）	—	—	—	—	—	(131)
付款总额	(12)	(44)	(55)	(46)	(48)	(191)

续表

	7月	8月	9月	10月	11月	12月
当月现金溢余	41	13	4	16	9	(138)
期初余额	60	101	114	118	134	143
期末余额	101	114	118	134	143	5

注：

1. 7月将不会向供应商付款（应付账款），因为6月的采购将以两个月的信用期进行，因此将在8月支付。7月的采购将等于7月的销售成本加上7月增加的存货，款项会在9月支付，依此类推。

2. 偿还借款将导致12月31日的余额变为5 000英镑。

6.11.2 编制其他预算

尽管每个预算都有自己的特点，但许多预算都遵循与现金预算相同的模式。也就是说，它们将显示每个月的流入额和流出额，以及每个月的期初和期末余额。例6-2展示了一些其他预算。

例6-2

为了说明这些预算，我们将继续使用例6-1中的 Vierra Popova 有限公司的例子。在例9-1提供的信息的基础上，我们需要补充一个信息：1月1日的存货余额为30 000英镑。

应收账款预算

这通常会显示客户在每个月的月初和月末从公司赊购的计划金额、每个月的计划赊销收入总额以及来自赊购客户的计划现金收入总额（应收账款）。1—6月的应收账款预算如下：

单位：千英镑

	1月	2月	3月	4月	5月	6月
期初余额	60	52	55	55	60	55
销售收入	52	55	55	60	55	53
现金收款	(60)	(52)	(55)	(55)	(60)	(55)
期末余额	52	55	55	60	55	53

期初余额和期末余额分别表示公司计划赊购客户在月初和月末欠款的金额（应收账款）。

应付账款预算

这通常显示公司在每个月的月初和月末计划欠供应商的金额、每个月的计划赊购金额以及计划用现金偿付的应付账款。1—6月的应付账款预算如下：

单位：千英镑

	1月	2月	3月	4月	5月	6月
期初余额	30	30	31	26	35	31
采购	30	31	26	35	31	32
现金付款	(30)	(30)	(31)	(26)	(35)	(31)
期末余额	30	31	26	35	31	32

期初和期末余额分别表示公司计划在每个月的月初和月末欠供应商的金额（应付账款）。

存货预算

通常情况下，存货预算显示公司在每个月的月初和月末计划持有的存货量、每个月计划的总存货采购量以及计划的每月总存货使用量。1—6月的存货预算如下：

单位：千英镑

	1月	2月	3月	4月	5月	6月
期初余额	30	30	30	25	25	25
存货购买量	30	31	26	35	31	32
存货使用量	(30)	(31)	(31)	(35)	(31)	(32)
期末余额	30	30	25	25	25	25

期初和期末余额分别表示企业计划在每个月的月初和月末持有的按成本计算的存货数量。

制造企业的原材料存货预算与此类似，"存货使用"是投入生产的存货成本。制造商的产成品存货预算也与上表类似，只是用"制造的存货"取代了"采购"。制造企业通常会编制原材料存货预算和产成品库存预算。这两项预算通常都以存货的全部成本（包括间接费用）为基础。但是，如果按变动成本或直接成本计价能提供更有用的信息，则没有理由不按变动成本或直接成本计价。

存货预算通常以财务术语表示，但也可以单个存货项目的物理术语表示（例如千克或米）。

注意例6-2中的应收账款、应付账款和存货预算是如何相互联系的，以及如何与例6-1中的同一公司的现金预算相互联系的。应特别注意的是：

- 应付账款预算和存货预算中的采购金额相同；
- 应付账款预算中的现金付款金额与现金预算中的应付账款金额相同；
- 应收账款预算中的现金收款金额与现金预算中的应收账款金额相同。

其他金额将以类似的方式与不同的预算相关联。例如，应收账款预算中的销售收入金额与销售预算中的销售收入金额相同。这就是本章前面讨论的联系是如何实现的。

活动 6-14

编制 Vierra Popova 有限公司 7—12 月六个月的应收账款预算（见活动 6-13）。

截至 12 月 31 日的六个月的应收账款预算为：

单位：千英镑

	7月	8月	9月	10月	11月	12月
期初余额（注1）	53	57	59	62	57	53

续表

	7 月	8 月	9 月	10 月	11 月	12 月
销售收入（注 2）	57	59	62	57	53	51
现金收款（注 3）	（53）	（57）	（59）	（62）	（57）	（53）
期末余额（注 4）	57	59	62	57	53	51

注：

1. 期初应收账款是上个月的销售收入（销售有一个月的信用期）。

2. 销售收入是当月的数据。

3. 每月收到的现金等于上个月的销售收入。

4. 期末余额等于当月的销售收入。

注意，如果我们每个月都知道这四个数字中的任何三个，就可以推算出第四个数字。

只要能提供管理人员在计划应收账款和应付账款方面所需的相关信息，该预算可以任何方式制定。

活动 6 - 15

编制 Vierra Popova 有限公司 7—12 月六个月的应付账款预算（见活动 6 - 13）。（提示：应付账款结算期从 6 月起发生变化。）

截至 12 月 31 日，六个月的应付账款预算为：

单位：千英镑

	7 月	8 月	9 月	10 月	11 月	12 月
期初余额	32	65	67	70	67	60
采购	33	34	36	31	29	28
现金付款	—	（32）	（33）	（34）	（36）	（31）
期末余额	65	67	70	67	60	57

同样，这也可以任何方式提供管理人员在计划应付账款和相关交易水平方面所需的信息。

6.12 作业基础预算

作业基础预算将我们在第 5 章中讨论的作业成本法的原则延伸到了预算过程。在作业基础预算系统中，第一步通常是确定销售预算。当然，这与传统预算的起点相同。下一步是确定实现销售预算所需的作业及其成本动因。对于每项作业，计算其成本动因率，然后乘以成本动因的估计使用量（由销售预算确定）。最终计算出该期间的作业基础预算。作业基础预算流程中的各个步骤如图 6 - 10 所示。

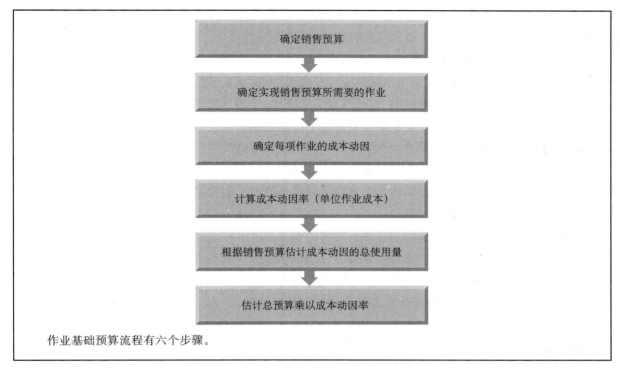

作业基础预算流程有六个步骤。

图6-10 作业基础预算流程中的主要步骤

例6-3有助于明确作业基础预算的流程。

例6-3

Danube有限公司生产两种产品，Gamma和Delta。明年的销售预算显示，预计将售出6万台Gamma和8万台Delta。每种产品都会被放在成品库里，这已被确定为一项成本动因作业。

这两种产品的尺寸大致相同，储存需求也非常相似。因此，我们认为，在成品库的时间（"产品周"）是成本动因。据估计，产品Gamma在销售前平均在成品库里存放2周；产品Delta的平均存放期则为5周。

要得到产成品库的作业基础预算，必须计算成本动因的估计总使用量。这就是产品在产成品库中的"产品周"总数。

产品	产品周
Gamma	60 000×2周＝120 000
Delta	80 000×5周＝<u>400 000</u>
	520 000

根据使用作业成本法计算的数据，成本动因的预算比率设定为每产品周1.50英镑。

然后将产品周数乘以成本动因的预算比率，得出作业基础预算。即：

520 000×1.50＝780 000（英镑）

对已确定的其他导致成本增加的作业也可以开展类似工作。

请注意，预算是根据开展的各项作业（在例 6-3 中，是成品库）编制的。根据作业基础预算，每项作业都有一个成本库，每个成本库都有单独的预算。

通过应用作业成本法原理，我们了解到成本产生的因素，并将成本与产出直接联系起来。这意味着，作业基础预算可以更好地了解未来的资源需求和更准确地进行预算。它还能使人们更好地了解成本动因使用的变化对预算成本的影响。这是因为成本动因、作业和成本之间存在着明确的关系。

出于以下两个原因，应在作业基础预算环境中改进控制：

■ 通过制定更有针对性的预算，为管理人员提供既要求高又现实的目标。

■ 作业基础预算应确保成本与责任紧密相关。对特定成本动因具有控制权的管理人员将对由此产生的成本负责。有效预算编制的一个重要原则是，负责完成特定预算的人员（预算负责人）应对影响其领域绩效的事件拥有控制权。

与作业成本法一样，作业基础预算系统的实施和运行成本可能很高。因此，在考虑采用该方法之前，应仔细权衡成本和收益。此外，只有当企业也采用作业成本法系统时，采用作业基础预算才可行。作业基础预算和传统的完全成本法无法融合在一起。

真实世界 6-8 介绍了作业基础预算在实践中的使用情况。

真实世界 6-8

作业相当多

2009 年的 CIMA 调查显示，作业基础预算在实践中被大量企业使用，如图 6-11 所示。

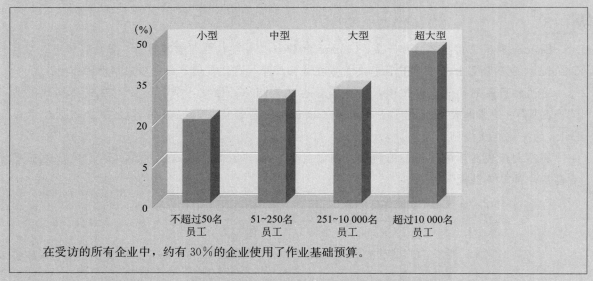

在受访的所有企业中，约有 30%的企业使用了作业基础预算。

图 6-11　作业基础预算的使用情况

不出所料，使用作业基础预算的企业比例几乎与使用作业成本法的同一调查样本的比例完全一致。合乎逻辑的是，使用基于作业的方法来计算成本的企业也应该采用同样的方法，通过预算让管理人员对所产生的成本负责。

资料来源：CIMA（2009）*Management Accounting Tools for Today and Tomorrow*，p.15.

6.13 预算中的非财务指标

在竞争日益激烈的环境中，内部运营效率和客户满意度对于企业的生存至关重要。正如我们将在第 10 章中看到的，非财务指标在评估客户/供应商交付时间、装配时间、缺陷水平和客户满意度等关键领域发挥着重要作用。

预算编制不必局限于财务目标和财务指标。非财务指标也可以作为目标的基础，纳入预算编制过程。然后，它们可以与企业的财务目标一起报告。

6.14 预算和管理行为

所有的会计报告都旨在影响人的行为。就预算而言，管理人员的行为是关注的焦点。我们已经看到，预算旨在鼓励管理人员以系统的方式朝着企业的目标努力。预算能否实现这一目标对企业至关重要。在考虑了预算如何帮助管理人员行使控制权之后，我们将在第 7 章详细研究这一问题。

6.15 预算的问题

本章前面提到的预算的好处已得到广泛认可，有证据表明绝大多数企业都编制年度预算。然而，人们越来越担心，在当今高度动态和竞争激烈的环境中，预算可能会破坏企业目标的实现。这种担忧导致少数企业放弃传统的作为计划和控制工具的预算。

人们对传统的预算过程提出了各种批评。例如：

- 预算无法应对快速变化的环境，而且往往在预算期开始之前就过时了。
- 管理人员过于注重短期财务目标的实现。然而，他们应专注于能为企业创造价值的方面（例如创新、建立品牌忠诚度、快速应对竞争威胁等）。
- 它们强化了一种"指挥和控制"结构，将权力集中在高级管理人员手中，阻止基层管理人员行使自主权。在采用自上而下的方法向管理人员分配预算的情况下，尤其如此。当管理人员感到受约束时，就很难留住和招聘到有能力的管理人员。
- 预算占用了大量的管理时间，本可以更好地利用这些时间。在实践中，预算可能是一个漫长的过程，可能涉及许多谈判、修改和更新。然而，这可能对实现业务目标没有什么帮助。
- 预算以企业职能（销售、营销、生产等）为基础。然而，要实现企业目标，重点应该放在跨越职能界限并反映客户需求的业务流程上。
- 预算通过采用"去年加乘百分比"的方法鼓励增量思维。这会阻碍在瞬息万变的环境中"突围"战略的发展。
- 预算可以保护成本，而不是降低成本，特别是在可自由支配预算方面。在某些情况下，将某些活动（如研发）的固定预算分配给管理人员。如果没有花掉这笔钱，预算就可能会被取消。今后，这项活动的预算可能会减少或取消。这种对未使用预算拨款的反应可能会鼓励管理人员在不考虑需要的情况下花掉全部预算，以保护他们收到的资金。

■ 在管理人员中提倡"不择手段"的做法。为了达到预算目标，管理人员可能会通过谈判降低销售目标或提高成本分配，而不是他们认为真正有必要的目标。这有助于他们在预算中留出一些余地，从而更容易达成预算目标。

图 6-12 总结了对传统预算方法的常见批评。

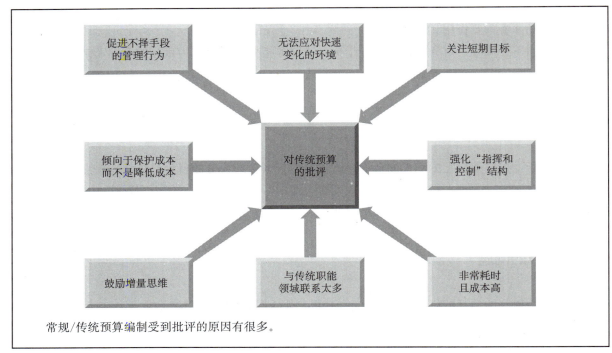

图 6-12　对传统预算的批评

真实世界 6-9 提供了关于北美高级财务人员的意见调查证据。尽管调查显示预算得到了大力支持，但许多受访者承认上述对预算的一些批评。

真实世界 6-9

预算的问题

上文提到的对北美 340 家不同行业、不同规模的企业高级财务人员的意见调查（见真实世界 6-4）显示，86% 的受访者认为预算过程"必不可少"或"非常重要"。然而，也有人对预算持不同意见：

■ 66% 的人认为企业预算不够灵活；

■ 59% 的人对下一年能否实现预算目标不太有信心；

■ 67% 的人认为他们在预算上花费了不恰当的时间（51% 的人认为太多，16% 的人认为太少）；

■ 76% 的人认为他们的企业在预算过程中使用了不恰当的软件（通常使用电子表格而不是定制软件）。

资料来源：BPM Forum（2008）*Perfect How You Project*.

尽管有人认为，所发现的许多问题可以通过更好的预算系统（如作业基础预算和零基预算）来解决，但另一些人认为需要一个更为彻底的解决办法。

真实世界 6 - 10 摘自报纸上一篇由约翰·廷普森（John Timpson）撰写的问答专栏。他曾是一家非常成功的商业街主营修鞋和配钥匙公司的首席执行官，该公司在全英国拥有 800 多家分店。他在回答一个问题时透露，该公司已经放弃了正式的预算编制。

真实世界 6 - 10

修鞋公司

很久以前，我就了解到，拥有大量的数据并不意味着信息量就大——这只会让生活变得更加复杂。

20 世纪 80 年代，我们每周为每一家店制定预算销售数字，我们的财务总监坚持认为，每家店的数字加起来等于公司预算。尽管总部希望该计划能提供完美的激励，但它对我们的绩效没有任何影响。销售额似乎从未遵循我们的预测——我们的客户显然不知道他们预计要花多少钱！我取消了预算，在过去 20 年中，我们一直将分店的绩效与去年进行比较，这为我们省去了很多麻烦。

Timpson 公司的发展与预算关系不大，我们也没有 KPI（关键绩效指标）。我们收购了几家亏损的公司，发现它们中的每一家都在监控总部的细节——干洗店 Sketchley 热衷于统计它的"超级增长"销售额；照片连锁店 Max Spielmann 密切关注相框的平均价格；修鞋匠 Minit 先生严格控制成本，记录每家店的支出。当管理层专注于细节时，他们似乎忽略了全局。与其研究他们的数据，不如多走访一些商店，与接待顾客的同事交谈。

在我收到的几个数据中，最重要的是与去年同期相比的银行余额。它让我每天都能对业务进行健康检查。我每天都会得到一份关于过去三个月里开设的所有店铺的报告，每周还会收到公司总销售额和各部门销售额的报告。我们每周都会修改利润预测，每个月都会制作管理账目，但我很少看首页摘要以外的内容。

只有在推出一项新服务时，我才会询问细节——比如公司目前在肖像画、锁匠工作和复杂的汽车钥匙方面的增长。如果你知道哪些商店是成功的，就可以把它们的秘诀传授给其他商店。

在几乎没有什么可看的情况下，很容易看到公司的情况。我有足够的时间走访分店，了解真实情况。

资料来源：John Timpson (2011) The management column, *Daily Telegraph* Business, 5 June.

6.16 超越常规预算

尽管近年来，一些企业已经放弃了预算，但它们仍然认为有必要进行前瞻性计划。没有人会严重怀疑必须建立引导企业实现其目标的制度。然而，有人认为这些系统应反映出更广泛、更综合的计划方法。已实施的新系统通常基于更精简的财务计划流程，该流程与其他衡量和奖励系统联系更紧密。重点放在使用滚动预算和关键绩效指标（如市场份额、客户满意度和创新）上，以确定长期和短期的货币和非货币目标。根据世界级企业的绩效设定基准，这些目标往往要求很高（"苛刻"）。

新的"超越预算"模式推进了一种更加分散、参与式的企业管理方法。传统的层级管理结构（决策集中在更高层级）助长了一种依赖性文化，即满足高级管理人员设定的预算目标是管理成功的关键。这种传统结构被网络结构所取代，网络结构将决策权下放给一线管理人员。新结构鼓励员工采取更加开放、怀疑的态度。共享知识和最佳做法，不鼓励管理人员采取保护性行为。此外，奖励与基于相对绩效改善的目标挂钩，而不是与满足预算挂钩。新方法能够更好地适应不断变化的环境，提高绩效，提升员工的积极性。

图 6 - 13 列出了传统和"超越预算"计划模型之间的主要差异。

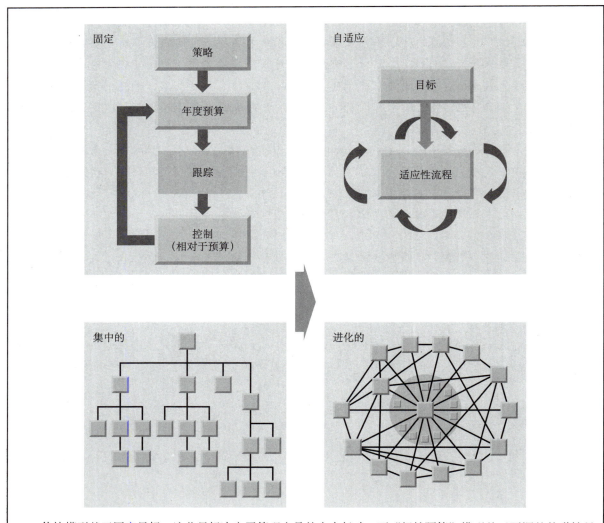

传统模型基于固定目标，这些目标决定了管理人员的未来行动，而"超越预算"模型基于可调整的弹性目标。传统的等级管理结构被网络结构所取代。

资料来源：Beyond budgeting, www.bbrt.org.

图 6 - 13　传统计划模型与"超越预算"计划模型

真实世界6-11着眼于日本知名汽车企业丰田的管理计划系统。丰田不使用传统预算。

真实世界6-11

指引丰田

超越预算机构（BBI）站在认为预算系统对企业有效竞争能力有不利影响的想法的最前沿。以下是BBI发布的丰田计划和控制系统概要：

> 尽管遭遇了几十年来的首次亏损（当市场突然崩溃超过30％时，即使是丰田也无法盈利），丰田仍然是世界上管理最好的制造企业之一。丰田生产方式堪称传奇，并催生了精益制造运动。管理重点是持续改进系统，满足内部和外部客户的需求。每个人都有发言权，并应为不断改进工作做出贡献。各级都制定了以最佳实践为目标的中期运营目标。在明确的战略框架内，每月在工厂/团队层面进行计划（12个月滚动预测支持能力计划）。对当前绩效的了解是直观和即时的（例如产量、停机时间、库存水平）。及时提供资源以满足每个客户的订单。没有固定的目标，没有年度预算合同，人们可以根据信息做出正确的决策。

资料来源：BBI，*Toyota-A World Class Manufacturing Model*，www.bbrt.org/beyond-budgeting，accessed 3 December 2019.

超越预算法无疑对传统预算提出了挑战。在当今竞争激烈的环境中，企业必须灵活应对不断变化的环境。以任何方式阻碍这些特性的管理系统都将无法生存。

6.17　预算的未来

编制预算是一项成本高昂的工作，可能会占用大量的管理时间。然而，在这个急需控制成本的时代，预算仍然非常流行。除非企业认为预算物有所值，否则不可能有如此高比例的企业（包括许多知名且效益良好的企业）盲目地继续进行这项成本高昂的活动。然而，对传统预算的批评似乎越来越多。这就产生了一个问题：它能否以目前的形式继续下去。也许我们已经来到了一个转折点。

人们越来越认识到，如果预算要存在下去，就必须减少静态性，提高灵活性。因此，在不久的将来，我们可能会看到一种更宽松、更动态的预算形式出现。这种新方法可以将滚动计划与移动目标结合起来。此时，预算将更接近"超越预算"法，二者之间的区别将变得模糊。

真实世界6-12提供了表明计划和预算系统正在发生重大变化的调查证据。

真实世界6-12

让它滚动

前文提到的英国特许公认会计师公会与毕马威会计师事务所委托的调查询问了受访者是否同意在五年内将传统预算转变为滚动预算，结果如图6-14所示。

如我们所见，绝大多数受访者同意这一做法。然而，我们在上文中看到，传统预算和滚动预算并不一定兼容。

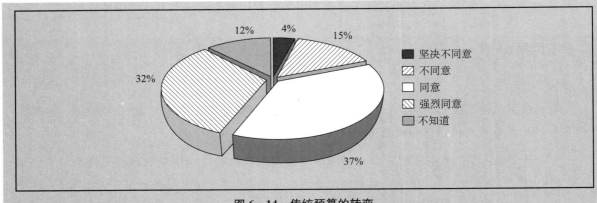

图6-14 传统预算的转变

尽管五年的时间跨度似乎相当大，但大多数受访者认为，我们正在经历或即将经历一个巨变的时期。

资料来源：O'Mahony, J. and Lyon, J. (2015) *Planning, Budgeting and Forecasting：An Eye on the Future*, KPMG ACCA, p.18.

有趣的是，真实世界6-12中提到的调查还发现，66％的受访者认为，预测和计划将变得高度自动化，几乎不需要人工干预。人们在开发软件包方面已经取得了巨大的进步，这些软件包可以产生可靠的预测，而不需要大量的时间投入。此外，云计算的出现使小型企业更容易进行预测，而不需要昂贵的IT基础设施。这些发展可能会"改变游戏规则"。它们使频繁的预测成为大多数企业计划和预算过程中不可或缺的一部分。然而，这些发展对预算过程的全面影响有待显现。

自测题总结了本章关于编制预算的要点。

📝 自测题

Antonio有限公司生产并销售一种标准产品，未来九个月的生产和销售计划如下：

	生产（件）	销售（件）
5月	350	350
6月	400	400
7月	500	400
8月	600	500
9月	600	600
10月	700	650
11月	750	700
12月	750	800
1月	750	750

在此期间，企业计划进行广告宣传，以增加销售额。7月和10月将分别支付1 000英镑和1 500英镑的广告费。

在此期间，产品单位售价为 20 英镑。40% 的销售额通常是在两个月后结算，其余 60% 的销售额在销售当月结算。

原材料将在投入生产前存放一个月。原材料的采购有一个月的信用期（当月购买，下月支付）。单位原材料成本为 8 英镑。

包括劳动力在内的其他直接生产费用为每单位 6 英镑。这些费用将在有关月份支付。

目前每月生产费用为 1 800 英镑，预计将持续到 6 月底。预计从 7 月 1 日至 10 月 31 日，每月生产费用将增至 2 000 英镑。预计从 11 月 1 日起，将再次上涨至每月 2 400 英镑，并在可预见的未来保持在这一水平。这些日常开支包括每月 400 英镑的固定折旧。管理费用计划在生产当月支付 80%，下月支付 20%。

为满足计划中的增产需求，将购买一台新设备，并于 8 月交货。该设备的成本为 6 600 英镑；与供应商签订的合同规定，这笔款项将在 9 月、10 月和 11 月分三次等额支付。

原材料存货水平计划在 7 月 1 日达到 500 件。当天银行存款的余额计划为 7 500 英镑。

要求：

(a) 为截至 12 月 31 日的六个月起草以下预算：
  (1) 原材料存货预算，显示实际数量和财务价值。
  (2) 应付账款预算。
  (3) 现金预算。

(b) 现金预算显示，10 月和 11 月可能出现现金短缺。你能提出修改计划以克服这一问题吗？

本章小结

本章的要点如下：

预算是以财务或实物形式表示的短期商业计划
- 预算是实现企业目标的短期手段。
- 预算周期通常为一年，并以一个月为子周期。
- 通常每个关键领域都有单独的预算。

定期预算和连续预算
- 定期预算是为特定时期（通常为一年）编制的。
- 连续（滚动）预算不断更新，从而确保在整个计划期内都有预算。

预算的作用
- 促进前瞻性思维。
- 帮助协调企业的各个部门。
- 激励绩效。
- 为控制系统提供基础。
- 提供授权系统。

预算编制流程
- 确定由谁承担责任。
- 传达指导方针。

- 确定限制性因素。
- 编制限制性因素预算。
- 编制其他领域的预算草案。
- 审查和协调。
- 编制总预算（利润表和资产负债表）。
- 向相关各方传达预算。
- 监控与预算相关的绩效。

增量预算和零基预算

- 增量预算通常以前几个时期的预算为基础，调整影响下一时期的因素。
- 零基预算的理念是，所有支出都必须合理。
- 零基预算提倡质疑，以便更有效地利用资源。

编制预算

- 没有标准样式——实用性和有用性是关键。
- 它们通常以表格形式编制，每个月（或类似的短周期）一列。
- 每个预算都必须与其他预算相联系（协调）。

作业基础预算（ABB）

- ABB 将作业成本法（ABC）的原则扩展到预算。
- 预算基于成本动因而非业务职能。
- 可使预算更准确，以及成本与管理责任之间的联系更紧密。

对预算的批评

- 无法应对快速变化。
- 关注短期财务目标，而不是创造价值。
- 鼓励"自上而下"的管理风格。
- 可能很耗时。
- 基于传统业务功能，未跨越职能界限。
- 鼓励增量思维（去年的数字加乘百分比）。
- 保护成本而不是降低成本。
- 在管理人员中提倡"不择手段"行为。
- 尽管传统预算系统受到批评且成本高，预算编制仍被广泛认为是有用的，并被广泛采用。
- 为了让企业在不可预测的市场中保持灵活，预算过程可能需要改变。

📚 复习思考题

6.1 你认为传统预算的持续流行是习惯和不愿意尝试不同方法的结果吗？

6.2 在真实世界 6-10 中，约翰·廷普森表示，他的公司不使用预算。他接着说，每个分店的绩效都与上一年的绩效相比较。

这些说法是否一致，上一年的绩效是否可以作为比较的基础？

6.3 什么是可自由支配预算？试着考虑至少三项费用（本章中未提及的）可能构成可自由支配预算的一部分。当管理人员试图控制企业运营时，可自由支配预算会带来什么问题？

6.4 在真实世界 6-5 中，我们发现，实践中，预算可能会被证明是不准确的。提供高度不准确的预算可能会引发什么问题？

练习题

基础练习题

6.1 Prolog 有限公司是一家小型高规格个人电脑批发商。近几个月来，该公司每月销售 50 台机器，每台售价 2 000 英镑。每台机器的成本为 1 600 英镑。该公司刚刚推出一款新型机器，预计其性能将大大提高。它的售价和成本与旧机型相同。从 1 月初开始，计划以每月 20 台的速度增加销量。到 6 月底，每月销量将达到 170 台。此后，销售计划继续保持这一水平。运营成本（包括每月 2 000 英镑的折旧）计划如下：

	1 月	2 月	3 月	4 月	5 月	6 月
运营成本（千英镑）	6	8	10	12	12	12

Prolog 有限公司预计不会因运营成本而获得任何信贷。4 月将购买、安装和支付 12 000 英镑额外的仓储货架费用。3 月底将缴纳 25 000 英镑的税款。Prolog 有限公司预计应收账款为上上月的销售收入。为了给客户提供良好的服务，Prolog 有限公司计划在每月月底持有足够的库存，以满足下个月客户的预期需求。电脑制造商向 Prolog 有限公司提供了一个月的信用期。Prolog 有限公司 12 月 31 日的资产负债表为：

	单位：千英镑
资产	
非流动资产	80
流动资产	
存货	112
应收账款	200
库存现金	—
	312
资产合计	392

续表	
负债及所有者权益	
所有者权益	
股本（25便士普通股）	10
留存收益	177
	187
流动负债	
应付账款	112
应交税费	25
贷款	68
	205
负债及所有者权益合计	392

要求：

（a）为 Prolog 有限公司编制现金预算，说明截至 6 月 30 日的六个月的现金余额或所需贷款。

（b）简要说明在为预期的销售扩张提供额外的贷款之前，银行会要求 Prolog 有限公司提供哪些进一步信息。

中级练习题

6.3 一家与大型医院有联系的疗养院一直在审查其预算控制流程，特别是间接成本。该机构的业务水平由预算期内接受治疗的患者数量来衡量。本年度预计有 6 000 名患者。在今年 1—6 月（假设 12 个月天数相同），有 2 700 名患者接受了治疗。六个月内实际发生的变动间接成本如下：

单位：英镑

费用支出	金额
人工配备	59 400
电费	27 000
物料	54 000
其他	8 100
合计	148 500

医院的会计人员认为，变动间接成本将在一年中的 7—12 月以相同的比率产生。全年固定间接成本预算如下：

单位：英镑

费用支出	金额
监督	120 000
折旧/融资	187 200
其他	64 800
合计	372 000

要求：

（a）提交截至本年末的六个月的间接成本预算（一份预算），逐项列示。每名患者的间接成本总额是多少？

（b）在 7—12 月，养老院实际治疗了 3 800 名患者，实际变动间接成本为 203 300 英镑，实际固定间接成本为 190 000 英镑。在汇总表中，分析该疗养院对间接成本的控制情况。

（c）解释你的分析并指出任何限制或假设。

6.4　Linpet 有限公司将于 6 月 1 日成立。该公司期初的资产负债表如下：

	单位：英镑
资产	
银行存款	60 000
股本	
1 英镑普通股	60 000

6 月，该公司打算支付租赁不动产 40 000 英镑、设备 10 000 英镑和机动车 6 000 英镑。该公司还将赊购初始交易存货，成本为 22 000 英镑。

该公司做出了以下估算：

1. 6 月的销售收入将为 8 000 英镑，并将以每月 3 000 英镑的速度增长，直至 9 月（包括 9 月）。10 月，销售收入将增至 22 000 英镑，随后几个月将维持在这一水平。

2. 销售商品的毛利百分比（即（毛利/销售额）×100%）将为 25%。

3. 存在在会计年度结束时交易存货供应中断的风险。因此，除了满足月度销售要求所需的月度采购，该公司还打算通过每月采购 1 000 英镑的存货来建立初始存货水平（22 000 英镑）。所有存货采购（包括初始存货）均有一个月的信用期。

4. 销售收入中现金销售和赊销各占 50%。赊销客户预计将在销售达成协议后两个月付款。

5. 工资和薪金每月 900 英镑。前四个月的其他间接成本为每月 500 英镑，之后每月 650 英镑。这两种费用都将在相应发生期间支付。

6. 销售收入的 80% 由销售人员创造，销售人员将从 80% 的销售收入中获得 5% 的佣金。佣金在买卖达成协议后一个月内支付。

7. 该公司计划在 11 月以 7 000 英镑的现金购买更多设备。

8. 不动产折旧率为每年 5%，设备折旧率为每年 20%。（第 5 点提到的间接成本中未包含折旧。）

要求：

（a）说明公司需要现金预算的原因。

（b）为 Linpet 有限公司编制截至 11 月 30 日的六个月的现金预算。

6.5　Lewisham 有限公司制造了一条产品线——Zenith。未来几个月的计划如下：

1. 销售需求

	单位：台
7 月	180 000
8 月	240 000
9 月	200 000
10 月	180 000

Zenith 的单位售价为 3 英镑。

2. 销售收入。赊销客户在销售当月付款 70%，下月付款 28%。剩下的预计应收账款将出现坏账（即无法收回）。在销售月份付款的赊销客户可以从发票价格中扣除 2% 的折扣。

3. 产成品库存。预计到 7 月 1 日将达到 40 000 台。该公司的政策是：未来每月月底的库存应等于下月计划销售需求的 20%。

4. 原材料存货。预计 7 月 1 日将达到 40 000 千克。该公司的政策是：未来每月月底的存货应等于下月计划生产需求的 50%。每台 Zenith 需要 0.5 千克的原材料，成本为 1.50 英镑/千克。原材料采购款在购买后的一个月内支付。

5. 人工和间接成本。每台 Zenith 的直接人工成本为 0.50 英镑。每台 Zenith 的变动间接成本为 0.30 英镑。固定间接成本，包括 25 000 英镑的折旧，每月总计 47 000 英镑。所有人工和间接成本在产生当月支付。

6. 库存现金。截至 8 月 1 日，该公司计划银行结余（资金）为 20 000 英镑。

要求：

编制以下预算：

（a）7 月、8 月和 9 月三个月的产成品库存预算（以 Zenith 单位计）。

（b）7 月和 8 月两个月的原材料存货预算（以千克表示）。

（c）8 月和 9 月的现金预算。

第 **7** 章

控制会计

引 言

　　旗下拥有食品加工商（包括 Ovaltine 和 Ryvita）和零售商（Primark）的英国联合食品集团在其 2019 年年度报告中指出：所有企业都应编制年度经营计划和预算，并定期更新。在企业层面和集团层面监控预算绩效，并及时报告差异。持续监控集团和企业层面的现金状况，并彻底调查与预期水平的差异。

　　这就提出了一些重要问题，如监控绩效的方式、差异的性质、企业为什么应该识别这些差异、如何报告这些差异以及在出现差异时企业应该采取什么行动。这些问题是本章重点讨论的内容。我们将看到，英国联合食品集团的控制流程在整个行业被广泛采用。

　　本章阐述了在第 6 章中所讨论的一些话题。我们将了解如何通过使用预算来帮助控制企业，以及如何通过收集有关实际绩效的信息并将其与预算进行比较，来识别哪些活动处于控制之中，哪些活动不处于控制之中。

　　我们将研究标准成本法及其与预算的关系。我们将看到，预算通常是根据标准来制定的。与预算一样，标准也提供了可以衡量实际绩效的指标。最后，我们将探讨预算和标准的行为方面。我们将评估它们作为激励手段的价值，并考虑管理者在实践中应用它们的方式。

学习目标

学完本章后，你应该能够：

- 讨论预算在绩效评估和控制方面的作用和局限性；
- 进行差异分析，并讨论产生差异的可能原因；
- 说明标准成本法的性质、作用和局限性；
- 讨论在设计一个有效预算控制系统时应考虑的问题；
- 围绕预算和差异讨论监控绩效的行为问题。

7.1 预算控制

在第 6 章中，我们看到预算可以为企业行使控制权提供依据。控制包括使业务活动与计划相符，预算是一种短期计划，使业务活动符合预算显然是控制企业的一种方式。我们还看到，对于大多数企业来说，预算控制流程如图 7-1 所示。

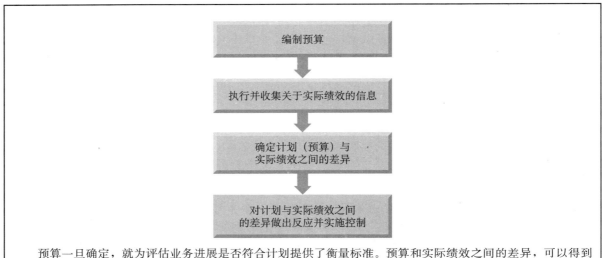

图 7-1 预算控制流程

如果计划制定得合理，我们就有了对企业实施控制的依据。然而，我们必须以与预算相同的条件来衡量实际绩效。只有这样做，才能进行适当的比较。

行使控制权包括确定事情没有按计划进行的地方和原因，然后寻找未来可以纠正它们的方法。事情没有按计划进行的一个可能原因是预算目标无法实现。此种情况下，有必要修改今后各期的预算。

修改预算并不意味着如果情况变得棘手，就可以忽略预算目标。相反，这意味着预算目标应该具有适应性。不切实际的预算目标不能成为控制和管理企业的基础。因此，坚持预算目标，不会有什么好处。

真实世界 7-1 讨论了一项预算如何遭受 45％的成本超支和相当长的时间延误。

真实世界 7-1

摆脱困境

英国政府支出监督机构的一份报告发现，英国广播公司（BBC）正雄心勃勃地计划重拍肥皂剧《东区人》（EastEnders），该计划将超出预期 2 700 万英镑。

该剧以虚构的沃尔福德区为背景，在伦敦东部广场拍摄，预计以 5 900 万英镑的价格对拍摄地进行重建和扩建。

但英国国家审计署（NAO）发布的报告显示，该地块的施工预计花费英国广播公司 8 600 万英镑，并比计划晚两年半完工。

审计人员发现，位于赫特福德郡埃尔斯特里的布景存在的问题源于 BBC 缺乏专业知识，对成本的过度乐观和施工延误，导致该项目的预算增加了 45%。

该报道发现，由于布景的破旧性，BBC 选择推迟拍摄高清肥皂剧，因为这会暴露出它的许多缺点。

审计人员得出的结论是，BBC 无法为这个项目提供充足现金，这个项目以沃尔福德区虚构的邮政编码命名，被称为 E20。

2015 年，重建工程——使用真正的砖瓦而不是外墙——预计耗资 5 900 万英镑，该项目将于 2018 年 8 月完成。随后批准增加了 6 200 万英镑的预算，2016 年预测该项目将推迟 26 个月完工。

资料来源：Syal，R.（2018）BBC's new EastEnders set over budget by £27m，watchdog finds，www.theguardian.com，13 December.

如果有合适的预算控制制度，就可以将决策和责任下放给基层管理人员。但是，高级管理人员仍然可以通过使用该系统发现哪些基层管理人员完成了预算目标，从而保持控制权。这可以创建一个例外管理环境，高级管理人员可以将重点放在事情未按计划进行的领域，执行预算的基层管理人员可以继续工作。

7.2　控制的类型

刚才概述的控制过程称为反馈控制。它的主要特点是：一旦出现故障信号，就会立即采取行动使其回到正轨。这与大多数中央供暖系统的恒温控制类似。恒温器内有一个温度计，可在温度低于预设水平（类似于预算）时进行感应。然后，恒温器会通过激活加热装置来恢复所需的最低温度。图 7 - 2 描述了使用预算的反馈控制系统的各个阶段。

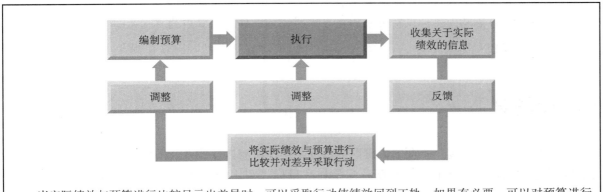

当实际绩效与预算进行比较显示出差异时，可以采取行动使绩效回到正轨。如果有必要，可以对预算进行修改。

图 7 - 2　反馈控制

另一种控制类型是前馈控制。它对可能出现的错误进行预测，然后采取措施避免任何不期望的结果。预算也可用于实施此类控制。它包括编制预算，然后将其与实际结果的预测进行比较，发现潜在的问题。例如，现金预算可以与实际现金流的预测进行比较。如果发现偏差很大，可以在问题出现之前采取措施补救。图 7-3 描述了使用预算的前馈控制系统中的各个阶段。

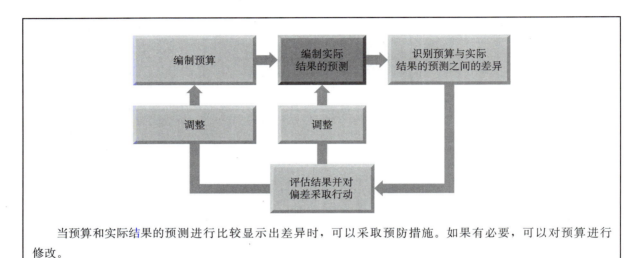

图 7-3 前馈控制

前馈控制旨在事前发现问题，而反馈控制旨在对现有的问题做出反应。换句话说，前馈控制是预防性的，而反馈控制是补救性的。事前避免比事后解决好，因此前馈控制更可取。前馈控制需要对实际结果进行及时和准确的预测，而这些预测并不容易。

活动 7-1

编制预算的行为可能直接导致前馈控制。你认为如何编制预算有助于预见问题？以现金预算为例。

在现金预算的编制过程中，可能会发现预算不切实际，需要修改。例如，在预算期的特定时间会出现现金不足的情况。通过识别未来的现金短缺，可以修改预算中的支出承诺。

7.3 预算差异

我们在第 1 章中看到，企业的关键财务目标是增加所有者（股东）的财富。由于利润是企业经营财富的净增长，因此最重要的预算目标是利润目标。在比较预算与实际结果时，我们将以此为起点。

例 7-1 列示了 Baxter 有限公司 5 月的预算和实际利润表。

例 7-1

以下是 Baxter 有限公司 5 月的预算和实际利润表：

单位：英镑

	预算	实际
产销量（件）	1 000	900
销售收入	100 000	92 000
原材料	(40 000)（40 000 米）	(36 900)（37 000 米）
人工	(20 000)（1 250 小时）	(17 500)（1 075 小时）
固定间接成本	(20 000)	(20 700)
营业利润	20 000	16 900

从这些数字中可以清楚地看出，预算利润并没有实现。就 5 月而言，这已成为历史。尽管业务（或其中的一个或多个方面）已经失去控制，但管理者必须通过发现 5 月的问题，来确保这些偏离预算的情况之后不会重演。仅仅知道大体上出了问题是不够的，我们需要确切地知道哪里出了问题、为什么会出问题。要做到这一点，就必须对上表中各个项目（销售收入、原材料等）的预算数据和实际数据进行比较。

活动 7-2

将预算中的各个项目（销售收入、原材料等）与 Baxter 有限公司的实际绩效进行比较，你发现哪些方面失去了控制？能得出什么结论？

发现的问题是实际产销量与预算不符，实际比预算低了 10%。这意味着，我们不能说节省了 2 500 英镑（20 000－17 500）的人工成本，也不能得出这方面一切正常的结论。

7.3.1 调整预算

克服这一困难的一个切实可行的方法是将预算调整到计划产销量为 900 而不是 1 000 的水平。调整预算仅仅意味着根据不同的产销量对预算进行修改。

为了调整预算，我们需要知道哪些收入和成本是固定的，哪些相对于产销量是变动的。一旦知道了这一点，调整预算就很简单。我们假定销售收入、材料成本和人工成本严格随产销量变化，固定间接成本固定不变。实际生产中，人工成本是否随产销量的变化而变化并不确定，但这对我们的目标假设没有太大影响。如果人工成本是固定的，我们可以简单地在调整过程中考虑这一点。

根据我们对收入和成本的假设，调整后的预算内容如下：

单位：英镑

	调整预算
产销量（件）	900
销售收入	90 000
原材料	(36 000) (36 000 米)
人工	(18 000) (1 125 小时)
固定间接成本	(20 000)
营业利润	16 000

相比于原来的预算，销售收入、原材料和人工成本下降了 10%（与实际产销量低于预算水平的比例相同）。

把原始预算、调整预算和 5 月的实际结果放在一起，可以得到以下结论：

单位：英镑

	原始预算	调整预算	实际
产销量（件）	1 000	900	900
销售收入	100 000	90 000	92 000
原材料	(40 000)	(36 000) (36 000 米)	(36 900) (37 000 米)
人工	(20 000)	(18 000) (1 125 小时)	(17 500) (1 075 小时)
固定间接成本	(20 000)	(20 000)	(20 700)
营业利润	20 000	16 000	16 900

调整预算允许我们在预算和实际结果之间进行更有效的比较。通过调整预算，我们可以计算出各方面业务活动的预算和实际结果之间的关键差异。我们来讨论其中的一些差异。

7.3.2　销售数量差异

我们首先讨论销售数量差异。通过调整预算，正如我们刚才所做的那样，似乎表明企业未能实现预计销售数量并不重要。我们只需修改预算一切似乎就可以顺利进行。但是，销售数量减少通常意味着损失利润，这一点很关键。因此，我们必须要注意到的是，由于 100 件产品的销售减少而导致的利润损失。

活动 7 - 3

假设除销售数量以外的一切都按计划进行，销售数量不足会降低多少利润？

原始预算与调整预算的利润差额。造成利润不同的唯一原因就是销售数量，其他均相同。（也就是说，调整是在假设单位销售价格、原材料成本和人工成本与最初预算一致的基础上进行的。）这意味着，销售数量不足导致利润下降了 4 000 英镑（20 000－16 000）。

第 3 章中谈到成本、业务量和利润之间的关系时，我们发现少卖一单位产品会损失一单位对利润的贡献，其贡献是销售收入减去变动成本的差额。从原始预算中可以看到，单位销售价格

为 100 英镑（100 000/1 000），单位材料成本为 40 英镑（40 000/1 000），单位人工成本为 20 英镑（20 000/1 000）。因此，单位边际贡献是 40 英镑（100-(40+20)）。

如果销售数量减少 100 件，就会损失 4 000 英镑（100×40）的贡献，从而影响利润。这是除计算原始预算利润数据和调整预算利润数据之间的差额之外，另一种得出销售数量差异的方法。然而，编制调整预算更容易比较两个利润数据。

原始预算和调整预算之间的利润差异称为销售数量差异。

这种差异是不利差异，因为单独来看，它会使实际利润低于预算利润。超出预算利润而增加利润的差异称为有利差异。因此，我们可以说，差异是影响预算利润的一个因素（单独考虑）。之后，我们将考虑其他形式的差异，其中有些是有利的，有些是不利的。各种有利差异之和与不利差异之和的差额就是预算利润和实际利润之间的差额，如图 7-4 所示。

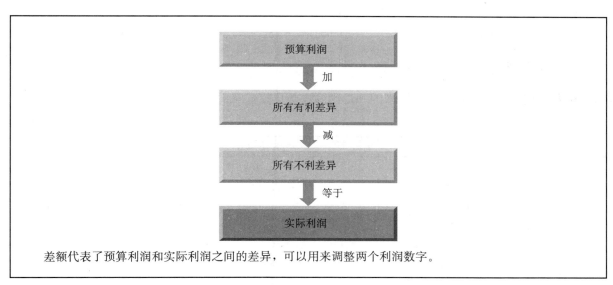

差额代表了预算利润和实际利润之间的差异，可以用来调整两个利润数字。

图 7-4　预算利润和实际利润之间的关系

当计算某个特定差异时，比如销售数量，我们假设所有其他因素都按照计划进行。

活动 7-4

关于 Baxter 有限公司 5 月的销售数量差异，管理人员还需要知道什么？

他们需要知道为什么销售数量会低于预算数据。只有了解了这些信息，他们才能努力确保不再发生这种情况。

谁应该为销售数量差异负责？答案可能是销售经理，他应该确切地知道为什么会发生这种情况。然而，这并不等于说是销售经理的错。例如，该企业产量可能未达预算数量，因此没有足够的产品可供出售，可能还有其他超出销售经理可控范围的原因。尽管如此，销售经理应该知道出现问题的原因。

活动 7-5 中给出了 Baxter 有限公司 6 月的预算和实际数据，并将其用作一系列活动的依据，这些活动为计算和评估差异提供了依据。不过，我们将继续使用 5 月的数据来解释差异。

请注意，该企业6月的预算产出水平高于5月。

活动 7-5

以下是6月的预算和实际利润表：

单位：英镑

	6月预算	6月实际
产销量（件）	1 100	1 150
销售收入	110 000	113 500
原材料	(44 000)（44 000 米）	(46 300)（46 300 米）
人工	(22 000)（1 375 小时）	(23 200)（1 480 小时）
固定间接成本	(20 000)	(19 300)
营业利润	24 000	24 700

试着调整6月的预算，并与原来的6月预算进行比较，从而找到销售数量的差异。

单位：英镑

	调整预算
产销量（件）	1 150
销售收入	115 000
原材料	(46 000)（46 000 米）
人工	(23 000)（1 437.5 小时）
固定间接成本	(20 000)
营业利润	26 000

销售数量差异为2 000英镑（26 000—24 000）（有利）。这是有利的，因为实际销售数量超过了预算，使得原始的预算利润低于调整后的预算利润。

回到5月，我们已经确定了预算利润为20 000英镑而实际利润只有16 900英镑的一个原因。这是由于销售数量不足而造成了4 000英镑的利润损失（不利差异）。现在调整了预算，我们可以比较其他因素，并得出关于5月交易的进一步结论。

可以看到，5月的销售收入、原材料、人工和固定间接成本数据在调整预算和实际结果之间都有所不同。这意味着不利的销售数量差异并不是唯一的问题。为了进一步获得与上述每个收入和成本项目相关的信息，我们需要进一步计算差异。

7.3.3 销售价格差异

从5月销售收入数字中我们可以得知，调整预算和实际数据之间有2 000英镑（有利）的差异。这只是因为实际售价比原始预算中设想的要高，而由数量产生的差异在调整过程中已经被"剔除"，所以这种价格差异称为销售价格差异。在其他条件相同的情况下，销售价格越高，利润越多，所以这是一种有利差异。

对于形成销售价格差异的原因，销售经理通常能够给出答案。正如我们将在本章后面看到的，企业通常会调查规模较大的有利差异。

活动 7-6

使用活动 7-5 中的数据，6 月的销售价格差异为多少？

6 月的销售价格差异是 1 500 英镑（115 000－113 500）（不利）。平均而言，实际销售价格低于预算销售价格，实际销售价格平均为 98.70 英镑（113 500/1 150），而预算销售价格平均为 100英镑。在其他条件相同的情况下，以低于预算的价格销售产品会对利润产生不利影响，因此产生了不利差异。

图 7-5 中总结了销售差异。

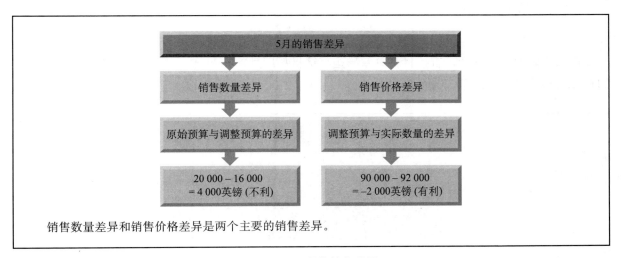

图 7-5　5 月的销售差异

现在我们继续看成本差异，首先学习材料差异。

7.3.4　材料差异

5 月，直接材料总差异为 900 英镑（36 900－36 000）（不利）。实际材料成本高于预算成本，因此会对营业利润产生不利影响。

谁应该为这种差异负责？如果差异来自原材料的过度使用，由生产经理负责；如果差异来自每米原材料的支付成本高于预算成本，由采购经理负责。我们可以通过深入研究这个差异总额，检查材料用量和成本变化带来的影响。

我们可以从数据中看到，5 月原材料被过量使用了 1 000 米（37 000－36 000）。在其他条件相同的情况下，每米原材料的预算成本是 1 英镑，仅这一点就会导致利润损失 1 000 英镑。1 000 英镑（不利）差异称为直接材料用量差异。通常，这种差异将由生产经理负责。

活动 7-7

使用活动 7-5 中的数据，6 月的直接材料用量差异是多少？

6 月的直接材料用量差异为 300 英镑（（46 300－46 000）×1）（不利）。这是不利的，因为生产 1 150 件产品实际使用的原材料比预算要多。过度使用原材料往往会减少利润。

直接材料的另一方面是其成本。直接材料价格差异是将所使用材料的实际成本与已使用材料的预算成本进行比较。5 月，直接材料的实际成本为 36 900 英镑，而 37 000 米直接材料的预算成本为 37 000 英镑。因此，会产生 100 英镑的有利差异。支付低于预算的成本费用将对利润产生有利影响，因此会产生有利差异。

活动 7-8

使用活动 7-5 中的数据，6 月的直接材料价格差异是多少？

6 月的直接材料价格差异为 0（46 300－（46 300×1））。

正如我们刚才看到的，直接材料总差异是直接材料用量差异和直接材料价格差异的总和。5 月的直接材料差异，如图 7-6 所示。

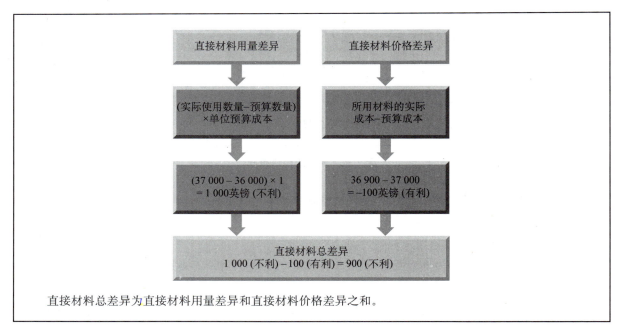

直接材料总差异为直接材料用量差异和直接材料价格差异之和。

图 7-6　5 月的直接材料差异

7.3.5　人工差异

直接人工差异在形式上与直接材料差异相似。5 月的直接人工总差异为 500 英镑（18 000－17 500）（有利）。这是有利的，因为实际人工支出比预算少了 500 英镑。

同样，这种差异总额并不是特别有用，我们需要进一步分析其用量和成本因素。注意，完成特定数量产品的小时数由生产经理负责，而工资率则主要由人力资源经理负责。

直接人工效率差异将已实现生产水平的预算工时数与实际耗用的工时数进行比较。然后按预算小时工资率计算差异。5 月，预算小时工资率为 16 英镑，而原始预算中 1 250 小时的预算成本为 20 000英镑。因此，差异是 800 英镑（（1 125－1 075）×16）（有利）。这是有利的，因为实际产出水平的工时低于预算。可见加快工作速度往往会增加利润。

活动 7-9

使用活动 7-5 中的数据，6 月的直接人工效率差异是多少？

6 月的直接人工效率差异为 680 英镑（（1 480－1 437.5）×（22 000/1 375））（不利）。这是不利的，因为工作花费的时间超过了预算小时数，因此会对利润产生不利影响。

直接人工价格差异将工时的实际成本与其预算成本进行比较。5 月工作 1 075 小时，预算成本为 17 200 英镑（1 075×16）。因此，直接人工价格差异是 300 英镑（17 500－17 200）（不利）。

5 月的直接人工差异如图 7-7 所示。

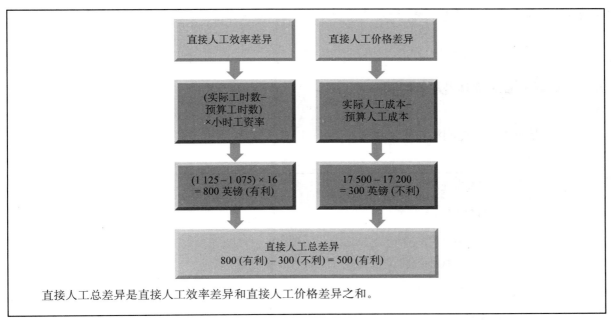

图 7-7 5 月的直接人工差异

活动 7-10

使用活动 7-5 中的数据，6 月的直接人工价格差异是多少？

6 月的直接人工价格差异为 480 英镑（（1 480×16）－23 200）（有利）。这是有利差异，因为支付的直接人工小时工资率低于预算。小时工资率越低，对利润越有利。

7.3.6　固定间接成本差异

最后一部分是间接成本。在我们的例子中，假设所有的间接成本都是固定的。变动间接成本在实践中当然存在，但为了简化问题忽略了变动间接成本。变动间接成本差异与人工和材料差异的处理方法相似。

固定间接成本差异是调整预算（或原始预算，二者相同）和实际数据之间的差异。5 月，不利差异为 700 英镑（20 700－20 000）。实际发生的间接成本比预算多，这将导致利润减少。从理论上讲，这该由控制间接成本耗费的人员负责。

在实践中，间接成本是一个非常棘手、难以控制的领域。无论是固定成本还是变动成本，都由多种成本组成。通常，它们包括租金、管理费用、管理人员工资、清洁费、电费等。上述每个项目均可以单独编制预算并记录实际数据。然后，可以确定每个间接成本项目的个别支出差异，以揭示问题所在。

活动 7－11

使用活动 7－5 中的数字，6 月的固定间接成本差异是多少？

6 月的固定间接成本差异为 700 英镑（20 000－19 300）（有利）。这是有利差异，因为支出的间接成本比预算少，从而对利润产生有利影响。

7.4　协调预算利润和实际利润

5 月原始预算的营业利润与实际利润如下：

		单位：英镑
预算营业利润		20 000
有利差异		
销售价格	2 000	
直接材料价格	100	
直接人工效率	800	2 900
不利差异		
销售数量	（4 000）	
直接材料用量	（1 000）	
直接人工价格	（300）	
固定间接成本	（700）	（6 000）
实际营业利润		16 900

活动 7 – 12

如果你是 Baxter 有限公司的首席执行官，你对预算利润与实际利润之间的总体差异有什么看法？你如何应对上述个体差异？

对于任何很大的差异你可能都会担心，尤其是不利差异。你可能会特别考虑以下问题：

■ 利润不利差异总额为 3 100 英镑（20 000－16 900）。这占预算利润的 15.5%（3 100/20 000×100%），而你（作为首席执行官）肯定认为这很重要且令人担忧。

■ 4 000 英镑的不利销量数量差异占预算利润的 20%，这需要重点关注。

■ 2 000 英镑的有利销售价格差异占预算利润的 10%。这是有利差异，值得庆祝而无须关注。换个角度考虑，Baxter 有限公司产品的平均售价高于计划价格的 10%。可能正是因此才形成不利销售数量差异。由于售价上升，公司销量会下降。

■ 与预算利润相比，100 英镑的有利直接材料价格差异非常小，仅为 0.5%。期望实际数据达到每月精确的预算数据是不现实的，因此这点无须关注。然而，直接材料用量差异占预算利润的 5%。你可能会重点关注这一点。

■ 800 英镑的有利直接人工效率差异占预算利润的 4%。这虽然是有利差异，但其原因值得调查。不利直接人工价格差异总计 300 英镑，仅占预算利润的 1.5%，不视为重大差异。

■ 700 英镑的不利固定间接成本差异占预算利润的 3.5%。你可能觉得这个数字太低了，不足以引起担忧。

首席执行官现在需要问一些问题，比如为什么在若干方面出现了如此严重的问题，以及可以采取哪些措施来改善未来的绩效。

我们很快将讨论调查哪些差异、接受哪些差异的两难问题。

活动 7 – 13

使用活动 7 – 5 中的数据，将 6 月原始预算的营业利润与实际营业利润进行对比。

单位：英镑

预算营业利润		24 000
有利差异		
销售数量	2 000	
直接人工价格	480	
固定间接成本	700	3 180
不利差异		
销售价格	(1 500)	
直接材料用量	(300)	
直接人工效率	(680)	(2 480)
实际营业利润		24 700

活动 7-14

以下是 Baxter 有限公司 7 月的预算和实际利润表：

单位：英镑

	预算	实际
产销量（件）	1 000	1 050
销售收入	100 000	104 300
原材料	(40 000)（40 000 米）	(41 200)（40 500 米）
人工	(20 000)（1 250 小时）	(21 300)（1 300 小时）
固定间接成本	(20 000)	(19 400)
营业利润	20 000	22 400

对比预算与实际营业利润，进行详细的差异分析。

原始预算、调整预算和实际结果如下：

单位：英镑

	原始预算	调整预算	实际
产销量（件）	1 000	1 050	1 050
销售收入	100 000	105 000	104 300
原材料	(40 000)	(42 000)（42 000 米）	(41 200)（40 500 米）
人工	(20 000)	(21 000)（1 312.5 小时）	(21 300)（1 300 小时）
固定间接成本	(20 000)	(20 000)	(19 400)
营业利润	20 000	22 000	22 400

对比 7 月的预算营业利润与实际营业利润。

单位：英镑

预算营业利润		20 000
有利差异		
销售数量（22 000—20 000）	2 000	
直接材料用量（(42 000—40 500)×1）	1 500	
直接人工效率（(1 312.5—1 300)×16）	200	
固定间接成本（20 000—19 400）	600	4 300
不利差异		
销售价格（105 000—104 300）	(700)	
直接材料价格（(40 500×1)—41 200）	(700)	
直接人工价格（(1 300×16)—21 300）	(500)	(1 900)
实际营业利润		22 400

许多企业在年度报告中解释其如何实施预算控制系统，包括本章开头提到的英国联合食品集团。

真实世界 7-2 展示了一家总部位于英国的招聘机构 Prime People 公司如何使用差异分析来对其运营进行控制。该公司为在全球范围内选定的利基行业部门提供招聘服务。它在伦敦证券交易所另类投资市场上市。

真实世界 7-2

招聘控制

Prime People 公司明确表示，它使用预算和差异分析来帮助控制其活动。2019 年的年度报告指出：编制详细的月度报告，将结果与预算、预测和上一年进行比较，并对重大差异进行绩效监测和解释。检查任何重大的不利差异，并在必要时采取补救措施。

高级管理人员不会对每个部门出现的差异寻求解释，但他们会考虑整个企业的数据或主要部门的结果。

另外，部门经理很可能每月（或更频繁地）收到一份关于其职责范围内发生差异的报告。

资料来源：Prime People plc，Annual Report 2019，p. 16.

真实世界 7-3 说明了调整预算的重要性。

真实世界 7-3

调整预算

对英国食品和饮料行业的一项调查显示了管理会计对调整预算的重视程度。该调查要求负责管理会计工作的人员从"不重要"、"中等重要"或"重要"三种可能的类别中选择一类，来评估调整预算的重要性。图 7-8 列出了 117 名受访者的抽样结果。

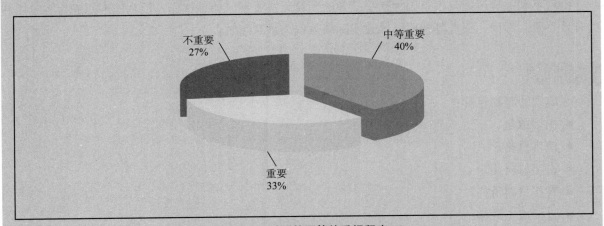

图 7-8 对调整预算的重视程度

受访者还被要求说明调整预算在企业中的使用频率，使用五分制，从 1（从不）到 5（非常频繁）。图 7-9 列示了这些结果。

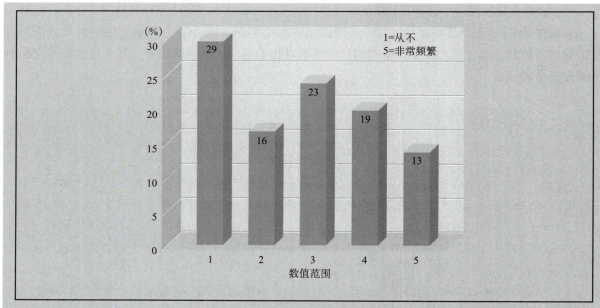

图 7-9　调整预算的使用频率

　　可以看到，虽然很大比例的管理会计认为调整预算很重要，并且在实践中予以使用，但并不是所有的企业都使用它。

资料来源：Abdel-Kader, M. and Luther, R. (2004) *An Empirical Investigation of the Evolution of Management Accounting Practices*, Working paper no. 04/06, University of Essex, October.

7.5　出现不利差异的原因

　　出现不利差异可能仅仅是因为衡量绩效的预算无法实现。如果这样，预算就不能成为实施控制的有效手段。然而，还有其他原因导致实际绩效偏离预算绩效。

活动 7-15

考虑到的差异包括：
- 销售数量；
- 销售价格；
- 直接材料用量；
- 直接材料价格；
- 直接人工效率；
- 直接人工价格；
- 固定间接成本。

假设预算目标合理，则记下上述每一项产生不利差异的可能原因。

能想到的原因如下：

销售数量
- 销售人员表现不佳。
- 在从预算制定到实际发生的这段时间，市场状况恶化。
- 由于某些生产问题，缺乏可供销售的产品或服务。

销售价格
- 销售人员表现不佳。
- 在从预算制定到实际发生的这段时间，市场状况恶化。

直接材料用量
- 生产部门工作人员表现不佳，导致废品率高。
- 材料不达标，导致废品率高。
- 机械故障，导致废品率高。

直接材料价格
- 采购部门的工作人员表现不佳。
- 使用比计划质量更高的材料。
- 在从预算制定到实际发生的这段时间，市场状况变化。

直接人工效率
- 监督不力。
- 工人技能水平低，从事工作的时间比预期长。
- 材料质量差，废品率高，浪费劳动时间。
- 正在为企业提供服务的客户出现问题。
- 机械故障，浪费劳动时间。
- 材料供应不到位，导致工人无法继续生产。

直接人工价格
- 人力资源部门表现不佳。
- 使用比计划工资率更高的工人。
- 在从预算制定到实际发生的这段时间，市场状况变化。

固定间接成本
- 对间接成本监督不力。
- 预算中未考虑到的间接成本普遍增加。

请注意，不同的差异可能由相同的原因导致。例如，购买低质量、较便宜的材料可能导致不利的直接材料用量差异、有利的直接材料价格差异和不利的直接人工效率差异。

7.6 服务业的差异分析

虽然我们使用了一个制造企业的例子来解释差异分析，但这并不意味着差异分析与服务企业无关。这单纯是因为，制造企业通常拥有实践中发现的所有差异。例如，服务业可能没有材料差异。

著名的移动电话网络运营商沃达丰（Vodafone）2019 年年度报告显示，该公司使用预算和差异分析来帮助其管理业务。我们还在真实世界 7-2 中看到，另一家服务企业 Prime People 公司通过预算和差异分析，建立了一个完善的管理控制系统。大多数服务企业可能会使用某种形式的差异报告来帮助它们控制自己的业务。

7.7　营业外利润差异

许多业务领域都会使用预算，有些差异不会对这些领域的营业利润产生直接影响，然而，这些差异往往会产生间接影响，有时还会产生深远的影响。例如，现金预算列出了计划期间的收入、支出和由此产生的现金余额。如果这个预算因为不可预见的支出而被证明是错误的，就可能会出现计划外的现金短缺和相关费用。这些费用可能仅限于在借款时所产生的利息。然而，如果借款无法弥补现金短缺，其后果可能会更严重，例如由于缺乏资金而放弃的项目所造成的利润损失。

因此，必须对现金管理等领域进行控制，以尽量避免产生营业外利润差异。

7.8　调查差异

期望每个月都能精确地实现预算目标是不合理的，出现差异是正常现象。但发现造成这些差异的原因可能代价高昂。通常必须提供和审查信息，并与相关工作人员进行讨论。有时，必须停止活动以发现出了什么问题。小的差异几乎不可避免，而调查差异可能代价高昂，因此管理者需要一些指导原则来确定调查哪些差异以及接受哪些差异。

活动 7-16

在决定是否花钱调查某一特定差异时，管理者应该遵循哪些原则？（提示：回顾第 1 章）

在决定是否提供会计信息时，应同时考虑收益和成本。管理者还要权衡了解差异出现的原因可能获得的收益与获得该信息的成本。

然而，这一原则在实施方面存在困难，因为在调查之前很难评估调查的收益和成本。

管理者可采用以下实用的指导原则来调查差异，这些原则考虑到了收益和成本：

■ 调查重大的不利差异，因为潜在问题的存续可能会造成重大损失。对"重大"的界定最终取决于管理层的判断。例如，超过预算数据的一定百分比（如 5%）或固定金额（如 1 000 英镑）的差异被认为是重大的。

■ 调查重大的有利差异。尽管它们可能不会像不利差异那样立即引起关注，但它们仍然表明事情没有按计划进行。如果实际绩效明显好于计划，就可能意味着预算目标过低。

■ 细微的差异虽然不会立即被调查，但应不断审查。对于业务的每一个方面，在一系列控制期内的累计差异总和预计为零，某些时期的小幅不利差异会被另一些时期的有利差异所弥补。这是因为随机因素引起的小差异不一定会再次出现，而且它们既有可能是有利的，也有可能是不利的。如果差异是由系统性（非随机）因素引起的，这些因素会随着时间的推移而重复出现，则周期性差异的累计总和不会为零，而是一个递增的数字。即使个别差异微不足道，但这些差异的累积效应却不一定。因此，调查可能是值得的，特别是在存在不利差异的情况下。例 7 - 2 介绍了这一审查过程。

虽然这些指导原则会有帮助，但管理者必须灵活行事。例如，当纠正潜在原因的成本预计非常高时，他们可能会决定不调查重大差异。他们可能会认为，解决这个问题并调整预算的性价比会更高。

为了说明相对较小的系统性差异的累积效应，让我们考虑一下例 7 - 2。

例 7 - 2

Indisurers 有限公司发现，自年初以来，处理机动车辆保险索赔的直接人工效率差异如下：

	单位：英镑
1 月	250（不利）
2 月	150（有利）
3 月	50（有利）
4 月	200（不利）
5 月	220（不利）
6 月	80（有利）
7 月	200（不利）
8 月	150（有利）
9 月	230（不利）
10 月	150（有利）
11 月	50（有利）
12 月	260（不利）

执行此项工作的平均总成本约为每月 12 000 英镑。管理者认为，考虑到每月的人工成本，这些差异单独来看都不显著。问题是，把这些差异加在一起，意义是否重大？如果把它们加在一起，并考虑到正负号，会发现今年的不利差异净额为 730 英镑。这本身可能也不重要，但我们应该想到，如果差异是随机产生的，那么累计总数就会接近零。我们可能会觉得如果这种情况持续下去，且时间足够长，会形成规模巨大的不利净差异。

鉴于此，直接人工效率可能值得研究。找到造成差异的原因使管理层能够纠正系统性差异，从而节约未来的成本。（请注意，12 个周期可能不足以就差异是否随机得出统计上合理的结论，但这可以说明问题。）

绘制累计差异，如图 7 - 10 所示，可以清楚地了解随着时间的推移差异的变化。

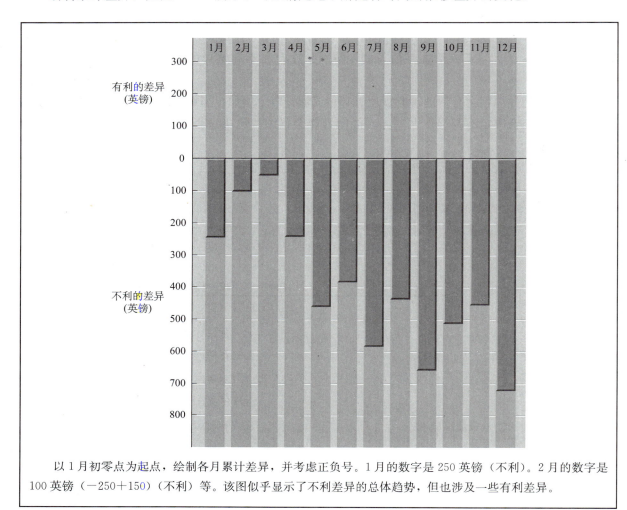

以 1 月初零点为起点，绘制各月累计差异，并考虑正负号。1 月的数字是 250 英镑（不利）。2 月的数字是 100 英镑（－250＋150）（不利）等。该图似乎显示了不利差异的总体趋势，但也涉及一些有利差异。

图 7 - 10　Indisurers 有限公司机动车辆保险索赔直接人工效率累计差异

7.9　实践中的差异分析

真实世界 7 - 4 提供了一些关于使用差异分析的例子。

真实世界 7 - 4

使用差异分析

前面章节中提到的 CIMA 调查研究了随企业规模而变化的差异分析的使用情况，结果如图 7 - 11 所示。

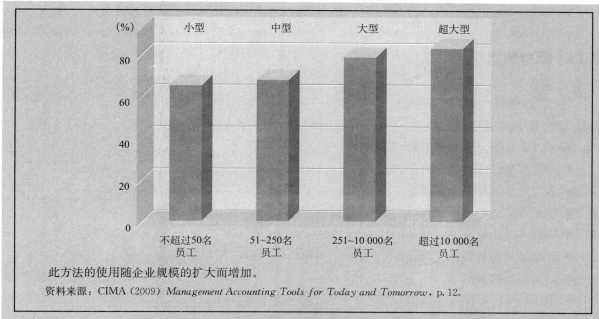

此方法的使用随企业规模的扩大而增加。

资料来源：CIMA (2009) *Management Accounting Tools for Today and Tomorrow*, p. 12.

图 7 - 11　差异分析和企业规模

该调查还表明，差异分析是所研究的各种成本计算工具中使用最广泛的一种（其中包括前几章讲解的方法）。总体而言，超过70％的受访者使用了这一方法。

CIMA 调查发现，小型企业不太可能使用差异分析。前文提到的对 7 家小型企业和 4 家中型企业的调查也证实了这一结论。研究发现，这 11 家企业中没有一家使用差异分析。

资料来源：Lucas, M., Prowle, M. and Lowth, G. (2013) *Management Accounting Practices of UK Small-Medium-Sized Enterprises*, CIMA, July, p. 7.

7.10　补偿性差异

补偿性差异表面上看很有吸引力。这是有利差异和不利差异相互抵销的结果。例如，销售经理会选择降价出售更多数量的特定服务，总的来说，这将导致利润增加。这一选择会形成有利的销售数量差异，但也会形成不利的销售价格差异。从表面上看，只要前者大于后者，结果就会是好的。

活动 7 - 17

你能想出一个销售经理不应该继续降价的理由吗？

政策变更将对企业的其他领域产生影响，包括：

■ 需要提供更多的服务：员工和其他资源可能无法满足这种增长；

■ 需要提供更多的资金：活动数量的增加将导致企业对资金的需求增加，例如，需要支付额外的人工成本。

如果不对计划进行更广泛的协商和修订，以这种方式权衡差异通常是不可接受的。

7.11 标准数量和成本

我们已经看到，预算是一种短期业务计划——通常是一年，主要以财务术语来表示。预算通常根据标准编制。标准数量和成本（或收入）是指用于单位投入或产出的数量和成本，它为预算提供了依据。

我们以 Baxter 有限公司的运营为例：

- 单位产品的标准销售价格为 100 英镑；
- 单位产品的标准边际成本是 60 英镑；
- 单位产品的标准原材料成本为 40 英镑；
- 单位产品的标准原材料使用量为 40 米；
- 标准原材料价格是 1 英镑/米（即一个单位的投入）；
- 单位产品的标准人工成本为 20 英镑；
- 单位产品的标准人工工时为 1.25 小时；
- 标准工资率是 16 英镑/小时（即一个单位的投入）。

标准同与之密切相关的预算一样，代表着可以衡量实际绩效的指标。它们还为差异分析提供了依据，正如我们所见，差异分析帮助管理者确定偏离计划或标准绩效之处，以及偏离的程度。为了保持它们在计划和控制方面的有效性，应经常审查，并在必要时进行修订。

真实世界 7-5 提供了一些在实践中标准更新频率的证据。

真实世界 7-5

保持标准

毕马威会计师事务所采访了 12 家大型国际制造企业的高级财务人员，这些企业涉及制药、工业和消费品行业。一个重要发现是，日益加剧的经济波动导致标准更新更加频繁。大多数企业一年更新一次标准。然而，一家企业按季度更新标准，另一家企业由于成本、时间等原因，已经两年未更新标准。

资料来源：KPMG（2010）*Standard costing: insights from leading companies*，February.

标准适用于各种各样的产品或服务。例如，会计师事务所可以为每个级别的员工（审计经理、高级审计师、实习生等）设定单位小时标准成本。当计划对客户业务进行特定审计时，它可以决定每个级别的员工应该在审计上花费的标准时间，并且通过使用每个级别的单位小时标准成本，为整个工作得出一个标准成本或预算。这些标准随后可以与实际小时数、小时工资率进行比较。

7.12 设定标准

设定标准时，必须考虑多种问题。我们现在来探讨其中一些比较重要的问题。

7.12.1　明确标准设定主体

标准往往源于不同员工的集体努力，包括管理会计师、工业工程师、人力资源经理、生产经理和其他员工等。负责达到特定标准的管理人员通常会参与一些工作，并提供一些专业知识。然而，这种参与带来了一种风险，即可能在标准设定时留有"余地"，以使其更容易实现。与预算相关的第 6 章也提到了同样的问题。

7.12.2　收集信息

设定标准需要收集有关应该使用多少材料、需要多少机器工时、应该花费多少直接人工工时等信息。可以用于收集标准设定信息的方法有两种。

活动 7 – 18

你能想到这些方法有哪些吗？

第一种方法是检查生产产品或服务所涉及的特定过程和任务，并制定适当的估计数。通过模拟生产运行、进行时间动作研究，制定有关材料用量、机器工时和直接人工工时的标准。这需要管理会计师、工业工程师和那些参与生产过程的人员密切合作。

第二种方法是收集相同或相似产品的过去成本、时间和使用情况的信息，并将这些信息用作预测未来的基础。这些信息可能需要调整，以反映价格的变化、生产过程的变化等。

如果产品或服务是全新的，或者涉及全新的流程，就应使用第一种方法，尽管成本通常更高。

7.12.3　选定标准

基本上可以使用两类标准：理想标准和实用标准。理想标准，顾名思义，是指在完美的操作条件下，不存在因生产时间损失、缺陷等导致的效率低下。制定理想标准的目的是鼓励员工追求卓越，理想标准至少在理论上是可以实现的。实用标准，顾名思义，并不假定理想的操作条件。它们虽然要求高水平的效率，但将可能损失的生产时间、缺陷等考虑在内。实用标准的设计虽有挑战性，但可以实现。

使用理想标准，有两大困难：

■ 不能为实施控制提供有用的依据。除非设定的标准是现实的，否则计算出的任何差异都极难解释。

■ 可能无法达到激励管理者的预期目的；事实上，可能会发生相反的情况。正如我们稍后将看到的，有证据表明，如果管理者认为一个目标超出了他们的控制范围，可能会打消其积极性。

鉴于这些问题，实用标准比理想标准得到更多支持也就不足为奇了。然而，如果考虑到浪费、生产时间的损失等，有可能存在加剧运营效率低下的风险。

7.13　学习曲线效应

如果一段时间内直接生产工人从事的活动相同，并且有相同的工作经验，则标准人工工时通常保持不变。然而，当引入新活动，或新的工人参与到现有活动中时，便会出现学习曲线效应，如图 7 - 12 所示。

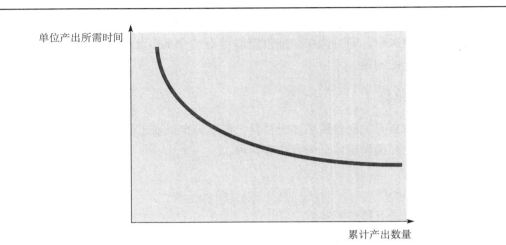

每完成一项特定任务，人们的学习速度就会变得更快。学习曲线效应会变得越来越不显著，直到执行多次任务后，不再发生进一步的学习行为。

图 7 - 12　学习曲线效应

第一个单位的产出需要相对较长的时间来生产。随着经验的积累，工人在持续生产每个连续单位的产出上花费的时间逐渐减少。然而，随着经验的积累，所需时间的减少率将会降低。例如，生产第一个单位和第二个单位产品之间的时间减少程度远远大于生产第九个单位和第十个单位产品之间的时间减少程度。最终，所用时间的减少率将降低到零，每单位产品所花费的时间将与前一单位一样长。此时，即图 7 - 12 中的曲线趋于水平（图的右下方）时，学习曲线效应将被消除，稳定的、长期的标准时间将被确立。

学习曲线效应似乎与工人是否技能熟练无关；如果他们对任务不熟悉，学习曲线效应就会出现。实践经验表明，学习曲线具有明显的规律，因此，从一项活动到另一项活动是可预测的。

学习曲线效应同样适用于提供服务的活动（如在保险业务中处理保险索赔），以及制造型活动（如在家具制造企业中手工装饰扶手椅）。

显然，在制定标准和解释涉及新流程和/或新员工的任何不利直接人工效率差异时，必须考虑学习曲线效应。

7.14　标准成本法的其他用途

我们看到，标准可以在绩效评估和控制中发挥重要作用。但与成本、用途、售价等有关的标准可用于其他方面，例如：

- 衡量运营效率；
- 产品采购决策；
- 确定存货和在建工程的成本，以计量收益；

■ 确定用于定价决策的项目成本。

这并不意味着在任何情况下标准都被视为首要的衡量方法。在决定运营效率、产品采购或定价决策时，标准可能是次要的衡量方法。

真实世界 7-6 提供了一些有关标准使用的信息。

真实世界 7-6

标准使用实践

真实世界 7-5 中毕马威会计师事务所进行的调查发现，12 家制造企业中的部分企业已不再将标准成本作为衡量运营效率和产品采购决策的关键。取而代之的是其他运营和财务指标。

资料来源：KPMG（2010）*Standard costing：insights from leading companies*，February.

7.15　一些问题

虽然标准和差异可能对决策起一定作用，但作用有限。许多业务的投入和产出之间，如直接人工工时数和提供服务或生产产品的单位数，并没有直接关联。现代企业的许多开支都集中在人力资源开发、广告宣传、设备维护和研发等领域，这些费用不是固定的，与产出水平没有直接联系。

在使用标准成本法时，也存在一些潜在的问题，包括：

■ 由于生产过程和价格的变化，标准可能很快就会失效。当标准失效时，绩效就可能受到不利影响。例如，人力资源经理发现人工成本上升完全超出了他的可控范围，劳动报酬率根本无法实现，那他可能就不愿意为降低成本而努力。

■ 某些因素可能会影响某个差异，该差异由特定管理者负责，但管理者无法控制，如前一点提到的人工成本。在评估管理者的绩效时，应考虑这些不可控因素，但总有一些风险被忽略。

■ 在实践中，在不同管理者的职责范围内建立明确的界限非常困难。此种情况下，有效的标准成本法的先决条件之一就失效了。

■ 一旦达到某个标准，员工就没有动力来进一步提高产出的质量或数量。这样做通常没有额外的奖励，只有额外的工作。事实上，员工可能不愿意超过标准，因为管理者可能会认为标准过于宽松，因此需要收紧。然而，在竞争激烈、变化迅速的市场中，仅仅达到标准是不够的。为了有效竞争，企业需要不断改进，而标准成本法可能会阻碍这一过程。

■ 标准成本法可能会激励管理者和员工以不可取的方式行事。例如，它可能会鼓励过剩存货的积累，从而导致巨大的储存和融资成本。如果批量采购材料有获得折扣的机会，采购经理就会利用折扣来实现有利的直接材料价格差异，进而引发过剩存货问题。避免这一问题的一种方法就是对存货水平施加限制。

活动 7-19

关于管理者在实现有利直接材料价格差异的同时却会给企业带来问题，你还能想到其他的例子吗？

管理者可能会购买更便宜但质量较低的材料。这样会形成有利的直接材料价格差异，但也会导致额外的检查和返工成本，甚至可能导致销售损失。

为避免这一问题，管理者可能需要购买特定质量或特定来源的材料。

标准成本法产生不正当激励的一个例子与直接人工效率差异有关。如果这些差异是针对单个员工计算的，并构成了他们报酬的基础，那么他们就没有什么动力去合作工作。然而，合作可能符合企业的最佳利益。为避免这个问题，一些企业计算员工群体而不是单个员工的直接人工效率差异。但这会造成一些人成为"搭便车者"的风险，他们会依赖更有责任心的员工来承担责任。

活动 7 - 20

企业如何消除刚才提到的"搭便车"问题？

一种方法是，由小组成员自己评估个人对小组产出的贡献，应对整个小组的产出进行评估。

真实世界 7 - 7 表明，尽管有上述问题，但企业仍然使用标准成本法。

■ 真实世界 7 - 7

标准使用

前面提到的 CIMA 调查考察了标准成本计算的使用随企业规模而变化的程度，结果如图 7 - 13 所示。

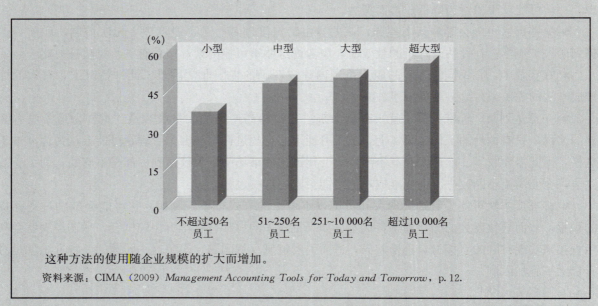

这种方法的使用随企业规模的扩大而增加。

资料来源：CIMA（2009）*Management Accounting Tools for Today and Tomorrow*，p. 12.

图 7 - 13　标准成本法的使用情况

7.16　新的商业环境

传统的标准成本法是在企业经营的生产线少、生产周期长、严重依赖直接劳动力的时代发展起来的。近年来，竞争日益激烈的环境和技术进步改变了商业格局。现在，许多企业的经营具有以下特点：产品种类繁多、产品生命周期较短（导致生产周期缩短）和生产过程自动化。这些变化造成了如下影响：

- 为了应对产品范围的频繁变化，企业需要更频繁地设定标准；
- 控制重点的变化，例如，在制造系统实现自动化的情况下，直接人工变得不如直接材料重要；
- 监控成本和使用差异的重要性下降，在制造系统实现自动化的情况下，与成本和使用相关的标准偏差发生的频率和重要性都会降低。

因此，在企业拥有高度自动化的生产系统的情况下，传统的标准成本法（强调成本和使用）可能不那么重要。生产过程中的其他要素，如质量、生产水平、产品周期、交货时间和持续改进的需要成为关注的焦点。然而，这并不意味基于标准的方法对新的制造环境没有用处。它仍然可以提供有价值的控制信息，为了关注前面提到的要素，我们有理由重新设计标准成本核算系统。不过，包括非财务指标在内的其他指标，可能有助于增加标准成本核算系统提供的信息。

真实世界 7-8 说明了计算特定标准成本差异的程度。

真实世界 7-8

维护标准

33 家英国企业的高级财务经理被问及成本核算系统。结果显示，30 家企业采用了标准成本法，这代表大多数企业都有可能使用这种方法。各主要成本项目标准在这些企业中的普及程度如图 7-14 所示。

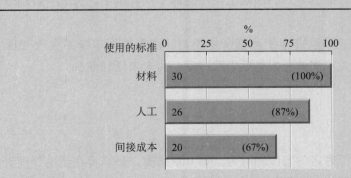

调查中所有使用标准成本法的企业均使用了材料标准。几乎所有企业都采用人工标准。
资料来源：Dugdale, D., Jones, C. and Green, S.（2006）*Contemporary Management Accounting Practices in UK Manufacturing*，CIMA Publication, Elsevier.

图 7-14　标准在实践中的普及程度

研究发现，尽管材料标准很受欢迎，但只有 4 家企业计算了直接材料总差异，只有 2/3 的企业同时计算了直接材料价格差异和直接材料用量差异。人工标准的差异分析就更不完整了。研究发现，只有 15 家企业计算了直接人工总差异，只有 1/3 的企业同时计算了直接人工价格差异和直接人工效率差异。因此，这些企业似乎并没有广泛采用标准成本法。

7.17　有效实施预算控制

从我们对预算控制的了解可以清楚地看出，必须建立一个系统或一套例行程序，以便获得潜在的好处。大多数成功实施预算控制和标准成本法的企业往往具有共同的特点，包括：

■ 对系统采取严肃的态度。包括最高层在内的所有级别的管理者应采取严肃的态度。例如，高级管理者需要向下属明确表示，他们会关注每月的差异报告，并根据这些差异制定决策，采取行动。

■ 明确划分管理责任领域。需要明确哪位管理者负责哪一个业务领域。通过这种方式，可以对失控的领域追究责任。

■ 预算目标具有挑战性但又可实现。设定无法实现的目标可能会降低激励效果。可以允许管理者参与制定自己的目标，以帮助其建立主人翁意识。反过来，也能提高管理者对企业的忠诚度并且激励其更好地为企业工作。后面我们会详细地讨论这个问题。

■ 建立数据收集、分析和报告的例行程序。根据实际结果和预算数据来计算和报告差异。这是企业日常会计信息系统运行的一部分内容，以便系统每月自动生成所需的报告。

■ 提供针对个别管理者的报告，而不是提供一般用途的文件。这避免了管理者必须通读长篇报告才能找到与他们相关的部分。

■ 报告周期较短。报告周期通常为一个月，这样就不会出太大的问题。

■ 及时报告差异。报告期结束后迅速生成报告并提供给管理者。如果直到 6 月底管理者才得知 5 月的绩效低于预算水平，那么 6 月的绩效也很可能低于预算水平。关于 5 月绩效的报告最好在 6 月初提供。

■ 如果发现运营失控，应采取措施使运营恢复控制。预算报告本身不会改变现状。管理者需要采取行动，努力确保在重大不利差异报告后采取行动，为未来做好准备。

7.18　行为问题

编制预算的目的是影响管理者的态度和行为。第 6 章指出，预算旨在激励管理者。研究证据表明，预算可以有效实现这一目标。更具体地说：

■ 预算可以提高绩效和工作满意度。在管理者的职责定义不清或模棱两可的地方，预算会带来结构性和确定性。预算提供了明确、可量化的目标，可以让管理者放心，并且提高他们的忠诚度。

■ 要求高但可实现的预算目标往往比要求不高的目标更能激励员工。看来，设定管理者可以接受的最严苛的目标是激励他们的一种非常有效的方式。

■ 不切实际的目标往往会对管理者的绩效产生不利影响。一旦管理者开始认为预算目标难以实现，他们的积极性和绩效水平就会下降。绩效水平与预算难度之间的关系如图 7 - 15 所示。

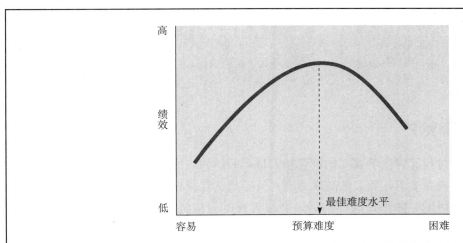

预算难度较低时，绩效也往往较低，因为管理者发现目标没有足够的激励作用。然而，随着预算难度的增加，管理者开始迎接挑战并提高绩效。超过某一界限，管理者会认为预算太难实现，因此积极性和绩效下降。

图 7 - 15　绩效水平与预算难度之间的关系

■ 管理者参与制定目标往往会提高积极性和绩效。这是因为这些管理者对目标有一种承诺感和实现目标的道德义务感。

有人认为，允许管理者设定自己的目标将导致引入容易实现的目标。或者，为了给人留下深刻印象，管理者可能会选择一个不太可能实现的目标。这些观点意味着，必须注意管理者在多大程度上可以自由选择自己的目标。

由于企业各部门的规划不同，在编制预算时难免发生冲突。例如，初级管理人员可能热衷于在预算中留有余地，而高级管理人员可能试图强加不切实际的苛刻的预算目标。有时，这种冲突是建设性的，可以帮助做出更好的决策。为了解决预算目标方面的冲突，必须进行谈判，并探索其他选择。这会使各方更好地了解其中的问题，最终产生要求苛刻但可实现的目标。

真实世界 7 - 9 提供了一些关于预算控制行为的调查结果。

真实世界 7 - 9

行为问题

荷兰研究人员对荷兰 172 名企业员工及其管理者的调查表明：
■ 适当和有效的预算是将组织战略转化为行动的重要手段。
■ 制定高质量的预算是具有挑战性的，因为这需要适当的相关性，才能对使用它们的管理者和员工有意义。

■ 当员工参与绩效目标的制定时，管理者会认为这些目标的质量更高，因此更有信心使用这些目标来评价和奖励员工。

■ 员工的绩效只有在将其用作评价指标时才更高。

■ 将目标绩效作为对员工进行奖励的依据，货币和非货币因素似乎都不会影响绩效。

资料来源：Greon，B. A. C，Wouters，M. J. F. and Wilderom，C. P. M.（2017）Employee participation, performance metrics, and job performance: a survey study based on self-determination theory, *Management Accounting Research*，vol. 36, September, pp. 51 - 66.

7.18.1 未达到预算要求

高级管理人员经常通过预算评估下属（初级管理人员）的绩效，这是高级管理人员常用的一种手段。如果下属没有达到预算要求，相关的高级管理人员必须认真分析出现问题的原因。出现不利差异可能意味着下属需要帮助。如果是这样的话，严厉批评的做法将会降低基层管理人员的积极性，非但不能帮助下属解决问题反而还会适得其反。

7.18.2 预算和管理自主权

我们在第 6 章中看到，预算经常因强化"命令和控制"结构而受到批评，这种结构将权力集中在高级管理人员手中，并阻止基层管理人员行使自主权。有人认为，这会阻碍创新，并让下属感到压抑和沮丧。然而，目前并没有令人信服的证据来支持这一观点。

真实世界 7 - 10 提供了一些探讨预算控制和创新行为之间可能存在的紧张关系的研究。

真实世界 7 - 10

预算与抑制创新无关

在某大型跨国企业内进行了一个研究项目，研究人员将其称为"阿斯托里亚"（Astoria），以保持其匿名性。尽管竞争日益激烈，技术变化迅速，该企业仍采用了常用的传统预算系统。研究人员对来自不同部门的 25 名管理者进行了访谈，以了解预算过程是否以任何方式扼杀了创新。最终得出结论：几乎没有证据表明，"阿斯托里亚"的管理者仅仅因为承担预算责任就不敢从事创新活动。当然，他们可获得的资源数量有限，但他们并没有将预算目标的存在视为一种限制。最近我们在一位管理者的评论中发现了他对预算可能抑制创新的看法，他说："每个人都有自己的沙坑。我的财务沙坑就是我的控制计划。只要不超出这个范围，我就可以自由发挥。"总的来说，管理者认为，如果他们在追求创新方面感觉受到限制，那么他们所拥有的总体授权程度就很重要。一位管理者甚至说，他觉得"由于一天没有足够的时间，在某些方面受到了限制"。研究结果表明，尽管许多会计文献认为预算可能会抑制创新，但这似乎与事实相去甚远。

资料来源：Marginson，D. and Ogden，S.（2005）Budgeting and innovation，*Financial Management*，April，pp. 29 - 31.

7.19 管理控制的类型

我们在本章和第 6 章中看到，管理者发现预算和差异对行使控制权很有帮助。然而，它们只代表了一种类型的控制。在实践中也可以发现其他类型的控制。研究者提出了基于四种不同类型控制机制的框架，具体分为两类：直接控制和间接控制。直接控制又包括结果控制和行为控制，间接控制又包括人员控制和文化控制。现在让我们逐一分析。

7.19.1 直接控制

结果（或产出）控制

结果（或产出）控制包括设定明确的绩效目标，鼓励员工实现这些目标，衡量绩效，并在适当的情况下提供奖励。绩效只能在一段时间的业务活动（如生产或销售）之后衡量。一旦绩效被衡量，实际绩效就会与相关的绩效目标进行比较，进而识别所有的偏差或差异，并采取适当措施。

行为控制

行为控制指管理者采取措施来确保员工的行为符合企业目标。为更好地实施行为控制，员工需要按时向管理人员汇报自己的行为。如此，管理者就可以有效地监督员工，督促他们为自己的行为负责。如果出现问题，也可以及时进行奖惩。行为控制可能会对员工的行为施加严格限制，比如对不征求上级同意可以自行决定支出的金额进行限制。

总体来讲，当投入和产出之间有相当明确的、可预测的关系时，直接（或"行为"）控制更合适。此种控制下，只要遵循正确的程序，就能得到可接受且可预测的结果。

7.19.2 间接控制

人员控制

人员控制基于员工天生的自我控制倾向，没有直接监督。要实施这种形式的控制，必须明确企业的预期，并给员工提供一切展现自我的机会。为了实现这个目的，企业需要为员工提供适当的培训，精心设计的工作岗位，以及合理的资源。

文化控制

文化控制的基础是创建和推广由所有员工共享的企业文化。然后通过相互监督和集体压力来实施控制。那些偏离文化规范的员工可能会受到来自同事的巨大压力。行为准则和集体激励（如利润分享）通常用于支持文化控制。

如果投入和产出之间没有可预测的关系，且希望从员工那里获得更高层次的结果，使用间接控制更合适。常见的例子包括产品创新、开发新市场或寻找一种供应现有市场的替代方法。

活动 7 - 21

在上述四种控制类型中，预算和差异分析属于哪一类？

它们属于结果控制这一类。我们在本章的前面看到了在每个期间结束时，如何将实际绩效与预算绩效和计算的差异进行比较。

图 7-16 总结了上述管理控制的类型。

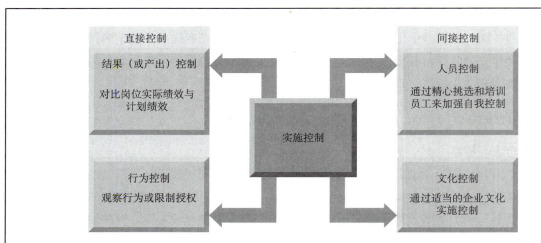

在实践中确定了四种管理控制的类型。其中两种是"直接的"，员工被积极管理；另两种是"间接的"，即员工在个人或集体的基础上管理自己。

图 7-16　管理控制的不同类型

真实世界 7-11 公布了对英国 78 家创新企业的调查结果，这些企业讨论了应使用上述四种管理控制类型中的哪一种，以及每一种方法的效果如何。研究人员将"创新企业"定义为"创造性地适应多种方式的企业"。其中一些企业是新创建的，生产创新的产品或服务。然而，有些成立已久的企业通过引入新流程来降低现有产品或服务的成本。

真实世界 7-11

控制自己

调查结果大致如下：

■ 被调查企业成功创新的程度与它们对间接控制（人员控制和文化控制）的依赖程度密切相关。

■ 直接控制（结果控制和行为控制）与成功创新没有密切关系。这与我们对这些类型企业的预期一致。

资料来源：Luther, R., Haustein, E. and Webber, G. (2018) *Management Control in UK Innovation Companies*, CIMA Research, Executive Summary.

自测题

Toscanini 有限公司生产一种标准产品，预算售价为 4.00 英镑/件，市场竞争激烈。每件产品预计需要 0.4 千克的材料，预算为 2.40 英镑/千克，由员工手工制作，人工费为 16.00 英镑/小时，预算时间为 3 分钟。每月的固定间接成本的预算为 4 800 英镑。5 月的产量预算为 4 000 件。

5 月的实际调查结果如下：

	单位：英镑
销售收入（3 500 件）	13 820
材料（1 425 千克）	（3 420）
人工（172.5 小时）	（2 690）
固定间接成本	（4 900）
实际营业利润	2 810

月初或月末没有持有任何种类的存货。

要求：

（a）根据所提供的信息，推算出 5 月的预算利润，并比较预算利润与实际利润。

（b）确定计算出的差异分别由哪位经理负责。

（c）假定预算制定合理且可实现，根据对 5 月企业绩效的了解，请分别对（a）中确定的每项差异进行解释，至少说出一个原因。

（d）如果发现全球市场对企业产品的实际总需求比 5 月制定的预算低 10%，请说明如何以及为什么可以修改（a）中确定的差异，以提供更有用的信息。

📚 本章小结

本章要点如下：

预算控制

- 预算可以分为反馈控制和前馈控制。
- 为了执行控制，可以调整预算，以匹配实际的产出。

差异分析

- 差异可能是有利的，也可能是不利的，这取决于它们引起预算利润的增加还是减少。
- 预算利润加上所有有利差异减去所有不利差异就等于实际利润。
- 常用的差异计算：

销售数量差异＝原始预算利润与调整预算利润数据之间的差额

销售价格差异＝实际销售收入与实际销售数量下的标准销售价格之间的差额

直接材料总差异＝实际直接材料成本与调整预算下的直接材料成本的差额

直接材料用量差异＝实际用量与实际产量下的预算用量之间的差异乘以标准材料成本

直接材料价格差异＝实际材料成本与实际用量乘以标准材料成本之间的差额

直接人工总差异＝实际直接人工成本与调整预算下的直接人工成本之间的差额

直接人工效率差异＝实际劳动时间与实际产量下的预算时间之间的差额乘以标准工资率

直接人工价格差异＝实际人工成本与实际劳动时间乘以标准工资率之间的差额

固定间接成本耗费差异＝固定间接成本实际支出与预算支出之间的差额

■ 通常应调查显著和/或持续的差异，以确定其原因。然而，必须考虑调查差异的成本和收益。

■ 权衡有利差异与不利差异后的结果不应自动被接受。

■ 并不是所有的活动都可以通过传统的差异分析来有效地控制。

标准成本法

■ 标准是一单位投入和产出的预算实物量和财务价值。

■ 标准有两种类型：理想标准和实用标准。

■ 制定标准所需的信息可以通过分析任务或使用过去的数据来收集。

■ 存在学习曲线效应：若有经验，日常任务执行得更快。

■ 标准可以为收入计量、定价决策、产品采购和效率评估提供数据。

■ 标准有其局限性，特别是在现代制造环境中。然而，它们仍然被广泛使用。

有效实施预算控制

■ 良好的预算控制需要建立一个系统或一套例行程序，以明确区分各个管理者的职责范围；及时、频繁和相关的差异报告；高级管理人员的承诺。

■ 高级管理人员应考虑与管理风格、参与预算制定和未能实现预算目标有关的控制行为。

■ 关于预算控制抑制了创新，这种观点并没有得到相关证据的支持。

管理控制的类型

已确认了四种类型的管理控制：

■ 结果控制，即设置目标（通常是财务目标）并与实际结果进行比较。通过差异分析得到的预算控制是结果控制一个很好的例子。

■ 行为控制，在执行过程中通过在系统中嵌入行为监控和限制（例如，允许的支出水平）进行控制。

■ 人员控制，由相关员工进行自我控制。这需要仔细挑选得到培训等支持的工作人员，通常只有那些在技能和资质方面均达标的员工，才能以这种方式进行控制。

■ 文化控制，企业文化为高级员工提供了自我管理和相互管理的框架。

复习思考题

7.1 真实世界6-5和真实世界7-1都表明，在预算中出现的数据似乎并没有实际发生。在试图通过差异分析控制企业的各个方面时，此特点是否存在问题？

7.2 一家企业通过差异分析实施全面预算控制。该企业还制定了一项积极的政策，持续改进企业所有的活动。差异控制和持续改进的共存会带来什么问题？如何才能克服这一问题？

7.3　吉尔（Jill）管理着一个由 6 名基层管理人员组成的团队，每名基层管理人员又管理着 5～7 名员工。企业通过差异分析来实施预算控制。差异报告按三个月（季度）编制。这些报告仅由吉尔及其直线经理接收，并在季度末的下一个月末发布。报告发布后不久，吉尔将 6 个部门的负责人分别叫到办公室，讨论他们在预算中的表现。

你对这家企业的制度有什么批评吗？如果吉尔要单独和基层管理人员交谈，她应该采取什么方法？

7.4　在预算控制方面，为什么调整预算比固定预算更有用？

练习题

基础练习题

7.1　你最近无意中听到了以下观点：

（a）有利的直接人工价格差异只能由比预算更有效率的员工实现。

（b）销售数量比预算多，是因为这些产品的销售价格低于标准价格，所以会自动导致有利的销售数量差异。

（c）使用低于标准的材料会导致不利的直接材料用量差异，但不会影响人工差异。

（d）高于预算的销售数量不可能影响直接人工价格差异。

（e）只有以低于标准价格销售产品，才会产生不利的销售价格差异。

要求：

对上述观点进行判断，并给出解释。

7.2　你最近无意中听到了以下观点：

（a）在计算差异时，我们通过调整预算忽略了原始预算和实际预算之间的产（销）量差异。如果存在数量差异，也已经成为过去的事情了。

（b）计算差异是非常有价值的，因为它能解释哪里出了问题。

（c）应对所有差异进行调查，以查明其原因。

（d）研究证据表明，对目标要求越高，管理者的积极性就越高。

（e）大多数企业没有任何类型的前馈控制，只是通过预算进行反馈控制。

要求：

对上述观点进行评价，并给出解释。

中级练习题

7.3　Pilot 有限公司生产一种标准产品，预算售价为每件 5 英镑。根据预算，单位产品需要材料 0.5 千克，材料成本为每千克 3 英镑，并由一名员工手工制作，每小时支付员工 20 英镑，加工时间为每件 3.75 分钟。每月的固定间接成本预算为 6 000 英镑。3 月的产出预算为 5 000 件。

3 月的实际调查结果如下：

	单位：英镑
销售收入（5 400 件）	26 460
材料（2 830 千克）	(8 770)
人工（325 小时）	(6 885)
固定间接成本	(6 350)
实际营业利润	4 455

3 月初和 3 月末没有库存。

要求：

（a）推断 3 月的预算利润，并尽可能详细地将其与实际利润进行比较。

（b）说明每种差异应由哪位经理负责。

第 **8** 章

资本投资决策

引 言

本章着眼于企业应如何评估对新工厂、机器、建筑物和其他长期资产的拟投资。这些决策对企业至关重要，做出错误的选择可能会带来影响深远的后果。

本章的大部分内容都在探讨企业采用的主要投资评估方法以及每种方法的优缺点。但是，我们也考虑了企业在做出决策时将经历的关键阶段。鉴于其重要性，企业必须以系统的方式制定投资决策。

学习目标

学完本章后，你应该能够：

- 解释投资决策的性质和重要性；
- 识别和评估实践中发现的四种主要投资评估方法；
- 讨论四种主要投资评估方法在实践中的普及和使用；
- 解释用于监测和控制投资项目的方法。

8.1 投资决策的性质

投资决策的基本特征是时间。投资意味着在某个时间点支出的具有经济价值的东西，通常是现金，预计会在另一个时间点或时间段为投资者带来经济利益。通常，支出先于收益。此外，投资支出通常是一笔大额支出，而收益则在相当长的时期内以一系列较小的金额获得。

投资决策往往对企业具有深远的影响，因为：

- 涉及大量资源。企业的投资通常占其总资产的很大一部分（见真实世界 8-2）。如果做出了错误的决策，即使不是灾难性的，也可能对企业造成重大影响。

- 涉及的时间跨度较大。通常，从做出业务决策到项目结束，出错的时间比许多业务决策要多。

■ 一旦一项投资开始，要退出往往很困难或成本很高。企业所做的投资往往是针对其需求的。例如，酒店企业可能会投资一个新的、定制设计的综合酒店，但是酒店的专业性可能导致其转售价值有限。如果企业在进行投资后发现客房入住率明显低于预期，唯一的行动方案可能是出售该综合酒店。这可能意味着从投资中收回的资金远低于最初的成本。

真实世界 8-1 举例说明了一家在英国经营的知名企业的重大投资。

Brittany 渡轮投资所引发的问题将是本章的主题。

真实世界 8-2 列示了随机选择的一些英国知名企业年度非流动资产投资水平。可以看到不同企业的投资规模不同（每家企业每年的投资金额也各不相同）。然而，所有这些企业的投资金额都很大。

真实世界 8-2

英国企业的投资规模

	新增非流动资产支出所占百分比（%）	
	本年度利润	年末非流动资产
英国天空广播公司（电视）	145	9
Go-Ahead 集团有限公司（运输）	136	19
J D Wetherspoon 集团（酒吧经营）	173	8
玛莎百货公司（商场）	1 200	6
瑞安航空控股有限公司（航空公司）	101	18
Severn Trent Water 公司（水和污水处理）	251	7
沃达丰公司（电信）	293	8
Wm Morrison Supermarkets 公司（超市）	161	6

资料来源：Annual reports of the businesses concerned for the financial year ending in 2018.

真实世界 8-2 只考虑了非流动资产投资，但是对于企业来说可能还需要大量的流动资产投资（如增加存货），因此上面计算的数字并不能说明全部情况。

当管理者做出涉及资本投资的决策时，应该寻求实现什么目标？

投资决策必须与特定组织的目标一致。对于私营企业来说，所有者（股东）的价值最大化通常被认为是关键的财务目标。

8.2 投资评估方法

鉴于投资决策的重要性，对投资机会进行适当的筛选显得至关重要。筛选过程的一个重要部分是采用适当的评估方法。研究表明，在实践中，企业基本上使用四种方法来评估投资机会，分别是：

- 会计收益率（ARR）；
- 投资回收期（PP）；
- 净现值（NPV）；
- 内部收益率（IRR）。

有些企业使用这四种方法的变体，也有些企业不使用任何正式评估方法，而是依靠管理者的直觉，这常见于规模较小的企业。然而，大多数企业偏向于使用这四种方法中的一种（或多种）。

我们将对所确定的每一种评估方法进行评价。正如我们所看到的，其中只有一种方法提供了完全合乎逻辑的方法，其他三种或多或少都有缺陷。尽管如此，这四种方法都被管理者广泛使用。

为了帮助检验每种方法，并了解每种方法如何帮助我们应对特定的投资机会。让我们思考一下例 8 - 1。

例 8 - 1

Billingsgate 电池公司对其最近开发的服务开展了相关的研究。

为了提供新服务，公司需要购买一台需要立即支付 10 万英镑的机器。这项服务将在未来 5 年内持续销售。据估计，在投资期结束时，这台机器可以卖到 2 万英镑。

预计销售服务的现金流入和现金流出为：

单位：千英镑

时间		现金流
现在	机器成本	（100）
第 1 年	折旧前的营业利润	20
第 2 年	折旧前的营业利润	40
第 3 年	折旧前的营业利润	60
第 4 年	折旧前的营业利润	60
第 5 年	折旧前的营业利润	20
第 5 年	机器的处置收益	20

销售收入导致现金流入，而支出往往导致现金流出。然而，折旧不涉及现金支出，它只是一项会计工作。（现金支出发生在首次购买资产时。）因此，从广义上讲，扣除折旧（即非现金项目）前的营业利润等于流入企业的现金净额。目前，我们假设营运资本（包括存货、应收账款和应付账款）保持不变。

为了简化问题，我们还假定来自销售的现金和与服务有关的费用分别在每年年底收到和支付。这种情况显然不太可能发生。钱（工资）将按周或月支付给员工。顾客将在购买服务后的一两个月内付款。然而，做出这样的假设并不会导致严重的偏差。在实践中经常会简化假设，以使事情变得更简单。然而，我们应该清楚的是，这四种方法都没有要求做出这种假设。

介绍了这个例子后，现在让我们继续考虑每种评估方法的工作原理。

8.3 会计收益率

四种方法中的第一种是会计收益率（accounting rate of return，ARR）。该方法采用投资预计产生的平均会计营业利润，并将其表示为项目生命周期内平均投资的百分比。换句话说：

$$会计收益率 = \frac{年平均营业利润}{平均投资} \times 100\%$$

从公式中可以看出，要计算会计收益率，我们需要有关特定项目的两条信息：

- 年平均营业利润；
- 平均投资。

在例 8-1 中，5 年的折旧前年平均营业利润为 40 000 英镑（(20 000＋40 000＋60 000＋60 000＋20 000)/5）。假设采用直线法计提折旧（即每年折旧金额相等），则年折旧费为 16 000 英镑（(100 000－20 000)/5）。因此，折旧后的年平均营业利润为 24 000 英镑（40 000 －16 000）。

5 年的平均投资可以计算如下：

$$平均投资 = \frac{机器成本＋处置收益}{2}$$
$$= \frac{100\ 000＋20\ 000}{2}$$
$$= 60\ 000 （英镑）$$

注意：为了得到平均投资，我们只需将投资期开始和结束时的投资金额相加，然后除以 2。

因此，投资的会计收益率为：

$$ARR = \frac{24\ 000}{60\ 000} \times 100\% = 40\%$$

要使用会计收益率，需满足以下决策规则：

- 对于任何可接受的项目，必须至少达到目标会计收益率。
- 如果有两个或两个以上竞争项目实现了目标会计收益率，则应选择具有较高（或最高）会计收益率的项目。

因此，要让 40％的收益率可接受，至少必须达到业务部门设定的目标会计收益率。

Chaotic Industries 正在考虑投资 10 辆货车，用于运输产品给客户。每辆货车将花费 15 000 英镑现金。预计每辆货车的年运行成本总计为 50 000 英镑（包括司机的工资）。预计这些货车的使用期限为 6 年，届时它们将被全部出售。处置收益预计为每辆货车 3 000 英镑。目前，该企业将所有货物的运输外包给一家商业运输公司。预计该公司将在未来 6 年内每年收取总额为 530 000 英镑的服务费用。

购买货车的会计收益率是多少？（请注意，成本节约与净现金流入一样与投资收益相关。）

在折旧之前，货车每年将为企业节省 30 000 英镑（530 000－（50 000×10））。因此，现金流入和现金流出将是：

单位：千英镑

时间		现金流
现在	货车成本（10×15 000）	(150)
第 1 年	折旧前节约的成本	30
第 2 年	折旧前节约的成本	30
第 3 年	折旧前节约的成本	30
第 4 年	折旧前节约的成本	30
第 5 年	折旧前节约的成本	30
第 6 年	折旧前节约的成本	30
第 6 年	货车的处置收益（10×3 000）	30

年度折旧费用总额（假设采用直线法）将为 20 000 英镑（（150 000－30 000)/6）。因此，折旧后的年平均营业利润为 10 000 英镑（30 000－20 000）。

平均投资为：

$$平均投资 = \frac{150\ 000 + 30\ 000}{2}$$

$$= 90\ 000（英镑）$$

投资的会计收益率为：

$$会计收益率 = \frac{10\ 000}{90\ 000} \times 100\%$$

$$= 11.1\%$$

8.3.1　会计收益率和资本回报率

资本回报率（return on capital employed，ROCE）是一个衡量经济绩效的常用指标。从本质上讲，它表示企业的营业利润占产生该利润的资产价值的百分比。会计收益率和资本回报率采用相同的方法来衡量企业绩效。两者都将营业利润与产生该利润所需的投资联系起来。资本回报率是在投资执行后评估企业的整体绩效，而会计收益率是在投资执行之前评估特定投资的绩效。

投资必须达到最低的目标会计收益率。鉴于会计收益率和资本回报率之间的联系，这一目标可以基于资本回报率的某种度量，也可以基于行业平均水平的资本回报率，或企业过去的资本回报率。

会计收益率与资本回报率之间的联系似乎强化了采用会计收益率作为投资评估方法的理由。资本回报率是一种广泛使用的盈利能力衡量标准，一些企业将目标资本回报率作为其财务目标。因此，使用这种与业绩的总体衡量标准相一致的投资评估方法是合乎逻辑的。此外，它的结果以百分比来呈现，这是管理者更青睐的表达方式。虽然这种方法优势明显，但仍然存在一定的缺陷。

8.3.2 会计收益率的相关问题

会计收益率作为评估投资机会的方法存在着一些不足，活动 8-3 就向我们展示了会计收益率的缺陷。

活动 8-3

一家企业正在评估三个竞争项目，其利润如下所示。三个项目都需要投资一台机器，预计该机器在 5 年后剩余价值为零。请注意，所有项目在 5 年内折旧后的总营业利润相同。

单位：千英镑

时间		项目 A	项目 B	项目 C
现在	机器成本	(160)	(160)	(160)
第 1 年	折旧后的营业利润	20	10	160
第 2 年	折旧后的营业利润	40	10	10
第 3 年	折旧后的营业利润	60	10	10
第 4 年	折旧后的营业利润	60	10	10
第 5 年	折旧后的营业利润	20	160	10

会计收益率法的哪些缺陷会使它无法帮助决策者在这三个项目中做出选择？（注意：尽管决策者的能力会影响对项目的评估结果，但是会计收益率法存在的缺陷与决策者预测未来事件的能力无关。在阅读资料时牢记我们在本章开头指出的投资决策的性质。）

在此例中，每个项目在 5 年内具有相同的总营业利润（200 000 英镑）和相同的平均投资 80 000 英镑（160 000/2）。这意味着每个项目将产生相同的会计收益率（40 000/80 000＝50％）。

会计收益率没有考虑到时间因素，因此无法帮助决策者考虑到项目融资的成本，所以即使三个项目的价值并不相等，会计收益率也无法帮助决策者区分它们。

为了实现股东价值最大化目标，在活动 8-3 中，决策者应选择项目 C。因为项目 C 的大部分收益在进行初始投资后的 12 个月内产生。项目 A 排名第二，项目 B 排名第三。任何无法区分这三种项目的评估方法都是有严重缺陷的。我们将在本章后面讨论为什么时间价值如此重要。

在下文中，我们将讨论会计收益率方法存在的其他问题。

使用平均投资

使用平均投资来计算会计收益率可能会引发严重的错误。例 8-2 说明了可能出现的问题类型。

例 8-2

乔治（George）向他的老板提出了一个投资建议。该企业使用会计收益率来评估投资决策，能接受的最低会计收益率为 27%。投资建议详情如下：

单位：英镑

设备成本	200 000
设备的残值	40 000
折旧前年平均营业利润	48 000
项目的估计寿命（年）	10
年折旧费（直线法）	16 000（(200 000－40 000)/10）

该项目的会计收益率为：

$$会计收益率 = \frac{48\ 000 - 16\ 000}{(200\ 000 + 40\ 000)/2} \times 100\% = 26.7\%$$

老板拒绝了乔治的提议，因为它未能达到 27% 的最低会计收益率。虽然乔治很失望，但他意识到还有希望。事实上，企业所要做的就是在设备使用寿命结束时赠送设备，而不是出售设备。当设备的残值变为零时，年折旧费变为 20 000 英镑（(200 000－0)/10）。修正后的会计收益率为：

$$会计收益率 = \frac{48\ 000 - 20\ 000}{(200\ 000 + 0)/2} \times 100\% = 28\%$$

使用会计利润

通过学习，我们已经了解到会计收益率是以会计利润为基础计算的。然而，在衡量项目整个生命周期的绩效时，更重要的是现金流。现金是衡量投资产生的经济利益的最终标准，这是因为现金是用来获取资源，并被分配给股东的。会计利润更适合定期报告业绩，是衡量相对较短时期（例如一年或半年）生产的有用指标。因此，这需要具体问题具体分析。

目标会计收益率

我们了解到在评估投资机会前必须设立一个目标会计收益率，它无法被客观决定，而取决于管理者的主观判断。因此，各企业的目标会计收益率并不相同。

竞争性投资

在考虑不同规模的竞争投资时，使用会计收益率法可能会产生问题，参考活动 8-4。

活动 8 - 4

Sinclair Wholesalers 有限公司目前正在考虑在考文垂开设一个新的销售网点，而且已经为新网点确定了两个可选地址。A 地面积为 30 000 平方米，需要 600 万英镑的投资，平均每年将产生 60 万英镑的营业利润。B 地面积为 20 000 平方米，需要 400 万英镑的投资，平均每年将产生 50 万英镑的营业利润。

每个投资机会的 ARR 是多少？你会选择哪个地址，为什么？

A 地的 ARR 为 10%（600 000/6 000 000）。B 地的 ARR 为 12.5%（500 000/4 000 000）。因此，B 地具有更高的 ARR。然而，就产生的绝对营业利润而言，A 地更具吸引力。如果最终目标是增加 Sinclair Wholesalers 有限公司股东的利益，那么即使回报率较低，也最好选择 A 地。重要的是回报的绝对大小，而不是相对大小（百分比）。当目标是用绝对值（如金额）来衡量时，使用比较度量（如百分比）时就会出现这种问题。

真实世界 8 - 3 说明了使用百分比度量是如何导致结果混淆的。

真实世界 8 - 3

巧妙提高公路通行能力

20 世纪 70 年代，墨西哥政府希望提高一条四车道主干道的通行能力，并提出了重新粉刷车道标记以将四车道更改为六车道的想法。这使道路的容量增加了 50%（2/4×100）。车道变窄的一个悲惨结果是道路事故死亡人数增加。一年后，墨西哥政府将六条较窄的车道改回原来的四条较宽的车道。这使道路的容量减少了 33%（2/6×100）。尽管其实际容量与原来相同，墨西哥政府报告还是表示政府已将道路容量增加了 17%（50%—33%）。之所以造成结论错误，是因为这两个百分比（50% 和 33%）分别基于不同的基数（4 和 6）。

资料来源：Gigerenzer, G.（2003）*Reckoning with Risk*, Penguin.

8.4　投资回收期

评估投资机会的第二种方法是投资回收期（payback period，PP）。投资回收期是指从项目的净现金流入中弥补初始投资所需的时间。由于投资回收期法同时考虑了现金流及其时间，它克服了会计收益率法的两个关键缺陷。

让我们通过 Billingsgate 电池公司的例子来考虑使用投资回收期法评估投资的可行性。该项目的现金流如下：

请注意，所有这些数字都是支付或收到的现金金额（我们已经了解到，折旧前的营业利润是对项目现金流的粗略衡量）。

单位：千英镑

时间		现金流
现在	机器成本	(100)
第 1 年	折旧前的营业利润	20
第 2 年	折旧前的营业利润	40
第 3 年	折旧前的营业利润	60
第 4 年	折旧前的营业利润	60
第 5 年	折旧前的营业利润	20
第 5 年	机器的处置收益	20

投资回收期可以通过计算累计净现金流得出，如下所示：

单位：千英镑

时间		净现金流	累计净现金流
现在	机器成本	(100)	(100)
第 1 年	折旧前的营业利润	20	(80)（-100+20）
第 2 年	折旧前的营业利润	40	(40)（-80+40）
第 3 年	折旧前的营业利润	60	20（-40+60）
第 4 年	折旧前的营业利润	60	80（20+60）
第 5 年	折旧前的营业利润	20	100（80+20）
第 5 年	机器的处置收益	20	120（100+20）

可以看到，累积净现金流在第三年末变为正数。如果现金流在一年内平均增长，则准确的投资回收期是：

$$2+\frac{40}{60}=2.67\text{（年）}$$

其中分数的分子"40"代表第 3 年初偿还初始支出所需的现金流，分母"60"代表第 3 年的预计现金流。

使用投资回收期法时，适用以下决策规则：

■ 对于可接受的项目，其投资回收期不应超过企业设定的最长投资回收期。

■ 如果有两个（或更多）竞争项目的投资回收期都短于最长投资回收期，则应选择投资回收期较短（或最短）的项目。

因此，如果 Billingsgate 电池公司可接受的最大投资回收期为 4 年，则可以接受该项目。投资回收期超过 4 年的项目是不可接受的。

活动 8-5

活动 8-2 中 Chaotic Industries 投资项目的投资回收期是多少？

预计现金流入和流出量为：

单位：千英镑

时间		净现金流	累计净现金流
现在	货车成本	(150)	(150)
第 1 年	折旧前节约的成本	30	(120)（−150 ＋30）
第 2 年	折旧前节约的成本	30	(90)（−120 ＋30）
第 3 年	折旧前节约的成本	30	(60)（−90＋30）
第 4 年	折旧前节约的成本	30	(30)（−60 ＋30）
第 5 年	折旧前节约的成本	30	0（−30＋30）
第 6 年	折旧前节约的成本	30	30（0＋30）
第 6 年	货车的处置收益	30	60（30＋30）

经计算得出投资回收期为 5 年，意味着直到第 5 年年底，预期产生的收益才能弥补货车成本。

使用投资回收期法的原因是，能够快速收回成本的项目在财务上比投资回收期较长的项目更具吸引力。换句话说，它更看重流动性。

投资回收期法具有一定的优势。它计算起来快速简便，非财务管理者也很容易理解。投资回收期法相较于会计收益率法做出了改进，不仅使用现金流，还考虑了现金流的时间。然而，这并不能完全解决现金流的时间价值问题。

投资回收期法的问题

请根据三个竞争项目产生的以下现金流，思考为什么投资回收期法不是完美的方法。

单位：千英镑

时间		项目 1	项目 2	项目 3
现在	机器成本	(200)	(200)	(200)
第 1 年	折旧前的营业利润	70	20	70
第 2 年	折旧前的营业利润	60	20	100
第 3 年	折旧前的营业利润	70	160	30
第 4 年	折旧前的营业利润	80	30	200
第 5 年	折旧前的营业利润	50	20	440
第 5 年	机器的处置收益	40	10	20

活动 8 - 6

根据以上资料，你能思考出为什么投资回收期不能完全解决现金流的时间价值问题吗？

每个项目的投资回收期均为 3 年，因此三个项目都可以接受。然而，这一结论没有充分考虑到现金流的时间价值。它没有区分那些在 3 年投资回收期内提前偿还大量款项的项目和那些偿还少量款项的项目。

投资回收期法还忽略了投资回收期后的现金流。偏向于增加股东价值的管理者更喜欢项目 3，因为现金流入更早。进行投资的大部分初始成本已在第 2 年年底偿还。此外，项目生命周期内的现金流入总量更大，但这些无法通过投资回收期法进行评估。

上述项目的累计现金流如图 8 - 1 所示。

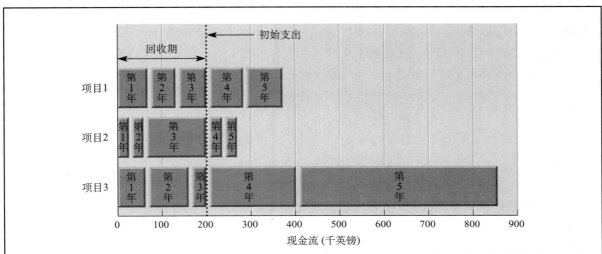

投资回收期法将项目 1、2 和 3 视为具有同等吸引力的投资选项。但是，这种方法完全忽略了项目 3 在这 3 年中较早收回了大部分的现金，并在随后的几年里产生了更多的收益。

图 8 - 1 每个项目的累计现金流

接下来，我们了解有关投资回收期法的一些补充要点。

相关信息

我们之前了解到，投资回收期法只关心初始投资的收回速度。虽然这巧妙地规避了预测现金流可能遇到的实际问题，但也意味着并非所有相关信息都会被决策者考虑在内。例如，超过投资回收期产生的现金流就可能被忽略。

风险

通过选择投资回收期较短的项目，投资回收期法有效地帮助决策者规避了一定的风险。但是，它提供的只是一种非常粗略的方法，只涉及项目比预期提前结束的风险。我们还需要考虑许多其他风险领域。例如，产品需求低于预期的风险该如何应对？我们将在第 9 章中讨论更系统的应对风险的方法。

价值最大化

尽管投资回收期法关注了项目成本和收益的时间安排，但它并不关心股东的价值最大化。相反，它偏爱那些快速收回成本的项目。

目标投资回收期

管理者必须设立一个可接受的最长投资回收期。这样做时，他们会面临与设置目标会计收益率时类似的问题。它只是一个主观判断，没有任何客观依据可以用来确定这一期限。

真实世界 8-4 是英国联合食品集团 2018 年年度报告的简短摘录，该报告讨论了该公司在澳大利亚的一家面包店是否使用太阳能发电的决策，以及如何通过节省的电力成本来弥补安装成本。

真实世界 8-4

Tip Top 的投资回收期

昆士兰州北部的汤斯维尔市是澳大利亚阳光最充足的地区之一，因此成为太阳能装置的主要使用地区。2017 年 12 月，我们在汤斯维尔的 Tip Top 工厂安装了 97 千瓦的太阳能光伏系统，降低了工厂的能源成本，并通过小规模技术认证创造了收入。该项目的预计投资回收期仅为 2.8 年，每年将减少该地超过 115 吨 CO_2 的温室气体排放量。

资料来源：Associated British Foods plc，2018 annual report，p. 26.

8.5 净现值

根据我们目前所掌握的情况，要做出明智的投资决策需要一种同时满足以下条件的评估方法：

- 应考虑到每个投资机会的所有现金流；
- 对这些现金流的时间安排进行合理考虑。

作为四种投资评估方法中的第三种，净现值（net present value，NPV）法恰恰同时满足了这两点要求。

根据 Billingsgate 电池公司（见例 8-1）的相关资料，了解到其现金流为：

单位：千英镑

时间		现金流
现在	机器成本	（100）
第 1 年	折旧前的营业利润	20
第 2 年	折旧前的营业利润	40
第 3 年	折旧前的营业利润	60
第 4 年	折旧前的营业利润	60
第 5 年	折旧前的营业利润	20
第 5 年	机器的处置收益	20

基于满足股东价值最大化的目标，如果所有现金流入和流出都在同一时间发生，则很容易对这项投资进行评估，只需将现金流入（总计 220 000 英镑）相加，并将其与现金流出（100 000 英镑）进行比较即可。我们将得出该项目应该继续进行的结论，因为股东会得到 120 000 英镑的收益。当然，因为涉及时间价值导致这实际上并不容易。现金流出立即发生，而现金流入将在未来的不同时间发生。

8.5.1 时间价值

时间是一个重要的因素，因为人们通常不会认为现在支付的金额与一年后收到相同金额的价值相当。因此，如果有人用一年后给我们 100 英镑换取现在的 100 英镑，除非我们想帮助他，否则不会感兴趣。

活动 8-7

为什么一年后收到的 100 英镑的价值不等于立即支付的 100 英镑？（三个基本原因。）

原因为：

■ 利息损失；

■ 风险；

■ 通货膨胀。

我们现在将依次仔细研究这三个原因。

8.5.2　利息损失

如果我们被剥夺了一年使用金钱的权利，也就被剥夺了将其存入银行或进行建筑投资而在年底收回我们的本金以及赚取利息的权利。这种利息，由于我们无法将钱存入银行而被放弃，这是一种机会成本。正如我们在第 2 章中所学习的，机会成本发生在某种行动方案剥夺了我们从替代方案中获益的机会时。

如果想要确认一项投资是有价值的，那么它的收益必须超过这项投资的机会成本。因此，如果 Billingsgate 电池公司将钱存入银行作为投资机器的替代方案，那么投资机器的回报必须超过替代方案所获得的收益。如果无法超过，就没有理由投资机器。

8.5.3　风险

所有投资都使投资者面临风险。因此，当 Billingsgate 电池公司根据购买前的评估决定购买机器时，它必须接受投资可能会与预期不符的结果。

活动 8-8

你能确定企业如果购买机器可能面临的风险吗？

我们想出了以下风险：

■ 机器可能无法按预期工作；机器故障，导致企业无法提供服务。

■ 服务销售量可能达不到预期。

■ 人工成本可能高于预期。

■ 机器的销售收益可能低于预期。

除此之外，你可能还想到了其他风险。

值得注意的是，在做出购买决策之前，投资者是不知道这些风险的。因此，只有在购买机器之后，投资者才能知道预期的销售水平是否会实现。投资者可以通过研究报告和分析市场，进行复杂的市场调查并广泛宣传来促进销售，这些都可以让投资者对决策结果更有信心。然而，最终投资者必须决定是否接受事情不会按预期发展的风险，以换取产生利润的机会。

我们在第 1 章中了解到，人们通常期望通过承担更高的风险来换取更多的回报。现实生活中不难找到这样的例子。例如，银行倾向于向风险高的借款人收取较高的利率，向能够为贷款提供良好担保并拥有固定收入来源的借款人收取较低的利率。

回到 Billingsgate 电池公司的例子中，如果仅仅因为预期收益高于银行存款，就决定购买机器是不够的。我们应该期待比银行存款利率高得多的收益，因为其中涉及的风险远远高于存入银行的风险。逻辑上，与投资机器等价的是具有类似风险的投资。然而，确定一个特定项目的风险有多大，进而确定风险溢价应该有多大，是一项困难的任务。我们将在下一章中展开更详细的讨论。

8.5.4　通货膨胀

如果我们被剥夺一年使用 100 英镑的权利，当我们一年后使用这笔钱时它并不会具有相同的购买力。通俗来讲，我们无法像以前那样用一样的金额购买相同数量的烤豆、牛仔裤或公共汽车票。这是因为货币购买力的损失或通货膨胀往往会随着时间的推移而发生。投资者往往期望购买力损失的补偿高于从类似风险的其他投资中获得的回报。

实际上，市场上可观察到的利率往往会将通货膨胀考虑在内。这意味着，银行储户的利率通常包括预期通货膨胀率。

8.5.5　管理者应考虑的因素

总而言之，寻求使股东价值最大化的管理者只有在股东能够获得足够补偿的情况下，才能进行投资，包括对利息损失、投资资金购买力的损失以及预期回报可能无法实现的风险的补偿。这通常包括检查拟投资的回报是否大于基本利率（通常包括通货膨胀率）加上适当的风险溢价。

图 8-2 中列出了这三个因素（利息损失、风险和通货膨胀）。

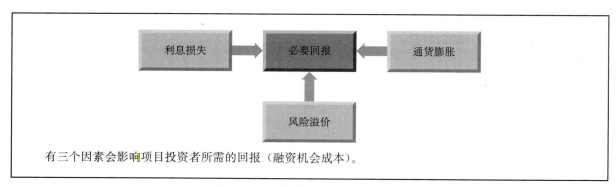

有三个因素会影响项目投资者所需的回报（融资机会成本）。

图 8-2　影响项目投资者所需回报的因素

8.5.6　处理货币时间价值

我们已经了解到货币具有时间价值。也就是说，今天收到的 100 英镑的价值不等于将来某天收到的 100 英镑的价值。所以我们不能简单地将投资在不同时点的现金流入与现金流出进行比较，只有这些现金流中的每一项都以类似的术语表示才能直接进行比较。

为了说明如何做到这一点，现在让我们回到 Billingsgate 电池公司的例子。这项投资的预期现

金流为:

单位: 千英镑

时间		现金流
现在	机器成本	(100)
第 1 年	折旧前的营业利润	20
第 2 年	折旧前的营业利润	40
第 3 年	折旧前的营业利润	60
第 4 年	折旧前的营业利润	60
第 5 年	折旧前的营业利润	20
第 5 年	机器的处置收益	20

我们假设企业可以进行具有类似风险的替代投资,并获得每年 20% 的回报。

活动 8-9

考虑到 Billingsgate 电池公司可以每年 20% 的回报率进行投资,那么第一年预计收到 20 000 英镑的现值是多少? 换言之,如果放弃以 20% 的回报率进行投资的机会,企业现在获得多少钱才能相当于一年后得到的 20 000 英镑?

与等待一年相比,企业应该乐于立即接受较低的金额。这是因为它可(在替代项目中)以 20% 的回报率进行投资。按理说,企业将接受一笔一年后将增长到 20 000 英镑的收入。如果称这个数额为现值(present value,PV),我们可以说:

$$PV + (PV \times 20\%) = 20\ 000 \text{(英镑)}$$

也就是说,当年投资金额加上投资收入等于 20 000 英镑。如果重新排列这个等式,我们会发现:

$$PV \times (1 + 0.2) = 20\ 000 \text{(英镑)}$$

(请注意,0.2 与 20% 相同,但表示为小数。)进一步重新排列得出:

$$PV = 20\ 000/(1 + 0.2) = 16\ 667 \text{(英镑)}$$

Billingsgate 电池公司的管理者有机会以每年 20% 的回报率进行投资,因此他们不会介意现在获得 16 667 英镑,还是一年后获得 20 000 英镑。换句话说,16 667 英镑是一年后收到的 20 000 英镑的现值。

我们可以对特定现金流的现值做出说明:

第 n 年现金流的现值 = 第 n 年的实际现金流$/(1 + r)^n$

其中 n 是现金流的年份(即未来多少年),r 是以小数(而不是百分比)表示的机会融资成本。

如果我们得出与 Billingsgate 电池公司机器投资相关的每个现金流的现值,就可以很容易地直接比较投资成本(100 000 英镑)和第 1 年至第 5 年将获得的后续收益。

我们已经了解到第 1 年流入的 20 000 英镑的计算方法。第 2 年的金额计算如下:

第 2 年现金流的现值 $= 40\ 000/(1 + 0.2)^2 = 40\ 000/1.2^2$

$$= 40\ 000/1.44 = 27\ 778 \text{(英镑)}$$

因此，两年后收到的 40 000 英镑的现值为 27 778 英镑。

活动 8 - 10

你能否证明，假设在有回报率为 20% 的投资机会时，Billingsgate 电池公司现在拥有的 27 778 英镑与两年后收到的 40 000 英镑价值相同。

要回答这一问题，我们只需应用复利原则，即赚取的收入用于再投资，添加到初始投资中，得出未来价值。因此：

	单位：英镑
可立即投资的金额	27 778
第一年的收入（20%×27 778）	5 556
	33 334
第二年的收入（20%×33 334）	6 667
	40 001

（多出的 1 英镑是四舍五入的误差。）

由于该公司可以在两年内通过投资将 27 778 英镑变为 40 000 英镑，因此可以理解为 27 778 英镑是两年后应收的 40 000 英镑的现值（假设融资成本为 20%）。

将现金流的现值和预期现金流之间的时间间隔考虑在内，减少现金流价值的行为称为折现。折现实际上是向项目收取融资成本。忽略这一融资成本将会忽略承担该项目的一项重大成本。

8.5.7　计算净现值

现在让我们计算与 Billingsgate 电池公司投资机器项目相关的所有现金流的现值，并由此计算整个项目的净现值。

相关的现金流和计算如下：

单位：千英镑

时间	现金流	现值的计算	现值
现在	(100)	$(100)/(1+0.2)^0$	(100.00)
第 1 年	20	$20/(1+0.2)^1$	16.67
第 2 年	40	$40/(1+0.2)^2$	27.78
第 3 年	60	$60/(1+0.2)^3$	34.72
第 4 年	60	$60/(1+0.2)^4$	28.94
第 5 年	20	$20/(1+0.2)^5$	8.04
第 5 年	20	$20/(1+0.2)^5$	8.04
		净现值＝	24.19

注：$(1+0.2)^0=1$。

我们必须再次决定是否接受投资机器项目。为了帮助决策者，应用以下净现值法决策规则：

- 如果净现值为正，则应接受项目；如果为负，则应拒绝该项目。
- 如果两个（或更多）竞争项目均具有正净现值，则应选择净现值较高（或最高）的项目。

在这个例子中，净现值是正的，所以应该接受这个项目并投资这台机器。这个决策背后的原因非常简单。投资这台机器将使公司及其股东获得 24 190 英镑的收益，这比他们选择下一个更好的机会要高得多。如今，投资这台机器的总收益为 124 190 英镑。既然公司现在只需要 100 000 英镑就可以"购买"这些收益，那么应该进行投资。然而，如果总收益的现值低于 100 000 英镑，低于"购买"这些收益的成本，就应该拒绝这个项目。

活动 8-11

考虑到拥有这台机器的潜在好处，Billingsgate 电池公司可以为这台机器支付的最高费用是多少？

从逻辑上讲，公司最高可以支付 124 190 英镑的费用，因为股东的利益将增加到这个金额，尽管公司希望支付尽可能少的费用。

8.5.8 使用现值表

为了推断 Billingsgate 电池公司项目中的每个净现值，我们将相关的现金流乘以 $1/(1+r)^n$。有一种稍微不同的方法，现值表或折现表显示了在 r 和 n 的取值范围内的折现系数，见附录 D。

查看 20％这一列和期数为 1 这一行。我们发现折现系数为 0.833。这意味着 1 年后应收的 1 英镑的现值为 0.833 英镑。因此，一年后 20 000 英镑的现值是 16 660 英镑（0.833×20 000）。忽略四舍五入误差，我们得到了与之前使用公式计算相同的结果。

活动 8-12

假设融资机会成本（折现率）为 15％，活动 8-2 中 Chaotic Industries 投资项目的净现值是多少？

净现金流入和流出预计为：

单位：千英镑

时间		现金流
现在	货车成本	(150)
第 1 年	折旧前节约的成本	30
第 2 年	折旧前节约的成本	30
第 3 年	折旧前节约的成本	30
第 4 年	折旧前节约的成本	30
第 5 年	折旧前节约的成本	30
第 6 年	折旧前节约的成本	30
第 6 年	货车的处置收益	30

投资项目的净现值计算如下：

单位：千英镑

时间	现金流	折现系数（15%）	现值
现在	(150)	1.000	(150)
第 1 年	30	0.870	26.10
第 2 年	30	0.756	22.68
第 3 年	30	0.658	19.74
第 4 年	30	0.572	17.16
第 5 年	30	0.497	14.91
第 6 年	30	0.432	12.96
第 6 年	30	0.432	12.96
		净现值＝	(23.49)

活动 8-13

如何解释这一结果？

该项目的净现值为负。这意味着投资收益的现值低于最初的支出。任何不超过 126 510 英镑（收益的现值）的金额都可以支付，但不能支付 150 000 英镑。

附录 D 中的现值表显示了 1 英镑的价值是如何随着时间的延长而减少的。假设每年的融资机会成本为 20%，当前收到的 1 英镑，其现值显然为 1 英镑。然而，随着时间的增加，现值显著减少，如图 8-3 所示。

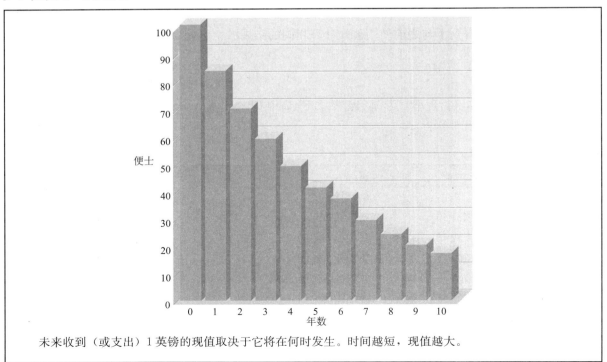

未来收到（或支出）1 英镑的现值取决于它将在何时发生。时间越短，现值越大。

图 8-3　假设年融资机会成本为 20%，未来不同时间 1 英镑的现值

值得一提的是，现值表的作用已经大不如前。计算机可以推导出折现系数。在使用净现值法的早期，计算机（甚至电子计算器）还不常见，使得现值表对计算的帮助很大。

8.5.9　折现率和资本成本

净现值法中使用的折现率反映了融资的机会成本。实际上，这就是为投资项目提供所需的融资成本。它通常是企业所使用资金（股东的资金和借款）的混合成本，通常称为资本成本。从现在起，我们把它称为资本成本。

8.6　净现值法更好

净现值法比会计收益率法或投资回收期法更全面地评估了投资机会，因为它充分考虑了以下各项因素：

- 现金流的时间。对项目相关的各种现金流进行折现，并考虑货币的时间价值。此外，折现过程考虑了资本的机会成本，从而确定了减去融资成本后的净收益（即项目的净现值）。
- 全部相关现金流。计算净现值的过程中考虑到了所有不同时间点的相关现金流。因此，它们都会对决策产生影响。
- 企业目标。净现值法是唯一一种分析结果与股东利益直接相关的方法。净现值为正代表利益的增加，净现值为负则代表利益的减少。由于我们假设私营企业追求增加股东的利益，因此净现值法优于其他两种方法。

净现值和经济价值

净现值法是制定有关生产性资产投资决策的最合理的方法。它还可以为任何能够产生经济利益的资产（包括股权和贷款等）的估值提供基础。这类资产的经济价值取决于它产生的净收益，可以通过将资产未来净现金流的折现值（现值）相加得到。

真实世界 8－5 描述了能源企业如何使用净现值法来评估在英国西约克郡赫尔附近发现的陆上气田的经济效益。

真实世界 8－5

发现气田

英国最大的陆上气田于东约克郡西纽顿的一个钻探地点被发现。

Reabold Resources 公司在一份证券交易所声明中表示，"西纽顿可能是英国最大的陆上气田，这可能是自 1973 年以来发现的英国陆上最大的碳氢化合物，有待进一步测试……"

Reabold Resources 公司表示，西纽顿靠近赫尔，"那里拥有丰富的生产基础设施"，并宣称"西纽顿现有钻井的净现值为 2.47 亿美元"。

资料来源：James, P. (2019) UK's 'largest onshore gas field' found in East Yorkshire, *Northern Financial Review*, 17 June.

8.7 内部收益率

内部收益率（internal rate of return，IRR）是实践中发现的四种主要投资评估方法中的最后一种。它与净现值法密切相关，因为两者都涉及对未来现金流的折现。一项投资的内部收益率是指当该投资预期的未来现金流净现值为零时的折现率。本质上，它代表了一个特定投资机会的收益率或回报率。

活动 8 - 14

当我们将 Billingsgate 电池公司机器项目的现金流按 20％进行折现时，发现其净现值为 24 190 英镑。机器项目的净现值告诉我们该投资将为企业带来的回报率（即项目的内部收益率）是多少？

由于净现值在折现率为 20％时为正，这意味着项目的回报率超过 20％。超高的净现值意味着实际内部收益率远远高于 20％。折现率越高，净现值就越低。这是因为折现率越高，折现后的数字越小。

我们通常不能直接计算出内部收益率，因此迭代（试错）是经常采用的方法。但是，手动执行此操作相当费力。幸运的是如今我们可以利用计算机轻松地完成这项工作。

为了说明它是如何工作的，尽管费力，我们仍将手动推导出 Billingsgate 电池公司投资项目的内部收益率。我们必须通过增加折现率的大小，来降低净现值。这是因为较高的折现率会产生较低的折现数字。

让我们尝试更高的折现率，比如 30％，看看会发生什么。

单位：千英镑

时间	现金流	折现系数 （30%）	现值
现在	(100)	1.000	(100.00)
第 1 年	20	0.769	15.38
第 2 年	40	0.592	23.68
第 3 年	60	0.455	27.30
第 4 年	60	0.350	21.00
第 5 年	20	0.269	5.38
第 5 年	20	0.269	5.38
			净现值 ＝(1.88)

通过将折现率从 20％提高到 30％，我们将净现值从 24 190 英镑（正）降至 1 880 英镑（负）。由于内部收益率是使净现值恰好为零的折现率，我们可以得出结论：Billingsgate 电池公司机器项目的内部收益率略低于 30％。进一步的试验可以计算出确切的比率，但考虑到现金流估计不准确

可能导致结果没有意义。就大多数实际情况而言，计算出内部收益率约为 30% 就已经足够了。

基于 Billingsgate 电池公司有关的信息，净现值与内部收益率之间的关系如图 8-4 所示。

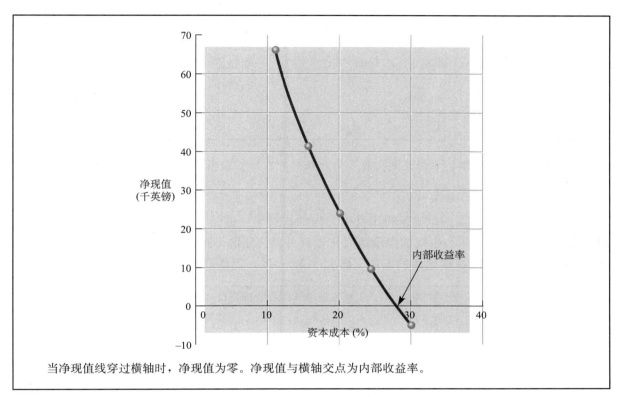

当净现值线穿过横轴时，净现值为零。净现值与横轴交点为内部收益率。

图 8-4　净现值与内部收益率的关系

在图 8-4 中，如果折现率（即资本成本）等于零，则净现值是净现金流的总和。换言之，此时我们忽略了货币的时间价值。但是，随着折现率的增加，项目的净现值将下降。当净现值线与横轴相交时，净现值为零，该点代表内部收益率。

活动 8-15

活动 8-2 中 Chaotic Industries 投资项目的内部收益率是多少？（提示：根据活动 8-2 的信息已知该项目的折现率为 15%）。

在 15% 的折现率下，净现值是一个相对较大的负数，我们应该使用较低的折现率（例如 10%）进行下一次试验：

单位：千英镑

时间	现金流	折现系数 （10%）	现值
现在	(150)	1.000	(150.00)
第 1 年	30	0.909	27.27
第 2 年	30	0.826	24.78

续表

时间	现金流	折现系数 (10%)	现值
第 3 年	30	0.751	22.53
第 4 年	30	0.683	20.49
第 5 年	30	0.621	18.63
第 6 年	30	0.564	16.92
第 6 年	30	0.564	16.92
			净现值＝(2.46)

此时，净现值接近零，但仍然是负数，因此确切的内部收益率将略低于 10%。

我们可以通过进一步的试验来得出准确的内部收益率，但是手动完成将会非常耗时。不过，如果先计算折现率变化 1% 引起的净现值变化，就可以快速地得到一个可靠的近似答案。这是通过计算已经进行的两项试验之间的差额（即 15% 和 10%，见活动 8-12 和活动 8-15）实现的。

试验	折现率（%）	净现值（千英镑）
1	15	(23.49)
2	10	(2.46)
差额	5	21.03

折现率每变化 1%，净现值的变化为：

(21.03/5)＝4.21

因此，为了实现净现值为零，内部收益率需要降低：

(2.46/4.21)×1%＝0.58%

可得内部收益率为：

10.00%－0.58%＝9.42%

然而，实际上得出内部收益率约为 9% 或 10% 的结论就可以满足使用需求了。

请注意，此方法假定折现率与净现值之间存在直线关系。从图 8-4 可以看出，这个假设并不准确。不过，在相对较小的范围内，这种简化假设通常具有一定的可信度，我们仍然可以使用该方法得出合理的近似值。通常不需要进行上述计算，因为大多数企业都会使用计算机软件包来推导出项目的内部收益率。

使用内部收益率法时，应采用以下决策规则：

■ 可接受的项目必须满足最低内部收益率。这通常称为门槛率，理论上，这应该是资本的机会成本。

■ 如果存在竞争项目，应选择内部收益率较高（或最高）的项目。

活动 8-16

假设一个项目的内部收益率超过了企业的资本成本。为什么我们做决策时需要考虑其超出值？

就预计的资本成本方面，它可以帮助我们对项目的风险做出一些判断。我们能够了解到，在项目变得不利之前，这个数字在实践中可以上升多少（假设项目评估的所有其他投入结果都与预期一样）。

真实世界 8-6 提供了一些关于计算内部收益率的例子。

真实世界 8-6

内部收益率

投资项目的内部收益率可能会有很大差异。以如下几家大型企业投资项目的预期或目标内部收益率为例。

■ 娱乐企业 Merlin Entertainments 公司（电影院、乐高乐园、奥尔顿塔）新设施的目标内部收益率为 14%。

■ 时尚零售商 Next 公司在评估在线广告活动时要求每年的内部收益率达到 30%。

■ 商业服务提供商 Rentokil Initial 公司对所有投资均要求 13%～20% 的内部收益率。

■ 风险投资提供商 Draper Esprit 公司要求其投资的内部收益率为 20%。

■ Goals Soccer Centres 公司在评估其对洛杉矶三家足球俱乐部的投资时采用了 20% 的内部收益率。

这些内部收益率看起来高得惊人。一项对 1900—2018 年在伦敦证券交易所上市的所有企业的内部收益率进行的研究表明，企业平均年实际内部收益率（即忽略通货膨胀）为 5.4%。至少提高 3% 后再与上述企业的目标内部收益率进行比较是更可靠的。此外，这几家企业的目标内部收益可能使用的是税前金额（企业没有具体说明）。在这种情况下，将证券交易所平均年实际内部收益率提高约 1/3 也是合理的。经过调整，每年的平均内部收益率约为 11%。有鉴于此，企业的目标依然非常雄心勃勃。尽管 Next 公司的目标内部收益率很高，但这与其广告活动的有效性有关，而不是与其整体业务有关。

资料来源：Merlin Entertainments plc（2019）Introduction to Merlin；Next plc，Annual report 2016，p. 13；Rentokil Initial plc，Annual Report 2018，p. 6；Draper Esprit plc，Final results 2018；Dimson, E.，Marsh，P. and Staunton，M.（2019）*Credit Suisse Global Investments Returns Yearbook*，p. 35；Goals Soccer Centres plc，Annual Report 2017，p. 15.

内部收益率存在的问题

内部收益率法与净现值法均考虑到了某些关键指标。分析过程中，所有现金流都被考虑在内，其时间价值也得到了合理处理。内部收益率的主要问题是它没有直接解决利益创造的问题，这可能导致决策者做出错误的决定。这是因为内部收益率法总是将内部收益率为 25% 的项目排在内部收益率为 20% 的项目前面。尽管接受内部收益率更高的项目通常会产生更多的利益，但是它完全忽略了投资规模。

1 500 万英镑以 20% 的内部收益率、15% 的资本成本投资一年，将产生 75 万英镑（1 500 万×

（20％－15％））的收益。在相同的资本成本下，以 25％的内部收益率投资 500 万英镑一年将只产生 50 万英镑（500 万×（25％－15％））的收益。由此可见，内部收益率法依然无法全面评估投资项目。

活动 8-17

还有哪种投资评估方法忽略了投资规模？

会计收益率法也存在此问题。

竞争项目之间通常没有如此大的规模差异，使用内部收益率法和净现值法通常得到相同的结论。净现值法总是会给出正确的结论，所以很难理解投资者为什么还要使用其他方法。

内部收益率法的另一个问题是，它难以评估具有非常规现金流的项目。目前为止研究的例子中，每个项目在其生命周期开始时都会产生负现金流，然后出现正现金流。在某些情况下，一个项目在其生命周期的未来阶段可能同时具有正现金流和负现金流，这种现金流模式可能导致出现多个内部收益率，甚至根本没有内部收益率。尽管这个问题在实践中并不常见，但出现时将无法使用内部收益率评估该投资项目。

8.8 一些实用要点

在进行投资评估时，需要牢记以下几个实用要点：

■ 过去的成本。与所有决策一样，我们在分析中只应考虑相关成本。正如我们在第 2 章中所讨论的，在做决策时只应考虑随决策变化而变化的成本，这意味着应该忽略所有过去的成本。在评估推出新产品的决策之前，可能会产生成本（例如开发成本和市场调研成本）。由于这些费用已经发生，即使数额很大并与项目直接相关也应不予考虑，已经承诺但尚未支付的费用也应不予考虑。如果企业签订了具有约束力的合同以承担特定费用，则即使在将来某个时候需要承担费用，该成本实际上也成为过去的成本。

■ 常规的未来成本。不仅过去的成本不随决策变化而变化；一些未来的成本也可能是不变的。例如，原材料成本可能不会因是否投资于新的制造工厂或继续使用现有工厂的决定而变化。

■ 机会成本。必须考虑到因放弃利益而产生的机会成本。例如，在考虑是否继续使用企业已经拥有的机器时，机器的可变现价值可能是一个重要的机会成本。

■ 税费。股东十分关注企业的税后收益。项目的利润都将被征税，但是资本投资可能会获得税费减免等。税率通常很高，因此税费成为做出投资决策时的重要考虑因素。除非认真考虑税费因素，否则很容易做出错误的决定。这意味着税费流出的金额和时间都应反映在项目的现金流中。

■ 现金流而非利润流。我们已经了解到，净现值法、内部收益率法和投资回收期法中与投资建议评估相关的是现金流而不是利润流。有些建议可能只包含与投资期内利润有关的数据，在评估过程中，这些数据需要被调整以便得出现金流量。综上所述，扣除非现金项目（如折旧）前的营业利润是该期间现金流的近似值，我们应该根据这个数值进行计算。

■ 营运资本调整。当数据以利润而非现金流表示时，可能还需要对营运资本的变化进行一些调整。例如，推出新产品可能会增加营运资本净投资（应收账款和存货减应付账款）。这通常会立即导致支出现金，在计算净现值时应显示为现金流出。然而，在项目的生命周期结束时，额外的营运资本将被释放。释放的营运资本会导致在项目结束时产生现金的有效流入，这应在计算净现值时列示。

■ 年末假设。到目前为止所考虑的例子和活动中，我们假设现金流在相关年度结束时产生，这个假设有利于简化计算。正如我们前面了解到的，这种假设是不现实的，因为会出现员工是按周或月支付工资，赊销客户在销售后的 1～2 个月内付款等情况。但这可能不是一个严重失真的假设，如果需要，也可以精确地计算现金流的时间价值。

■ 利息支付。当使用现金流折现技术（净现值和内部收益率）时，折现已经考虑了融资成本，因此利息支付不应被考虑在内，在计算该期间的现金流时列入利息费用将会导致重复计算。

■ 不可量化的因素。投资决策绝不能仅仅被视为一项简单的机械的工作。特定投资评估方法得出的结果只是决策过程中的参考资料。可能还有一些与决定有关的更广泛的问题需要考虑，但这些问题可能难以或无法量化，然而，它们对最终决策至关重要。在评估中使用的预测结果的可信度和假设的有效性也会对最后的决策产生影响。

活动 8 - 18

Manuff（钢铁）有限公司的董事们正在考虑关闭该公司的一家工厂。近年来，客户对该工厂生产的产品的需求有所减少。董事们认为这些产品的长期前景并不乐观。该工厂位于失业率高的地区。

工厂租赁期为 4 年。董事们在考虑应该立即关闭这家工厂还是在租赁期结束后关闭。另一家企业提出在剩余的租赁期内以每年 40 000 英镑的租金从 Manuff（钢铁）有限公司转租该工厂。

工厂的机器和设备花费了 150 万英镑。它们在资产负债表中的价值是 40 万英镑。如果工厂立即关闭，机器和设备将以 22 万英镑的价格出售。工厂的营运资本是 42 万英镑。如有需要，可立即变现这笔资金。或者，营运资本可以在租赁期结束时全部变现。如果立即关闭工厂需要向员工支付18 万英镑的遣散费。

如果工厂继续运营直到租赁期结束，预计将产生以下营业利润（亏损）：

单位：千英镑

	第 1 年	第 2 年	第 3 年	第 4 年
营业利润（亏损）	160	(40)	30	20

这些数字已经扣除了每年 90 000 英镑的机器和设备折旧费。租赁期结束时机器和设备的剩余价值估计为 40 000 英镑。

如果工厂继续运营，预计在租赁期结束时将支付 150 000 英镑的遣散费。该公司的年资本成本为 12%（忽略税费）。

要求：

（a）确定因决定继续经营直至租赁期结束而不是立即关闭工厂所产生的相关现金流。

（b）计算如果继续经营工厂直至租赁期结束而非立即关闭工厂的净现值。

（c）董事们在就工厂关闭的时间做出最后决定之前，还需要考虑哪些其他因素？

（d）说明公司是否应继续经营工厂，直至租赁期结束。

答案：

（a）相关现金流如下：

单位：千英镑

	年份				
	0	1	2	3	4
经营现金流（注 1）		250	50	120	110
机器销售额（注 2）	(220)				40
遣散费（注 3）	180				(150)
转租租金（注 4）		(40)	(40)	(40)	(40)
投入的营运资本（注 5）	(420)				420
净现金流	(460)	210	10	80	380

注：

1. 每年的经营现金流是通过将当年的折旧费用与当年的营业利润相加来计算的。

2. 如果关闭，机器可以立即出售。如果继续经营，将产生 220 000 英镑的机会成本。

3. 如果继续经营，将节省 180 000 英镑的遣散费。但是，仍需要在 4 年后支付 150 000 英镑的遣散费。

4. 继续经营将放弃转租工厂的收益。

5. 立即关闭工厂意味着营运资本可以变现。通过继续经营，这个机会成本就消失了。但是，营运资本将在 4 年后变现。

（b）净现值为：

	年份				
	0	1	2	3	4
折现系数（12%）	1.000	0.893	0.797	0.712	0.636
现值	(460.0)	187.5	8.0	57.0	241.7
净现值	34.2				

（c）可能影响决策的其他因素：

■ 公司的整体战略。公司可能需要在更宏观的背景下做出决策。工厂制造的产品可能是公司产品系列中不可或缺的一部分，或者公司希望尽可能长时间地避免在高失业率地区裁员。

■ 灵活性。关闭工厂的决策可能是不可逆转的。然而，如果工厂继续经营下去，未来工厂的前景可能会变得光明。

■ 承租人的信誉。公司应当调查承租人的信誉。如果不能收到预期的转租款，可能会降低关闭工厂选项对决策者的吸引力。

■ 预测的准确性。应仔细检查公司做出的预测。预测中的不准确或任何基本假设都可能改变决策。

（d）决定继续经营而不是立即关闭工厂的净现值为正。如果董事们采取这一行动，股东收益会更多。因此，应该继续经营该工厂。这一决定可能会更受员工的欢迎，并使公司经营保持灵活性。

主要的投资评估方法总结于图 8-5。

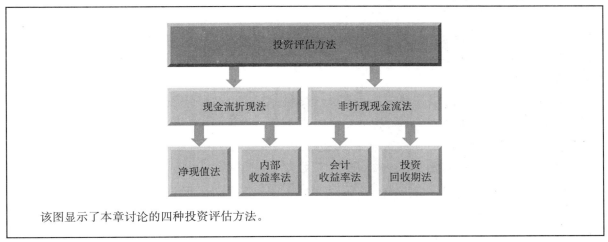

该图显示了本章讨论的四种投资评估方法。

图 8-5　主要的投资评估方法

8.9　投资评估实践

世界各国已经对企业使用的投资评估方法进行了许多研究。它们揭示了以下内容：

- 企业倾向于使用多种方法来评估每个投资决策。
- 随着时间的推移，现金流折现法（净现值法和内部收益率法）越来越多地被采用。净现值法和内部收益率法是目前四种方法中最受欢迎的。
- 投资回收期法和会计收益率法在较小程度上依然受欢迎，尽管这两种方法在理论上都存在严重的缺陷。
- 大型企业比小型企业更依赖现金流折现法，并且大型企业更倾向于使用这四种方法中的多种。

调查证据

对五个经济发达国家的大型企业进行的一项调查显示，净现值法和内部收益率法得到了相当多的支持。真实世界 8-7 列出了一些关键发现。

真实世界 8-7

多国企业实践调查

科恩（Cohen）和雅吉尔（Yagil）对五个不同国家企业的投融资实践进行了调查。这项调查以每个国家最大的 300 家企业为样本，揭示了本章所讨论的三种投资评估方法的受欢迎程度。五个国家使用投资评估方法的频率如下：

	美国	英国	德国	加拿大	日本	平均
内部收益率法	4.00	4.16	4.08	4.15	3.29	3.93
净现值法	3.88	4.00	3.50	4.09	3.57	3.80
投资回收期法	3.46	3.89	3.33	3.57	3.52	3.55

回答等级：1＝从不，2＝很少，3＝经常，4＝大部分，5＝总是。

主要的调查结果如下：

■ 除日本外，内部收益率法在所有国家都比净现值法更受欢迎。但是，这两种方法之间的差异在统计上并不显著。

■ 英国企业的管理者使用投资评估方法的频率最高，日本企业的管理者使用投资评估方法的频率最低。这可能与每个国家的商业习惯有关。

■ 企业规模与内部收益率法和净现值法的受欢迎程度之间存在正相关关系。这可能与大型企业管理者对财务理论有更多的经验和理解有关。

资料来源：Cohen, G. and Yagil, J.（2007）A multinational survey of corporate financial policies, *Journal of Applied Finance*, vol. 17, no. 1.

尽管真实世界 8-7 中概述的研究对于现在来说相对过时，但后来的调查同样支持这一发现。2011 年对 214 家在多伦多证券交易所上市的加拿大企业进行的一项调查发现，75％的加拿大企业经常或总是使用净现值法，而约 68％的企业经常或总是使用内部收益率法。内部收益率法在大型企业中更受欢迎。67％的企业经常或总是使用投资回收期法。会计收益率法被认为是最不可靠的，大约只有 40％的企业经常或总是使用这种方法。

2017 年对 77 家在孟买证券交易所上市的印度企业进行的调查结果与真实世界 8-7 中显示的结果也非常相似。

推断上述调查中内部收益率法受欢迎的原因十分有趣。可能是因为内部收益率法以百分比而不是绝对值的形式表示结果。在处理财务目标时，管理者通常更青睐使用百分比形式来呈现结果。

我们在真实世界 8-7 中了解到，真实世界 8-7 更关注大型企业，其企业规模与折现方法的使用正相关。真实世界 8-8 关注小型企业的调查数据。样本企业均未上市，一般为"家族式"企业。

真实世界 8-8

小型企业投资实践调查

卢卡斯（Lucas）、普罗莱（Prowle）和洛思（Lowth）对 11 家小型英国企业进行的深入调查表明，它们都没有进行任何投资评估。

哈桑（Hasan）对澳大利亚 62 家小型制造企业的调查发现，它们更支持使用投资回收期法。超过 48％的小型企业总是使用这种方法，而使用净现值法的企业约为 26％，使用内部收益率法的企业为 28％。会计收益率法的受欢迎程度远远落后于其他三种方法，只有大约 5％的企业一直在使用它。投资回收期法在受访者中更受欢迎似乎表明小型企业的管理者缺乏财务经验。

资料来源：Lucas, M., Prowle, M. and Lowth, G. (2013) *Management Accounting Practices of UK Small-Medium-Sized Enterprises*, CIMA, July; Hasan, M. (2013) Capital budgeting techniques used by small manufacturing companies, *Journal of Service Science and Management*, vol. 6, pp. 38-45.

活动 8-19

在本章前面，我们讨论了投资回收期法的局限性。请解释为什么它仍然是受管理者欢迎的投资评估方法。

似乎有以下几方面原因：

■ 投资回收期法易于理解和使用。

■ 可以避免预测未来的问题。

■ 当早期现金流的预测值的准确性有更大的确定性时，会被给予更高的权重。

■ 强调流动性的重要性。如果企业存在流动性问题，投资回收期短的项目可能更具有吸引力。

投资回收期法更受欢迎可能表明管理者对投资评估方法缺乏了解，这种批评最常针对小型企业的管理者。我们了解到，真实世界 8-9 中讨论的两项调查均发现，与大型企业相比，小型企业不太可能使用现金流折现法（净现值法和内部收益率法），其他调查结果也往往得出类似的结论。

真实世界 8-9 显示了罗尔斯-罗伊斯公司（Rolls-Royce plc）2018 年年度报告的摘录，该公司是著名的飞机发动机和其他用途发动机制造商。

真实世界 8-9

净现值法在罗尔斯-罗伊斯公司中的应用

罗尔斯-罗伊斯公司在其 2018 年年度报告和账目中表示：集团对所有重大投资和资本支出都进行了严格的风险和未来现金流审查，以确保它们为股东创造价值。所有重大投资，包括启动重大方案，都需要董事会批准。

集团拥有处于生命周期不同阶段的项目组合。我们所有的主要投资和项目都使用一系列财务指标进行评估，包括折现现金流和投资回报率。

资料来源：Rolls-Royce Holdings plc, Annual Report 2018, p. 198.

罗尔斯-罗伊斯公司表示它使用净现值法（报告提到为股东创造价值和折现现金流，这强烈暗示公司应用了净现值法）。有趣的是，罗尔斯-罗伊斯公司不仅会评估新项目，还会重新评估现有项目，这无疑是一种明智的商业方法。企业不应该继续实施现有的或未来的现金流中净现值为负的项目。在一个项目发展的早期阶段有一个正净现值，并不意味着随着环境的变化其净现值会持续为正。

8.10　投资评估和战略规划

目前为止，我们一直将投资机会视为不相关、独立的事件。在实践中，成功的企业是那些按照第 1 章所述的方法，为投资项目的选择建立了清晰的战略框架的企业。除非设立好这个框架，否则很难识别那些可能产生正净现值的项目。最好的投资项目通常是那些将企业的内部优势（例如，技能、经验、融资渠道）与可用的机会相匹配的项目。在不存在优势匹配的领域，存在优势匹配的其他业务将具有明显的竞争优势。这意味着它们可以更高的价格或质量提供产品或服务。

制定刚刚描述的框架是战略规划的重要组成部分。实际上，战略规划的时间跨度通常在 5 年左右，涵盖了"我们希望企业在 5 年内达到什么水平，以及我们如何才能达到这个目标"等问题。它将在产品、市场、融资等方面确定适当的方向，以确保企业处于创造盈利投资机会的最佳位置。

真实世界 8 - 10 描述了迪士尼公司如何对媒体公司二十一世纪福克斯公司进行投资。迪士尼的管理层认为这是一笔不错的交易，但对于另一个支付同样价格的买家来说并非如此，因为它们没有很高的战略契合度。

真实世界 8 - 10

福克斯是个不错的选择

2017 年 12 月，迪士尼首席执行官罗伯特·伊格尔（Robert Iger）与默多克（Murdoch）达成了 524 亿美元的原始协议。伊格尔表示，他确信新的价格是值得的，尽管算上福克斯近 140 亿美元的未偿债务，它的总价值将达到 851 亿美元。这次交易成为有记录以来最大的媒体收购案之一。伊格尔表示："经过 6 个月的整合规划，我们对福克斯的资产和人才的战略契合更加充满热情和信心。"

资料来源：Platt, E., Fontanella-Khan, J. and Garrahan, M.（2018）Disney ups the ante in Fox fight with new $71.3bn offer, ft.com, 20 June.

8.11　管理投资项目

目前为止，我们一直在关注通过计算帮助管理者在已经确定的投资机会之间进行选择。虽然它在决策过程中为管理者提供了有力的参考价值，但这只是投资决策过程中的一个方面，管理者还必须考虑其他重要方面。

可以将投资过程视为五个阶段，每个阶段都被列示于图 8 - 6 中。

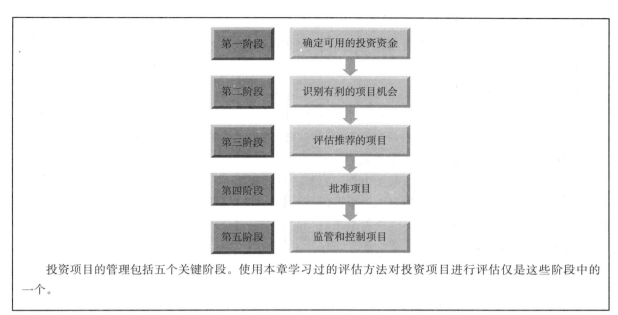

投资项目的管理包括五个关键阶段。使用本章学习过的评估方法对投资项目进行评估仅是这些阶段中的一个。

图 8 - 6 管理投资项目

第一阶段：确定可用的投资资金

用于投资的资金数额可能受到外部资金市场或内部管理的限制。实际上，更有可能是企业自身的高级管理人员施加限制，因为他们对企业处理更高水平投资的能力缺乏信心。但无论哪种情况，都意味着企业不足以为所有可能有利的投资机会提供资金。投资资金的短缺称为资本分配。当这种情况出现时，管理者面临的任务是决定如何利用这些资金以获得最大的利润。

第二阶段：识别有利的项目机会

投资过程中的一个重要部分是寻找有利的投资机会。企业应该采用系统的方法来确定可行的项目，寻找过程通常包括扫描环境中技术、客户需求、市场条件等方面的变化。收集所需的信息可能需要一些时间，特别是对于不寻常或非常规的投资机会。为了保持竞争优势，这个步骤在规划过程中不可或缺。

为了帮助识别良好的投资机会，有些企业会向提出可行投资建议的员工提供财务奖励。即使是未经改进的提议也会受到欢迎，然后可以投入资源，将提议发展到可以正式提交投资建议的程度。

活动 8 - 20

据说前两个阶段的顺序是可以颠倒的。你知道原因吗？

从理论上讲，资金总是可以被用于有利的投资机会。

第三阶段：评估推荐的项目

如果管理层同意在项目中投入资金，就必须严格筛选该项目的提案。对于大型项目来说，这将涉及许多方面的考量：

■ 项目的性质和目的是什么？

■ 项目是否符合企业的整体战略和目标？

- 需要多少资金？
- 如果想成功完成项目还需要哪些其他资源（如专业知识、工作空间等）？
- 项目将持续多长时间，其关键阶段是什么？
- 现金流的预期模式是什么？
- 与项目相关的主要问题是什么，如何克服这些问题？
- 项目的净现值是多少？如果需要资本分配，与其他可选项目相比这个项目的净现值如何？
- 在评估过程中是否考虑了风险和通货膨胀，如果是，结果如何？

负责提议和管理该项目的人员的能力和决心对项目的成功至关重要。这意味着，在评估新项目时，其中一个考虑因素是该项目提案人的个人能力。如果高级管理人员对关键管理人员完成项目的能力缺乏信心，他们可能会决定不支持看起来有利的投资建议。

第四阶段：批准项目

一旦负责投资决策的管理人员同意该投资项目，就可以予以正式的批准。但是，如果高级管理人员需要从项目提案人那里获得更多信息，或者需要对提案进行修改，则可以推迟对项目做出决定。如果认为项目不会产生正净现值或可能失败，提案也可能会被否决。然而，在否决一项提案之前，必须仔细考虑不实施该项目的影响。未能推行某个项目可能会对市场份额、员工士气、现有业务运营等产生不利影响。

根据投资的性质和所需的资金数额，需要在管理层的不同级别进行批准。例如，工厂管理者可能被授权投资新设备，最高限额为 50 万英镑。对于超过这个金额的投资，需要更高级别的管理人员授权。

第五阶段：监管和控制项目

做出投资决定并不会直接引起投资的进行，也不意味着项目会顺利推进。管理者需要积极地管理项目，直到项目结束。过程中需要进一步收集资料。

项目的大部分控制是通过我们在第 6 章和第 7 章中介绍的常规预算和其他管理、控制程序来实现的。管理层还应定期收到有关项目的进度报告，报告中应提供与项目每一阶段的实际现金流有关的信息，然后与预测数字进行比较。应查明造成重大差异的原因，并尽可能采取纠正措施。项目预计完成日期的任何变化，或这些预测的未来现金流的任何变化，都应立即报告。在极端情况下，如果情况急剧恶化，管理者甚至可以放弃该项目。

关键的非财务指标可用于监测业绩。衡量标准可以包括废品率、实际产出、客户满意度评分等。某些类型的项目，如建筑和土木工程项目，可能需要在特定日期之前到达节点（即完成特定阶段）。应仔细监测到达节点的进展情况，并应对可能阻碍其实现的任何问题发出预警。应该尽可能地使用项目管理技术（如关键路径分析），并对其有效性进行监测。

控制过程的一个重要部分是项目竣工后审计。从本质上说，这是对项目绩效的审查，以查看它是否达到预期，以及是否可以从中吸取经验教训。除了对财务成本和效益的评估外，也经常对业绩的非财务指标，如完成最后期限的能力和达到的质量水平进行审查。

采用项目竣工后审计应鼓励在规划初期使用更实际的估计数。如果过于乐观地估计项目以期获得批准，应在项目完成后追究负责的管理人员的责任。真实世界 8 - 11 提供了一些相关案例。

真实世界 8 - 11

乐观估计

管理咨询公司麦肯锡调查了全球 2 500 名高级管理人员，询问了他们对过去三年企业投资的看法。他们普遍认为，企业对投资决策投入的估计过于乐观。例如，在大约 50% 的情况中，销售水平被高估，只有不到 20% 的情况下低估了销售水平。目前还不清楚这些估计是否不准确到足以让人质疑已经做出的决定。

调查还了解到，从实际结果来看，这些投资似乎在很大程度上是错误的。管理者认为，已进行的投资中有 19% 不应该继续跟进。此外，他们认为 31% 被否决的项目本应得到支持。管理者还认为，"好钱投在坏事上"，因为在很多的情况中，表现不佳的现有投资仍被继续推进。

资料来源：How companies spend their money, A McKinsey Global Survey, www.theglobalmarketer.com, 2007.

其他研究也证实了管理人员在制订投资计划时有过度乐观估计的倾向。这似乎是故意为之，目的是确保项目获得批准。如果使用了过于乐观的估计，负责的管理人员很可能发现自己在项目竣工后审计阶段负有责任。然而，执行这样的审计可能是困难和耗时的。因此，必须权衡可能的收益与所涉成本。高级管理人员可能认为只有超过一定规模的项目才应该进行项目竣工后审计。

真实世界 8 - 12 提供了一些有关企业使用项目竣工后审计的情况。

真实世界 8 - 12

回顾过去

前几章提到的 CIMA 调查研究了在实践中使用项目竣工后审计的情况，所有被调查企业，以及大型企业（即拥有超过 10 000 名员工的企业）的调查结果如图 8 - 7 所示。

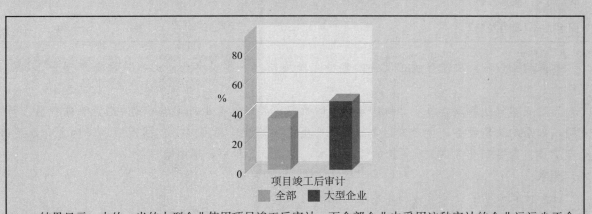

结果显示，大约一半的大型企业使用项目竣工后审计，而全部企业中采用这种审计的企业远远少于全部企业总数的一半。

图 8 - 7　项目竣工后审计的使用情况

我们可以了解到大型企业更愿意采用项目竣工后审计。大型企业可能会开展更多、更大的投资项目，并有更多的财务人员来监督企业业绩，因此这个结果并不令人惊讶。

资料来源：CIMA（2009）*Management Accounting Tools for Today and Tomorrow*，July，p.18.

真实世界 8-13 描述了时尚企业 Asos 公司如何监管和控制其投资项目。

真实世界 8-13

掌控时尚

Asos 公司有一个由首席财务官监管的投资事前评估系统。每个业务领域都必须遵守明确的财务控制程序，才能获得投资资金。公司还定期进行投资后审查，以检查投资项目按照计划实施的程度。

资料来源：Asos plc，Annual Report 2019，p.44.

📝 自测题

Beacon 化工有限公司正在考虑购买一些设备来生产一种名为 X14 的化学品。新设备的资本成本估计为 1 亿英镑。如果现在批准购买，今年年底就可以购进设备并投入使用。公司已经在研发工作上投入了 5 000 万英镑。新设备运作所产生的收入和费用估计数如下：

	第 1 年	第 2 年	第 3 年	第 4 年	第 5 年
售价（英镑/升）	100	120	120	100	80
销量（百万升）	0.8	1.0	1.2	1.0	0.8
变动成本（英镑/升）	50	50	40	30	40
固定成本（百万英镑）	30	30	30	30	30

如果购买设备，可能导致在设备的整个生命周期内一些现有产品的销售额每年损失 1 500 万英镑。

固定成本包括新设备每年 2 000 万英镑的折旧，其中包括 1 000 万英镑的固定管理费用。研究表明，如果购买新设备，生产该化学品每年产生的额外管理费用（不包括折旧）将达 800 万英镑。生产工作将需要额外 3 000 万英镑的营运资本，在初步计算中，请忽略税费。

要求：

（a）计算与购买设备有关的年度现金流。

（b）计算投资回收期。

（c）使用 8% 的折现率计算净现值。

（提示：应该将营运资本投资视为项目开始时的现金流出和项目结束时的现金流入。）

📖 本章小结

本章的要点可归纳如下：

■ 在实践中主要有四种投资评估方法。

会计收益率（ARR）采用项目的平均会计营业利润，以平均投资的百分比表示

■ 决策规则：会计收益率高于规定的最小值的项目是可以接受的；会计收益率越高，项目就越有吸引力。

■ 关于会计收益率法的结论：

- 与股东的利益没有直接关系——可能导致不合理的决策；
- 几乎不考虑现金流的时间价值；
- 忽略了一些相关信息，而且可能考虑到了一些不相关的信息；
- 使用规则相对简单；
- 远不如净现值法准确。

投资回收期（PP）是指从产生的现金流入中偿还初始投资的现金流出所需的时间长度

■ 决策规则：投资回收期不超过规定的最长期限的项目是可以接受的；投资回收期越短，项目越有吸引力。

■ 关于投资回收期法的结论：

- 与股东的利益无关；
- 忽略投资回收期后的资金流入；
- 很少考虑现金流的时间价值；
- 忽略了许多相关信息；
- 并不能够经常提供准确的信息，使用起来可能不切实际；
- 远不如净现值法准确，但它易于理解，可以提供流动性洞察，这可能是其广泛使用的原因。

净现值（NPV）是投资净现金流折现值的总和

■ 货币是有时间价值的。

■ 决策规则：所有净现值为正的投资都能增加股东利益；净现值越大，项目的吸引力越大。

■ 现金流的现值＝现金流×$1/(1+r)^n$，假设折现率不变。

■ 折现为不同时间点的现金流提供了一个共同的估值基础（它们的现值），这使得它们能够被直接比较。

■ 关于净现值的结论：

- 与股东的利益目标直接相关；
- 考虑现金流的时间价值；
- 考虑所有相关信息；
- 提供准确的参考信息，较为实用。

内部收益率（IRR）是当项目的现金流净现值为零时的折现率

■ 代表投资的平均回报百分比，考虑到现金可能在项目生命周期的不同阶段流入和流出。

■ 决策规则：内部收益率大于资本成本的项目是可以接受的；内部收益率越大，项目越有吸引力。

■ 通常不能直接计算得出；需要使用试错法。

■ 关于内部收益率的结论：

• 与股东的利益没有直接关系。通常给出与净现值法相同的参考信息，但在存在不同规模的竞争项目时可能会产生误导；

• 考虑现金流的时间价值；

• 考虑所有相关信息；

• 当存在非常规现金流时，存在出现多个内部收益率的问题；

• 不如净现值法准确。

在实践中使用评估方法

■ 四种方法均被广泛使用。

■ 现金流折现法（净现值法和内部收益率法）随着时间的推移显示出使用量的稳步增长。

■ 许多企业同时使用多种评估方法。

■ 大型企业在选择和使用评估方法方面似乎比小型企业更为成熟。

投资评估和战略规划

■ 重要的是，企业应以战略性的眼光进行投资，以发挥其优势。

管理投资项目

■ 确定可用的投资资金，必要时处理资本分配问题。

■ 识别有利的项目机会。

■ 评估推荐的项目。

■ 批准项目。

■ 监管和控制项目，使用项目竣工后审计。

📖 复习思考题

8.1　真实世界 8-6 中举例了一些知名企业的目标内部收益率。报告还分析了过去几年英国企业获得的平均内部收益率。很明显，大多数被提及的企业的目标内部收益率都远远超过了实际内部收益率。

为什么这些企业会设立这么高的目标内部收益率？

如此高的目标内部收益率可能产生什么后果？

8.2　投资回收期法因没有考虑货币的时间价值而受到批评。

这个缺陷可以克服吗？如果可以，这种方法是否比净现值法更可取？

8.3　研究表明，尽管与净现值法相比内部收益率法缺点更多，但是它依然非常受欢迎。

为什么管理人员在进行折现现金流评估时更愿意使用内部收益率法而不是净现值法？

8.4　本章提到，投资项目往往涉及更多的营运资本。还有人提到，在这类项目结束时，由于营运资本的释放，会有资金流入。

为什么会出现这种资金流入？现金从何而来？

练习题

基础练习

8.1　Mylo 有限公司的董事目前正在考虑两个竞争的投资项目。这两个投资项目都涉及新工厂的购买。以下数据可用于每个投资项目：

单位：千英镑

	投资项目 1	投资项目 2
成本（需要立即支出）	100	60
预计年度营业利润（亏损）：		
年度 1	29	18
年度 2	(1)	(2)
年度 3	2	4
3 年后工厂的预计剩余价值	7	6

该公司的预期资本成本为 10%。在计算营业利润时，对所有非流动（固定）资产采用直线法计提折旧。这两个投资项目都不会增加公司的营运资本。公司有足够的资金满足所有投资支出要求。

要求：

(a) 计算每个投资项目的：

(1) 净现值。

(2) 大致的内部收益率。

(3) 投资回收期。

(b) 说明 Mylo 有限公司的董事应接受两个投资项目中的哪一个（如果有的话）。

中级练习

8.3　Dirk 公司最近开发了一款新的男性香水"Sirocco"，总开发成本为 40 万英镑。该公司现在正在考虑生产这种香水，如果投入生产需要立即花费 1 050 万英镑购买新设备。与香水生产有关的数据为：

	第 1 年	第 2 年	第 3 年	第 4 年
售价（英镑/瓶）	9.0	8.0	6.0	6.0
销量（百万瓶）	1.0	1.2	1.2	0.5
变动成本（英镑/瓶）	1.0	1.0	1.0	1.4
固定成本（百万英镑）	4.5	4.5	4.5	4.5

固定成本包括新设备每年 250 万英镑的折旧费。该设备将在 4 年后生产结束时出售，销售收益将反映剩余价值。固定成本还包括 30 万英镑的拨款，用于"公平分摊"业务管理费用。

如果该项目继续进行，现有男性香水"Mistral"的销量将下降，将导致未来 3 年每年损失 80 万英镑的收益。

生产新香水需要立即支出 180 万英镑的营运资本（可以在生产期结束时释放）。

Dirk 公司的资本成本为 8%。

要求：

（a）计算投资项目的：

　　（1）净现值。

　　（2）大致的内部收益率。

（b）简要分析（a）中的计算结果。

8.4 Newton 电子有限公司在过去三年中花费了 500 万英镑来研究和开发微型助听器。助听器现已开发完毕。董事们正在考虑应该采用三个竞争方案中的哪一个来生产新产品。

方案包括：

方案 1：公司自己生产助听器。这将是一个新的领域，因为到目前为止，该公司一直专注于研发项目。但是，公司具有可用的生产场地，目前以每年 10 万英镑的价格出租给另一家公司。即使决定不生产，该空间也不会被继续租赁。而且公司必须耗资 900 万英镑购买场地和设备，并立即投资 300 万英镑的营运资本，才能开始生产。

该公司花费了 5 万英镑购买的一份市场研究报告显示，新产品的预期寿命为 5 年。该产品在此期间的销售额预计为：

截至 11 月 30 日的预计年度销售数量

	第 1 年	第 2 年	第 3 年	第 4 年	第 5 年
数量（千台）	800	1 400	1 800	1 200	500

第一年每台的售价将为 30 英镑，但在接下来的三年内将下降到 22 英镑。在产品寿命的最后一年，售价将降至 20 英镑。变动成本预计为每台 14 英镑。固定生产成本（包括折旧）每年将为 240 万英镑。营销成本将为每年 200 万英镑。

该公司打算使用直线法计提折旧，5 年结束时预计工厂和设备的剩余价值为 100 万英镑。该公司的资本成本为每年 10%。

方案 2：Newton 电子有限公司同意另一家公司在许可下生产和销售该产品。一家跨国公司，Faraday 电子公司，已经提出承担该产品的生产和销售。作为回报，它将向 Newton 电子有限公司支付每台 5 英镑的专利使用费。据估计，如果由 Faraday 电子公司而不是 Newton 电子有限公司生产和销售该产品，该助听器的年销量将增加 10%。

方案 3：Newton 电子有限公司以 2 400 万英镑的价格将专利权出售给 Faraday 电子公司，分两期等额支付。第一期立即支付，第二期将在两年后支付。这一选择将赋予 Faraday 电子公司生产和销售新产品的独家权利。

要求：

（a）计算 Newton 电子有限公司每个方案的净现值（第 1 年年初）。

（b）确定并讨论 Newton 电子有限公司在做出决定之前应考虑的其他因素。

（c）说明你认为最合适的方案并给出原因。

以上问题无须考虑税费。

第 **9** 章
风险管理

引 言

从本质上讲，决策与未来相关。然而，关于未来唯一确定的是，我们不知道将要发生什么。因此，所有决策都有风险。

在本章中，我们将看到，在做出管理决策时，必须考虑潜在的风险。这包括评估与提出的行动方案有关的收益和成本不符合预期的可能性和程度。不开展风险评估可能会导致决策失误。

学习目标

学完本章后，你应该能够：

- 解释风险的性质以及在决策时考虑风险的重要性；
- 识别和评估实践中最常用的风险评估方法；
- 解释如何使用风险评估的结果；
- 讨论实践中各种风险评估方法的使用情况。

9.1 应对风险

所有业务活动都涉及风险，在做出管理决策时必须考虑风险。本章中的风险是指预期发生的事情实际上不会发生的程度和可能性。在进行投资决策时，考虑风险尤为重要。

活动 9 - 1

为什么情况会是这样的呢？试着至少想出一个原因。

在做出投资决策时，风险尤其重要，因为：

- 所涉及的时间相对较长——从做出决策到项目结束，有很多时间会出现出问题。
- 投资规模——一旦真的出现问题，其影响可能是重大且持久的。

在做出短期决策时，如第 2 章和第 3 章中的决策，考虑风险也很重要。我们将要考虑的应对风险的办法同样适用于短期决策。

应对风险的各种办法，具体分为两类：

1. 评估风险水平；

2. 对风险水平做出反应。

现在，我们将考虑应对每一类风险的主要方法。

9.2　评估风险水平

9.2.1　敏感性分析

评估风险水平的常用方法是对拟议项目进行敏感性分析，包括对影响项目的投入要素进行检查，以了解每个要素的变化如何单独影响项目的可行性。

首先，使用每个投入要素（例如，人工成本、材料成本等）的最佳估计来评估决策，假设评估结果是积极的；然后，检查每个要素，查看在项目仅仅因为该要素变得不可行之前，评估的结果会变化到什么程度。假设提供特定服务的机器的投资净现值为正，如果要对这项提议的投资项目进行敏感性分析，应该依次考虑每个关键的投入要素：

- 机器的初始成本；
- 销售数量及销售价格；
- 相关运营成本；
- 项目生命周期；
- 资本成本（用作折现率）。

我们应努力找到在净现值变成负值之前每单位投入可能具有的价值（即净现值为零时的值）。净现值等于零的值与其估计值之间的差值代表该要素的安全边际。

在第 3 章中，我们讨论了盈亏平衡分析。这种形式的敏感性分析本质上是一种盈亏平衡分析。净现值为零的点就是项目的盈亏平衡点（即既不盈利也不亏损）。与项目相关的特定变量的安全边际的解释方式与在盈亏平衡分析中对该变量的解释相同。

影响机器投资项目净现值的要素如图 9-1 所示。

项目的计算机电子表格模型对于这项工作非常有价值。尝试输入数据的各种值并观察每个值的影响就变得非常简单。通过敏感性分析，决策者能够获得对该项目的"感觉"，否则这是不可能做到的。

例 9-1 举例说明了敏感性分析，简单明了，无须借助电子表格即可进行。

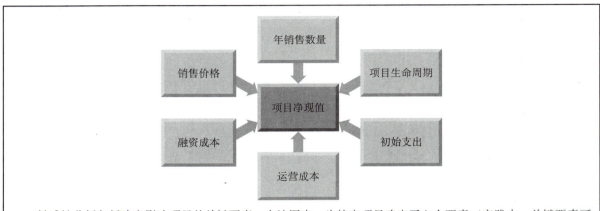

敏感性分析包括确定影响项目的关键要素。在该图中，为特定项目确定了六个要素（实践中，关键要素可能因项目而异）。

图 9-1　影响机器投资项目净现值的要素

例 9-1

房地产开发商 S. Saluja 有限公司打算在即将举行的拍卖中竞拍一栋年久失修的大房子。拍卖商相信这栋房子将以 45 万英镑左右的价格售出。公司希望对房子进行翻新，并将其建造成单间公寓，单独出售。翻修将分两个阶段进行，为期两年。第一阶段是项目的第一年。它将耗资 50 万英镑，这一阶段完成的 6 套公寓预计在第一年年底出售，总价为 90 万英镑。第二阶段是项目的第二年。它将耗资 30 万英镑，剩下的 3 套公寓预计将在第二年年底出售，总价为 45 万英镑。如果房产被购买，翻修费用将成为与当地建筑商签订的具有约束力的合同的主要内容。然而，剩余的投入要素存在一些不确定性。该公司估计其资本成本为每年 12%。

要求：

（a）拟建项目的净现值是多少？

（b）假设其他投入均未偏离提供的最佳估计：

（1）要使项目的净现值为零，房子的拍卖价格是多少？

（2）资本成本为多少时会导致项目的净现值为零？

（3）每套公寓的售价是多少会使得项目的净现值为零？（每套公寓预计售价相同，均为 15 万英镑。）

答案：

（a）拟建项目的净现值如下：

单位：英镑

	现金流	折现系数（12%）	现值
第一年（900 000-500 000）	400 000	0.893	357 200
第二年（450 000-300 000）	150 000	0.797	119 550
初始支出			(450 000)
净现值			26 750

（b）（1）要实现净现值为零，拍卖价格必须比当前估计的价格高 26 750 英镑（即总价格 476 750 英镑）。这比目前的估计价格高出约 6%。

（2）由于净现值为正，项目净现值为零的资本成本必须高于 12%。我们试一下 20%。

单位：英镑

	现金流	折现系数（20%）	现值
第一年（900 000－500 000）	400 000	0.833	333 200
第二年（450 000－300 000）	150 000	0.694	104 100
初始支出			（450 000）
净现值			（12 700）

由于使用 20% 折现率计算的净现值为负，"盈亏平衡"的资本成本应介于 12%～20%。得到的合理近似值如下：

	折现率（%）	现值（英镑）
	12	26 750
	20	（12 700）
差额	8	39 450

折现率每变化 1%，净现值的变化将为：

39 450/8＝4 931（英镑）

因此，实现净现值为零需要 20% 的折现率降低：

12 700/4 931＝2.6%

因此，项目的资本成本（即折现率）必须约为 17.4%（20.0%－2.6%），才能使净现值为零。

当然，这种计算方法与第 8 章计算项目内部收益率的方法相同。换句话说，17.4% 是该项目的内部收益率。

（3）要使得净现值为零，必须降低每套公寓的售价，因此净现值要减少 26 750 英镑。第一年出售 6 套公寓，第二年出售 3 套。

12% 的折现率第一年的折现系数为 0.893，第二年的折现系数为 0.797。我们可以通过使用以下等式推导出每套公寓（Y）的价格下降值，从而使得净现值为零：

（6Y×0.893）＋（3Y×0.797）＝26 750

Y＝3 452（英镑）

因此，使得净现值为零所需的每套公寓的销售价格为：

150 000－3 452＝146 548（英镑）

这意味着估计价格下降了 2.3%。

活动 9 - 2

你如何评估在例 9 - 1 中计算的三个要素的敏感性？只考虑单一要素时，它们会使这个项目存在风险吗？

计算表明，拍卖价格必须比估计价格高出约 6％，才能使净现值为零。因此，这个要素的安全边际不是很高。实践中，这并不代表真正的风险，因为如果价格上升到不可接受的水平，公司可能会退出竞拍。

另外两个要素代表了更真实的风险。只有在项目处于非常后期时，公司才能确定每套公寓的实际价格。资本成本也是如此，尽管有可能在房屋拍卖前以固定利率为项目筹集资金，但在拍卖前就签订所有公寓的固定销售合同是不太可能的。

计算结果显示，在净现值降至零之前，公寓价格只需比估计价格下降 2.3％。因此，这一要素的安全边际非常小。然而，即使融资安排无法提前确定，资本成本的敏感性也较低，要使项目净现值变为零，资本成本必须从 12％增加到 17.4％。从计算结果看，公寓的售价似乎是需要考虑的最重要的敏感要素。

根据活动 9 - 2 的计算结果，明智的做法是在做出最终决策前仔细重新检查公寓的潜在市场价值。

进行敏感性分析的步骤如图 9 - 2 所示。

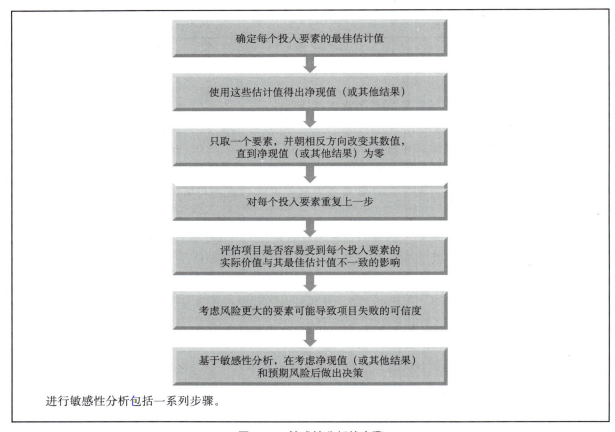

进行敏感性分析包括一系列步骤。

图 9 - 2　敏感性分析的步骤

活动 9-3

一家企业有机会立即投资 1 200 万英镑购买新厂房和设备，以生产一种新产品。该产品将以每台 80 英镑的价格出售，预计在未来四年内每年可售出 20 万台。变动成本为每单位 56 英镑，额外固定成本（不包括折旧）总计 100 万英镑。在产品寿命结束时，厂房和机器的剩余价值预计为 160 万英镑。

该企业的资本成本为 12%。

(a) 计算投资项目的净现值。

(b) 进行单一要素的敏感性分析，以说明下列要素需要变化多少才能使净现值为零：

    (1) 厂房和机器的初始支出；

    (2) 折现率；

    (3) 厂房和机器的剩余价值。

(a) 年度经营现金流如下：

单位：百万英镑

销售额（0.2×80）		16.0
减去		
变动成本（0.2×56）	11.2	
固定成本	1.0	12.2
		3.8

预计现金流如下：

单位：百万英镑

	第 0 年	第 1 年	第 2 年	第 3 年	第 4 年
厂房和设备	(12.0)				1.6
经营现金流		3.8	3.8	3.8	3.8
	(12.0)	3.8	3.8	3.8	5.4

该项目的净现值为：

单位：百万英镑

	第 0 年	第 1 年	第 2 年	第 3 年	第 4 年
现金流	(12.0)	3.8	3.8	3.8	5.4
折现系数（12%）	1.0	0.89	0.80	0.71	0.64
现值	(12.0)	3.38	3.04	2.70	3.46
净现值	0.58				

(b)（1）为实现净现值为零，厂房和设备的初始支出需要增加 58 万英镑（因为厂房和设备已经用现值表示）。这比目前估计的 1 200 万英镑增加了 4.8%（(0.58/12)×100%）。

（2）使用 14% 的折现率，该项目的净现值为：

单位：百万英镑

	第 0 年	第 1 年	第 2 年	第 3 年	第 4 年
现金流	(12.0)	3.8	3.8	3.8	5.4
折现系数（14%）	1.0	0.88	0.77	0.68	0.59
现值	(12.0)	3.34	2.93	2.58	3.19
净现值	0.04				

这非常接近净现值为零，因此 14% 是近似值。它比资本成本高 16.7%（（14%－12%）/12%×100%）。

（3）导致净现值为零的厂房和设备残值（R）下降为：

$R×$四年末的折现系数－项目的净现值＝0

通过重新排列这个等式，我们得到：

$R×$四年末的折现系数＝项目的净现值

$R×0.64=0.58$

$R=0.58/0.64$

$=0.9$（百万英镑）

这表明当前估计剩余价值减少了 43.8%（（1.6－0.9）/1.6×100%）。

与上面的描述略有不同的敏感性分析形式是提出一系列"如果……会怎样？"的问题。这有助于了解每个投入要素的可能变化将如何影响投资项目的可行性。因此，在考虑与之前描述的机器投资项目相关的销售时，可能会提出以下问题：

- 如果销量比预期高 5% 会怎样？
- 如果销量比预期低 10% 会怎样？
- 如果销售价格降低 15% 会怎样？
- 如果销售价格提高 20% 会怎么样？

这四个问题中使用的百分比都是与要素最佳估计值（在本例中是销量和销售价格的最佳估计值）的可行偏差。

虽然这种形式的敏感性分析也研究了每个关键要素变化的影响，但它并不寻求找出使项目不再可行的变化的点。

真实世界 9－1 描述了一个对采矿项目的评估，该项目结合了敏感性分析来检验结果的稳健性。

真实世界 9－1

敏感性问题

Savannah Resources 有限公司对葡萄牙北部 Mina do Barroso 的锂矿开采进行了范围研究。锂是一种具有多种用途的矿物质，可用于生产手机、电池和药品。

该项目的基本情况（最有可能的结果）显示，净现值为 3.56 亿美元。该研究估计，在约 1 400 万吨的开采量中，氧化锂的回收率将达到 1.1%。

第 9 章 风险管理 ◂ 281

作为研究的一部分，项目还进行了敏感性分析，以找出关键变量的变化对项目税前净现值的影响。图 9 - 3 展示了该分析的结果。

可以看到，锂辉石精矿价格对净现值结果影响最大，其次是浓缩氧化锂回收。

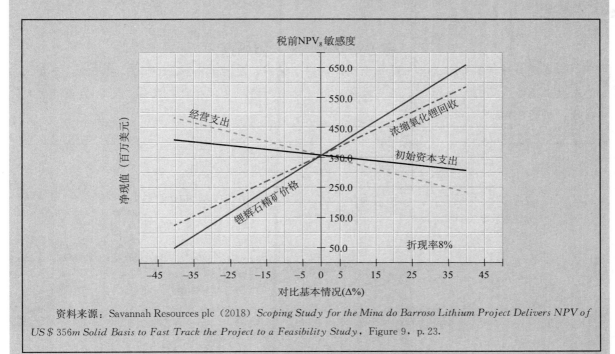

资料来源：Savannah Resources plc（2018）*Scoping Study for the Mina do Barroso Lithium Project Delivers NPV of US $ 356m Solid Basis to Fast Track the Project to a Feasibility Study*，Figure 9, p. 23.

图 9 - 3　Mina do Barroso 锂矿项目净现值敏感性分析

9.2.2　敏感性分析的优缺点

敏感性分析应该在以下方面有所帮助：

■ 管理者可以看到每个关键变量的安全边际。这将有助于他们识别需要更详细信息的高度敏感变量。信息的收集、报告和评估既费钱又费时。管理者越能将精力集中于决策的关键方面，效果就越好。

■ 它可以为规划提供依据。如果项目结果被确定为对关键变量的变化高度敏感，管理者就可以制订计划来处理可能出现的偏离估计结果的情况。

虽然敏感性分析是一个有用的工具，但它有三个主要的缺点：

■ 它没有给出关于接受或拒绝项目的明确的决策规则。没有单一的数字结果可以表明一个项目是否值得开展。这意味着管理者必须依靠自己的判断。

■ 这是一种静态的分析形式。一次只考虑一个变量，其他变量保持不变。然而，在实践中，很可能不止一个变量的值与提供的最佳估计值不同。

■ 与不同因素相关的敏感性不可以直接比较。例如，假设一个机器投资项目的净现值对机器的成本高度敏感，但对机器寿命不太敏感。这并不一定意味着机器成本会带来更大的问题。成本可能会立即发生，而且高度明确。因此，如果机器成本的估计被证明是不准确的，机器项目可能在很早的阶段就被放弃。然而，机器寿命可能是高度不确定的，在项目后期才能确定。

真实世界 9-2 提供了在实践中使用敏感性分析的情况。

真实世界 9-2

敏感性分析———一项调查

毕马威会计师事务所进行了一项调查，询问了德国、奥地利和瑞士的 272 家企业，了解它们在做出投资决策时，如何使用敏感性分析来评估未来的现金流和资本成本。图 9-4 揭示了敏感性分析的使用情况。

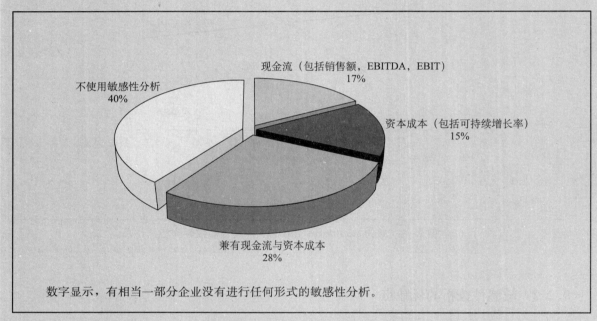

数字显示，有相当一部分企业没有进行任何形式的敏感性分析。

图 9-4　敏感性分析的使用情况

图中，EBITDA＝息前税前折旧摊销前利润；EBIT＝息税前利润。

我们可以看到，大多数企业使用敏感性分析来评估现金流、资本成本或两者兼有。然而，相当一部分企业（40%）没有进行任何形式的敏感性分析。

资料来源：KPMG（2018）*Cost of Capital Study* 2018, Figure 06, p. 11, https：//assets. kpmg/content/dam/kpmg/ch/pdf/cost-of-capital-study-2018. pdf.

9.2.3　情景分析

一种略有不同的方法是情景分析，这种方法克服了一次处理一个变量的问题，有时也被称为情景构建。在这里，许多变量同时变化，以提供一个特定的状态或情景。许多内部一致的状态可以呈现给管理者，每种状态都会引起管理者对项目成功至关重要的变量的注意。实践中，一种常用的情景分析的方法是提供：

■ 对未来可能发生的事件的乐观看法；

■ 对未来可能发生的事件的悲观看法；

■ 对未来事件"最有可能"的看法。

这种方法受到了批评，因为它没有指出每种情况发生的可能性，也没有确定其他可能发生的情况。然而，乐观和悲观情景的描述有助于让管理者对一些与项目相关的"负面"风险和"正面"潜力有所了解。

真实世界 9-3 列出了英国超市企业特易购（Tesco plc）年度报告的一段摘录，其中解释说，该企业着眼于气候变化的不同情景，试图评估企业面临的经济风险。特易购只是众多进行同样评估的企业之一。

真实世界 9-3

情景分析

为了更好地了解我们的业务对短期和长期气候风险和机遇的适应能力，首席财务官阿兰·斯图尔特（Alan Stewart）根据气候相关财务披露工作组的建议，进行情景分析。今年，我们对英国业务——我们最大的市场——进行评估，优先考虑房地产以及农产品和动物蛋白类别。这些是我们的主要经营类别，供应链遍布全球。我们正在评估 2030 年在两种气候情景下我们可能面临的风险和机遇。我们使用联合国政府间气候变化专门委员会和其他可信组织制定的情景来评估特易购面临的自然气候风险，如气温上升、降水模式变化和极端天气事件。我们关注按国家和产品划分的农业生产。除了自然风险之外，我们还评估向符合《巴黎协定》的低碳世界过渡所产生的任何风险和机遇。我们关注的重点是能源和农业市场及政策变化给特易购带来的重大风险。情景分析的结果将为长期战略业务规划提供参考。

资料来源：Tesco plc, Annual Report 2019, p.177.

9.2.4　期望值

评估风险的另一种方法是使用统计概率。我们可以为每个投入要素确定一系列可行值，并确定这些值出现的概率。利用这一信息，我们可以得出期望值。实际上，它是以概率作为权重的可能结果的加权平均值。在得出投资项目的期望值时，计算结果称为期望净现值（expected net present value，ENPV）。为描述这一方法，让我们仔细考虑例 9-2。

例 9-2

物业公司 Piperis 有机会获得一栋公寓的租约，该租约还剩两年时间到期。租赁费用为 10 万英镑。目前，公寓大楼的入住率约为 70%，而且几乎全部租给海军人员。附近有一个大型海军基地，但对公寓的其他需求很少。在租约剩余的两年内，公寓的入住率将根据国防审查的结果发生变化。海军目前正在考虑海军基地的三个方案。它们是：

■ 方案 1：通过关闭另一地区的基地并将人员转移到公寓附近的基地来扩大基地规模。

■ 方案 2：关闭公寓附近的海军基地，除保留一位骨干人员进行维护外，其他人员将被转移到另一地区的基地。

■ 方案 3：保留基地，但裁员 20%。

Piperis 的董事估计了每个方案在两年内每年的净现金流及其发生概率：

	现金流（英镑）	概率
方案 1	80 000	0.6
方案 2	12 000	0.1
方案 3	40 000	0.3
		1.0

请注意，概率之和为 1.0（换句话说，肯定会采用其中一个方案）。该公司的资本成本为 10%。

公司应该购买公寓大楼的租约吗？

答案：

为计算拟投资的期望净现值，我们必须首先将每个现金流乘以其发生概率（即权重），计算每年预期结果的加权平均值。因此，预计年度期望净现值将为：

单位：英镑

	现金流（a）	概率（b）	期望净现值（a×b）
方案 1	80 000	0.6	48 000
方案 2	12 000	0.1	1 200
方案 3	40 000	0.3	12 000
每年的期望净现值			61 200

得出每年的期望净现值后，我们现在可以使用 10% 的折现率对其进行折现，以反映资本成本：

单位：英镑

	期望净现值	折现系数（10%）	期望净现值
第 1 年	61 200	0.909	55 631
第 2 年	61 200	0.826	50 551
			106 182
初始投资			(100 000)
期望净现值			6 182

可以看到期望净现值为正。因此，股东财富有望通过购买公寓大楼的租约而增加。

期望净现值法的优点是产生单一数值结果，并适用明确的决策规则。如果期望净现值为正值，就应该进行投资；如果期望净现值为负值，则不应进行投资。

然而，该方法得出的平均值可能无法出现。例 9-2 说明了这一点，其中每年的期望净现值

（61 200 英镑）与所述的任何可能性都不相符。

更重要的是，使用平均值会掩盖与项目相关的潜在风险。如例 9－2 所示，简单地推导期望净现值，可能会产生误导。如果不了解每个可能的结果以及它们发生的概率，管理者就会被蒙在鼓里。

活动 9－4

如何计算例 9－2 中的期望净现值，从而确定每一个可能的结果？

我们可以计算三个方案中每一个方案的净现值，然后对这些方案进行（加权）平均以得出期望净现值。

为实现这一点，我们首先需要得出每个方案的净现值：

方案 1：

单位：英镑

	现金流	折现系数（10%）	净现值
第 1 年	80 000	0.909	72 720
第 2 年	80 000	0.826	66 080
			138 800
初始投资			(100 000)
净现值			38 800

方案 2：

单位：英镑

	现金流	折现系数（10%）	净现值
第 1 年	12 000	0.909	10 908
第 2 年	12 000	0.826	9 912
			20 820
初始投资			(100 000)
净现值			(79 180)

方案 3：

单位：英镑

	现金流	折现系数（10%）	净现值
第 1 年	40 000	0.909	36 360
第 2 年	40 000	0.826	33 040
			69 400
初始投资			(100 000)
净现值			(30 600)

接下来，我们对刚刚得出的三个净现值进行（加权）平均：

单位：英镑

	净现值（a）	概率（b）	期望净现值（a×b）
方案1	38 800	0.6	23 280
方案2	(79 180)	0.1	(7 918)
方案3	(30 600)	0.3	(9 180)
期望净现值			6 182

正如上文所见，方案2和方案3得出的结果都会减少所有者（股东）的财富。由于这两种方案出现的可能性为40%，这是一个重大风险。只有方案1（60%的可能性）提供了增加所有者（股东）财富的结果。当然，在进行投资之前，我们并不知道哪个方案会实际发生。

但这并不意味着我们不应投资于公寓大楼的租约。这仅仅意味着在所有可能结果的信息都可用的情况下，管理者能够更好地做出决策。活动9-5进一步说明了这一点。

活动 9 - 5

青岛制造有限公司（Qingdao Manufacturing Ltd）正在考虑两个竞争项目。详情如下：
- 项目A产生20万英镑负净现值的概率为0.9，产生380万英镑正净现值的概率为0.1。
- 项目B产生10万英镑正净现值的概率为0.6，产生35万英镑正净现值的概率为0.4。

每个项目的期望净现值是多少？

项目A的期望净现值为：
    0.1×3 800 000－0.9×200 000＝200 000（英镑）

项目B的期望净现值为：
    0.6×100 000＋0.4×350 000＝200 000（英镑）

尽管活动9-5中两个项目的期望净现值是相同的，但这并不意味着企业对选择哪个项目漠不关心。从已知信息可以看出，项目A发生损失的可能性较高，而项目B在任何一种可能情况下都不会发生亏损。如果我们假设所有者（股东）不喜欢风险（通常是这种情况），他们更愿意让企业选择项目B。项目B提供与项目A相同的预期回报，但风险水平较低。

可以认为，如果企业参与多个类似项目，上述问题可能并不重要。这是因为一个项目比预期差的结果很可能被另一项目比预期好的结果所平衡。然而，在实践中，投资项目可能是唯一的，这一论点将不再适用。此外，如果该项目相对于其他项目而言规模较大，这一论点也失去了说服力。最后，导致一个项目产生不利结果的因素也可能导致其他项目产生不利结果。例如，石油价格的意外大幅上涨可能同时对某一特定企业的所有投资项目产生不利影响。

事件树图

在使用期望净现值法的情况下，最好让管理人员知道不同的可能结果和每个结果的概率。这样做，管理人员能够了解项目的负面风险。如果需要，可以用图表的形式呈现与每个结果相关的信息。例9-3描述了该图的结构。

例 9 - 3

　　Zeta 计算机服务有限公司最近为一个客户组织制作了一些软件。该软件的使用寿命为两年，然后就会过时。制作该软件的费用是 6 万英镑。客户同意如果软件只在两个部门中的一个部门使用，每年支付 8 万英镑许可费；如果两个部门都使用软件，每年支付 12 万英镑许可费。客户可以在任何一个部门使用软件一年或两年，但肯定会在两年中的每一年至少在一个部门使用该软件。

　　Zeta 认为，任何一年收到的许可费有 60% 的可能性是 8 万英镑，有 40% 的可能性是 12 万英镑。因此，这个项目有四种可能的结果（其中 p 表示概率）：

　　■ 结果 1。第一年现金流 80 000 英镑（p＝0.6），第二年现金流 80 000 英镑（p＝0.6）。两年的现金流都为 80 000 英镑的概率为：

　　　　0.6×0.6＝0.36

　　■ 结果 2。第一年现金流 120 000 英镑（p＝0.4），第二年现金流 120 000 英镑（p＝0.4）。两年的现金流都为 120 000 英镑的概率为：

　　　　0.4×0.4＝0.16

　　■ 结果 3。第一年现金流 120 000 英镑（p＝0.4），第二年现金流 80 000 英镑（p＝0.6）。此现金流序列发生的概率为：

　　　　0.4×0.6＝0.24

　　■ 结果 4。第一年现金流 80 000 英镑（p＝0.6），第二年现金流 120 000 英镑（p＝0.4）。此现金流序列发生的概率是：

　　　　0.6×0.4＝0.24

　　这些信息可以用图的形式展示出来（见图 9 - 5）。

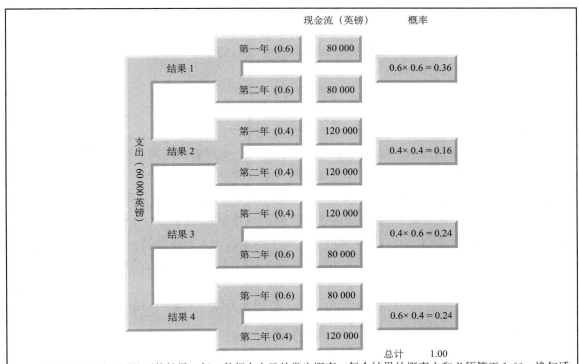

　　此项目有四种不同的可能结果，每一种都有自己的发生概率。每个结果的概率之和必须等于 1.00。换句话说，肯定会出现其中一种可能的结果。例如，如果每年只有一个部门使用该软件，就会出现结果 1。

图 9 - 5　Zeta 可能的项目结果

概率的来源

为可能的结果分配概率通常是个问题。某一特定投资项目可能产生许多可能的结果。要确定每种结果，然后为其分配概率是一项不好完成的任务。当给可能的结果分配概率时，可以使用客观或主观方法。

客观概率基于可证实的证据，通常是从过去的经验中收集的信息。例如，经营机动货车车队的企业的运输经理能够基于过去类似货车的购买记录来提供关于所购买的新机动货车的可能寿命的信息。根据可用信息，可以针对不同的可能寿命分配概率。然而，过去可能并不总是未来的可靠指南，特别是在快速变化的时期。例如，对于面包车，设计和技术的变化，或使用面包车目的的变化，可能会削弱过去数据的有效性。

主观概率基于观点，在过去的数据不合适或不可用时使用。独立专家的意见可以为使用主观概率提供有用的依据，尽管这些意见可能含有偏见，并影响所做判断的可靠性。

尽管概率分配存在相关的问题，但我们不应忽视其潜在用途。分配概率有助于明确与项目有关的风险，并有助于决策者认识到必须面对的不确定性。

活动 9 - 6

实验公司 Devonia 最近成功对一种新型护肤霜进行了临床试验，这种护肤霜是为抗衰老而开发的。与该新产品有关的研发费用为 160 000 英镑。为了评估新产品的市场潜力，公司花费 45 000 英镑聘请了独立的市场研究顾问。顾问提交的市场研究报告表明，护肤霜的产品寿命为 4 年，可以每100 毫升 20 英镑的价格出售给零售药店和大型百货商店。在新产品 4 年的生命周期中，每一年的销售需求估计如下：

售出数量（100 毫升容量/瓶）	发生概率
11 000	0.3
14 000	0.6
16 000	0.1

如果公司决定推出新产品，就有可能立即开始生产。生产新产品所必需的设备已经归公司所有，初始价值为 15 万英镑。在新产品寿命结束时，估计该设备可以 35 000 英镑的价格出售。如果公司决定不推出新产品，该设备将立即以 85 000 英镑的价格出售，因为它将不再被使用。

新产品每生产 100 毫升需要 30 分钟的人工。人工成本是每小时 16.00 英镑。必须招聘更多的工人来生产新产品。在产品生命周期结束时，公司不太可能为工人提供进一步的工作，预计总遣散费为 10 000 英镑。每 100 毫升新产品的原料成本为 6.00 英镑。新产品生产产生的额外间接成本预计为每年 15 000 英镑。

这种新型护肤霜引起了公司竞争对手的兴趣。公司如果决定不生产和销售护肤霜，可以立即以125 000 英镑的价格将专利权出售给一个主要竞争对手。

Devonia 的资本成本为 12%。忽略税费。

要求：

（a）计算新产品的期望净现值（ENPV）。

（b）说明 Devonia 是否应该推出新产品并给出理由。

答案：

(a) 每年的预期销售量＝(11 000×0.3)＋(14 000×0.6)＋(16 000×0.1)＝13 300（瓶）

预期年销售收入＝13 300×20＝266 000（英镑）

年人工成本＝13 300×(1/2×16)＝106 400（英镑）

年原料成本＝13 300×6＝79 800（英镑）

增量现金流：

单位：千英镑

	第 0 年	第 1 年	第 2 年	第 3 年	第 4 年
专利权的出售	(125.0)				
设备销售	(85.0)				35.0
销售收入		266.0	266.0	266.0	266.0
原料成本		(79.8)	(79.8)	(79.8)	(79.8)
人工成本		(106.4)	(106.4)	(106.4)	(106.4)
遣散费					(10.0)
额外的开销	—	(15.0)	(15.0)	(15.0)	(15.0)
	(210.0)	64.8	64.8	64.8	89.8
折现系数（12%）	1.000	0.893	0.797	0.712	0.636
	(210.0)	57.9	51.6	46.1	57.1
期望净现值	2.7				

（b）项目的期望净现值为正。这可能表明应该开展该项目。然而，相对于项目的规模，期望净现值非常低，建议仔细检查关键的估计和假设。销售（数量和/或价格）相对较小的下降或成本的上升可能会使项目期望净现值为负。

顺便指出，我们也可以针对三个销售需求水平中的每一个推导出单独的净现值，然后将相关概率应用于三个净现值中的每一个来计算期望净现值。这将得出同样的预计净现值。

对于涉及概率的决策，如活动 9-6 中的决策，推导出与销售水平相关的每个可能结果的净现值会很有帮助。这将使决策者对投资所涉及的风险有更加清楚的认识。

活动 9-7

在活动 9-6 中，了解每个结果的净现值对 Devonia 的管理者有什么帮助？

这将很有帮助。因为管理者能够看到三种可能结果中的每一种产生的净现值，以及每一种结果实际发生的可能性（概率）。

在一个简单的例子中，比如活动 9-6，推导每个可能结果的净现值是非常简单的。然而，实践中的决策有很多变量，每个变量都有大量可能的结果。从整体上看，这可能导致整个决策产生数百万种不同的可能结果。唯一可行的方法是找到每个投入要素的期望值，然后使用这些值来计算整个决策的期望值（计算可以由计算机完成）。

9.3 对风险水平做出反应

要求更高的回报是对高风险项目的合理反应。有清晰、可观察到的证据表明，风险和投资者要求的回报之间存在联系。例如，当银行认为借款人不太可能偿还所借金额时，通常会要求较高的贷款利率。

评估投资项目时，在风险增加的情况下提高折现率是正常的，即要求风险溢价：风险水平越高，要求的风险溢价就越高。将风险溢价与"无风险"回报率相加，得出所需的总回报率（风险调整折现率），无风险利率通常相当于政府债券的回报率。

实践中，企业可以将项目分为低风险、中风险和高风险三类，并为每一类风险分配风险溢价。然后，使用基于无风险利率加上适当风险溢价的利率对特定项目的现金流进行折现。由于所有投资在某种程度上都有风险，所以所有项目都会有风险溢价。

风险与回报之间的关系如图 9-6 所示。

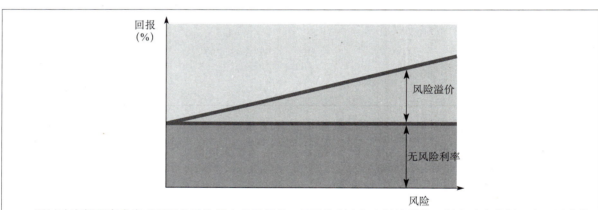

通过改变折现率来应对项目的风险是合乎逻辑的。无风险利率加上风险溢价，得出适当的折现率。风险较高的项目通常会有较高的回报，因此，项目风险越大，风险溢价越高。

图 9-6 风险与回报之间的关系

活动 9-8

你能想出为估算一个特定项目风险溢价的合理值会有什么实际问题吗？

在将投资项目归入某一特定风险类别，然后为每一类风险确定风险溢价时，往往需要做出主观判断。做出的选择将反映负责此事的管理者的个人观点，这可能与他们所代表的股东的观点不同。然而，所做的选择可以决定是否接受某个特定项目。

📋 自测题

Simtex 有限公司迄今已投资 12 万英镑开发一种新型剃须泡沫。该剃须泡沫的生产已准备就绪，据估计，该公司在未来四年内每年将销售 160 000 罐新产品。四年后，该产品将停产，并可能被新产品取代。

剃须泡沫预计售价为 6 英镑一罐，变动成本预计为 4 英镑一罐。固定成本（不包括折旧）预计为每年 30 万英镑。（该数字包括该新产品分摊的间接成本 130 000 英镑。）

为了生产和包装新产品，必须立即购买价值 48 万英镑的设备。这套设备四年后的估计价值为 10 万英镑。公司使用直线法计提折旧。它的资本成本估计为 12%。

要求：

（a）推算新产品的净现值。

（b）计算在新产品不再盈利之前，下列各项必须改变多少：

　　（1）折现率；

　　（2）新设备的初始支出；

　　（3）经营现金流净额；

　　（4）设备的残值。

（c）公司是否应该生产新产品？

📖 本章小结

本章的要点如下：

应对风险

■ 所有的决策都有风险，而且风险很大。

■ 投资决策的风险特别大，因为它们：

· 相对长期；

· 涉及大量资金。

敏感性分析

■ 它是在依次考虑每个投入要素后，对这些要素在项目不可行之前与估计值之间的差异程度的评估。

■ 它为项目提供了有用的见解。

■ 它没有给出明确的决策规则，但提供了一种见解。

■ 它是静态的，但情景分析可以通过设置许多现实场景来解决这个问题，使决策者能够对每个场景进行评估。

期望值

■ 期望值是各种值的加权平均数，用发生概率进行加权。

■ 期望净现值（ENPV）是投资项目每个投入要素的概率可能结果的加权平均值。

■ 期望净现值提供了单一价值和明确的决策规则。

■ 一个单一的期望净现值数字可能会掩盖真实的风险。

■ 期望净现值的金额应辅以可能结果的范围和分散度信息。

■ 概率可能是主观的（基于意见）或客观的（基于证据）。

对风险水平做出反应

- 从逻辑上讲，高风险应该带来高回报。
- 使用风险调整折现率，将无风险利率加上风险溢价，是对风险的合理反应。

实践中的风险管理

- 正式的风险评估很流行，而且越来越流行。
- 有些企业采用一种以上的方法来应对风险。
- 敏感性分析非常流行。
- 概率也被广泛采用。
- 对所感知风险的普遍反应是提高要求的回报率（折现率）和缩短要求的投资回收期。

📖 复习思考题

9.1 你的企业刚刚评估了对工厂和机器的投资，以生产一种新产品，从而扩大企业的经营范围。通过对各种投入要素数值的最佳估计，项目净现值显示为正。你还对每个投入要素进行了敏感性分析，并根据每个投入要素的值在项目 NPV 降至零之前需要从最佳估计值变化到实际值的百分比创建了敏感性分析表。

你将如何解释表中的各种值？

9.2 由一个可靠的第三人抛掷一枚硬币，众所周知，这是的公平。如果硬币正面朝上落地，你将得到 100 英镑。如果是反面，你什么也得不到。

如果你接受这个提议，你愿意支付的最高金额是多少？你觉得大多数人会同意你的观点吗？你回答的逻辑是什么？

9.3 有理由相信客观概率比主观概率更可靠吗？

9.4 "期望"值是如何被错误命名的？

📖 练习题

基础练习题

9.1 Parklife 有限公司是一家小型企业，其管理层刚刚对新生产设施的一项重大投资进行了评估。作为一名独立的商业顾问，管理层要求你检查计算结果，并就评估中使用的数据、假设、方法和计算是否合理给出意见。

你发现评估是基于净现值（NPV）开展的，使用所有投入要素的最佳估计。你对评估的其他方面都满意。你注意到评估显示净现值为正。

当你问管理层他们对风险采取了什么措施时，他们告诉你，风险被忽视了，因为企业中没有人知道如何应对风险。你现在被要求为管理层起草一份简要说明，确定应对风险的可能方法。

要求：

起草要求的简要说明。这应确定管理层考虑风险时可能采用的所有方法。在这一特定决策背景下，应该强调每种方法的优缺点。

9.2 Easton 有限公司需要购买一台机器来生产新产品。公司在 A、B 两台机器之间进行选择。每台机器的寿命预计为三年，没有预期残值。

购入机器 A 将花费 15 000 英镑，购入机器 B 将花费 20 000 英镑，每种情况下都应立即支付。如果使用机器 A 生产，每件产品的总变动成本为 1 英镑，但如果使用机器 B 生产，总变动成本仅为 0.50 英镑。这是因为机器 B 更复杂，操作所需的人工更少。

该产品每件售价 4 英镑。对该产品的需求量不确定，但估计每年为 2 000 台、3 000 台或 5 000 台。（请注意，无论实际销量水平如何，该水平将适用于 3 年中的每一年。）

销售经理对需求水平的概率估计如下：

年需求量（台）	概率
2 000	0.2
3 000	0.6
5 000	0.2

假设税费和固定成本不受到任何决策的影响。

Easton 有限公司的资本成本为每年 6%。

要求：

（a）计算 A 和 B 两台机器三种需求量下的净现值，并使用这些结果计算每台机器的期望净现值。

（b）在两台机器之间进行选择时，你会给公司什么建议？

中级练习题

9.3 在基础练习题 9.2 中，假设 2 000 台是年需求量的"最佳估计"，还假设只有机器 A 可用。

要求：

（a）公司是否应该根据净现值购买机器 A？

（b）对（a）中建议的决策进行敏感性分析，以获得以下因素的最佳估计值：

(1) 年需求量。

(2) 单位售价。

(3) 单位变动成本。

(4) 折现率。

(5) 项目寿命（年）。

(6) 初始投资。

9.5 Kernow 清洁服务有限公司为英国西南部的地方议会提供街道清洁服务。这项工作目前是劳动密集型的，很少使用机器。然而，该公司最近一直在考虑购买一批总成本为540 000英镑的街道清洁车辆。这些车辆的使用寿命为四年，很可能会节省大量人工成本。对可能节省的人工成本及其发生概率的估计如下：

单位：英镑

	估计节省的人工成本	概率
第 1 年	80 000	0.3
	160 000	0.5
	200 000	0.2
第 2 年	140 000	0.4
	220 000	0.4
	250 000	0.2
第 3 年	140 000	0.4
	200 000	0.3
	230 000	0.3
第 4 年	100 000	0.3
	170 000	0.6
	200 000	0.1

每年的估计独立于其他年份。该公司的资本成本为 10%。

要求：

（a）计算街道清洁车辆的期望净现值。

（b）计算最坏可能结果的净现值及其发生概率。

第10章

战略管理会计：竞争环境中的绩效评估和定价

引 言

本章从战略管理会计入手。我们将讨论战略管理会计这个主题的本质，然后研究其范围内的一些技术，包括对平衡计分卡的研究。平衡计分卡旨在将财务指标和非财务指标纳入实现企业目标的框架。

我们还将探讨近年来管理者关注的一个"热点"问题——股东价值。许多龙头企业称，对股东价值的追求是战略和运营决策背后的驱动力。我们将探讨"股东价值"一词的含义，并研究衡量股东价值的主要方法之一。

在本章的最后，我们将探讨与定价决策相关的关键问题。管理者必须谨慎对待定价决策，因为它们会对企业的盈利能力产生影响。我们将从理论和实践两方面探讨在竞争环境中定价的方式。

学习目标

学完本章后，你应该能够：

■ 讨论战略管理会计的性质，并描述其在提供竞争对手和客户信息方面的作用；

■ 讨论非财务指标在管理会计中的作用，并描述平衡计分卡如何将财务指标和非财务指标结合起来；

■ 解释"股东价值"一词，并描述 EVA® 在衡量和实现股东价值方面的作用；

■ 解释定价决策的理论基础，并讨论为企业产出确定适当售价所涉及的实际问题。

10.1　战略管理会计的含义

企业越来越多地按照战略方针进行管理。这意味着企业所采用的战略越来越多地为长期和短期决策提供依据。如果管理会计有助于指导战略框架内的决策，则所提供的报告和使用的技术必须与已建立的框架密切配合。然而，传统的管理会计因未能充分解决企业管理的战略问题而受到批评。这并不意味着迄今为止讨论的技术已经过时，但这确实意味着，管理会计若要保持其在企业决策中的核心地位，就必须继续发展。

战略管理会计关注提供支持企业战略计划和决策的信息。我们在第 1 章中看到，战略规划包括五个步骤：

1. 确立企业的使命、愿景和目标。

2. 进行定位分析，如 SWOT（优势、劣势、机会和威胁）分析，以确定企业当前与其所处环境的关系。

3. 确定和评估可能的战略选择，引导企业实现目标。

4. 选择最合适的战略方案，并制订长期和短期计划来实现这些方案。

5. 审查企业绩效，评估实际绩效和计划绩效并实施控制。

传统管理会计在一定程度上已经支持了这一战略过程。例如，我们在第 7 章中了解到预算如何成为战略规划框架的一个组成部分。我们还在第 8 章中了解到投资评估方法在评估长期规划中的作用。但仍有进一步发展的空间。如果管理会计要充分支持战略规划过程，则需要在三大领域进一步发展：

■ 必须更加关注外部环境。传统的管理会计方法没有充分考虑影响企业的外部因素。然而，这些因素对战略规划和决策至关重要。例如，在进行定位分析或制订未来计划时，管理者需要了解企业所处的外部环境。管理会计可以通过提供与环境有关的信息，例如企业竞争对手的绩效和客户的盈利能力，在这方面发挥有益的作用。

■ 必须更加关注制定和实施企业能够超越竞争对手的方法。在竞争环境中，企业必须获得相对于竞争对手的优势，才能长期生存和发展。竞争优势可以通过多种途径获得，其中一个重要途径是成本领先：以低于其他企业的成本生产产品或服务的能力。尽管传统的管理会计提供了许多成本确定和控制技术来帮助企业更有效地运营，但这些技术并不总是足够的。企业可能需要改变成本和成本结构，而不是简单地计算和控制所产生的成本。因此，管理会计在帮助塑造企业成本以契合战略目标方面可以发挥作用。

■ 必须关注对企业战略的监督，使得这些战略圆满完成。管理会计必须更加重视长期规划问题，并充当企业战略的监护人。这包括制定一系列全面的绩效指标，以帮助确保实现企业目标。由于这些目标通常以财务和非财务术语表述，因此制定的衡量标准必须反映这一事实。

接下来，让我们来看看管理会计在上述三个领域分别可以提供哪些帮助。

10.2　面向外部

如果一个企业要兴旺发达，其管理者就必须充分了解企业所处的环境。管理会计提供的有关企业参与竞争的产品市场的信息，有助于促进管理者了解企业所处的环境。

活动 10 - 1

什么样的信息可能有助于管理者了解特定的产品市场？试着至少想出两种信息。

信息可能包括:

■ 企业提供的产品或服务的市场总规模;

■ 企业在整个市场中所占的份额;

■ 企业在该市场各个细分市场(例如,地理细分市场)中所占的份额;

■ 该市场性质未来可能发生的变化;

■ 市场规模随时间变化的趋势。

这类信息应有助于管理者做出定价决策。我们将在本章后面更详细地考虑产品市场和定价决策。

企业管理者也应该充分了解竞争对手构成的威胁。管理者还应该清楚从企业的客户那里获得的利益。将有关竞争对手和客户的关键信息纳入日常管理报告是非常有必要的。这有助于管理者对可能出现的机会与威胁做出更迅速的反应。

现在让我们把注意力转向可以提供有关这两个群体的哪些信息。

10.2.1 竞争对手分析

为了有效地竞争,企业应该充分了解其主要竞争对手。竞争对手分析有助于战略规划、产品定价和企业收购决策。这可以为企业提供能够带来竞争优势的信息。然而,真实世界 10-1 表明,许多企业并没有对其竞争对手进行监控,因此未能获得这一优势。

真实世界 10-1

太少,太晚

管理咨询公司麦肯锡对 1 825 名企业高管进行的一项全球调查发现,企业在应对竞争威胁或监控竞争对手的行为方面并不积极。该调查询问企业高管,企业是如何应对价格的重大变化或创新的重大变化的。不同地区和行业的高管的回答惊人地相似。

大多数高管表示,他们的企业发现竞争性举措时为时已晚,无法在其冲击市场之前做出反应。34% 的面临创新威胁的受访者和 44% 的面临定价变化的受访者表示,他们要么是在竞争对手的行动公布时,要么是在竞争对手真正进入市场时,才发现竞争对手的举动。另外 20% 面临价格变化的受访者在竞争对手进入市场至少一两个报告期后才发现。

这些发现表明,企业没有对竞争对手的潜在行为进行持续、精密的分析。高管在回答如何收集竞争对手可能采取的行动的信息这一问题时也证实了这个观点。高管通常表示,他们通过新闻报道、行业团体、年度报告、市场份额数据和定价数据来跟踪信息。很少有受访者从更复杂的来源获得信息,如对产品进行详细检查或秘密购物。

资料来源:How companies respond to competitors: a McKinsey global survey, *The McKinsey Quarterly*, mckinseyquarterly.com,May 2008. Reprinted with permission.

进行竞争对手分析的两种方法是竞争对手排列和竞争对手分析。下面将对这两种方法进行讨论。

竞争对手排列

这包括确定行业的关键成功因素，并根据这些因素对企业及其竞争对手进行排名。竞争对手排列过程如例10-1所示。

例 10-1

Alba航空公司是一家低成本航空公司，有两个主要竞争对手：Badox航空公司和Corta航空公司。为了解企业的相对竞争地位，Alba航空公司的管理者确定了与市场相关的五个关键成功因素。

为了分析竞争地位，根据每个关键成功因素的相对重要性赋予其权重，这些权重的总和等于1.0。管理者给自己的企业和每个竞争对手打分，每个因素最多10分。然后计算每个关键成功因素的加权得分以及三家企业各自的总得分。

每家企业的得分如下：

关键成功因素	权重	Alba 航空公司		Badox 航空公司		Corta 航空公司	
		得分	加权得分	得分	加权得分	得分	加权得分
低票价	0.4	7	2.8	5	2.0	6	2.4
航线网络质量	0.2	4	0.8	8	1.6	7	1.4
运行效率	0.2	6	1.2	8	1.6	5	1.0
客户服务标准	0.1	7	0.7	8	0.8	2	0.2
网络销售能力	0.1	8	0.8	9	0.9	9	0.9
总计	1.0		6.3		6.9		5.9

我们可以看到，这种分析严重依赖于主观判断。尽管如此，它还是有助于确定每家企业的相对优势和劣势，这可以作为制定进攻和防御策略的基础。

竞争对手分析

这涉及对竞争对手的目标、意图和能力的考察。为了说明竞争对手分析的好处，我们假设一家企业提议将其销售价格降低10%。竞争对手会有什么反应？它们是否也会降低售价，从而抵销这家企业所获得的任何优势？这是否会引发销售价格螺旋式下降的价格战？如果竞争对手不进行降价，考虑到它们可能遭遇的销量下降，它们是否能够继续提供产品？在了解竞争对手对该提议的可能反应之前，无法对该建议进行全面评估。

为了发现竞争对手的驱动力及其未来可能采取的行动，应分析其业务的四个关键方面。它们分别是：

1. 使命和目标。竞争对手的发展方向是什么？尤其是，它们的利润目标是什么，它们试图实现什么样的销售增长率，目标市场份额是多大？

2. 战略。竞争对手期望如何实现其使命和目标？在新技术方面进行了哪些投资？正在建立哪些联盟和合资企业？将推出哪些新产品或服务？计划进行哪些并购？正在制定哪些成本降低战略？

3. 假设。竞争对手的管理者如何看待世界？对以下内容进行了哪些假设：

- 行业内的未来趋势；
- 其他企业的竞争优势；
- 进入新市场的可行性。

4. 资源和能力。潜在威胁有多严重？竞争对手的规模如何？是否拥有卓越的技术？是否盈利？是否有很强的流动性？成本结构如何？管理质量如何？产品的声誉和质量如何？营销和分销网络如何？

这四个方面为竞争对手分析提供了框架，如图 10-1 所示。

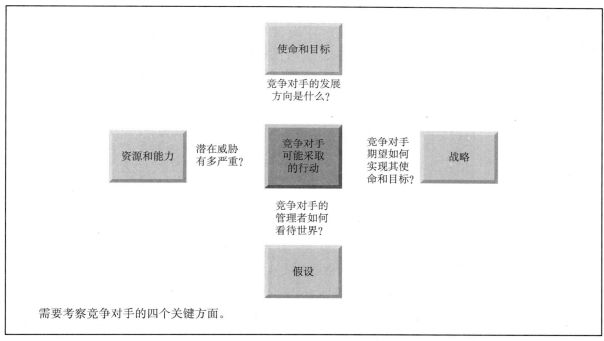

图 10-1　竞争对手分析框架

信息来源

收集信息以回答上述问题并非易事。企业不愿意发布可能损害其竞争地位的信息，这是可以理解的。尽管如此，还是有一些可用的信息来源。

一个有用的出发点是检查竞争对手的年度报告。在大多数国家，所有有限公司都有义务在年度报告中向公众提供有关其业务的信息。年度报告包括利润表、现金流量表和资产负债表。这些报表合在一起，可以提供关于企业财务健康状况的有用信息。此外，年度报告通常还包含大量非财务信息，这些信息可能会揭示企业的目标、战略、管理和价值观。

其他已发布和未发布的信息来源也可能有用。

活动 10-2

企业可以使用哪些已发布和未发布的信息来源来了解竞争对手？试着至少想出四个来源。

潜在的信息来源多种多样，包括：

- 竞争对手发布的公告；
- 有关竞争对手业务的新闻报道；
- 竞争对手管理者在会议或网站上发表的声明；
- 竞争对手制作的刊物、宣传册和目录；
- 市场份额数据和与财务分析师的讨论；
- 和与本企业以及竞争对手都进行交易的客户进行讨论；
- 与供应商讨论本企业及竞争对手；
- 实际观察，如从秘密购物中获得的见解；
- 对竞争对手的产品和价格进行详细检查；
- 行业报告；
- 政府对市场总规模等问题的统计数据。

你可能还想到了其他来源。

值得一提的是，可以聘请专业机构提供竞争对手的概况。这些机构通常依赖活动 10 - 2 中所述的信息来源。

10.2.2 客户盈利能力分析

企业力求吸引和留住能带来盈利销售订单的客户。因此，了解特定客户或客户类型能否为企业带来利润非常重要。现代企业可能会发现，企业中所产生的大部分成本与产品自身的成本无关，而与相关的销售和分销成本有关。这导致企业将重点从产品盈利能力转向客户盈利能力。

客户盈利能力分析（customer profitability analysis）评估每个客户或每类客户的盈利能力。为了进行客户盈利能力分析，必须确定与向特定客户销售和分销产品或服务相关的总成本。这些成本包括：

- 处理客户订单。包括在发货或提供服务之前接受订单和其他活动所涉及的成本，包括开具发票、记录销售和其他会计工作的成本。
- 拜访客户。许多企业的销售人员都会拜访客户。这样做既是为了获得订单，也是为了让客户了解企业产品范围的变化。
- 客户货物的交付。企业可以使用送货服务，也可以使用自己的运输工具。送货的距离以及货物的大小和性质将决定交付货物所产生的成本。
- 持有存货。销售实物商品企业的客户往往要求企业持有存货。例如，客户执行"即时制"原材料交付政策的情况尤其如此。这可能需要在短时间内频繁交货，通常会对供应商施加压力，要求其保持较高的存货水平。
- 授予信用。企业将不得不为其客户提供赊购政策。这也许因客户而异，具体取决于客户付款的及时性。
- 售后支持。技术支持或服务可作为销售协议的一部分。

图 10-2 总结了典型的客户相关成本。

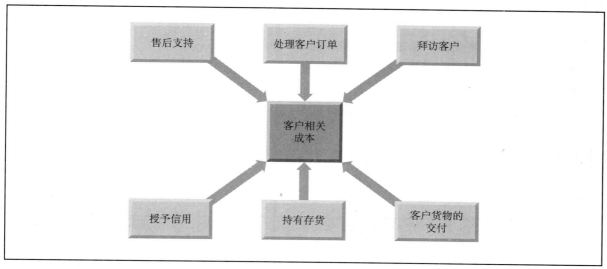

图 10-2　客户相关成本

　　客户相关成本最好使用作业成本法来确定成本分配。这意味着，一旦获得客户相关成本，就必须确定成本动因，并推导出适当的成本动因率。

活动 10-3

　　Imat 公司确定了与客户相关的以下成本：
- 订单处理；
- 开票和收款；
- 发货处理；
- 销售拜访；
- 售后服务。

为确定的每个项目提出可能的成本动因。

我们想到了以下几点：

客户相关成本	可能的成本动因
订单处理	订单数量
开票和收款	发送的发票数量
发货处理	已发货数
销售拜访	销售拜访次数
售后服务	技术支持访问次数

　　这些只是建议。也可能会发现影响每项成本的其他因素。

一旦得出客户相关成本，就可以生成客户盈利能力分析报表。该报表本质上是每个客户和/或每类客户的汇总利润表。客户盈利能力分析报表通常展示：

- 相关销售收入；
- 创造或购买所提供的产品或服务的基本成本（即销货成本）；
- 企业的一般销售和管理费用；
- 上述确定的客户相关成本。

例 10-2 展示了一份客户盈利能力分析报表。

例 10-2

Imat 公司——12 月的客户盈利能力分析报表：

单位：千英镑

	客户			
	A 公司	**B 公司**	**C 公司**	**D 公司**
销售收入	125	75	80	145
销售成本	(87)	(52)	(56)	(101)
毛利润	38	23	24	44
销售和管理费用	(19)	(11)	(12)	(22)
客户相关成本				
订单处理	(4)	(2)	(2)	(4)
开票和收款	(4)	(2)	(2)	(4)
发货处理	(6)	(4)	(4)	(8)
销售拜访	(7)	(1)	(1)	(2)
售后服务	(6)	—	(1)	—
当月利润/（亏损）	(8)	3	2	4

如果对所有客户的产品收取相同的价格，那么客户盈利能力分析报表的顶部，即与扣除毛利润有关的部分，可视为与产品盈利能力相关。客户盈利能力分析报表的底部，即毛利润数字以下的部分，可视为与客户盈利能力相关。为了分析客户盈利能力，我们可以用占毛利润的百分比来表示报表底部的每项成本。

例 10-3 提供了结果。

例 10-3

Imat 公司——客户盈利能力分析：

单位：%

	客户			
	A 公司	B 公司	C 公司	D 公司
毛利润	100.0	100.0	100.0	100.0
销售和管理费用	50.0	47.8	50.0	50.0
客户相关成本				
订单处理	10.5	8.7	8.3	9.1
开票和收款	10.5	8.7	8.3	9.1
发货处理	15.8	17.4	16.7	18.2
销售拜访	18.4	4.3	4.2	4.5
售后服务	15.8	—	4.2	—
当月利润/（亏损）	(21.0)	13.1	8.3	9.1
	100.0	100.0	100.0	100.0

　　生成的信息显示，Imat 公司与客户 A 公司的业务正在产生亏损。为了确定这是否是一个持续存在的问题，可以进行趋势分析，将客户相关成本占毛利润的百分比绘制成图。A 公司的趋势分析示例如图 10 - 3 所示。

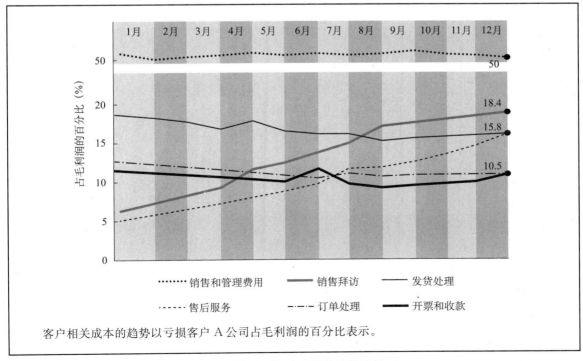

客户相关成本的趋势以亏损客户 A 公司占毛利润的百分比表示。

图 10 - 3　A 公司的趋势分析

活动 10 - 4

可以采取什么措施来解决 A 公司的问题？

问题似乎出现在对 A 公司的销售拜访和售后服务成本上。这两项成本远高于其他客户，而其他的客户相关成本（以占毛利润的百分比表示）与其他三个客户大致相同。随着时间的推移，销售拜访和售后服务的成本一直在持续上升，这似乎不是销售劣质商品等特殊因素造成的。有鉴于此，管理者可能会决定减少销售拜访次数和降低售后服务水平，或者通过提高价格来收费。

在实践中，对于许多企业来说，一小部分客户往往会产生很大比例的总利润。此种情况下，企业可将营销和客户支持工作的重点放在这些客户身上。然后，利润较低的客户可能会成为涨价或减少客户支持的目标，正如我们在活动 10 - 4 中看到的那样。

如果一家企业有很多客户，那么分析单个客户的盈利能力可能并不可行。此种情况下，最好根据特定属性对客户进行分类，然后评估每类客户的盈利能力。例如，一家提供会计培训的企业根据客户正在准备考试的类型对其进行分类。然而，为客户确定合适的类别有时很困难。

真实世界 10 - 2 提供了客户盈利能力分析在实践中的使用情况。

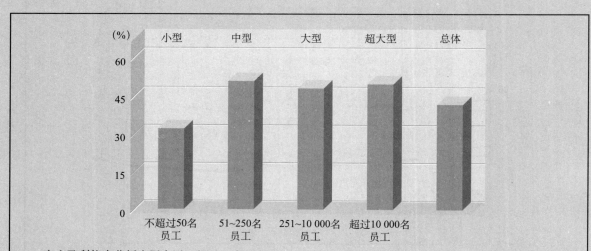

真实世界 10 - 2

从客户盈利能力分析中获利

前面章节提到的 CIMA 调查考察了客户盈利能力分析的使用因企业规模而异的程度，结果如图 10 - 4 所示。

客户盈利能力分析应用广泛，超过一半的中型、大型和超大型企业使用了这一技术。调查还发现，在欧洲（不包括英国），61% 的企业采用了客户盈利能力分析；相比之下，在其他地区，这一比例为 36% ~ 47%。

资料来源：CIMA (2009) *Management Accounting Tools for Today and Tomorrow*, p.17.

图 10 - 4　客户盈利能力分析的使用情况

10.3　通过成本领先获得竞争优势

许多企业试图在价格上进行竞争，也就是说，它们试图以比竞争对手更优惠的价格提供产品或服务。要在一段时期内成功做到这一点，它们还必须在成本上展开竞争，价格的降低通常只能通过降低成本来维持。因此，竞争性定价的战略承诺必须伴随着对成本管理的战略承诺。过去，成本管理通常是周期性的。经济困难时期，成本管理显得尤为重要，但当经济形势好转时，成本管理又会有所放松。然而，在当今竞争日益激烈的环境中，成本管理已经成为一个持续的过程。

真实世界 10-3 列出了对美国一些大型企业 210 名高管的调查结果。这项由国际会计和咨询公司德勤（Deloitte）进行的调查证实，降低成本是许多美国大型企业的当务之急。然而，德勤认为，只有采用战略方法才能显著降低成本。

真实世界 10-3

错失目标

德勤对美国大型企业 210 名高管进行的调查发现，无论销售收入增加还是减少，企业都将降低成本视为首要任务。此外，绝大多数接受调查的企业都在追求 10% 或以上的成本削减目标，33% 的企业在追求 20% 以上的目标。然而，调查发现，成本降低举措的结果往往令人失望。在调查当年，大多数成本削减举措未能达成目标。图 10-5 和图 10-6 列出了主要调查结果。

德勤认为，未能实现成本削减目标的一个重要原因是战略方法的使用，这些方法侧重于业务流程。要大幅降低成本，就应采取战略方法。这就需要将重点放在重组运营、集中职能、外包和离岸运营等举措上。

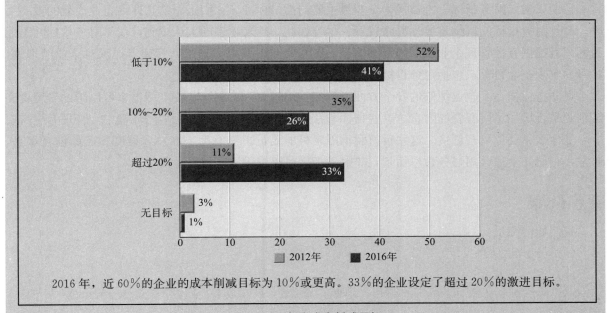

2016 年，近 60% 的企业的成本削减目标为 10% 或更高。33% 的企业设定了超过 20% 的激进目标。

图 10-5　年度成本削减目标

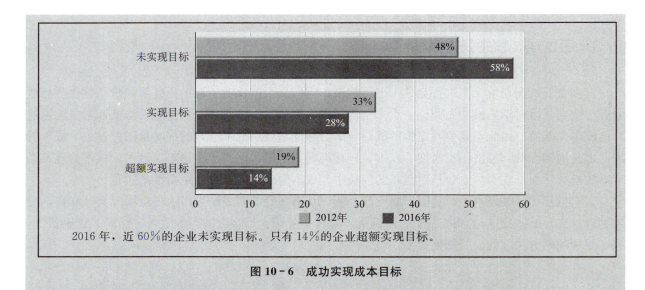

图 10 - 6　成功实现成本目标

资料来源：Deloitte（2016）*Thriving in Uncertainty*：*Cost Improvement Practices and Trends in the Fortune* 1000，www2.Deloitte.com，April.

在第 5 章中我们了解到，为积极管理成本，新的成本计算和成本管理方法已经被设计出来。所讨论的一些方法，如全生命周期成本计算，反映了对长期成本降低的明确关注。因此，它们属于战略成本管理的范畴。

10.4　非财务指标

长期以来，财务指标一直被视为企业最重要的衡量标准。它们是总结和评估企业成就的重要手段，而且财务指标的持续重要性毋庸置疑。尽管如此，越来越多的人认识到，仅靠财务指标并不能为管理者提供有效管理企业所需的足够信息，还需要非财务指标来帮助管理者加深对企业的理解，并帮助实现企业目标，包括财务目标。

财务指标描述了企业绩效的各个方面。例如，销售收入、利润和资本回报率可以帮助管理者确定企业是否增加了所有者的财富。这些指标非常重要，但在竞争日益激烈的环境中，管理者也需要了解是什么驱动了财富创造。这些价值驱动因素可能是员工满意度、客户忠诚度和产品创新水平。通常，它们并不适合用财务指标衡量，非财务指标可以提供一些评估手段。

活动 10 - 5

我们如何衡量：
（a）员工满意度；
（b）客户忠诚度；
（c）产品创新水平。

（a）员工满意度可以通过员工调查来衡量。可以考察员工对工作各个方面的态度、允许的自主程度、获得的认可和奖励程度、参与决策的程度、执行任务时获得的支持程度等。不太直接的满意度衡量指标包括员工离职率和员工生产率等。然而，其他因素可能会对这些衡量指标产生重大影响。

（b）客户忠诚度可以通过现有客户销售额占总销售额的比例、向客户重复销售的数量、客户续约或订立其他合同的百分比等来衡量。

（c）产品创新水平可以通过一段时间内与竞争对手相比的创新数量、近期产品创新的销售额百分比、成功推向市场的创新数量等指标来衡量。

- -

财务指标往往是"滞后指标"，因为它们告诉我们结果。换言之，它们衡量的是过去管理决策产生的结果。非财务指标也可以作为滞后指标，但可能更有用的是用作"先导"指标。这是因为非财务指标倾向于关注那些驱动绩效的因素。如果我们对这些价值驱动因素的变化进行衡量，就能够预测未来财务绩效的变化。例如，企业可能会从经验中发现，一个时期产品创新水平下降 10%，往往会导致后续三个时期销售收入下降 20%。此种情况下，产品创新水平可视为先导指标。它可以告诉管理者，如果不采取纠正措施，未来的销售额很可能会下降。因此，通过使用这一先导指标，管理者可以在早期阶段识别关键变化，并快速做出反应。

10.4.1　平衡计分卡

罗伯特·卡普兰（Robert Kaplan）和戴维·诺顿（David Norton）开发的平衡计分卡是将财务指标和非财务指标结合起来使用的最令人印象深刻的尝试之一。平衡计分卡既是一个管理系统，也是一个衡量系统。本质上，它提供了一个框架，将企业的目标和目的转化为一系列关键绩效衡量指标和目标。该框架旨在将企业战略与特定目标、措施紧密联系起来，使企业战略更加协调一致。因此，管理者能够更清楚地看到所设定的目标是否真正实现。

平衡计分卡方法在四个维度设定目标并制定适当的衡量方法和指标：

1. 财务。该维度将明确股东要求的财务回报，并可能涉及使用财务指标，例如：
- 资本回报率；
- 营业利润率；
- 销售收入增长率。

2. 客户。该维度将具体说明企业希望服务的客户和/或市场类型，并制定适当的指标，例如：
- 客户满意度；
- 新客户的增长水平。

3. 内部运营。该维度将具体说明对企业成功至关重要的业务流程（例如，创新、业务类型和售后服务）。它还将制定适当的指标，例如：
- 新产品销售额占总销售额的百分比；
- 新产品上市时间；
- 产品周期；
- 回应客户投诉的速度。

4. 学习与成长。该维度将具体说明实现业务长期增长所需的人员类型、系统和程序。这一维度往往是最难制定适当指标的。可使用的指标包括：
- 员工激励；
- 员工技能概况；

■ 信息系统的能力。

这四个维度如图 10 - 7 所示。

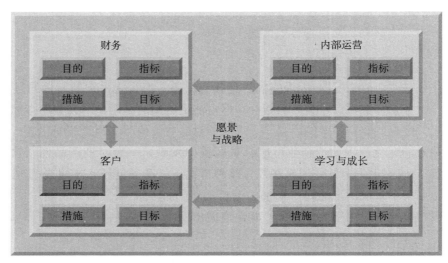

平衡计分卡涵盖四个主要维度。注意，对于每个维度，都必须解决一个基本问题。通过回答这些问题，管理者应该能够确定企业的关键目的。一旦做到这一点，就可以制定与这些目的相关的指标和目标。最后，制定适当的管理措施，以实现设定的目标。

图 10 - 7　平衡计分卡——将战略转化为运营流程

活动 10 - 6

试着为平衡计分卡四个主要维度的每个维度再想出一个可以衡量的绩效指标。

其他绩效指标包括：

■ 财务：现金流、股价。

■ 客户：市场份额、客户忠诚度。

■ 内部运营：劳动生产率、产出质量。

■ 学习与成长：劳动力流动、采用最佳实践。

你可能还想到了其他指标。

平衡计分卡方法未规定企业应采用的特定目标、衡量方法或指标，这是一个由企业自行决定的问题。企业在所采用的技术、组织结构、管理理念和商业环境方面存在差异，因此每家企业都应制定反映其独特情况的目标和衡量方法。平衡计分卡只是搭建了一个框架，用于为企业制定一套合乎逻辑的目标，并确保这些目标与具体目标和措施相联系。

平衡计分卡基于整个企业编制，如果是大型多元化企业，则基于每个主要部门编制。在编制了总体平衡计分卡之后，还可以基于企业或部门内的每个子单位（如部门）编制平衡计分卡。因此，平衡计分卡方法就可以向下逐级推开，形成金字塔。该金字塔通过所采用目标和措施的一致性连接到"主"平衡计分卡。

尽管平衡计分卡中可以使用许多财务指标和非财务指标，但只有少数几个指标能够使用。根据卡普兰和诺顿的说法，通常最多需要 20 项指标来捕捉对企业成功至关重要的因素。（如果一家企业提出了超过 20 项指标，通常是因为管理者没有充分思考关键指标到底是什么。）有趣的是，英国超市企业特易购多年来一直采用一种有 40 多项指标的平衡计分卡。2015 年，该企业放弃了这一做法，转而采用了指标数量较少的平衡计分卡。该企业的新任 CEO 戴夫·刘易斯（Dave Lewis）认为，以前的平衡计分卡过于复杂，员工难以处理。

制定的关键指标应是滞后指标（与结果相关的指标）和先导指标（与驱动绩效的因素相关的指标）的组合。

尽管平衡计分卡采用的衡量指标涉及广泛的业务活动，但它并不试图淡化财务指标和财务目标的重要性。事实上，情况正好相反。卡普兰和诺顿坚持认为，平衡计分卡必须反映对企业财务目标的关注。这意味着，确定的其他三个维度的指标和目标最终必须与财务目标相关。它们之间必须有因果关系。例如，对员工发展的投资（学习与成长维度）可能会提高售后服务水平（内部运营维度），进而提高客户满意度（客户维度），最终提高销售收入和利润（财务维度）。起初，因果关系可能无法很清楚地确定。然而，随着时间的推移，通过收集信息，企业可以提高对这种联系的理解，从而提高平衡计分卡的有效性。

图 10-8 显示了员工发展投资与企业财务目标之间的因果关系。

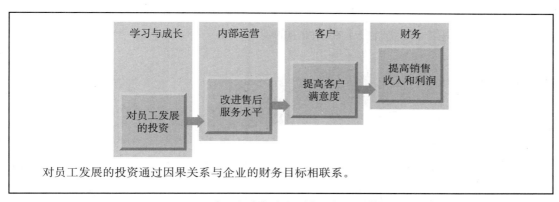

图 10-8　员工发展投资与企业财务目标之间的因果关系

活动 10-7

你认为图 10-8 所示的方法是一种很自私的处理员工发展的方式吗？是否应该以取得的财务成果作为员工发展的理由？

这种方法可能很自私。然而，卡普兰和诺顿认为，除非能够证明员工发展与增加财务回报之间存在这种联系，否则管理者很可能会对员工发展的益处产生怀疑，因此结果可能是不会对员工发展进行投资。

为什么这个框架被称为平衡计分卡？根据卡普兰和诺顿的说法，有许多原因。因为它力图在以下方面取得平衡：

- 外部衡量指标（与客户和股东相关）与内部衡量指标（与企业运营、学习与成长相关）；
- 反映结果的衡量指标（滞后指标）与有助于预测未来绩效的指标（先导指标）；
- 硬性财务指标与柔性非财务指标。

平衡计分卡可以根据特定企业的需要进行调整。英国巴克莱银行（Barclays plc）已经做到了这一点，正如真实世界 10 - 4 所解释的那样。

真实世界 10 - 4

银行平衡计分卡

巴克莱银行开发了一种涵盖五个关键维度的平衡计分卡，即：

1. 客户和委托人——处理银行/客户关系；
2. 同事——涉及员工发展和关系；
3. 公民身份——涉及银行和所在社区的关系；
4. 行为——关注银行的诚信；
5. 公司——专注于银行的财务绩效。

该银行在这五个领域中只有七个关键绩效指标。

该银行的年度报告用大量篇幅讨论其平衡计分卡，并根据每个关键绩效指标的目标报告其年度绩效。

资料来源：Barclays，Annual Report 2018，p. 117.

真实世界 10 - 5 提供了平衡计分卡在实践中的使用情况。

真实世界 10 - 5

平衡问题

贝恩公司是一家管理咨询公司，定期对关键管理工具进行调查。图 10 - 9 展示了其 2017 年调查的结果，该调查基于全球 13 000 多名高管的数据库，考察了平衡计分卡的使用情况和满意度。

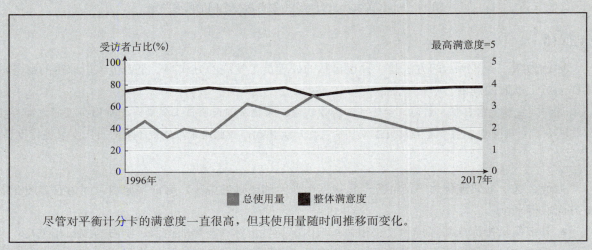

尽管对平衡计分卡的满意度一直很高，但其使用量随时间推移而变化。

图 10 - 9　平衡计分卡的使用情况和满意度

可以看到，1996—2017 年，受访者使用平衡计分卡的占比先有所上升，随后有所下降。然而，对该管理工具的满意度一直很高。

资料来源：Rigby, D. and Bilodeau, B. (2018) *Management Tools*, Bain & Company, June 10. www.bain.com/publications/articles/management-tools-benchmarking.aspx, used with permission from Bain & Company.

采用平衡计分卡方法进行管理似乎并不一定局限于传统企业，如特易购和巴克莱银行。真实世界 10-6 是英国投资基金管理公司 M&G 的 CEO 安妮·理查兹（Anne Richards）撰写的一篇文章，她提倡使用平衡计分卡来衡量投资基金的绩效。

真实世界 10-6

平衡基金

投资管理在社会中的作用正在不断演变。很明显，从长期来看，为客户提供良好的财务回报是必要和重要的，但这还不够。

社会对投资经理的期望主要有三个：以公平的价格获得良好的绩效；有效整合和分配资本；有效管理这些投资。因此，我们被要求有更广泛的投资目标，而不仅仅是一个狭隘的财务视角。

然而，我们的行业面临着挑战。我们是否制定了适当的激励措施来实现我们有潜力、有责任实现的更广泛的社会利益？监管部门试图通过一系列新措施鼓励投资经理的"正确"行为。

然而，不管监管的用意多么好，监管也只能到此为止。作为一个行业，我们有责任推动自身行为的转变。我们必须摆脱单纯关注成功的财务指标，展示我们如何进行适当的投资，以满足社会对我们更广泛的期望。

因此，我认为现在是时候为投资基金制定一套新的长期绩效指标了。

显然，风险加权财务回报仍然是衡量绩效的重要指标，但这已经不够了。我们还需要纳入更多的非财务指标，以体现我们所肩负的更广泛的责任，并承认我们的投资所产生的更广泛的影响。

怎样才能做到这一点？我想提出一种新的标准化计分卡，用于衡量基金的绩效，该计分卡可以包含一系列指标，包括以下部分或全部指标：环境影响、碳足迹、供应链可持续性、社会影响以及多样性和包容性。

例如，这些目标可以与联合国的可持续发展目标相一致，后者涵盖五大相互关联的支柱——人、地球、繁荣、和平和伙伴关系。

每只基金，无论是活跃型还是消极型，都可以根据投资方式对这些指标进行评分。这些分数应该标准化，就像今天的财务绩效一样，这样潜在投资者就可以很容易地比较基金。然后，现有投资者可以计算出其投资的基金更广泛的影响，以及与同类基金的比较情况。

反对者认为，投资者只关心财务回报。这对一些储蓄者来说无疑是正确的。同样，管理投资的首要目标仍然是为储蓄者带来财务回报，帮助他们实现长期目标和需求。

但越来越明显的是，许多人希望用他们所投资的资金获得比基准更高的财务回报。

对投资方法中纳入 ESG（环境、社会和治理）因素的基金的需求强劲，并且在所有主要资产类别中都在增长。截至 2017 年 11 月，欧洲负责的投资基金管理着近 3 500 亿欧元的资金，比上年同期增长了 20% 以上。

这一趋势表明，投资者关心的不仅仅是财务回报。因此，行业需要满足这一需求。开发一个新的计分卡是投资经理抓住机遇并投资成功的机会。

没有一家基金管理公司能够独自做到这一点。它需要一个跨行业的新方案，可以与交易所或指数提供商、投资顾问和基金评级机构合作，这样我们就能建立一个投资组合足迹标准视图。人工智能和机器学习等技术很可能有助于实现这一点。

我们都知道衡量对象的重要性。我们需要确保我们衡量的是重要的事情。开发平衡计分卡就是朝着这个方向迈出的积极一步。

资料来源：Richards, Anne.（2018）We need a new way to assess the impact of investment managers，5 April 2018. © The Financial Times Limited. Reprinted with permission of Anne Richards.

真实世界 10-7 提供了一个有趣的类比，即飞机驾驶员只能使用一种控制装置。

真实世界 10-7

害怕飞行

卡普兰和诺顿请我们想象一下，在飞行过程中，一名乘客和一架喷气式飞机的飞行员之间的对话：

Q：我很惊讶你只用一台仪器操作飞机。它测量的是什么？

A：气流速度。这次飞行我在认真研究气流速度。

Q：这很好。气流速度显然很重要。但是海拔呢？高度计不是很有用吗？

A：我在过去几次飞行中都在研究海拔高度，在这点上我已经做得很好了。现在我必须集中精力找到适当的气流速度。

Q：但我注意到你甚至没有燃油表。那不是很有用吗？

A：你是对的，燃料很重要，但我没有精力同时做好太多事情。所以在这次飞行中，我关注的是气流速度。一旦我在气流速度和高度方面都表现出色，那么在下一次飞行中我打算把重点放在油耗上。

他们试图表达的观点是（除了警告不要和这样的飞行员一起飞行！），驾驶飞机是一项复杂的活动，需要大量的导航仪器。然而，企业的管理可能比驾驶飞机更复杂，因此需要采取一系列财务指标和非财务指标。仅仅依靠财务指标是不够的，因此平衡计分卡旨在为管理者提供更完整的导航系统。

资料来源：Kaplan, R. and Norton, D.（1996）*The Balanced Scorecard*，Harvard Business School Press.

这个故事表明，只关注少数绩效领域可能会导致其他重要领域被忽视。过于狭隘的关注点会对行为产生不利影响，并扭曲绩效。这反过来可能意味着企业无法实现其战略目标。也许我们应该牢记另一个故事：有一家生产钉子的工厂，这家工厂只根据生产的钉子的重量来衡量产量。在某一财务期间，该厂只生产了一个非常大的钉子，就完成了产量目标！

10.4.2　平衡计分卡的问题

并非所有在企业内部嵌入平衡计分卡方法的尝试都能取得成功。为什么会出错？有人认为，往往是使用了过多的衡量指标，从而使平衡计分卡过于复杂和笨拙。我们之前看到特易购正是出于这个原因修改了平衡计分卡。也有人认为，管理者面临着在四个不同维度之间的权衡决策。他们之所以在这方面举步维艰，是因为缺乏一个清晰的指南。试想，一位经理的预算有限，因此必须决定是投资于员工培训还是产品创新。如果两者都能为企业带来价值，那么哪一种选择对企业来说是最佳的呢？

虽然存在这样的问题，但是诺顿认为，平衡计分卡未能在企业中扎根的原因主要有两个，正如真实世界 10-8 所解释的。

真实世界 10-8

当滥用导致失败时

与哈佛商学院教授卡普兰共同创立平衡计分卡这一概念的顾问诺顿认为，企业在广泛使用平衡计分卡时出现问题有两个主要原因。诺顿认为，失败的第一个原因是企业的管理层缺乏领导力，他们不接受平衡计分卡也未将其用于管理自己的战略。

第二个原因是，一些企业纯粹将平衡计分卡视为一种计量工具。诺顿承认这一问题部分源于平衡计分卡的名称。他说，这一概念自诞生以来就一直在演变。卡普兰和诺顿的最新观点是，企业需要在企业层面设立一个部门，他们称之为"战略管理办公室"，该部门致力于确保将战略传达给每位员工，并转化为各业务单元和部门的计划、目标和激励措施。

诺顿认为，激励措施至关重要。使用平衡计分卡取得绩效突破的管理者表示，如果再来一次，他们会尽快将其与高管薪酬挂钩。企业中的变化太大，以至于管理者并不总是相信你所说的是真话。平衡计分卡可能只是"本月的特色"，而将其与薪酬挂钩则表明你是认真的。

资料来源：Maitland, Alison (2006) When misuse leads to failure, *Financial Times*, 24 May 2006.

巴克莱银行（见真实世界 10-4）采纳了诺顿在真实世界 10-8 中提出的最后一点，即将平衡计分卡目标所衡量的绩效与管理层薪酬挂钩。在巴克莱银行，部分高管人员的薪酬直接取决于平衡计分卡的绩效。

10.5　衡量股东价值

近年来，传统的财务指标受到了很多批评。因此，有助于指导和评估战略管理决策的新指标得到提倡。这些新的衡量指标以增加股东价值为基础。在本节中，我们将探究其中一种较为流行的指标。不过，在此之前，我们先来看看为什么增加股东价值被视为企业的最终财务目标。

10.5.1　追求股东价值

多年来，股东价值一直是管理者关注的热点问题。许多企业声称，追求股东价值是其战略和经营决策的驱动力。因此，让我们首先考虑一下"股东价值"一词的含义。

简单地说，"股东价值"是将股东的需求置于管理决策的核心。有人认为，股东投资于企业的目的是，在他们准备承担的风险范围内，最大限度地提高他们的财务回报。既然股东任命管理者代表他们行事，管理层的决定和行动应反映出对股东回报最大化的关注。尽管企业可能有其他利益相关者群体，如员工、客户和供应商，但股东应该被视为最重要的群体。

当然，这不是一个新观点。正如我们在第 1 章中所讨论的，股东财富最大化被视为企业的关键目标。然而，并非所有人都接受这一点。一些人认为，必须在不同利益相关者相互竞争的要求之间取得平衡。关于每种观点优劣的辩论超出了本书的范围，但值得指出的是，近年来，商业环境发生了根本性的变化。

在过去，股东被指责过于被动，过于轻易地接受管理者带来的利润和分红。然而，这种情况已经改变。股东现在更加坚定，作为企业的所有者，他们能够坚持将自己的需求放在首位。自 20 世纪 80 年代以来，我们见证了企业管制的放松和全球化，以及技术的巨大变革，结果是创造了一个竞争更加激烈的世界。这不仅意味着产品和服务的竞争，也意味着资金的竞争。企业现在必须更加激烈地争夺股东资金，因此必须提供有竞争力的回报率。

因此，自身利益可能是管理者尽一切努力最大化股东回报的最有力原因。如果他们不这样做，股东就有可能用愿意这样做的管理者取代他们，或者让另一家致力于实现股东回报最大化的企业接管此企业。

10.5.2　创造股东价值

创造股东价值可分为四个阶段。

■ 第一阶段：为企业设定目标，体现股东回报最大化的核心重要性。这将为企业设定一个明确的方向。

■ 第二阶段：建立一种适当的方法来衡量为股东创造的回报或价值。传统的衡量股东回报的方法不足以达到这一目的的原因，我们将稍后讨论。

■ 第三阶段：以促进股东回报最大化的方式管理企业。这意味着设定严苛的目标，然后通过尽可能利用资源、使用激励制度和在整个企业中嵌入股东价值文化来实现这些目标。

■ 第四阶段：衡量一段时间内的股东回报，以查看实际上是否实现目标。

图 10-10 展示了股东价值创造过程。

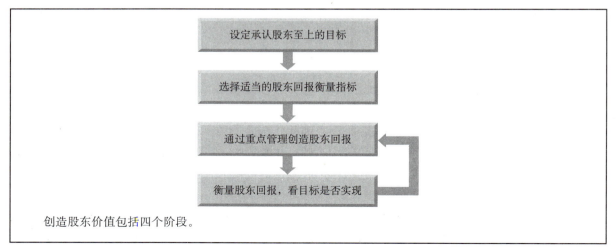

创造股东价值包括四个阶段。

图 10-10　创造股东价值的四个阶段

10.5.3　对新衡量方法的需求

考虑到股东回报最大化的承诺，我们必须选择一种恰当的衡量方法，以帮助我们评估一段时间内的股东回报。有人认为，衡量股东回报的传统方法存在严重缺陷，因此不应用于此目的。

活动 10-8

衡量股东回报的传统方法是什么？

传统方法是使用会计利润或基于会计利润的某些比率，如股东资金回报率或每股收益。

使用会计利润或基于会计利润的比率来评估股东回报大致有以下四个问题。

■ 利润是在相对较短的时间内（通常是一年）衡量的。然而，当谈论股东回报最大化时，我们关注的是长期回报最大化。将利润作为关键衡量指标存在风险，即管理者会做出短期内改善绩效但长期内会对绩效产生不利影响的决策。例如，短期内可以通过削减员工培训和研发支出来增加利润。然而，这类支出可能对企业的长期生存至关重要。

■ 忽视风险。一个基本的商业现实是，所获得的回报水平与实现这些回报所必须承担的风险水平之间存在着明确的关系。通常情况下，要求的回报水平越高，风险水平就越高。如果实现的利润增长与风险水平的提高不相称，则产生利润增长的管理策略可能会降低股东价值。因此，仅靠利润衡量是不够的。

■ 会计利润没有考虑到企业投资的所有资本成本。衡量利润的传统方法在计算当期利润时要扣除借款成本（即利息费用），但股东资金成本没有类似的扣除。传统方法的批评者指出，从经济意义上讲，企业不会盈利，除非它能补偿所有投资的资本成本，包括股东资金。除非企业做到这一点，否则它将亏本经营，股东价值将会因此减少。

■ 企业报告的会计利润可能因所采用的特定会计政策不同而不同。会计利润的计量方式因企业而异。一些企业采用非常保守的方法，这体现在特定的会计政策上。这可能包括立即将一些无形资产（例如研发成本和商誉）当作费用处理（"注销"），而不是将其作为资产保留在资产负债表中。同样，使用余额递减法计提折旧（这意味着早期存在高额的折旧费用）也会降低早期的利润。

采用较保守会计政策的企业在拥有折旧资产的最初几年会报告较高的利润。长期注销无形资产（或者根本不注销无形资产）会产生这种效果。使用直线法计提折旧的企业也是如此。也可能有一些企业热衷于使用"创造性会计"。这是指采用特定的会计政策，或进行特定的交易，从而描绘出一幅符合管理者希望股东和其他人看到的财务健康状况，而不是真实公允地反映财务绩效和状况。这通常涉及人为地增大一段时间内的收入数字或减少费用数字，以夸大利润。创造性会计一直是会计规则制定者和社会普遍面临的主要问题。

10.5.4　经济增加值（EVA®）

经济增加值（EVA®）由美国管理咨询公司思腾思特（Stern Stewart）开发并注册。然而，EVA® 是基于经济利润的理念，这一理念已存在多年。这一衡量指标反映了之前提出的观点，即企业要想在经济意义上盈利，就必须产生超过投资者要求的回报。仅仅赚取会计利润是不够的，因为这项指标没有充分考虑投资者所要求的回报。

EVA®表明产生的回报是否超过投资者要求的回报。公式如下：

$$EVA® = NOPAT - R \times C$$

其中：

NOPAT＝税后净营业利润；

R＝投资者要求的回报；

C＝投入资本（即企业的净资产）。

只有当 EVA® 为正值时，我们才能说企业正在增加股东财富。为了使股东财富最大化，管理者必须尽可能增加 EVA®。

活动 10-9

你能给出管理者可以采取哪些措施来增加 EVA® 的建议吗？（提示：可以使用上述公式。）

公式表明，为了增加 EVA®，管理者可以尝试：

■ 增加 NOPAT。这可以通过减少开支或增加销售收入来实现。

■ 通过更有效地使用资产来减少资本投入。例如，出售没有产生足够回报的资产，投资于产生令人满意的税后净营业利润的资产。

■ 降低投资者所需的回报率。例如，这可以通过改变资本结构，倾向于借款（其利息往往更低）来实现。然而，这种策略可能会产生问题。

EVA® 依靠传统财务报表（利润表和资产负债表）来衡量为股东创造的财富。然而，这些报表上显示的税后净营业利润（NOPAT）和资本数字只是一个起点。由于传统衡量方法存在问题和局限性，必须对其进行调整。思腾思特认为，主要问题在于会计计量的保守偏差，利润和资本往往被低估。

由于以下原因，利润被低估：

■ 基于判断注销商誉和研发支出的；

■ 设立过多的准备金（如坏账准备）。

这两种情况都源于对企业部分资产的价值持不切实际的悲观看法。

资本也可能被低估，因为资产是按其原始成本（减去因折旧而注销的金额等）报告的，在某些情况下，这可能会远低于当前的市场价值。此外，某些资产（如内部产生的商誉和品牌），由于没有发生外部交易而被从财务报表中省略。

思腾思特指出，为了消除保守偏差，可以对常规财务报表进行一百多项调整。然而，人们相信，在实践中，通常只需对特定业务的会计数字进行少量调整。除非调整将对 EVA® 的计算产生显著影响，否则并不值得调整。所做的调整应反映特定企业的性质。每个企业都是独特的，因此必须根据其具体情况计算 EVA®。（EVA® 的这一特点既可以被看作是灵活性的体现，也可以被看作是易于操纵的，这取决于是否支持这一衡量方法。）

必须进行的常见调整包括：

■ 研发成本和营销成本。从逻辑上讲，这些成本应在其受益期内被视为费用。然而，遵循标准会计惯例，它们通常在发生期间被注销。这意味着任何立即注销的金额都应计入资产负债表的资产中。这将增加投入资本在预计为企业带来经济效益的报告期内的摊销额，也将增加营业利润。

　　■ 重组成本。这一项目可以被视为对未来的投资，而不是要注销的费用。EVA® 的支持者认为，通过重组企业能够更好地应对未来的挑战，因此产生的任何金额都应计入资产。这也会增加营业利润，因为这些成本在计算营业利润时会被扣除。

　　■ 有价证券投资。对其他企业股票和债券的投资不应作为企业投入资本的一部分。这是因为来自有价证券投资的收益不计入营业利润。

　　除了这些会计调整，还必须调整税费，使其基于当年的营业利润。这意味着不应考虑营业外收入（如投资收益）的税费或应付利息的免税额。

　　例 10 - 4 简单演示了如何计算 EVA®。

例 10 - 4

　　Scorpio 公司成立于两年前，并在第二年交易结束时编制了以下资产负债表和利润表。

截至第二年末的资产负债表

	单位：百万英镑
资产	
非流动资产	
厂房和设备	80.0
机动车	12.4
有价证券投资	6.6
	99.0
流动资产	
存货	34.5
应收账款	29.3
现金	2.1
	65.9
总资产	164.9
所有者权益及负债	
所有者权益	
股本	60.0
留存收益	23.7
	83.7
非流动负债	
应付债券	50.0
流动负债	
应付账款	30.3
税费	0.9
	31.2
所有者权益及负债总额	164.9

第二年利润表

	单位：百万英镑
营业收入	148.6
营业成本	(76.2)
毛利润	72.4
工资	(24.6)
厂房和设备折旧	(12.8)
营销成本	(22.5)
坏账准备	(4.5)
营业利润	8.0
投资收益	0.4
	8.4
应付利息	(0.5)
税前经常性损益	7.9
重组成本	(1.9)
税前利润	6.0
税费	(1.5)
本年利润	4.5

与首席财务官的讨论表明：

1. 营销成本与新产品的推出有关。营销活动的效益预计将持续三年（包括最近一年）。

2. 坏账准备是今年设立的，数额被认为非常高。更现实的坏账准备是 200 万英镑。

3. 重组成本是由于特定产品的市场崩溃而产生的。由于业务重组，预计收益将无限期流入。

4. 投资者对该企业要求的回报率为 10%。

5. 税率为 15%。

计算 EVA® 的第一步是调整税后净营业利润，以考虑与首席财务官讨论所表明的各个要点。调整后的数字计算如下：

NOPAT 调整		单位：百万英镑
营业利润		8.0
税费（注 1）		(1.2)
		6.8

EVA® 调整（加回利润）		
营销成本（2/3×22.5）	15.0	
多余的准备金	2.5	17.5
调整后的 NOPAT		24.3

下一步是调整净资产（以所有者权益和应付债券表示），以考虑所表明的各个要点。

净资产（或投入资本）调整		单位：百万英镑
净资产（来自资产负债表）		133.7
营销成本（注 2）	15.0	
坏账准备	2.5	
重组成本（注 3）	1.9	19.4
		153.1
有价证券投资（注 4）		(6.6)
调整后的净利润		146.5

注：

1. 税费按营业利润的 15％计算（800 万英镑×15％＝120 万英镑）。（税费方面的复杂问题已被忽略，如非流动资产的免税额与会计折旧费之间的差异。）

2. 营销成本为两年收益的加总（2/3×2 250 万英镑）。

3. 由于重组成本在无限期内产生收益，因此将重组成本计入净资产。（请注意，由于这些成本是在利润表中得出营业利润后扣除的，因此这些成本并未计入营业利润。）

4. 有价证券投资不构成企业经营性资产的一部分。因此，这些投资的收入不属于营业收入的一部分。

活动 10 - 10

你能在例 10 - 4 中计算出 Scorpio 公司第二年的 EVA® 吗？

EVA® 的计算方法如下：

$$EVA^® = NOPAT - R \times C$$
$$= 2\,430 - 10\% \times 14\,650$$
$$= 965 （万英镑）$$

我们可以看到 EVA® 是正值，因此该公司在这一年内增加了股东财富。

真实世界 10 - 9 揭示了一家知名的美国软饮料企业随着时间的推移而增加的经济价值。

真实世界 10 - 9

失去了活力

可口可乐的经济增加值及其关键组成部分如下。

单位：百万美元

	2018 年	2017 年	2016 年	2015 年	2014 年
税后净营业利润	6 685	(18)	5 782	7 572	7 253
资本成本	6.41%	6.16%	6.12%	6.21%	6.20%
投入资本	68 598	72 598	79 169	77 538	76 173
经济增加值	2 291	(4 487)	937	2 754	2 528

我们可以看到，2016 年税后净营业利润大幅下降，2017 年更是如此。这导致了这两年的 EVA® 大幅下降。随后，这两项指标在 2018 年极速回升，但仍未恢复到 2014 年和 2015 年的水平。

资料来源：Stock Analysis on Net，www. stock-analysis-on-net. com，accessed 12 December 2019.

尽管美国和欧洲的许多大型企业都使用 EVA®，但它往往仅用于管理目的：很少有企业向股东报告这一指标。豪迈公司（Halma）是一个例外，它将 EVA® 作为奖励董事的基础。真实世界 10 - 10 描述了该公司是如何运用这一指标的。

■ 真实世界 10 - 10

一项奖金

专注于健康、安全和环境技术产品的豪迈公司在 2019 年年报中报告了 2.36 亿英镑的 EVA®。这大大超过了当年 2.03 亿英镑 EVA® 的目标数字。该公司为其高管人员提供与 EVA® 相关的年度绩效奖金。奖金完全基于 EVA® 的增长，而目标是基于前三个财务年度的加权平均值。由于在比较计算中，每年的 EVA® 都会被用于未来三年的参照计算，因此激励管理者关注企业的中期利益。这并非个人目标。对于执行董事来说，奖金为年薪的 125% 到 150%。2019 年，董事有资格获得 150% 的奖金。

资料来源：Halma plc，Annual Report and Accounts 2019，p. 91.

EVA® 指标的一个重要优势是，管理者因为要对已投入的资本承担成本而受到约束。在确认股东财富的任何增加之前，对企业资源的使用进行适当的扣除。因此，EVA® 鼓励管理者有效地使用这些资源。如果管理者只专注于增加利润，那么用于实现利润增长的资源就有可能得不到适当考虑。

10.5.5 实践中的股东价值管理

真实世界 10 - 11 介绍了股东价值管理在实践中的使用情况。

■ 真实世界 10 - 11

实践管理

基于股东价值的管理——EVA® 或其变体，在实践中似乎被大型企业广泛使用。安永会计师事务所（Ernst and Young）对美国企业的管理会计实践进行了一项重要调查。调查对象多为规模较大的企业。报告显示，2003 年，52％的企业采用了基于股东价值的管理方法，另有40％的企业考虑在今后采用这种方法。

瑞安（Ryan）和特拉汉（Trahan）研究了 1984—1997 年采用基于股东价值的管理方法的84 家美国企业在前五年的绩效。他们发现，与未采用该方法的类似企业相比，采用了该方法的企业显著提高了经济绩效。这一改善在所评估的五年中持续存在，而且小型企业比大型企业的改善更为明显。

这两项调查都与美国有关。似乎没有更近期的研究，也没有关于英国或其他国家情况的类似信息。然而，没有证据表明以股东价值为基础的管理方法目前更受欢迎或不受欢迎。

资料来源：Ernst and Young（2003）*Survey of Management Accounting*，Ernst and Young；Ryan，H. and Trahan，E.（2007）Corporate financial control mechanisms and firm performance：the case of value based management systems，*Journal of Business Finance and Accounting*，vol. 34，pp. 111 - 38.

10.6　新技术的应用

本章介绍的技术对企业都有潜在的价值，但它们能否成功实现还远不能确定。资料显示，这些技术的失败率高达 60％。一种令人沮丧的普遍情况是，一种新技术将被积极采用，但在很短的时间内，就会幻灭。管理者认为该技术不符合他们的要求，于是就放弃了。在一些企业中，可能会形成采用、幻灭和放弃的模式。如果出现这种情况，员工可能会产生怀疑，并认为任何新采用的技术都只是昙花一现。

引入一种新技术可能成本高昂，并可能造成巨大的动荡，因此，管理者必须谨慎行事。他们必须设法找出采用该技术可能带来的潜在问题和好处。其中潜在的主要问题是：

- 管理者往往过于乐观，认为自己有能力实施一种新技术，并很快取得良好效果；
- 假设其他人也会对新技术抱有同样的热情；
- 未能认识到在实施新技术时会有输家也会有赢家。

管理者必须对新技术所能取得的效果持实事求是的态度，必须认识到在引进新技术时可能会遇到阻力。绝不能低估取得成功所需的努力。

10.7　定　价

正如我们在本章前面所看到的，为企业的产出定价通常是一个关键问题。在本节中，我们将仔细研究定价问题。首先我们将从理论方面来探讨这个问题，然后再研究更实际的问题，特别是管理会计信息在定价决策中的作用。

10.7.1　经济理论

在大多数市场条件下，企业收取的价格将决定销售商品的数量，如图 10 - 11 所示。

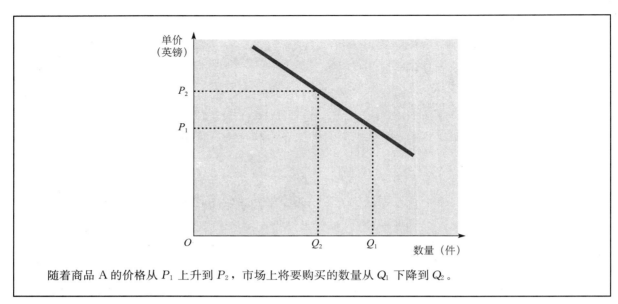

随着商品 A 的价格从 P_1 上升到 P_2，市场上将要购买的数量从 Q_1 下降到 Q_2。

图 10－11　商品 A 的需求量与价格关系图

图 10－11 表明不同价格下的市场需求量。随着价格上涨，人们不太愿意购买这种商品（称作商品 A）。请注意，商品可能是实物产品或服务。在相对较低的单位价格（P_1）下，市场的需求量（Q_1）相当高。当价格增加到 P_2 时，需求量减少到 Q_2。该图揭示了价格和需求量之间的线性（直线）关系。实践中，这种关系虽然大致相似，但可能并不那么简单。

并非所有商品都显示出完全相同的斜率。图 10－12 显示了商品 B 的价格与需求量的关系，该商品与图 10－11 所示的商品不同。

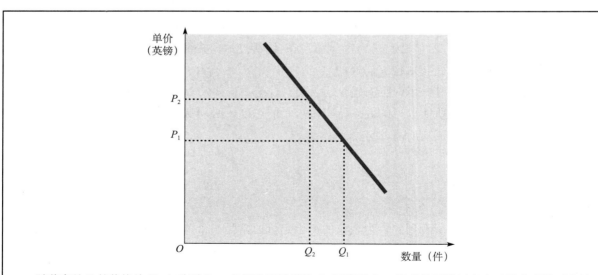

随着商品 B 的价格从 P_1 上升到 P_2，市场购买量将从 Q_1 下降到 Q_2。需求的下降幅度小于需求弹性更大的商品 A。

图 10－12　商品 B 的需求量与价格关系图

尽管商品 B 的价格从 P_1 上升到 P_2 会导致需求量下降，但需求量下降的幅度远小于商品 A 价格上涨相同水平时的幅度。因此，我们认为商品 A 的需求弹性高于商品 B。与商品 B 相比，商品 A 的需求对价格变化的反应要剧烈得多。弹性需求往往与非必需品有关，也许是因为存在现成的替代品。

对于那些参与定价决策的人来说，对决策所涉及的商品的需求弹性有一些了解是非常有帮助的。需求具有弹性的商品，其需求对定价决策的敏感性明显大于需求相对没有弹性的商品，且定价决策更为关键。

活动 10 - 11

特定品牌的巧克力棒和电力供应哪种需求更具弹性？请解释你的回答。

特定品牌巧克力棒的需求弹性似乎相当大。原因如下：

- 很少有购买巧克力的人会觉得巧克力棒是必需品。
- 其他的巧克力棒，可能与所讨论的巧克力棒非常相似，也很容易买到。

电力供应需求可能相对缺乏弹性。这是因为：

- 许多电力用户会发现，没有某种燃料他们将很难应对。
- 无论是家庭用户还是企业用户，都没有一种直接、实用的替代品。对于电力的某些用途，例如为机械提供动力，可能没有替代品，除非购买发电机并停止使用电源。即使是出于供暖等目的，如果有天然气和石油等替代品，那么改用替代品可能也是不切实际的，因为天然气和石油加热设备不是立即可获取的，而且购买成本很高。

真实世界 10 - 12 是一篇刊登在《金融时报》上的案例研究。它揭示了在实践中，定价决策和衡量需求弹性的诸多不确定性。

真实世界 10 - 12

不确定性中的定价策略

故事

2001 年，在线社区 Craigslist 扰乱了整个北美报纸分类广告市场。在许多城市的 Craigslist 社区网站上，用户可以免费使用寻找工作、住房、个人物品、其他服务、出售物品以及志愿服务等社区主题。纽马克（Newmark）先生的愿景是建立一个在线社区，让任何有电脑的人都能访问，而无论用户的支付能力如何。此外，Craigslist 还拥有一种不商业化、不接受外部投资的文化。

挑战

2001 年互联网泡沫破灭时，该网站仅仅依靠招聘信息（每篇 75 美元）盈利的经营模式开始遇到困难。那时，Craigslist 每年有 4 万条左右的付费招聘信息，其他所有信息都是免费的。经济衰退对每年 300 万美元的营业收入构成了严重威胁。纽马克和他的团队需要研究如何在保持组织文化和品牌的同时，弥补预计损失的 100 万美元收入。

战略

该团队确定并分析了可能弥补预计损失的各种新的定价备选方案。

- 对招聘信息收取更高的费用。这似乎是最明显的选择，因为 Craigslist 的竞争对手往往收取超过其两倍的费用，但它们的产品更好，如图形展示、搜索水平等。此外，由于经济低迷，需求疲软，涨价可能会受到冷遇。

- 通过虚拟小费罐筹集资金。这个想法是在屏幕上弹出捐赠建议，最好通过调整可能的金额和可能捐款的人数比例等杠杆进行分析，即敏感性分析。Craigslist 判断，要想筹到 100 万美元，平均每笔交易需要 10% 的用户捐款 10 美元。该团队认为这过于乐观，因为该网站的使用是免费的。

- 对服务列表收取费用。这就提出了需求弹性的问题：如果 Craigslist 对信息列表收费，使用数量就会下降——但会下降多少？成熟的企业通常有交易记录，它们可以从中得出需求曲线，但互联网企业通常都是从免费网站做起的。由于没有任何数据或作为商业网站的经验，Craigslist 无法预测实际效果。一种替代选择是进行市场调查，但这种方法只能获取有关消费者支付意愿的有限数据和信息，效果并不理想。该团队估计，按照每条信息 40 美元的价格计算，以及 50% 的用户会被留住的假设，Craigslist 很容易达到 100 万美元的目标。但即使是在小范围内试水，对品牌带来的损害也可能是巨大的。

- 对汽车、个人物品或服务以及房屋租赁的广告收费。例如，该团队计算出，如果每条汽车广告收费 20 美元，即使广告数量减少 50%，Craigslist 也能获得 100 万美元的收入。该团队得出的结论是，如果 Craigslist 选择并坚持相对较高的价格，即使需求下降，它也能赚到比目标高得多的收入。

发生了什么

总体而言，该团队认为各种定价方案都会损害品牌和文化，但对汽车广告收费可能是例外，因为卖家将一次性获得一大笔钱。事实上，2001 年经济危机对招聘的影响并没有人们担心的那么严重，因此 Craigslist 没有对其定价策略做出任何重大改变。这与创始人的愿景保持一致，如今 Craigslist 仍然对招聘信息收费 75 美元，并且其网站上的其他一切都是免费的。

经验教训

Craigslist 团队认识到两个重要问题。首先，当消费者习惯于免费或廉价的网站时，他们可能会抵制收费或涨价。其次，不仅存在收入不足的危险，引入商业化的方法还可能会对品牌和文化产生严重的负面影响，而品牌和文化对 Craigslist 的成功至关重要。

资料来源：Robinson, David (2012) Pricing strategies amid uncertainty, 30 July 2012,
© The Financial Times Limited. Reprinted with permission from David Robinson.

为了增加股东财富，管理者可能会寻求利润最大化，即尽可能扩大总成本与总收入之间的差额。价格的制定就是为了达到这一目的。为此，管理者需要了解成本、价格与产量之间的关系。

图 10-13 描述了成本和产量之间的关系，关于这一点我们已经在第 3 章中讨论过了。

该图显示，提供特定商品（服务 X）的总成本随着产量的增加而增加。此处显示为直线。在实践中，它可能是弯曲的，要么向上弯曲（趋于接近垂直），要么变平（趋于接近水平）。假定单位产品的边际成本在相关范围内是恒定的，因此是一条直线。

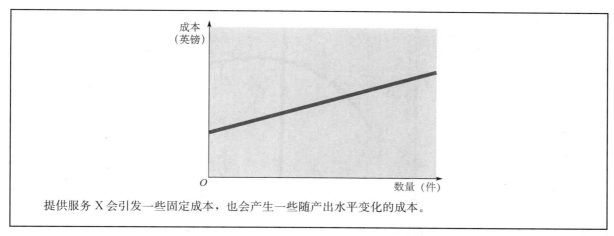

提供服务 X 会引发一些固定成本，也会产生一些随产出水平变化的成本。

图 10-13　服务 X 的总成本与产量（数量）的关系图

活动 10-12

什么样的影响会导致图 10-13 中的总成本线（a）向垂直方向弯曲；（b）向水平方向弯曲？（你可能还记得我们在第 3 章中考虑过这个问题。）

（a）向垂直方向弯曲意味着每个连续单位产出的边际成本（再生产一个产品的额外成本）将增加。这可能意味着，生产活动的增加将导致某些生产要素的供应短缺，从而导致成本价格上涨。这可能是由于劳动力短缺，也就意味着需要支付加班费，以鼓励员工按照增加产量所需的时间工作。或者说，这也可能是由于原材料短缺。也许在产量较低的情况下，正常供应已经耗尽，必须使用更加昂贵的资源来扩大产量。

（b）向水平方向弯曲可能是由于企业能够在较高的产出水平上利用规模经济，从而使每一个连续单位的边际成本更低。也许更高的产量可以实现分工或使机械化水平更高。也许，原材料供应商可能会为更大的订单提供更优惠的价格。

图 10-14 展示了服务 X 的总销售收入与销量的关系。总销售收入随着销量的增加而增加，但通常增速逐渐下降。

活动 10-13

随着销量的增加，图 10-14 对服务 X 的销售单价做出了什么假设？

图中表明，要售出更多的服务，价格必须降低，这意味着单位产品的平均价格随着销量的增加而降低。正如我们在本节前面所讨论的，实践中的大多数市场都是如此。

图 10-14 表明，为了增加销售额，价格不得不大幅降低，以至于每增加一笔销售，总销售收

入将不会增加很多。

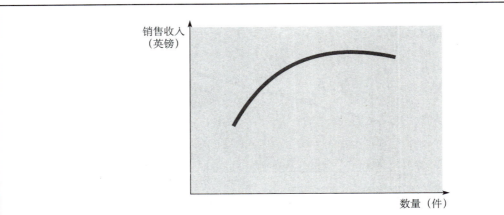

　　随着服务 X 销量的增加，总销售收入最初会增加，但增速会下降。这是因为，为了销售更多的产品，价格必须降低。最终，价格将不得不大幅降低（以鼓励更多的销售），总销售收入将随销量的增加而下降。

图 10 - 14　服务 X 总销售收入与销量（数量）的关系图

　　在第 3 章中检查盈亏平衡分析时，我们假设在一定的产量范围内单位价格不变。现在我们要说的是，实际情况并非如此。如何协调这两种情形？答案是：当使用盈亏平衡分析时，我们通常只考虑相对较小的产量范围，即相关范围。在较小范围内，特别是在低产量水平下，单位销售价格不变是一个合理的假设。也就是说，在图 10 - 14 中曲线的左侧，可能有一条从零到曲线起点的直线。

　　图 10 - 15 综合了服务 X 在一系列产出水平上的总销售收入和总成本信息。

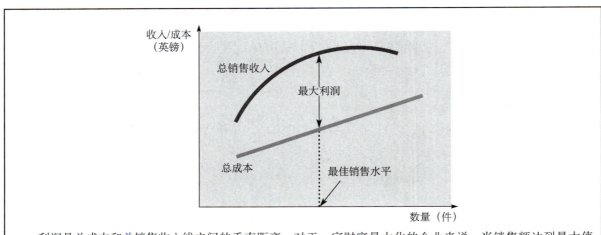

　　利润是总成本和总销售收入线之间的垂直距离。对于一家财富最大化的企业来说，当销售额达到最大值时，就会出现最佳销售水平。

图 10 - 15　服务 X 总销售收入和总成本与产量（数量）关系图

　　随着产量的增加，总销售收入会增加，但增幅会减小，而总生产成本会增加。在总销售收入和总成本线垂直相距最远的地方，利润最大。在图的左端，明显高于盈亏平衡点，因为总销售收入线已经超过了总成本线。在销售额和产量较低的水平上，总销售收入线比总成本线上升得更快。只要这种情况持续下去，企业就会希望继续扩大产量，因为利润是两条线之间的垂直距离。总销售收入线的陡峭程度与总成本线相等时，就会达到最大利润点。在此之后，它将变得不那么陡峭；进一步扩张将降低整体利润，因为在图中这一区域，边际成本大于边际收益。

利润最大化的点是两条线以完全相同的速度爬升的地方。因此，我们可以说，在以下情况下利润最大：

边际销售收入＝边际生产成本

即：

增加一个单位产品的总销售收入＝增加销售一个单位产品导致的总成本增加

要了解如何应用此方法，请考虑例 10 - 5。

例 10 - 5

表中（a）列和（c）列显示了不同供应水平下服务 Y 的预计总销售收入和总成本。

单位：英镑

产出数量 （单位）	总销售收入 （a）	边际销售收入 （b）	总成本 （c）	边际成本 （d）	利润/（亏损） （e）
0	0		0		0
1	1 000	1 000	2 300	2 300	(1 300)
2	1 900	900	2 600	300	(700)
3	2 700	800	2 900	300	(200)
4	3 400	700	3 200	300	200
5	4 000	600	3 500	300	500
6	4 500	500	3 800	300	700
7	4 900	400	4 100	300	800
8	5 200	300	4 400	300	800
9	5 400	200	4 700	300	700
10	5 500	100	5 000	300	500

（b）列是从所考虑的销售水平的总销售收入（a）列中减去一个单位的总销售收入推导出来的。例如，销售第 5 个单位服务 Y 的边际销售收入（600 英镑）是从销售 5 个单位的总销售收入（4 000 英镑）中减去销售 4 个单位的总销售收入（3 400 英镑）得出的。

（d）列的推导与此类似，但使用了（c）列的总成本数字。（e）列是用（a）列减去（c）列得出的。

通过利润/（亏损）列可以看出，最大利润（800 英镑）发生在产量为 7 或 8 个单位时。因此，最大产出应为 8 个单位的服务。这也是边际成本和边际销售收入相等的点（300 英镑）。

图 10 - 16 展示了例 10 - 5 中服务 Y 的总成本和总销售收入。

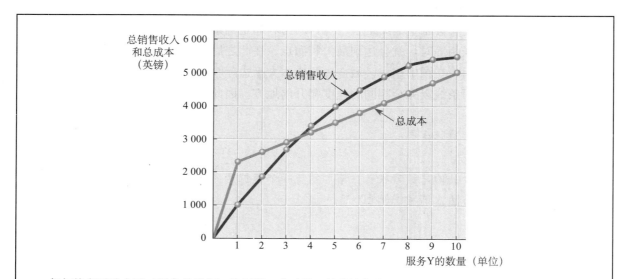

任何特定活动水平（服务的销售）的利润（或亏损）是总销售收入和总成本之间的差额。在图中，两条曲线之间的垂直距离就是利润。注意，当边际成本等于边际销售收入，即两条曲线彼此平行时，利润最大。

图 10 - 16　服务 Y 的总成本和总销售收入

活动 10 - 14

Specialist 公司生产一种高度专业化的机器，销售给制造企业。该公司即将开始生产一种新型机器，现有设备每周最多生产 10 台机器。为帮助管理层决定新机器的价格，收集了两方面信息：

■ 市场需求。该公司的营销人员认为，每台机器售价 3 000 英镑时，其需求将为零。单价在 3 000 英镑的基础上每降低 100 英镑，每周就会多销售 1 台机器。以每台售价 2 800 英镑为例，每周可售出 2 台机器。

■ 制造成本。与机器制造相关的固定成本估计为每周 3 000 英镑。由于这项工作是高度劳动密集型的，而且劳动力短缺，预计单位变动成本将逐步增加。每周生产 1 台机器的变动成本预计为 1 100 英镑，但每生产 1 台额外的机器将使整个产出的变动成本增加 100 英镑。例如，如果每周生产 3 台机器，每台机器的变动成本（3 台机器的成本相同）将为 1 300 英镑。

公司的政策是对某一特定型号的全部产品收取相同的价格。这台新机器在利润最大时的产量是多少？

单位：英镑

产量（台）	单位销售价格	总销售收入	边际销售收入	单位变动成本	总变动成本	总成本	边际成本	利润/（亏损）
0	0	0	0	0	0	3 000	3 000	（3 000）
1	2 900	2 900	2 900	1 100	1 100	4 100	1 100	（1 200）
2	2 800	5 600	2 700	1 200	2 400	5 400	1 300	200
3	2 700	8 100	2 500	1 300	3 900	6 900	1 500	1 200

续表

产量 （台）	单位销售 价格	总销售 收入	边际销售 收入	单位变动 成本	总变动 成本	总成本	边际成本	利润/ （亏损）
4	2 600	10 400	2 300	1 400	5 600	8 600	1 700	1 800
5	2 500	12 500	2 100	1 500	7 500	10 500	1 900	2 000
6	2 400	14 400	1 900	1 600	9·600	12 600	2 100	1 800
7	2 300	16 100	1 700	1 700	11 900	14 900	2 300	1 200
8	2 200	17 600	1 500	1 800	14 400	17 400	2 500	200
9	2 100	18 900	1 300	1 900	17 100	20 100	2 700	（1 200）
10	2 000	20 000	1 100	2 000	20 000	23 000	2 900	（3 000）

每周生产 5 台机器将使利润最大化，达到每周 2 000 英镑。

与生产前 4 台机器的成本相比，生产第 5 台机器的边际成本略低于边际销售收入（销售 5 台机器的总销售收入超过销售 4 台机器的销售收入）。

与生产前 5 台机器的成本相比，生产第 6 台机器的边际成本略高于边际销售收入（销售 6 台机器的总销售收入超过销售 5 台机器的销售收入）。

10.7.2　实践考虑

尽管在活动 10 - 14 中进行了分析，但每周生产 5 台机器可能不是最佳决定。这可能是出于一个或多个原因：

- 众所周知，即使假设环境没有变化，需求也很难预测。
- 新机器的销售对公司其他产品的影响可能意味着不能单独考虑新机器。如果销售是从竞争对手企业抢来的或正在形成一个新的市场，每周 5 台机器可能是最佳产量水平，但在其他情况下可能不是。
- 成本很难估计。
- 由于劳动力供应短缺，相关人工成本可能应包括机会成本。这是因为可能需要从其他盈利活动中抽调人员来生产这台新机器。
- 最佳销量水平是基于短期利润最大化的目标得出的。除非这与长期财富增长一致，否则可能不符合公司的最佳利益。

这些要点突出了定价理论方法的一些弱点，特别是成本和需求难以预测的事实。然而，否定这一理论是错误的。事实上，这一理论在实践中并不完美，但这并不意味着它不能提供有关市场性质、利润与产量的关系以及最佳产出水平概念的有益见解。

10.7.3　完全成本（成本加成）定价

我们在第 4 章中看到，一些企业计算完全成本的原因之一是为了确定销售价格。这似乎是一个完全合乎逻辑的方法。如果一家企业将完全成本（包括非制造成本）作为售价，理论上该企业将收支平衡。这是因为销售收入将完全覆盖成本。收取高于完全成本的额外金额将产生利润。

成本加成定价的一个明显问题是，市场可能不同意这个价格。也就是说，成本加成定价不考虑市场需求函数（价格和需求量之间的关系，这一点我们已经在之前探讨过）。企业可能会计算产品的完全成本，然后加上利润，结果却发现竞争对手以更低的价格提供类似的产品，或者市场根本不会以成本加成的价格购买。

如果要使用完全成本（或成本加成）定价方法，则必须确定每个售出单位所需的利润。这应基于该期间所需的总利润。在实践中，这一要求的利润通常是根据投资于企业的资本额来确定的。换言之，企业寻求从所使用的资本中获得目标回报。如果是这种情况，则完全成本的利润应反映基于所用资本目标回报的企业的目标利润。

活动 10 - 15

一家企业刚刚完成一项服务工作，其完全成本为 112 英镑。本期的总成本（直接成本和间接成本）预计为 25 万英镑。本期目标利润为 10 万英镑。

为该项工作的销售价格提出建议。

如果利润是由该项工作按照其完全成本的比例获得的，那么每镑完全成本的利润必须为 0.40 英镑（100 000/250 000）。因此，该项工作的目标利润必须是：

$$0.40 \times 112 = 44.80 （英镑）$$

这意味着该项工作的目标价格必须为：

$$112 + 44.80 = 156.80 （英镑）$$

我们还可以找到将利润份额分配给工作的其他依据——例如，直接人工工时或机器工时。如果认为它们可以提供更公平的资源消耗衡量标准，则可以优先选择这些方法。

成本加成定价意味着卖方设定价格，然后由客户接受。然而，在某些情况下，价格直到产品或服务完成后才能最终确定。这种情况可能发生在汽车修理或会计师事务所的工作中。

真实世界 10 - 13 提供了一些关于实践中使用成本加成定价的例子。

真实世界 10 - 13

计算成本加成

吉尔丁（Guilding）等人对 267 家英国和澳大利亚的大型企业进行了调查，发现：

■ 成本加成被大多数企业视为确定销售价格的重要因素，但许多企业仅将其用于总销售额的一小部分。

■ 零售商的大部分销售价格都基于成本，这并不奇怪。我们可能认为零售商会在成本的基础上加价以得出销售价格。

■ 零售商和服务企业（包括金融服务等企业）比制造商和其他企业更重视成本加成定价。

■ 在竞争最激烈的行业，成本加成定价往往更为重要。这或许令人惊讶，因为我们可能预期在竞争更激烈的市场中，"价格制定者"会更少。

■ 成本加成定价的重要性似乎与企业规模无关。我们可能认为，规模更大的企业将在市场上拥有更大的权力，更有可能成为价格制定者，但证据并不支持这一点。原因可能是许多大型企业实际上是由小型企业组成的。这些规模较小的子公司在其市场上的影响力可能并不会比独立的小型企业大。此外，成本加成定价在零售和服务业中尤为重要，因为这些行业的许多企业规模都很小。

CIMA 调查还显示，规模较大的企业与规模较小的企业一样可能采用成本加成定价，约 60% 的受访企业使用成本加成定价法。这项调查还表明，与服务供应商（57%）相比，制造企业（76%）更倾向于使用成本加成定价法。

资料来源：Guilding, C., Drury, C. and Tayles, M.（2005）An empirical investigation of the importance of cost-plus pricing, *Management Auditing Journal*, vol. 20, no. 2, pp. 125 – 37; CIMA（2009）*Management Accounting Tools for Today and Tomorrow*, p. 13.

公共部门的完全成本定价

对于公共部门的合同，价格通常由竞争性招标决定。每个潜在供应商都会提供一个履行合同标的的价格。然后，在保证质量的前提下，选择报价最低的供应商。然而，在某些情况下，特别是只有一个供应商能够完成工作时，将采用固定成本加成的方法。问题是，此种情况下，成本加成定价可能被滥用。

活动 10 - 16

我们在第 4 章讨论过这个问题。你能回忆一下这种滥用是如何产生的吗？

使用成本加成定价法时，成本越高，利润负担越大。因此，对享有垄断地位的承包商来说，报告尽可能高的成本是有利的。这可以通过使用间接成本分配率来实现，间接成本分配率将总成本的更高比例分配给公共部门合同，而不是正在进行的其他合同。

当公用事业服务的垄断供应商与政府指定的监管机构就向客户收取的价格进行谈判时，也可以采用成本加成定价法。例如，英国自来水供应商在商定客户价格时，会根据成本加成信息与自来水行业监管机构 Ofwat 进行论证。

价格制定者和价格接受者

企业是价格制定者，它们可以决定产品或服务的价格。这可能是因为它们在市场中享有垄断地位或接近垄断地位，也可能因为所提供的产品或服务是独特的。然而，绝大多数企业都是价格接受者。它们在竞争激烈的市场中经营，它们的产品或服务并不独特。为了销售产品或服务，它们必须接受市场提供的价格。

真实世界 10 - 14 讨论了加拿大原油生产商被迫成为价格接受者的原因。

作为价格制定者的企业可以采用成本加成定价政策。然而，对于作为价格接受者的企业来说，成本加成定价的意义要小得多。尽管如此，成本加成定价仍有助于决定是否进入市场。企业可能会发现某种产品或服务的市场售价无法弥补当期成本和可接受的利润。该信息可用于降低成本，以达到市场可接受的成本加成价格。在这里，市场提供了目标价格。如果这个目标价格无法实现，企业应远离市场。

活动 10 - 17

哪种成本计算方法适合帮助企业达到目标价格？（提示：回想第 5 章。）

目标成本法适合缩小"成本差距"。这一差距是生产产品或服务的当前成本和目标成本之间的差异。

10.7.4 基于边际成本定价

边际成本法揭示了企业销售产品的最低价格。最低价格将使该企业在进行销售时获得与未进行销售时一样的利润。我们在第 3 章中了解到，边际成本定价法所依据的假设是，固定成本不受生产决策影响，因此只需考虑变动成本。

边际成本法通常仅适用于没有机会以能够覆盖完全成本的价格出售的情况。企业可以高于边际成本的任何价格出售，且仍然会有更高的收益，因为它碰巧发现自己在任何情况下都会产生某些成本。

活动 10 - 18

一架商用飞机将在一小时后起飞，还有 20 个座位未售出。这些座位的最低售价是多少，才能使航空公司不会因此而亏损？

任何高于多载一名乘客额外成本的价格都是可以接受的最低价格。如果没有此类成本，则最低价格为零。

活动 10-18 的答案不意味着航空公司将寻求收取最低价格；它可能会试图获得市场能够承受的最高价格。在有剩余客运能力的情况下，市场无法承受全部成本加利润这一事实原则上不应成为航空公司拒绝出售座位的充分理由。

实际上，航空公司是边际成本定价的主要使用者。它们通常会为非高峰旅行提供低价折扣机票，因为此时没有足够的客户愿意支付"正常"价格。由于坚持往返机票必须在周六中途停留，航空公司往往将商务旅客排除在外，商务旅客可能是被迫旅行的，周六中途停留对他们来说可能没有吸引力。英国火车运营商通常为非高峰旅行提供大量折扣。同样，酒店通常对非高峰客房收取非常低的价格。一家以商务旅行为主的酒店通常会为周五和周六入住的旅客提供非常低的房价。

边际定价必须被视为一种短期或有限的可使用的方法，因为此时企业有闲置的能力，如航空公司有空余的飞机座位。归根结底，如果企业要盈利，所有成本都必须由销售收入补偿。

活动 10-19

当我们在第 3 章中考虑边际成本定价时，我们发现了其使用过程中的三个问题。你还记得这些问题是什么吗？

这三个问题是：

■ 当另一个潜在客户提供更高的价格时，闲置产能可能会被廉价"出售"，但当企业这样做时，产能将完全投入使用。至于这种可能性有多大，是一个商业判断问题。例如，在活动 10-18 的情况下，起飞前一小时是否足以让航空公司确信不会有"正常"乘客前来购买座位？

■ 以不同价格销售相同产品可能会导致客户商誉的损失。一个付"正常"票价的乘客会高兴地被另一乘客告诉他的机票与正常价格相比非常便宜吗？

■ 如果企业无法以"正常"价格销售其全部产能而持续遭受损失，那么从长远来看，减少产能并节约固定成本可能会更好。使用闲置产能产生边际效益可能会导致企业无法解决这个问题。对于航空公司来说，运营较小的飞机或减少航班，都会节约固定成本，这比以边际价格出售剩余座位要好吗？

真实世界 10-15 摘自一篇文章，解释了将药品价格定在略高于边际成本的基础上，如何既能使较贫困的国家真正受益，又能为相关企业带来利润。

真实世界 10-15

为贫困国家注射一剂强心针

由于近期药品价格大幅上涨，大型制药企业似乎被公众视为恶棍。然而，大型制药企业可以在商业上取得成功，并不需要利用它们是某种药物的唯一供应商这一事实。

葛兰素史克（GlaxoSmithKline）是一家大型制药企业，其前任首席执行官认为，在造福人类的同时实现盈利是可能的。企业只有盈利才能生存。这意味着它们所做的每件事都要满足边际成本的最低要求。对于葛兰素史克来说，无论在哪里销售药物，无论贡献有多小，都要做出"贡献"。

葛兰素史克按照财富标准（人均国民生产总值）对每个国家进行排名，然后根据财富衡量指标对特定类型的药物（例如疫苗）采用浮动定价标准——穷人支付的费用更少。这往往会导致葛兰素史克的销量较高。因此，每次销售的小额贡献仍然会为企业带来可持续的商业模式。

资料来源：Mukherjee, S.（2016）GSK's CEO explains how big pharma can help the poor and still make money, www.fortune.com, 2 November.

10.7.5　目标定价

我们在第 5 章中看到，作为成本管理的目标成本法的起点，必须确定目标售价。利用市场调研等方法，设定目标单价和计划销售量。这是企业根据对产品需求函数的估计得出的价格和需求量的组合。目标价格反映了企业在赚取可接受利润的同时力求达到的可能的市场价格。

10.7.6　定价策略

成本和市场需求函数不是价格的唯一决定因素。企业可能采用短期内不追求利润最大化的定价策略，其目的是实现长期利润最大化。渗透定价策略就是这一策略的一个例子。在此策略下，新产品的销售价格相对较低，以便大量销售并阻止竞争对手进入市场。一旦该产品成为市场领导者，价格就会提高到更有利可图的水平。

活动 10－20

采用渗透定价策略的相关风险是什么？为什么最终很难提高价格？

客户可能会习惯于低价，并对应支付的金额产生期望。因此，他们可能会抵制更高的价格。

在最终提高价格之前，产品可能必须以较低的价格销售一段时间。此种情况下，企业必须确保有足够的财力来维持一段时间的低价。

真实世界 10－16 提供了渗透定价策略在实践中的使用情况。

真实世界 10－16

渗透定价策略的应用并不多

CIMA 调查表明，渗透定价在实践中并未得到广泛应用，如图 10－17 所示。

应该注意的是，相对较少的企业是在能够有效使用渗透定价策略的市场中经营的。这种情况下，调查可能表明渗透定价策略在特定的市场中才流行。

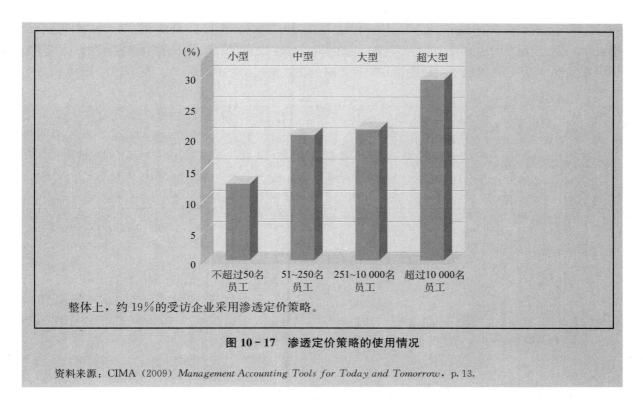

整体上，约 19% 的受访企业采用渗透定价策略。

图 10-17　渗透定价策略的使用情况

资料来源：CIMA (2009) *Management Accounting Tools for Today and Tomorrow*，p. 13.

　　撇脂定价策略几乎与渗透定价策略相反。它试图利用市场可以根据价格阻力进行分层的概念。一个新产品最初的定价很高，只卖给那些对高价不敏感的购买者。一旦这个市场饱和，价格就会降低以吸引下一阶层客户。随着每个阶层的饱和，价格逐渐降低。这种定价策略可以产生高利润率，进而鼓励竞争对手进入市场。在存在重大进入壁垒（如专利保护）的情况下，这种定价策略最为有效。

　　通常，只有在产品需求缺乏弹性的情况下，才会采用撇脂定价策略。

活动 10-21

为什么一家企业只有在这种情况下才会采用撇脂定价策略？

如果需求是有弹性的，产品首次推出时设定的高价格将对销售产生非常不利的影响。

　　在消费类电子产品中，经常采用撇脂定价策略。DVD 播放机就是一个很好的例子。当 DVD 播放机在 20 世纪 90 年代首次进入市场时，其价格通常超过 400 英镑。现在，购买 DVD 播放机的价格不到 20 英镑。技术进步、规模经济和竞争加剧都是其价格下跌的原因，但采用撇脂定价策略也是一个主要因素。某些客户将 DVD 播放机视为必需品。因此，这些早期接受者准备付出高昂的价格来获得一台 DVD 播放机。一旦早期接受者购买了 DVD 播放机，价格就会逐渐降低，直至达到今天的价格。电视机、CD 播放器、家用电脑和移动电话也是采用撇脂定价策略的例子。

　　在采用撇脂定价策略时，企业应牢记两点。首先，应避免在新产品首次推出后过快地降低价格。这可能会让早期接受者感到不满，他们可能觉得自己被多收了费用。其次，企业应避免价格歧视，即以不同的价格向不同的客户销售相同的产品。这可能是违法的。在某些情况下，企业可以对产品特性进行微小更改，以避免潜在的法律问题。然而，撇脂定价和价格歧视之间的界限并不总是容易确定的。

真实世界 10 - 17 提供了实践中撇脂定价策略的使用情况。

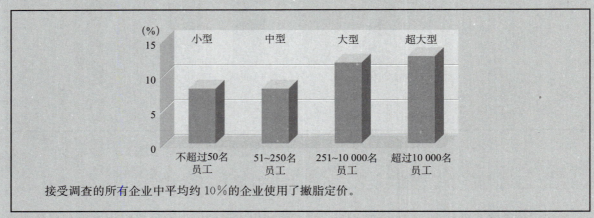

真实世界 10 - 17

撇脂定价

CIMA 调查显示，如图 10 - 18 所示，撇脂定价策略在实践中并未得到广泛应用。

接受调查的所有企业中平均约 10％ 的企业使用了撇脂定价。

图 10 - 18   撇脂定价策略的使用情况

与渗透定价法一样，很少有企业可以使用撇脂定价在市场上开展业务。

资料来源：CIMA (2009) *Management Accounting Tools for Today and Tomorrow*，p. 13.

📝 自测题

Peverell 公司在其运营的第二年报告了以下收入。

第二年利润表

	单位：百万英镑
营业收入	420.0
营业成本	(250.0)
毛利润	170.0
工资	(65.0)
厂房和设备折旧	(17.0)
营销成本	(40.0)
坏账准备	(10.0)
营业利润	38.0
投资收益	7.0
	45.0

续表

应付利息	(10.0)
税前经常性损益	35.0
重组成本	(25.0)
税前利润	10.0
税费	(2.0)
本年利润	8.0

该公司还报告了以下信息：

1. 营销成本与产品 753Y 的推出有关。营销活动的效益预计将持续五年（包括最近一年）。

2. 坏账准备是今年设立的，该金额被认为非常高。更现实的准备金数额是 200 万英镑。

3. 特定产品市场崩溃导致重组成本。通过业务重组，预计收益将无限期地流入。

4. 投资者对该公司要求的回报率为 12%。

5. 税率为 20%。

6. 本期（经相关调整后）投入资本（净资产）为 1.5 亿英镑。

要求：

（a）计算运营第二年的：

　　（1）调整后的税后净营业利润；

　　（2）EVA®。

（单位为百万英镑，保留一位小数。）

（b）确定成本加成法和目标成本法在定价方面的三个主要区别。

（c）一家生产和销售笔记本电脑的企业正在寻求三项非财务指标作为其内部运营的主要指标。你能提出本章中未提及的三项可能适用的指标吗？

（d）管理企业的股东价值法与管理企业的利益相关者法不同。在后一方法下，企业的不同利益相关者（员工、客户、供应商等）被视为同等重要，股东利益不会占主导地位。在一个特定的经济体中，这两种管理企业的方法能否和谐共存？

📚 本章小结

本章要点可概括如下：

战略管理会计

■ 它关注为战略规划和决策提供信息支持。

■ 与传统的管理会计相比，战略管理会计更注重外部环境，更关注竞争对手，更关注监控战略目标的进展。

关注外部

■ 竞争对手分析探究竞争对手的目标、战略、假设和资源能力，目的是获得竞争优势。

■ 客户盈利能力分析评估企业每个客户或每类客户的盈利能力。企业产生的大部分成本与产品自身的成本无关，而与销售和分销成本有关。

成本领先的竞争优势

■ 现代成本和成本管理技术，如全生命周期成本法、目标成本法和改善成本法，反映了对长期成本管理的关注。因此，它们属于战略管理会计的范畴。

将战略转化为行动

■ 非财务指标被越来越多地用于管理企业。

■ 平衡计分卡是一种管理工具，它使用财务指标和非财务指标来评估实现目标的进展情况。

■ 平衡计分卡有四个维度：财务、客户、内部运营以及学习与成长。

■ 平衡计分卡鼓励以平衡的方式管理企业。

衡量股东价值

■ 股东价值被视为大多数企业的关键目标。

■ 衡量股东价值的一种方法是经济增加值（EVA®）。

■ 经济增加值是衡量企业产生的回报是否超过投资者要求回报的一种方法。

$$EVA^® = NOPAT - R \times C$$

其中：

NOPAT＝税后净营业利润；

R＝投资者要求的回报；

C＝投入资本（即企业的净资产）。

产品定价

■ 理论上，利润最大化的条件是：

边际销售收入＝边际生产成本

■ 需求弹性表明需求对价格变化的敏感性。

■ 完全成本（成本加成）定价是在完全成本的基础上加价以获取利润。

■ 市场可能不接受这个价格（大多数企业都是"价格接受者"）。

■ 成本加成定价可以提供一个有用的基准。

■ 边际成本定价法采用边际成本，并加价以获取利润。它在短期内可能有用，但在长期内所有成本都必须被补偿。

■ 确定目标销售价格是目标成本计算过程的第一步。它表明了可能的市场价格，进而帮助管理者推断成本上限，确保可接受的利润。

■ 渗透定价策略关注的是获得较大的市场份额，以实现长期利润最大化。

■ 撇脂定价策略试图根据对价格的抵制程度来利用不同的市场阶层。它通常只能在其他供应商面临进入壁垒的情况下使用。

复习思考题

10.1 A 公司和 B 公司每年都会购买 1 000 单位的某企业的服务，每单位的价格相同。提出企业认为与 B 公司相比 A 公司更受欢迎的可能原因。

10.2 在引入平衡计分卡管理企业时，管理者应注意哪些潜在问题？

10.3 需求弹性是如何影响定价决策的？

10.4 有人认为，许多企业过度资本化。如果这是真的，那么企业拥有过多资本的原因可能是什么？EVA® 如何帮助避免这一问题？

练习题

基础练习题

10.1 研究证据表明，在实践中，成本加成定价法会影响许多定价决策。

要求：

什么是成本加成定价？使用这种方法会出现什么问题？

10.2 Woodner 公司提供标准化服务。它每周最多可以提供 100 单位这种服务。经验表明，在 100 英镑的价格下，该公司不会售出任何单位的服务。价格每降低 5 英镑，该公司就能多售出 10 单位服务。例如，以 95 英镑的价格可以售出 10 单位服务，以 90 英镑的价格可以售出 20 单位服务，依此类推。该公司每周的固定成本总计为 2 500 英镑。在整个产出的可能范围内，变动成本为每单位 20 英镑。市场情况是不可以向不同的客户收取不同的价格。

要求：

该项服务最有利可图的产出水平是多少？

10.3 Sharma 公司生产一种标准化产品，其基本价格为每件 20 英镑，但某些客户可以享受折扣。在刚刚结束的财年，该公司正在对所有客户进行盈利能力分析。

Sharma 公司的客户之一 Lopez 公司的信息如下：

销售价格折扣（%）	5
售出单位数（件）	40 000
间接成本（英镑/件）	12
销售订单数量（件）	22
发货次数	22
运货距离（英里）	120
Sharma 员工的销售拜访次数	30

Sharma 基于作业成本法将成本分摊给客户，具体如下：

成本池	成本动因	成本动因率
订单处理	订单数量	每订单 75 英镑
运输成本	运输英里数	每英里 1.50 英镑
销售拜访	拜访次数	每次拜访 230 英镑

Lopez 公司通常需要两个月的赊购期，Sharma 的赊销成本为每月 2%。

要求：

计算 Sharma 公司在刚结束的财年向 Lopez 公司销售产品的利润。

中级练习题

10.4 Virgo 公司正在考虑引入 EVA® 系统，并希望其管理人员专注于更长期的效益，而不仅仅专注于 EVA® 的年度绩效。该公司正在征求你的建议，以确定如何安排管理奖金制度，从而确保将长期效益考虑在内。该公司还不清楚管理人员的工资应该以奖金的形式支付多少，以及何时支付此类奖金。最后，该公司也不清楚在任何奖金制度中，个人绩效和公司绩效之间的平衡应该怎样实现。

CFO 最近发布的数据显示，如果 Virgo 公司在过去三年中使用 EVA®，结果如下：

单位：万英镑

第一年	2 500（盈利）
第二年	2 000（亏损）
第三年	1 000（盈利）

要求：

为公司的管理人员提出合适的奖金制度建议。（本章没有直接涉及这个主题，你可以试着用所学到的基本原理来回答这个问题。没有唯一正确的答案。）

第**11**章

部门绩效评价

引　言

　　尽管小型企业可以作为一个整体来管理，但是大部分的大型企业是按经营单位或部门来管理的。从第1章可以看出，通过这样的方式进行管理，大公司可以更有效地达到它们的策略目标。在构建部门框架后，如何选取合适的指标对部门的绩效进行评价就显得尤为重要。本章我们将对所用主要指标的优缺点进行分析。

　　某一运营部门可以为企业内其他部门提供产品或服务。在这种情况下，衡量部门绩效可能会很困难。这是因为产品和服务在部门之间转移的价格对销售收入和利润等关键绩效指标有重要影响。我们将讨论设定转移定价的方法，并确定应遵循的指导原则。

　　最后，本章探讨了非财务指标对部门绩效的影响。我们将学习非财务指标的重要性及其如何提高管理决策的质量。在本章，我们将学习前面几章提出的一些要点，特别是第3、5、8和10章。

学习目标

学完本章后，你应该能够：

■ 讨论采用分部结构的企业的优势和劣势；

■ 掌握衡量运营部门和部门经理绩效的主要方法，并评估这些方法的有效性；

■ 描述确定部门间转移定价的问题，并掌握常见的几种方法；

■ 解释非财务指标在企业管理中的重要性，以及如何将其用于决策。

11.1　分　部

11.1.1　企业分部的原因

许多大型企业的运营极其复杂。这可能与其产出的特性有关。它们通常会提供大量的产品和服务，其中许多在技术上是复杂的。不过，这或许是因为它们在世界各地都有业务单位，当企业的运营非常复杂时，经常需要扩展管理结构。这就导致有关业务单位的决策由高级管理人员转移到了较低层级的管理人员。高级管理人员不可能对每个业务部门都了如指掌。所以，让他们对所有部门做出决策是不现实的。通过创建具有一定自主权的独立部门，大型企业才能提高经营效率。

11.1.2 决策权下放

必须赋予管理人员对其负责的业务的自由裁量权。将每个部门视为一个单独的责任中心，在经营方面给予其一定的自主权。然而，赋予不同责任中心管理人员的自由裁量权的程度可能有所不同。在实践中，责任中心往往可分为三类：

1. 成本中心。管理人员必须对所发生的费用负责，并对其进行控制。但是，管理人员并不负责分配收益和投资资本。在第 4 章讨论过成本中心。

2. 利润中心。利润中心的管理人员对产品和销售业绩负责。非流动资产和营运资本分配给该中心，期望管理人员通过有效使用它们来创造利润。因此，该中心管理人员的职责包括定价、营销、产量、供货来源和销售组合等方面。然而，对该中心的任何额外投资都需要征得高级管理人员的同意。

3. 投资中心。投资中心的管理人员负责投资、营运资本、产品销售等方面的决策。因此，投资中心也是利润中心，负责更多的投资决策。从很多方面来看，它是企业中的企业。

不同的责任中心可以看作一个逐步发展的过程，每个较高层次的结构都包括前一个或多个责任中心。因此，利润中心管理人员的职责涵盖成本中心管理人员的职责，投资中心管理人员的职责涵盖利润中心管理人员的职责。部门通常作为利润中心或投资中心运作。

关于某个部门采用何种形式的责任中心，并没有硬性规定。如果一个部门的管理人员比资深的管理人员更熟悉当地环境，那么"利润中心"就会成为一个更好的选择。这样它们在做出有关价格、产量等方面的决策时具有优势。由于各单位之间的协作所带来的收益微乎其微，人们更倾向于采用"利润中心"而非"成本中心"。

活动 11-1

为什么这种情况下利润中心更受欢迎呢？

在这种情况下，高级管理人员集中协调各部门的运作可能收效甚微。因此，他们会下放权力，给予各部门更大的自主权。

如果部门运营是资本密集型的，且高级管理人员无法确定部门最佳投资策略，则投资中心可能优于利润中心。一家企业很可能同时拥有三种类型的责任中心。例如，企业的一个大型部门可以作为投资中心运作，因此对其运作的各个方面负责。在该部门内，可能有利润中心，也许每生产一种产品就有一个利润中心。在每个利润中心内，可能存在被视为成本中心的生产区域。

将企业分解为多个责任中心有助于规划和控制企业的运营。责任中心的每个管理人员都将收到与绩效相关的财务信息，并据此采取行动。当然，他们会为自己的行动承担责任。为责任中心管理人员提供相关财务信息的是责任会计。

真实世界 11-1 以决策权高度下放的廷普森有限公司（Timpson Ltd）为例，大多数门店都很小，但每个门店都被视为一个单独的责任中心。

真实世界 11-1

权力下放

廷普森有限公司是一家非常成功的零售服务提供商，在英国和爱尔兰拥有超过 1 300 家门店。廷普森提供一系列服务，包括修鞋、雕刻和配钥匙。公司有 32 个区域管理团队，每个团队负责约 40 家门店，但门店员工具有极高的自主权。该公司的网站显示："在廷普森，我们坚信提供优质的客户服务是我们成功的关键。通过独特的"倒置管理"法，我们给予员工绝对的权力，让他们尽己所能地让客户满意。如果员工犯了错，可以当场纠正，不需要和经理汇报。我们相信员工会按照他们认为合适的方式来经营我们的业务。我们每年都会进行一项"幸福指数"调查，以了解员工对企业运作以及员工待遇的真实看法。我们会非常认真地对待这件事，并定期根据所提出的意见做出改变。"

资料来源：Timpson, About Timpson, www. timpson. co. uk/about-timpson, accessed 17 December 2019.

活动 11-2

通常会向责任中心的管理人员提供什么样的财务信息？（提示：回顾一下第 6 章和第 7 章。）

通常采取预算的形式，反馈每个预算期间的实际绩效以及预算差异。

11.1.3　部门结构

企业按照董事会认为合适的方式划分部门。然而，我们在第 1 章中看到，部门通常根据以下因素划分：

- 提供的服务或生产的产品；
- 地理位置。

部门通常按照职能设立和组织。为了避免重复可以在总部设置跨部门职能岗位。

真实世界 11-2 列出了第一太平戴维斯公司（Savills plc）的组织结构图，该公司设立多个运营部门在全球范围内提供房地产服务（房地产代理等）。该公司每年产生约 9 亿英镑的销售收入。

真实世界 11-2

房地产业务

如图 11-1 所示，第一太平戴维斯公司分为五个运营部门。运营部门按照地理位置划分。

第一太平戴维斯公司在谈到其组织结构时说："为确保决策高效，我们使用扁平化的管理结构，使我们能够保持灵活、快速的响应方法，以提供最高水平的客户服务。对于我们这样规模的公司来说，这是一种创新的结构。"

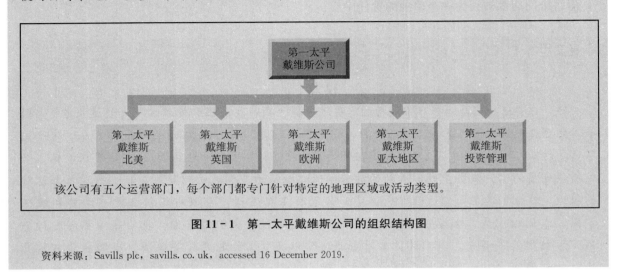

该公司有五个运营部门，每个部门都专门针对特定的地理区域或活动类型。

图 11 - 1　第一太平戴维斯公司的组织结构图

资料来源：Savills plc, savills. co. uk, accessed 16 December 2019.

11.1.4　分部管理的优势

将企业划分为多个部门，并允许部门经理有一定程度的自主权，其优势见活动 11 - 3。

活动 11 - 3

确定并简要解释分部管理的企业可能获得的至少三个优势。（我们已经提到了一些可能的优势。）

分部管理的优势如下：

■ 有助于及时掌握市场信息。部门经理要搜集大量关于客户、市场、供应渠道等方面的信息，而这类信息传递给高层管理人员可能会很困难，而且代价高昂。有些时候，他们也许会觉得无法把所搜集的知识与经验传授给别人。而且，因为部门经理处于"第一线"，他们经常能充分利用这些信息。

■ 有助于提高管理积极性。当一个部门经理觉得自己在这个部门的决策中起着很重要的作用时，他的忠诚度就会更高。实证结果显示，参与决策可以促进参与者的责任意识，进而影响到决策的执行。如果高层主管制定了相关的决策，并将其强加于部门经理，那么部门经理就有可能失去动力。

■ 有助于管理层发展。给予部门经理一定程度的自主权可以帮助他们成长。他们会接触营销、生产、财务等方面的问题。这将有助于他们获得宝贵的专业技能。此外，将一个部门作为独立的企业来运作，会提高他们的战略思维能力。这对于企业来说大有裨益，因为他们正在成为新一代高级管理人员的接班人。

■ 有助于提高专业知识。如果企业提供各式各样的产品和服务，就不能期望高级管理人员关于每种产品和服务都能做出专业的决策。还不如让一个经验丰富的部门经理来处理。

■ 有助于高级管理人员发挥战略作用。如果高级管理人员要对各部门的日常操作负责，那他们就必须把精力投入到很多较小的决定中去。即便他们的决策能力超过部门经理，但高级管理人员的时间还是没有得到最好的利用。高级管理人员应该发挥战略性作用。他们必须放眼未来，识别企业所面临的机会与威胁，并制订适当的计划。基于更广阔的视角考察企业，并制定一条合理的路线，这样高级管理人员才能最高效地利用他们的时间。

■ 有助于及时决策。要将各部门的资料搜集起来，整理成报告上报，但要在做出决策前上报，否则企业就不能在紧急情况下迅速做出反应。在一个充满竞争和波动的环境里，快速应对市场的变化是非常重要的。部门经理往往能比高级管理人员更迅速地做出反应。

图 11-2 总结了分部管理的优势。

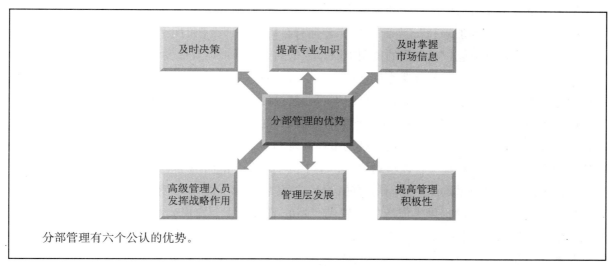

分部管理有六个公认的优势。

图 11-2　分部管理的优势

真实世界 11-3 阐述了英国联合食品集团对其部门结构的态度。该集团有五个业务部门（或"分部"）：制糖、农业、零售（包括 Primark）、食品杂货（包括 Kingsmill，Ovaltine 和 Ryvita）和配料（包括酵母和酶）。

真实世界 11-3

精神食粮

我们的组织结构使我们能够贴近市场和客户。

集团分为五个业务部门，整合了产业专长、运营能力和市场情报。经验告诉我们，只有那些对市场最熟悉，并且能够执行决策的人，才能做出最好的决定。

集团的中心旨在为领导者提供一个架构，让领导者有足够的自主权和决策权。该中心规模较小，采用简洁的沟通方式，以确保决策迅速、精辟、明确。它力求确保业务活动得到适当的监督和支持。

资料来源：Associated British Foods plc，Annual Report 2019，pp. 8 and 9.

尽管大多数大型企业都有独立的运营部门，但是采用这样的架构也会带来很多问题。其中包括：

■ 目标冲突。某个运营部门的目标可能与整个企业或其他部门的目标不一致。例如，企业的一个运营部门正在向英国的敌对政府出售军事装备，那就不能再向英国政府出售计算机设备。然而，如果停止销售军事设备，便可为其他部门的计算机设备开拓新的销售市场，企业的总体利润可能会增加。

■ 风险规避。当部门经理面对高风险的大项目时，即使有很高的收益，他们可能还是会选择放弃这个项目。一旦项目失败，他们首先要考虑的就是是否会丢掉饭碗。然而，企业的所有者（股东）会倾向于冒险接下这个项目，在他们看来这个项目只是企业负责的众多项目之一。尽管每一个具体的项目都有它的风险，但是，所有者也许会想，整体的收益会弥补其中的风险。由于部门经理缺少能弥补重大失误所造成的损失的多样化项目组合，所以各部门经理不会承接这样的项目。

■ 管理部门的"附加福利"。如果部门经理拥有自主权，那么他们很可能会为自己谋取更多的福利。这些附加福利可能包括丰厚的费用补贴、豪华的办公环境以及一辆汽车。这些附加福利可能意味着，部门经理获得的薪酬待遇将远远高于市场对其服务的要求。这一点可以通过对各部门经理的行为进行监督来加以解决。然而，监督成本可能超过识别和减少这些附加福利所带来的收益。

■ 增加成本。由于采用分部结构，企业将面临更多的成本。例如，每个部门可能都有自己的市场调研部门，这样就可能会与其他分部的市场调研部门的工作有重叠。将企业划分为较小的经营单位，则不能发挥其规模优势，以节约成本。举个例子，每个部门都希望自己能够确定应该向哪一家厂商来采购，并且只采购满足它们需要的数量。这使得企业不能在订货时和供货商讨价还价。

■ 竞争。同一企业内提供类似产品或替代产品的部门可能会发现彼此之间存在竞争。如果市场竞争激烈，那么价格就会下降，进而可能会降低整个企业的利润。因此，如果各个部门不能提供紧密联系的产品或服务，或是分散经营，那么分部管理是最佳的选择。

分部管理的不足总结如图 11-3 所示。

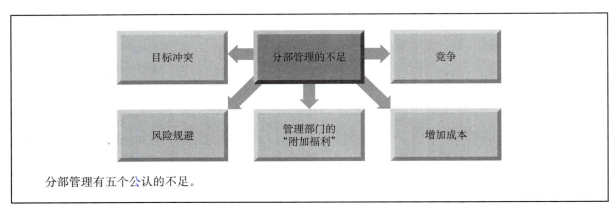

图 11-3　分部管理的不足

正如我们所见，分部管理也不是完美无缺的。要彻底消除这些问题是不可能的，但削弱问题的影响还是可以做到的。高级管理人员的一项重要任务就是要建立一个能够充分发挥分部管理优势而又尽量减少问题的架构。

通过对各部门管理人员的行为进行规制，可以有效地解决部门间的目标冲突与竞争性问题。必须防止部门经理做出会导致特定部门的利润增加但会减少整个企业的利润的决策。

按照这种方式管理部门经理的行为有什么缺点吗？

将会削弱部门经理的自主权。

但是，各部门经理必须意识到，他们并不是完全独立的运营单位，他们对整个企业也负有责任。

管理层规避风险是一个在实际工作中难以解决的复杂问题。然而，如果提供的奖励能够反映更高水平的风险，那么鼓励部门经理承担更大的风险还是有可能的。通过对现实生活的观察，我们发现，当人们能够从较高的报酬中得到补偿时，他们往往愿意承担较大的风险。

如果出现问题，企业也可以通过预算差异报告来区分部门经理无法控制的差异和部门经理能够控制的差异。然后，部门经理只对其控制范围内的差异负责。然而，当部门经理知道这些信息将用于评估其绩效时，想要从他们那里获得编制预算的客观信息就不容易了。

高级管理人员可以通过制定明确的规则来控制福利。在某种程度上，观察部门经理的行为就可以发现他们的违规行为，如豪华轿车、司机和豪华的办公环境，都是非常显眼的。

某些部门重复工作的成本可能非常高。出于这个原因，一些企业选择由总部工作人员而不由部门人员负责一些工作，如行政、会计、研发和营销。

以这种方式解决重复问题有什么缺点？

这意味着部门经理必须为了企业的整体绩效而牺牲一些自主权。

很明显，分部管理给高级管理人员带来了重大挑战。他们在努力推动部门自治的同时，还必须确保部门目标与总体战略目标相一致。目前还没有什么方法和模式可以解决这一问题，所以高级管理人员必须做出正确的判断。

高级管理人员面临的另一个挑战就是要找出一种有效、可靠的衡量指标，来协助评价该部门及其管理人员的表现。现在我们就来探讨这一挑战。

11.2 衡量部门利润

企业经营的目标是使股东的利益最大化，而这种利益是可以在短期内转变为利润的。所以，利润和利润率是衡量营运单位和管理人员绩效的关键。可以采用的指标很多，但是当你选择适当的指标时，必须清楚使用它的目的。

为了更好地了解这个问题，我们采用了部门利润表。可以看出，这里面包括了多种可以用来评价绩效的利润衡量指标。

上一年家电部门的利润表

单位：百万英镑

销售收入	980
变动成本	(490)
贡献	490
可控的分部固定成本	(130)
可控利润	360
不可控的分部固定成本	(150)
分摊共同费用前的部门利润	210
分摊的共同费用	(80)
本期部门利润	130

在研究不同的利润衡量指标前，我们必须明确，"可控""不可控"是指部门经理控制某项支出的能力。因此，高级管理人员批准的开支，即便是在与各部门相关的情况下，也不在各部门经理的控制范围之内。而部门经理批准的开支，则是在部门经理的控制范围之内。

从利润表中我们可以看出，有四种利润衡量指标可以用于评估企业的绩效。分别是：

- 贡献；
- 可控利润；
- 分摊共同费用前的部门利润；
- 本期部门利润。

现在我们来依次考虑这些指标。

11. 2. 1　贡献

利润的第一个衡量指标是贡献，它等于该部门的总销售收入减去所发生的变动成本。我们在第 3 章中详细讨论过这一指标，它是一种有助于理解成本、业务量和利润之间关系的指标。

活动 11-6

假设你是一个按部门管理的企业的首席执行官。你会把贡献作为衡量部门绩效的主要指标吗？为什么？

不会。贡献这个指标最大的缺点是它只考虑了变动成本，而忽略了所发生的固定成本。这意味着这一指标无法涵盖运营的所有方面。

现在假设你是一个部门经理。如果这些贡献被用来评估你的绩效，你会愿意做什么？（提示：看看利润表中这个指标下面的内容。）

这种方法只考虑变动成本，而不考虑固定成本，因此有可能使支出尽可能地形成固定成本而非变动成本。这样，贡献才能达到最大。例如，作为部门经理，你可能会决定减少雇用临时工，而改用机器完成工作（虽然这样做成本更高）。

11.2.2　可控利润

利润的第二个衡量指标是可控利润，将各部门经理控制的各项开支都计算在内。许多人认为这是衡量部门经理绩效的最佳指标，因为部门经理可以决定投入多少开支。然而，在实践中，可能很难将成本分类为可控成本和不可控成本。

也许有些开支是由各部门经理决定的，但又不完全受他们的控制。例如，为了保证部门的 IT 系统能够与整个企业的 IT 系统兼容，部门经理需要采购某种电脑硬件。部门经理可能对更换硬件的频率以及购买不符合企业所需的最低标准的特定硬件类型有一定的自由裁量权。根据如何行使自由裁量权，该期间的折旧费可能与部门经理采用高级管理人员规定的最低标准时产生的费用有很大不同。

11.2.3　分摊共同费用前的部门利润

利润的第三个衡量指标是分摊共同费用前的部门利润，该指标考虑了该部门发生的所有部门费用（包括可控费用和不可控费用）。通过这个指标，可以衡量该部门对企业整体利润的贡献。

到目前为止，我们讨论的三个指标中哪一个最有助于评估部门经理的绩效？哪一个有助于评估部门的绩效？

部门经理的绩效应该根据其可控范围来判断。因此，可控利润将是最合适的衡量指标。贡献指标并未将各部门经理所能控制的全部成本计算在内，而分摊共同费用前的部门利润，还将某些不在管理人员控制范围内的开支计算在内。不过，如果把各分部的成本都减去，就可以用部门利润来衡量部门绩效。这是衡量部门绩效的一种比较综合的指标。

11.2.4　本期部门利润

利润的最后一个衡量指标是本期部门利润，它是在扣除当期发生的一定比例的共同费用后得出的。分配给每个部门的费用通常是高级管理人员认为的共同费用总额的平均数。这些共同费用通常包括市场营销、人力资源管理、会计、规划、信息技术和研发费用等。

在实践中，如何在各部门之间分配共同费用极具争议。有些部门的管理人员觉得他们所分摊的共同费用的比例是不合理的。他们也可能认为，部门分摊了他们几乎无法控制的费用。因此，该部门的利润数字并不能真正反映该部门的绩效。因此，这些问题可能会妨碍高级管理人员向各部门分配共同费用。

活动 11 - 9

你能想到哪些支持将共同费用在部门间分配的理由？至少想出一个。

企业只有在支付了所有的共同费用后才能盈利。将这些费用分配给各部门有助于各部门经理更清楚地认识到这一事实。此外，高级管理人员可能希望将该部门的绩效与同行业中作为独立实体经营的同类企业的绩效进行比较。将共同费用分配给各部门，提供了一个更有效的比较依据。独立企业在获得利润之前必须承担这类费用。分配共同费用的结果也可能有助于对这些费用进行控制。部门经理可能会向高级管理人员施加压力，要求降低日常费用，以尽量减少对部门利润的不利影响。

真实世界 11 - 4 揭示了分配给各部门的共同费用的数额。

真实世界 11 - 4

共同之处

德鲁里（Drury）和艾尔-希希尼（El-Shishini）对制造业按部门管理的企业的 124 名高级财务经理进行了一项调查。他们发现，绝大多数经理（95%）表示，各部门使用了公共资源，如市场营销、人力资源管理、会计等。该调查要求这些经理说明使用这些资源的大致成本占部门年销售收入的百分比。图 11 - 4 列出了调查结果。

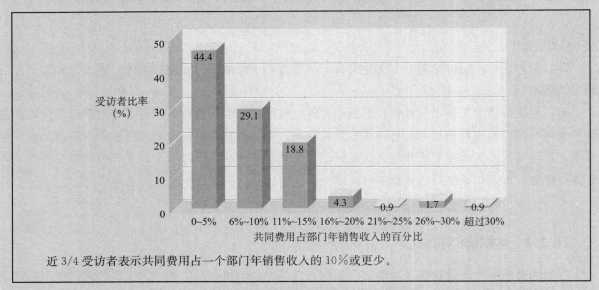

近 3/4 受访者表示共同费用占一个部门年销售收入的 10% 或更少。

图 11 - 4　共同费用占部门年销售收入的百分比

我们可以看到，公共资源的成本往往相当低。造成这种现象的原因目前还不清楚。一种可能的解释是，在一家高度分散的企业中，存在着一些独立的分部。因此，它将不太依赖公共资源。另一种可能的解释是，拥有大量部门的企业有更多的机会将公共资源的成本分配到不同的部门。但是，这项研究并没有找到足够的证据来证明这些解释。

资料来源：Drury, C. and El-Shishini, E. (2005) *Divisional Performance Measurement: An Examination of Potential Explanatory Factors*, CIMA Research Report, August, p. 32.

11.3　部门绩效指标

单独的部门利润无法作为衡量部门绩效的指标。要想获得利润，就必须考虑对哪些资产进行投资。衡量部门绩效的两个指标是：

- 投资报酬率（return on investment，ROI）；
- 剩余收益（residual income，RI）。

现在我们依次讨论这两个指标。

11.3.1　投资报酬率（ROI）

投资报酬率（ROI）是评估各部门盈利能力的一种常用方法。该比率的计算方法如下：

$$ROI = \frac{部门利润}{部门投资（使用资产）} \times 100\%$$

该比率中的部门利润的界定将取决于其用途。

活动 11 - 10

在评估以下绩效时，选择哪种利润的定义比较合适？

（a）部门经理绩效；

（b）部门绩效。

如前所述，在评估部门经理绩效时，可控利润可能更合适。在评估部门绩效时，该期间的部门利润可能更合适。

该比率中的部门投资可以采用多种计量方式。如总资产（非流动资产加流动资产）或净资产（非流动资产加流动资产减流动负债）。此外，非流动资产可以使用其历史成本或历史成本减累计折旧或其他基础如市场现值来计量。市场价值是最有效的方法，可以更好地反映绩效。

无论如何界定部门利润和部门投资，都必须保持一致。例如，对没有使用同一计量方式的两个部门的投资报酬率进行比较可能具有极强的误导性。

ROI 可以分为两个主要部分，如图 11-5 所示。第一个部分是部门利润占部门销售收入的百分比；第二个部分是部门销售收入占部门投资的百分比。

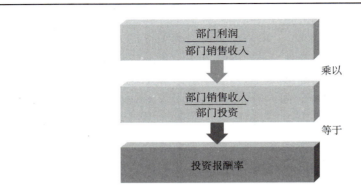

ROI 可分解为两个部分：部门利润/部门销售收入；部门销售收入/部门投资。通过这种方式分析 ROI，我们可以看到盈利能力和效率的影响。

图 11-5　ROI 的主要部分

这两大部分突出了一个事实，即 ROI 既取决于每英镑销售收入的利润率，也取决于相对于投资基础产生高水平销售收入的能力。换句话说，它是由资产使用中的盈利能力和效率共同决定的。

活动 11-11

以下数据是销售类似产品的两个运营部门的绩效：

单位：百万英镑

项目	吉隆坡分部	新加坡分部
部门销售收入	300	750
部门利润	30	25
部门投资	600	500

你对每个分部的绩效有什么看法？

首先，两个分部的 ROI 相同，都是每年 5%（即 30/600 和 25/500）。然而，信息显示，各分部似乎在追求不同的目标策略。吉隆坡分部和新加坡分部的利润率分别为 10%（30/300）和 3.3%（25/750）。吉隆坡分部和新加坡分部的部门销售收入占部门投资的比率分别为 50%（300/600）和 150%（750/500）。因此，我们可以看到，吉隆坡分部比新加坡分部销售商品的利润率更高，从而导致其销售收入与使用资产的比率较低。

投资报酬率是盈利能力的衡量标准，因为它把利润与该部门的投资规模联系起来。这种相对指标可以对不同规模的分部进行比较。然而，ROI 也有其缺点。如果它被用作部门经理绩效的主要衡量指标，就可能导致产生不符合企业整体利益的潜在危险。

活动 11-12

Russell Francis 公司有两个部门，在不同的地方销售类似产品。Wessex 分部投资 1 亿英镑获得了 2 000 万英镑的可控利润，Sussex 分部投资 5 000 万英镑获得了 1 500 万英镑的可控利润。

每个部门的部门经理都有机会投资 2 000 万英镑来开发一个新的产品线，这将提高 500 万英镑的可控利润。每个部门的最低可接受投资报酬率是每年 16%。

哪个分部更成功？部门经理将如何应对这次新的投资机会？

虽然 Wessex 分部的绝对利润更高，但它的投资报酬率低于 Sussex 分部。Wessex 分部的投资报酬率为每年 20%（2 000 万英镑/1 亿英镑），而 Sussex 分部的投资报酬率为 30%（1 500 万英镑/5 000 万英镑）。用投资报酬率作为衡量指标分析，Sussex 分部表现更好。

新投资的投资报酬率为每年 25%（500 万英镑/2 000 万英镑）。因此，通过这项投资，Wessex 分部的投资报酬率将增加（目前为每年 20%）。然而，Sussex 分部的投资报酬率将降低，该投资的投资报酬率低于 Sussex 分部每年 30% 的总体投资报酬率。

如果将投资报酬率作为衡量部门绩效的主要指标，Sussex 的部门经理由于担心部门投资报酬率的下降会影响绩效，可能会放弃这次机会。然而，每年 25% 的投资报酬率创造的利润超过了每年 16% 的最低投资报酬率。因此，如果不能利用新投资，就意味着该部门的利润潜力得不到充分发挥。

活动 11 - 12 说明了使用百分比等比较指标时可能出现的问题。如果分部非流动资产按照原始成本减去迄今为止的所有累计折旧（即账面价值或账面净值）进行计量，则可能会进一步抑制投资。如果每年都计提折旧，分部投资的账面金额将减少。如果利润保持在同一水平，就意味着投资报酬率将在折旧资产的生命周期内上升。

为了说明这一点，请看例 11 - 1。

例 11 - 1

以下是一个部门在四年中的利润和投资数据：

单位：百万英镑

年份	部门利润	部门投资	账面价值下的投资报酬率（%）
1	30	200	15.0
2	30	180	16.7
3	30	160	18.8
4	30	140	21.4

第一年年初，投资的是厂房和设备，耗资 2 亿英镑。每年按成本的 10% 进行折旧。

可以看到，由于投资的减少，投资报酬率随着时间的推移而增加。尽管是相同的厂房和设备，产生的利润却同样多。但如果投资报酬率低于该部门现有的投资报酬率，部门经理可能不愿意投资于其他资产。在本例中，部门经理可能不愿意更换厂房和设备，使部门的投资报酬率恢复到 15%。即使现有设备已提足折旧，对新投资的需求会增加，情况也是如此。

活动 11 - 13

如何解决例 11-1 中因减少投资来提高投资报酬率的问题？试着想出一个解决办法。

解决这个问题的一种方法是保持资产投资的原价，不是为了计算投资报酬率而扣除折旧。然而，非流动资产通常会随着时间的推移而失去其生产能力，这一事实无法改变。解决这个问题的另一种方法是使用当前市价，如资产投资的重置成本。然而，确定某些资产的当前价值可能不是那么容易。

11.3.2　剩余收益

投资报酬率指标的缺点在于忽略了部门的融资成本，因此企业会寻找更合适的衡量部门绩效的指标。另一种衡量指标是剩余收益（RI）。剩余收益是指部门超过最低可接受收入水平的收入或利润。如果我们假设企业的目标是增加所有者（股东）的财富，那么产生的可接受的最低收入水平就是覆盖资本成本所需的金额。

部门利润扣除资本投资的估算费用，就得到了剩余收益，即：

剩余收益＝部门利润－资本投资费用

例 11-2 明确了这个过程。

例 11 - 2

一个部门可以产生 1 亿英镑的利润，该部门的投资为 6 亿英镑，每年的融资成本为 15%。

剩余收益如下：

	单位：百万英镑
部门利润	100
资本投资费用（15%×6 亿）	（90）
剩余收益	10

如例 11-2 所述，剩余收益为正意味着该部门产生的回报超过了企业的最低要求。超额回报越高，该部门的表现就越好。

活动 11 - 14

你熟悉剩余收益这个指标吗？我们在本书的前面章节是否讨论过类似的指标？

该指标与我们在第 10 章中讨论的经济增加值类似。我们将在本章后面更详细地讨论这一点。

活动 11 - 15

西蒙森制药公司（Simonson Pharmaceuticals plc）经营着海伦娜（Helena）美容护理部门，该部门去年报告了以下内容：

部门投资	2 亿英镑
部门利润	3 000 万英镑

该部门有机会投资于一种新产品。这需要额外增加 4 000 万英镑的非流动资产投资，预计每年将产生 500 万英镑的额外利润。该公司每年的资本成本为 10%。

计算该部门去年的剩余收益。你认为该部门应该投资新产品吗？如果使用投资报酬率作为评估绩效的指标，部门经理会接受还是拒绝这次投资机会？

去年的剩余收益为：

	单位：百万英镑
部门利润	30
资本投资费用（10%×2 亿）	(20)
剩余收益	10

该新产品的预期剩余收益为：

	单位：百万英镑
部门利润	5
资本投资费用（10%×4 000 万）	(4)
剩余收益	1

剩余收益是正的，因此，投资新产品将是值得的。它将涵盖所有相关的费用，包括投资的融资成本。

该部门去年的投资报酬率为每年 15%（3 000 万英镑/2 亿英镑）。然而，新产品预计每年只能产生 12.5% 的投资报酬率（500 万英镑/4 000 万英镑）。投资新产品将降低该部门的总体投资报酬率（假设明年的业务活动也有类似的结果）。因此，尽管接受这个投资机会能增加所有者（股东）的财富，但部门经理可能还是会拒绝这个机会。

11.3.3　着眼长远

投资报酬率和剩余收益共同的缺点是部门经理可能会关注部门的短期绩效，而忽略长远发展。如果投资新活动会导致短期投资报酬率和短期剩余收益降低，即便从长远看它们的净现值为正，部门经理也可能会拒绝新的投资机会。这在例 11 - 3 中得到了说明。

例 11-3

部门正面临一个投资机会，需要 90 000 英镑的初始投资，在未来 5 年将产生以下经营现金流：

单位：英镑

年份	现金流
1	18 000
2	18 000
3	25 000
4	50 000
5	60 000

假设每年的资本成本为 16%，该项目的净现值将为：

单位：英镑

年份	现金流	折现系数（16%）	现值
1	18 000	0.862	15 516
2	18 000	0.743	13 374
3	25 000	0.641	16 025
4	50 000	0.552	27 600
5	60 000	0.476	28 560
			101 075
		初始投资＝	(90 000)
		净现值＝	11 075

这表明净现值是正的，因此，投资该项目符合股东的利益。

为了计算投资报酬率和剩余收益，我们需要获得每年的部门利润（即从上述经营现金流中扣除折旧费）。假设每年的现金流大致等于折旧前的利润。假设按直线法在资产使用年限内计提折旧，且资产没有残值，年折旧费为 18 000 英镑（90 000/5）。

扣除年折旧费后，部门每年的利润如下：

单位：英镑

年份	部门利润
1	0
2	0
3	7 000
4	32 000
5	42 000

活动 11-16

计算项目生命周期内 5 年的投资报酬率和剩余收益。（根据相关资产的成本计算投资报酬率。）

该项目的投资报酬率如下：

年份	计算过程	投资报酬率（%）
1	0/90 000	0
2	0/90 000	0
3	7 000/90 000	7.8
4	32 000/90 000	35.6
5	42 000/90 000	46.7

剩余收益如下：

单位：英镑

年份	部门利润	资本支出	剩余收益
1	0	14 400*	(14 400)
2	0	14 400	(14 400)
3	7 000	14 400	(7 400)
4	32 000	14 400	17 600
5	42 000	14 400	27 600
合计			9 000

* 资本支出为 14 400 英镑（90 000×16%）。

活动 11 - 17

你从活动 11 - 16 的计算中推断出什么？

我们可以看到，尽管在后来的几年里情况发生逆转，但在早期，投资报酬率和剩余收益的计算结果并不好。前两年的投资报酬率为零，前三年的剩余收益为负。因此，如果部门经理认为集团管理层对最初几年的结果不看好，他们就可能不愿意进行投资。然而，净现值分析表明，管理者拒绝该提案不符合所有者（股东）的最大利益。请注意，项目总体剩余收益为正值，因此 5 年内与净现值结果保持一致。

为了避免出现活动 11 - 17 中描述的问题，我们努力提出各种方法。例如，在项目完全建立并实现良好回报之前，计算部门的 ROI 和 RI 时不应将项目中使用的资产列入部门投资。

11.3.4　绩效比较

评估部门绩效需要有一个基准。以下是各种可供比较的基准，包括：

■ 企业内其他部门。然而，如果企业不同部门所处的行业不同，那么比较这些部门可能没有多大意义。不同的行业有不同的风险水平，这反过来对可接受的回报水平又产生了不同的影响。（见第 9 章）。

■ 部门以前的绩效。可以将现在的绩效与以前的绩效进行比较，确定是否有所改善或恶化。

然而，我们经常需要将绩效与一些外部标准进行比较，以揭示部门内部运营效率低下的问题。此外，过去的经济环境可能与当前的经济环境有很大不同，这样比较就没有意义了。

■ 同行业的类似企业。其他企业类似部门的绩效，或同行业类似企业的绩效，可以为比较提供有用的依据。然而，与之相关的问题也常常存在。（我们将在活动 11-18 中讨论这个问题。）

■ 预算（目标）绩效。这是比较的最佳基准，因为预算本就应该引导部门和整个企业朝着战略目标前进。在制定预算时，要充分考虑企业其他部门的绩效、部门以前的绩效以及竞争对手的绩效，然而，最终评估部门实际绩效的依据是该部门的预算。

活动 11-18

实践中，当我们试图将某一特定部门的绩效与其他企业类似部门（或企业整体）的绩效进行比较时，可能会遇到哪些问题？至少考虑两个问题。

我们可能会遇到一些问题，例如：

■ 获取所需信息。这对于其他企业的部门来说尤其如此。企业外部人员可能无法获得这些信息。

■ 会计政策差异。折旧方法和存货计价方法等事项的不同可能导致选取不同的利润衡量指标。

■ 资产结构差异。所使用的非流动资产的使用年限不同、租赁而非购买特定资产的决定等，可能会导致得出的计量结果不同。

11.4　重新考虑经济增加值

我们在第 10 章中看到，经济增加值衡量的是为所有者（股东）创造的财富数量。它基于以下公式：

$$EVA^® = NOPAT - (R \times C)$$

其中：

NOPAT＝税后净营业利润；

R＝投资者要求的回报（即融资成本）；

C＝投入资本（即净资产）。

这一方法虽然不是专门为评估部门绩效而设计的，但仍可用于此目的。

经济增加值和剩余收益有明显的相似之处。从经济角度来看，二者都认为只有在考虑了包括融资成本在内的所有成本之后，才能产生利润。因此，都采用了资本投资费用。当比较这两种指标时，它们之间区别不大。经济增加值是一个更严格的衡量方法。经济增加值公式中的各种要素（税后净营业利润、投资者要求的回报和净资产）的定义更为明确，可见经济增加值和财富创造之间有明确的联系，但剩余收益并非如此。因此，在评估部门绩效时，经济增加值优于剩余收益。

真实世界 11-5 提供了一些关于高级管理人员在评估部门经理绩效时的重要见解。看来，尽管经济增加值在理论上很有吸引力，但在现实中它并没有被广泛运用。

真实世界 11 - 5

指标排名

德鲁里（Drury）和艾尔-希希尼（El-Shishini）在对制造业按部门管理的企业的 124 名高级财务经理的调查中要求经理对他们认为评估管理绩效最重要的三个指标进行排名。结果如下：

财务指标	根据管理者数量排名第一	受访者百分比	根据管理者数量排名第二	受访者百分比	根据管理者数量排名第三	受访者百分比
实现所用资本的目标回报率（ROI）	9	7.3	21	18.1	41	41.0
对所用资本收取利息后的目标利润（RI）	18	14.5	11	9.5	5	5.0
对所用资本收取利息前的目标利润	68	54.8	23	19.8	5	5.0
目标经济增加值（EVA®）	11	8.9	8	6.9	10	10.0
目标现金流	10	8.1	45	38.8	27	27.0
其他	8	6.4	8	6.9	12	12.0
	124	100.0	116	100.0	100	100.0

我们可以看到，对所用资本收取利息前的目标利润是迄今为止最流行的衡量指标。尽管投资报酬率和剩余收益是众所周知的衡量指标，但它们并不经常被高级财务经理视为最重要的衡量指标。对目标经济增加值有一定的认可的原因是它在当时是一个相对较新的指标。

资料来源：Drury, C. and El-Shishini, E.（2005）*Divisional Performance Measurement：An Examination of Potential Explanatory Factors*，CIMA Research Report，August，p. 30.

11.5　转移定价

一个部门可以向同一企业内的其他部门出售产品或服务。例如，砖块生产部门可能会将其产品出售给房屋建筑部门。确定部门之间的转移价格是一个重要问题。为部门间交易制定价格被称为转移定价。对于提供产品或服务的部门，转让其部分或全部产出。如果要想准确衡量该部门的绩效，则该部门应将所转让产品或服务的"销售收入"记录在内。如果不这样做，就意味着该部门将承担生产产品或服务的全部费用，但不会获得任何收入。同样，如果要想准确衡量部门绩效，则被服务（购买）部门必须支付所使用转让产品或服务的费用。

当部门间转移占部门总销售额或购买额的很大一部分时，转移定价就成为一个非常重要的问题。产品或服务转移价格的微小变化可能导致相关部门利润的大幅变化。由于部门经理通常根据其部门产生的利润进行评估（并获得部分报酬），因此设定转移定价可能是部门经理之间一个敏感的问题。

　　虽然转移定价会影响各个部门的利润，但不会直接影响企业整体的利润。产品或服务转移定价的增加将导致销售部门利润的增加，而这通常会被购买部门利润的减少所抵销。然而，各部门之间设定的转移价格会间接影响企业整体的利润。部门经理可能会制定有利于部门但不利于整个企业的转移价格。例如，部门经理可能会选择从外部供应商购买特定产品或服务，因为它比既定的内部转移价格更便宜。在这种情况下，企业整体的利润可能会受到不利影响。当然，设定合适的转移价格也可能会导致个别部门采取有利于整个企业的行动。

活动 11-19

什么情况下，部门从外部而不是企业内其他部门购买产品，不会导致企业整体变得更糟？

　　如果供货部门能够以同样或更高的价格将产品出售给外部市场，那么企业整体将不会遭受任何损失。

11.5.1　转移定价的目标

　　转移定价有助于实现多种目标。特别是，转移定价可能有助于促进以下方面：

　　■ 部门独立性。如果部门经理可以自行制定转移价格，而其他部门能决定是否按照报价进行交易，这将大大提高各部门的独立性。反过来也有助于激励部门经理。

　　■ 部门绩效评估。部门之间的销售收入将为部门的总销售收入做出贡献，进而影响部门利润。因此，设定适当的转移价格对于选取一个可以有效衡量部门利润的指标很重要。这在建立部门经理激励措施和问责制方面也大有裨益。

　　■ 优化企业利润。制定恰当的转移价格可以促进企业整体利润优化。因此，可以防止提供的转移价格鼓励采购部门从企业外部寻求价格更低的供应来源。

　　■ 部门资源分配。特定产品和服务的产出水平的确定与转移定价密切相关。转移定价会影响部门间的销售收入，进而影响特定产品或产品组的产量和投资水平。

　　■ 税收最小化。如果一家企业的业务遍布各国，那么设定转移价格可能非常便于企业在东道国税率较低的部门报告大部分利润。然而，许多国家的税法都禁止这种利润操纵行为。图 11-6 总结了转移定价的这些目标。

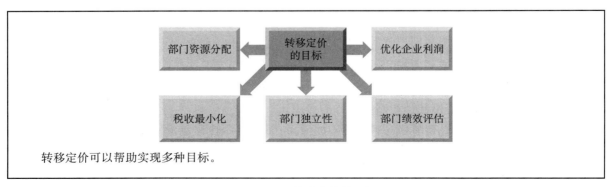

图 11-6　转移定价的目标

活动 11 - 20

这些转移定价目标之间是否存在冲突？如果有，单一的转移定价可以帮助实现所有目标吗？

所确定的目标之间很有可能发生冲突。因此，单一的转移定价不太可能实现所有目标。例如，为了优化整个企业的利润，转移定价可能必须集中制定，这将削弱各部门的自主权。此外，集中制定的转移价格可能导致部门间人为压低销售价格，从而对某些部门不利。也可能导致购销部门报告的利润数据在衡量绩效时变得毫无意义。

真实世界 11 - 6 表明，在实践中，设定转移价格往往是高度集中的。

真实世界 11 - 6

转移定价

德国学者调查了 325 家跨国企业。这些企业各部门之间在国内和国际都采用转移定价。研究人员发现，大多数企业认为国际转移定价是一个非常重要的问题。调查得出以下结果：

转移定价集中制定：由会计部门统一确定	15%	
转移定价集中制定：由税务部门统一确定	19%	34%
转移定价部门制定		66%
合计		100%

资料来源：Baersch, S., Heckemeyer, J. and Olbert, M. (2019) *Transfer Pricing and the Decision-Making Authority of the Tax Function in Multinational Companies*, May. Available at https://ssrn.com/abstract = 3271267 or http://dx.doi.org/10.2139/ssrn.3271267.

11.5.2 转移定价与税收减免

我们之前看到，转移定价可以用来减轻经营国际业务企业的税收负担。据称，许多此类企业采用新颖的转移定价政策，结合复杂的组织结构，以确保在税率较低的国家报告利润。如果人们对这种复杂操作的合法性心存疑虑，那么税收部门就得做出解释并提出应对之策。

真实世界 11 - 7 收录了国际货币基金组织的一份文件，该文件介绍了全球税务机关发现越来越难以应对企业采用的转移定价政策。

真实世界 11 - 7

征税问题

自全球金融危机以来，跨国公司内部税收驱动性利润转移一直是国际税收政策议程的首要议题——最有代表性的是由 G20/OECD 提出的关于税基侵蚀和利润转移的倡议。利润转移意味着跨国公司将收入从高税收管辖区的子公司转移到低税收管辖区的子公司，以减少其整体纳税义务。证据表明，大量的利润转移正在发生。例如，研究发现，德国跨国公司的子公司平均比德国国内同类公司少缴纳 27% 的税款。在英国，外国跨国公司子公司报告的应纳税利润占总资产的份额平均比国内同类独立公司低 12.8 个百分点。

跨国公司转移利润的一种常见方式是操纵转移定价，即关联方之间交易的价格。转移定价是确定跨国公司集团关联公司之间利润分配的必要条件。税法规定，这些价格应该是公允的，反映非关联方在类似交易中的市场价格。然而，由于税收管理方面的信息不对称，跨国公司往往可以人为地在高税收管辖区和低税收管辖区的关联方之间收取偏低或偏高的销售价格，从而转移利润并减少其整体税负。

资料来源：De Mooij, R. and Liu, L. (2018) *At a cost: the real effects of transfer pricing regulations*, IMF Working Paper, Fiscal Affairs Department, March.

各国税务机关正在努力杜绝滥用转移定价的行为。对企业转移定价政策的调查越来越多，税务机关之间的跨境合作也越来越多。交换信息并签署协议，规定企业应遵守的转移定价规则。然而，并非所有税务机关都有足够的资源和专业知识来调查复杂和不透明的做法。对新兴经济体的研究发现，想杜绝滥用转移定价的行为，挑战非常大。然而，在萧条的经济环境下，许多政府不得不通过加强对转移定价方法的监管和监督来增加税收。

研究表明，随着各国税务机关对这一问题的重视程度提高，通过操纵转移价格来减轻企业整体税负的做法越来越少。

真实世界 11-8 列出了国际税务咨询公司安永最近进行的一项调查的证据，显示了企业对征税政府对转移定价的严格审查的关注程度。

真实世界 11-8

税务人员来了

2019 年安永对 20 个行业的 43 个司法管辖区的 717 名转移定价主管进行的调查发现，与过去相比，受访者在多个司法管辖区遇到的转移定价纠纷的数量与以前相比明显增多。

根据调查报告：

例如，在 2016 年的报告中，我们探讨了经济合作与发展组织（OECD）的税基侵蚀和利润转移（BEPS）倡议如何迫使全球企业接受其前所未有的运营透明度。

调查结果显示，2019 年的变革度和透明度已经处于较高水平，而且几乎呈指数级增长。因此，高管们表示，改革步伐如此之快，透明度的扩大程度如此之明显，一波税务争议浪潮即将袭来。

第一轮 BEPS 是关键催化剂，在世界各地引发了新的立法。尽管其中许多立法改革试图反映 BEPS 的精神，但许多受 BEPS 启发的新法律却与最初的建议大相径庭，导致不一致和不确定性不断增加。即使高管们争先恐后地保持最新动态，这种情况仍在发生。

但是，如果 BEPS 是催化剂，那么 OECD 推动的后续全球项目就是加速器，该项目旨在解决经济数字化引发的税收权利划分问题。由 BEPS 推动的许多立法改革仍在进行，对国际税收规范更为彻底的重新审视正在进行中。虽然 BEPS 的核心是通过提高透明度来规范全球转移定价做法，从而加强现有的税收权利划分，但新项目更为根本。

> 总的来说，OECD目前的项目试图将定价从依赖地点的起源过渡到更流畅的数字模式。要实现这一点，首先要承认收入分配的存在，特别是使东道国税务机关能够对数字现金流征税。该项目还包括制定新的全球最低税收规则，尽管在这种情况下，美国、英国、法国和澳大利亚已经在实施这些税收改革。BEPS可以说是打破了长期以来使用公允标准来确定转移定价的做法，后续项目似乎会有重大变化。高管们还应密切关注全球税务机关之间合作的扩大。在转移定价领域，由于联合执法和信息交换，一个税务机关做出的调整越来越可能被其他税务机关效仿。税务界正进入一个多边政策和管理的时代，这正在引起转移定价实践的重大转变。
>
> 这将导致高管们认为，转移定价挑战和争议的深度、广度和频率都将上升。具体而言，高管们预计会有更多的审计、罚款和评估案例，并认识到需要做出回应。
>
> 资料来源：Griffin, P. (2019) Why changing transfer pricing practices requires a proactive approach, EY Transfer Pricing International Tax Survey, www. ey. com, September.

11.5.3　转移定价政策

可以采取不同方法来确定各部门之间的产品和服务的转移价格。在本节中，我们将探讨一些最常见的方法。不过，在此之前，有必要指出，最优转移价格是与所涉产品或服务的机会成本紧密联系在一起的。机会成本代表了被放弃的最佳选择。因此，在研究各种方法时，它们反映产品或服务的机会成本的程度应作为衡量它们的适当基准。

市场价格

市场价格是存在于"外部"市场（即部门参与转让的业务之外）的价格。直觉告诉我们，市场价格应该是设定转移价格的合适方法。通过市场价格得出的转移价格是一个客观的、可验证的金额，具有真实的经济可信度。如果有竞争和活跃的市场，市场价格将代表产品和服务的机会成本。对于销售部门来说，它是通过销售给另一个部门而不是外部客户而损失的收入。对于采购部门来说，这是最佳的购买价格。然而，市场价格有时也不合适。活动 11 - 21 说明了原因。

活动 11 - 21

Wolf Industries 公司有一个生产烤箱的部门。烤箱通常以每台 120 英镑的价格出售给零售商。该部门目前每月生产 3 000 台烤箱（这只使用了该部门约 50% 的生产能力，其余 50% 目前尚未使用）。一台烤箱的成本结构如下：

	单位：英镑
变动成本	70
分摊的固定成本	20
总成本	90

该公司的另一个部门提出以每台 75 英镑的价格购买 2 000 台烤箱。如果你是生产烤箱部门的经理，你会如何回应这样的报价？

由于该部门的产能有剩余，基于市场价格的转移价格可能会导致销售损失。该公司的其他部门没有得到内部购买烤箱的价格激励。这可能会导致它们选择从外部渠道而不是从生产烤箱部门购买。而这种销售损失将无法通过向外部客户的销售来弥补。

我们在第 3 章中看到，如果存在产能过剩的短期问题，企业可以根据产品或服务的变动成本而不是市场价格来定价。如果销售价格超过产品或服务的变动成本，将为企业利润做出贡献。这一原则同样适用于业务部门。因此，在这种情况下，介于产品变动成本（70 英镑）和市场价格（120 英镑）之间的销售价格可能是部门间产品转让的最佳价格。

高级管理人员可以介入，坚持在内部购买烤箱，但这会损害部门的自主权。

当以市场价格进行部门间的产品转移时，要考虑的最后一点是，销售部门可能因为内部销售从较低的销售价格和分销成本中受益。当这种情况发生时，部分收益可能以较低价格的形式传递给采购部门。因此，可以对转让产品的市场价格进行调整。

活动 11 - 22

除了上述问题之外，我们在实践中可能会遇到另一个使用市场价格的更重要的问题。你能想到它是什么吗？

外部市场可能根本不存在。潜在的采购部门可能无法确定特定产品或服务的外部供应商，也就无法确定外部价格。或者，销售部门的产品可能没有潜在的外部客户。这些产品或服务根据采购部门的需要进行定制，因此采购部门是唯一可用的市场。

变动成本

在部门产能低下的情况下，使用变动成本是最佳选择。在这种特殊情况下，该部门不必停止向市场销售就可以满足另一个部门的供货需求，此时供应部门的机会成本不是市场价格，而是生产产品或服务的变动成本。然而，这绝对是一个最低的转移价格，只有高于变动成本才能对固定成本和利润做出贡献。如果部门正在满负荷运营，并且外部客户准备支付高于变动成本的价格，则基于变动成本的内部转移价格将意味着部门间销售的利润低于向外部客户销售的利润。因此，销售部门的经理没有动机严格按照变动成本设定转移价格（即使整个企业会受益）。如果高级管理人员采用这种定价方法，部门自主权将受到损害。

完全成本

可以使用完全成本进行交易。在这种情况下，销售部门将无法从交易中获利，还可能阻碍对部门绩效的评估。这还将导致难以就该部门内的产量水平、产品组合和投资水平做出资源分配的决策。

活动 11 - 23

为什么使用完全成本会导致资源分配困难？

完全成本意味着销售部门没有利润，因此失去了衡量效率的一个重要指标。

可以在产品或服务的完全成本上加价，以确保销售部门盈利。然而，加价的金额必须合理，否则就会成为采购部门和销售部门之间一个有争议的问题。

基于成本的方法（无论是否使用加价）并不能激励销售部门管理人员减少成本。他们只需要简单地把成本转移给采购部门。通过这样做，销售部门的任何低效操作都将转移到采购部门。如果加价是基于成本的某个百分比，那么如果销售部门的成本更高，其利润也会更高。然而，如果采购部门可以与外部供应商合作，那么就可以对销售部门施加压力，要求其控制成本。虽然在实践中可以找到完全成本，但是因为它不包含机会成本，所以不值得讨论。

在部门之间转移产品或服务可以基于标准（预算）成本法或实际成本法。使用标准成本更合理。

活动 11 – 24

选择使用标准（预算）成本而不是实际成本的理由是什么？

只有在转账完成后，才有可能获得与实际成本相关的资料，这给采购部门的计划工作造成了困难。若采用标准成本，则可解决这一问题。这也可以在一定程度上限制销售部门，因为不利差异无法直接转移给采购部门。无论使用变动成本还是完全成本作为转移定价标准，这些论点都适用。

为了避免转让价格成为争论的焦点，我们必须对这些标准进行严密的监督。采购部门的经理也许会指出，销售部门并没有什么动力来建立一个严格的标准。事实上，情况正好相反。宽松的标准更容易产生有利差异。

协商价格

可以采用一种方法，让部门经理通过协商达成部门间的转移价格。然而，这可能导致产生严重的争议。如果部门经理无法就价格达成一致，就可以要求高级管理人员进行仲裁。这个过程可能很耗时，还可能会使高级管理人员偏离其战略性的职责。此外，部门经理可能会对高级管理人员的决定感到不满，认为这些决定破坏了部门的自主权。

如果采购部门提供的产品有外部市场，而且部门经理可以自由接受或拒绝其他部门的报价，那么协商价格可能最有效。在这种情况下，协商价格很可能与产品的外部市场价格密切相关。在其他情况下，协商价格可能是人为的和具有误导性的。例如，如果一个部门将其全部产品卖给另一个部门时，后者可能会发现自己处于谈判的弱势地位。因此，协商价格可能不能作为一个有效的部门绩效衡量指标。谈判价格很可能受到部门经理谈判技巧的影响，这个问题在很大程度上决定了谈判结果。

图 11 - 7 总结了已经讨论过的转移定价的各种方法。

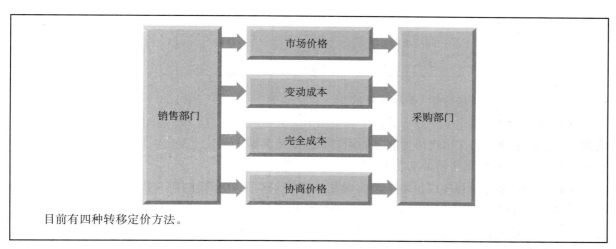

目前有四种转移定价方法。

图 11 - 7　转移定价方法

11.5.4　混合销售部门

一个部门可以将其产出的一部分出售给同企业的另一个部门，将另一部分出售给外部客户。对于只有两个部门的企业，情况如图 11-8 所示。

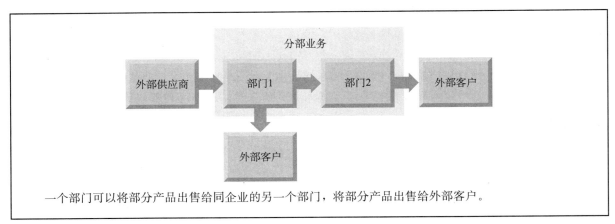

图 11-8　各部门与外部市场的关系

活动 11-25 要求为企业的混合销售部门计算预算部门利润。

活动 11-25

Dorset 有限公司有两个运营部门：康沃尔和德文。康沃尔生产一种用于制作窗帘的优质织物。每平方米织物的预算成本如下：

	单位：英镑
变动成本	
人工	4
原材料	7
	11
固定成本	
间接成本	13
总成本	24

康沃尔的预算产量是每年 30 万平方米。

德文制作窗帘，制作 1 平方米的窗帘需要用 1.1 平方米的织物。Dorset 有限公司的管理层坚持认为，康沃尔必须向德文出售尽可能多的织物，以满足其需求。其他剩余织物都可以织物的市场价格即每平方米 30 英镑出售给外部企业。

Dorset 有限公司的管理层也坚持德文必须从康沃尔购买其所需的所有织物。德文的预算产量是 20 万平方米窗帘。德文以每平方米 75 英镑的价格出售窗帘，除了织物成本外，在预算产出中，每平方米的固定成本和变动成本总计为 35 英镑。假设转移定价政策基于以下因素，每个运营部门的预算利润将是多少？

- 变动成本；
- 完全成本；
- 市场价格。

评论你的发现。

对于康沃尔，每个转移定价政策下的预算利润将为：

单位：千英镑

	变动成本	完全成本	市场价格
收入			
德文（200×1.1）：			
×11	2 420		
×24		5 280	
×30			6 600
外部市场（（300−（200×1.1））×30）	2 400	2 400	2 400
	4 820	7 680	9 000
成本			
变动成本（300×11）	(3 300)	(3 300)	(3 300)
固定成本（300×13）	(3 900)	(3 900)	(3 900)
预算利润（亏损）	(2 380)	480	1 800

对于德文，每个转移定价政策下的预算利润将为：

单位：千英镑

	变动成本	完全成本	市场价格
收入			
德文（200×75）	15 000	15 000	15 000
成本（200×1.1）：			
×11	(2 420)		
×24		(5 280)	
×30			(6 600)
其他成本（200×35）	(7 000)	(7 000)	(7 000)
预算利润	5 580	2 720	1 400

可以看到，在变动成本政策下，康沃尔将出现严重的亏损。该部门的大部分产品必须卖给德文，卖给外部市场的盈余虽然有贡献，但它不足以支付固定成本。在完全成本政策下，完全是由于对外部市场的销售康沃尔才获得了少量利润。如果没有外部销售，这个部门只会收支平衡。然而，当转移价格被设定为市场价格时，康沃尔就会获得可观的利润。

对德文来说，情况正好相反。在变动成本政策下利润可观，但在完全成本政策下提高织物价格，再在市场价格政策下进一步提高织物价格，预算利润会下降。当然，德文的利润不受康沃尔向外部销售的影响。

请注意，无论采用哪种转移定价政策，Dorset 有限公司都将获得相同的总利润（3 200 英镑）。

11.5.5　差别转移定价

对于特定部门间的交易，可以设定两个转移价格。可以将采购部门的购买价格设定为一个值，将销售部门的销售价格设定为另一个值，这可以鼓励两个部门都按照企业整体的最佳利益行事。这也意味着企业的整体利润不等于各个部门利润的总和。然而，这并不一定是个问题。

真实世界 11 – 9 列示了供水行业企业的转移定价准则。

真实世界 11 – 9

关于供水的思考

为了保护客户的利益，英国政府对供水和排污企业的活动进行了监管。这些企业多是业务多元化的大型集团的一部分，其中一些不受监管。政府监管机构必须确保受监管的供水和排污企业与其他不受监管的企业之间的任何交易不会对受监管企业的客户造成不利影响。例如，如果向其他不受监管的企业收取供水或污水处理服务的费用低于成本价格，或从其他企业购买的服务高于市场价格，那么受监管的供水和污水处理服务的客户可能不得不在整个企业的成本中承担不公平的份额。

为防止出现此问题，制定了以下转移定价准则：

■ 双向转移的产品和服务转移定价应公平；
■ 双向转移的产品和服务的转移定价应当以市场价格为基础，若不存在市场，则应当以成本为基础。

资料来源：Ofwat（2015）*Guidelines for Transfer pricing in the Water and Sewerage Sectors：Regulatory Accounting Guideline* 5.06，ofwat. gov. uk，accessed 19 December 2019.

真实世界 11 – 10 提供了美国企业使用转移定价的一个例子。

真实世界 11 – 10

转移定价的应用

Tang 调查了 95 家属于财富 1000 强的美国大型企业。调查显示，转移定价方法受欢迎程度因国内转移还是国外转移而有所不同。对于国内转移定价，其结果是：

基于成本的转移定价		
完全成本	33%	
完全成本加成定价	16%	
其他基于成本的定价方法	4%	53%
基于市场的转移定价		26%
协商转移价格		17%
其他方法		4%
		100%

对于国际转移定价，其结果是：

基于成本的转移定价		
完全成本	14%	
完全成本加成定价	28%	
其他基于成本的方法	1%	43%
基于市场的转移定价		35%
协商转移价格		14%
其他方法		8%
		100%

可以看到，在进行国际转移定价时，人们更倾向于使用允许自由决定部门利润的方法。

资料来源：Tang, R. (2002) *Current Trends and Corporate Cases in Transfer Pricing*, Quorum Books.

11.5.6 转移定价和服务业

部门之间的转移不一定需要以客观对象的形式进行。例如，水务公司可能有独立的服务部门，如 IT、科学测试和客户关系。企业内提供供水服务的其他部门可以购买这些服务。之前提出的转移定价问题同样适用于这些情况。

11.6 非财务评价指标

企业和每个部门都可以采用非财务指标来评价绩效。这些指标可以帮助管理人员应对不确定的环境：环境的不确定性越大，就越需要非财务指标。这些指标为管理人员提供更广泛、更全面的信息，而这反过来又有助于对绩效进行更均衡的评价。因此，近年来这些指标变得越来越重要，也就不足为奇了。

非财务指标的报告可以使财务信息的报告更均衡。通常情况下，管理人员认为"重要的是被计量的事情"。也就是说，对项目的重视程度将取决于它们是否容易衡量（如收入、利润等），而不是它们的真正意义。因此，当管理人员收到的报告完全基于短期财务绩效指标时，这些指标就会成为关注的焦点。这可能会导致决策更看重这些绩效指标，而忽略企业绩效的其他方面。例如，为了增加年度利润，可能会决定削减研发成本。然而，这可能会严重损害企业的长期生存能力。为了减轻这种风险，报告与研发质量和成功有关的非财务指标有助于提供更全面的信息。

非财务指标也可以为管理者提供财务指标难以或无法获得的见解。例如，很难仅仅根据财务价值来评估客户满意度。

我们在第 10 章中看到，财务指标通常是告诉我们管理决策结果的"滞后指标"。例如，销售收入和利润都是滞后指标。一些非财务指标也是滞后指标，但其他指标可能是"先导指标"，可以深入了解推动绩效的因素，如产品质量、交付时间和创新水平。因此，识别和衡量对未来成功至关重要的非财务因素很重要。真实世界 11 - 11 是由汽车租赁公司的一位高管撰写的一篇文章。它提供了企业所使用的非财务指标的例子。这一指标不仅是衡量客户满意度的有用指标，也是一个重要的先导指标。

真实世界 11 - 11

大家都满意吗？

"完全满意"是每家公司都想从客户那里听到的词。这是一个简单但有效的绩效衡量指标。

这是汽车租赁公司在过去 20 年中用来评估分支机构员工提供的客户服务质量的指标。它每年仅在英国就对 10 万名客户进行电话调查，并衡量有多少人表示他们对所获得的服务"完全满意"。然后将其转化为一个分数——企业服务质量指数（Enterprise Service Quality index，ESQi），这将推动公司的大部分决策。

ESQi 帮助公司更上一层楼。对于租赁分支机构来说，客户服务质量指标是绩效指标。除非其分支机构 ESQi 达到或高于公司平均水平，否则员工不能晋升。这种规则源于公司创始人杰克·泰勒，他认为，如果你照顾好你的客户，利润自然就会提高。

ESQi 作为一种管理工具的真正价值在于，要在每个单独的分支机构中收集数据。如果客户服务质量不达标，分支机构经理负有不可推卸的责任。ESQi 的结果，特别是"完全满意"的客户数量，都将计入分支机构的利润表。客户服务数据和其他结果一样重要。

ESQi 教给公司一个最重要的经验是，"完全满意"的客户成为忠实客户或向朋友推荐公司的可能性是那些"稍微满意"的客户的三倍。

归根结底，客户满意度不仅仅是公司引以为傲的东西，它还是公司成功的关键组成部分。因此，ESQi 的价值不仅仅是补充数据。它使管理者保持专注，坚定了一种信念，即客户满意度是商业模式的基石。而这些仅靠利润是不够的。

对客户满意度的关注继续决定着什么样的人才能在公司取得成功。ESQi 分数跟踪员工从一份工作到下一份工作。如果 ESQi 得分不高，经理就不会升职。销售额和利润有多高并不重要。如果没有出色的客户服务记录，就不会有奖励和晋升。

资料来源：Swallow, B. (2014) ESQi: Why is a 20-year-old service measure still so influential?, May, www.mycustomer.com/service/management/esqi-why-is-a-20-year-old-service-measure-still-so-influential.

11.6.1 评价内容

非财务指标主要用于评价以下几方面内容：

■ 研发成果。对于一些企业来说，研发对于保持长期成功至关重要。因此，制定与研发成果的质量和成功相关的合理指标是有用的，包括成功推出创新产品的数量、新产品销售收入在总销售收入中所占的百分比，以及将新产品推向市场所需的时间。

■ 员工培训和员工士气。员工是企业最宝贵的资源，这已成为现代社会的共识。因此，了解管理者如何培养这种资源是很有用的。员工培训可以通过诸如每个员工的培训天数等方法直接衡量，也可以通过客户满意度来间接衡量。员工离职率、缺勤率和态度调查可视为衡量员工士气水平的指标。

■ 产品/服务质量。在竞争激烈的环境中，产品和服务的质量至关重要。产品缺陷数量、废品率、保修索赔数量和客户投诉数量等指标都很重要。

■ 市场份额。在特定市场中产生的销售收入占总销售收入的百分比可以帮助评估产品系列是否成功。

■ 环境和社会问题。在高度工业化的社会中，企业面临着越来越大的压力，它们被要求对环境承担责任，并评估它们的活动对其所在地区的影响。可以对污染、野生动物保护和少数民族就业等问题的政策进行评估，以确定企业是否是良好的"企业公民"。

尽管列举得不够详尽，但还是提供了一些非财务指标用于评价内容。

活动 11 - 26

Bling 公司经营着一家连锁店，向 18～30 岁人群出售服饰珠宝。该公司的目标是销售既时尚又高质量的产品，并努力确保客户有广泛的选择范围。

请提出四种非财务指标，以帮助公司评估其在实现这些目标方面的绩效。

可能的非财务指标包括：

■ "首次上市"的新产品的比例；

■ 新产品销售收入占总销售收入的比例；

■ 退货率；

■ 客户对质量投诉的数量；

■ 客户满意度评分；

■ 可供销售的不同类型产品的数量；

■ 因库存不足而无法供应的产品的百分比；

■ 平均存货周转周期；

■ 公司的市场份额。

你可能还想到了其他非财务指标。

真实世界 11 - 12 提供了管理会计认为制造企业中很重要的非财务指标的例子。

真实世界 11 - 12

排名和档案指标

Abdel-Maksoud 等人的一项研究要求 313 家英国制造企业的管理会计评估 19 项 "车间"非财务指标的重要程度。管理会计被要求按照从 1（低）到 7（高）的范围对这些指标进行排序。图 11 - 9 列出了这 19 项指标的重要程度。

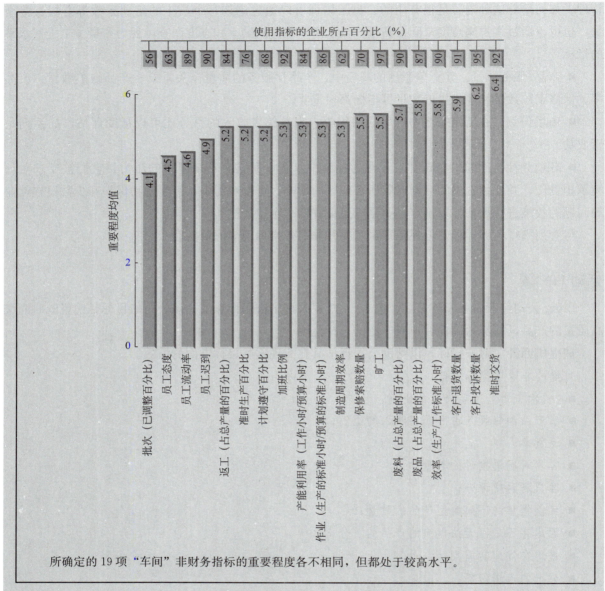

图 11-9 各种非财务指标的重要程度

我们可以看到，排名前三的指标与客户有关。随后是有关成本控制和过程效率的四项指标。

资料来源：Abdel-Maksoud, A., Dugdale, D. and Luther, R. (2005) Non-financial performance measurement in manufacturing companies, *The British Accounting Review*, vol. 37, no. 3, pp. 261-97.

11.6.2 非财务指标的选择

可以报告的非财务指标有无数种，然而，报告太多指标并不是一个明智的选择。管理人员超负荷工作会削弱而不是提高决策的质量。这也将大大增加收集和报告信息的成本。因此必须选择一些可以反映出某种逻辑和连贯性的指标。我们需要一套符合逻辑框架的非财务指标来反映真正重要的信息。

活动 11-27

你能提出建议吗？（提示：回想一下我们在第 10 章中讨论过的一种方法。）

使用平衡计分卡。平衡计分卡提供了一个连贯的框架，试图将企业的目标转化为一系列关键绩效指标。通过这种方式，战略与特定指标的联系更加紧密。然后，根据其对实现商定战略方面的价值来确定（财务或非财务）指标。

真实世界 11-13 提供了平衡计分卡在英国分部企业中广泛使用的例子。

真实世界 11-13

平衡指标

之前提到的德鲁里和艾尔-希希尼的研究询问了分部企业的高级财务经理，了解组成非财务指标的方法。在 97 名受访者中，有 55% 对整个企业采用了平衡计分卡方法，43% 使用这种方法来评估部门绩效。

资料来源：Drury, C. and El-Shishini, E.（2005）*Divisional Performance Measurement：An Examination of Potential Explanatory Factors*，CIMA Research Report, August, p. 31.

11.6.3　评价报告

我们在第 1 章中看到，管理会计通过财务指标和非财务指标来评估绩效。事实上，报告非财务指标，如预算生产单位，可以追溯到该指标发展的早期。然而，近年来，非财务指标的范围和重要程度急剧增加，这引发了管理会计是否有责任报告此类指标的问题。尽管许多人认为这是管理会计职责发展的必然结果，但也有人认为这会导致报告失衡。人们担心，若财务指标占据主导地位，将导致只强调滞后指标而忽略先导指标。

真实世界 11-14 提供了一些证据，支持管理会计认为财务指标比非财务指标更重要的观点。

真实世界 11-14

财务问题

前述德鲁里和艾尔-希希尼的研究调查了高级财务经理关于评估部门绩效的财务指标和非财务指标的相对重要性。为此，采用了一个七级量表，其中 1 分代表财务指标比非财务指标重要得多，7 分代表非财务指标比财务指标重要得多，4 分代表中间值，表明二者的重要性大致相同。得分如下：

	财务指标更重要（1～3 分）	71%

财务指标更重要（1～3 分）　71%
财务指标和非财务指标同等重要（4 分）　18%
非财务指标更重要（5～7 分）　11%
　100%

资料来源：Drury, C. and El-Shishini, E.（2005）*Divisional Performance Measurement：An Examination of Potential Explanatory Factors*, CIMA Research Report, August, pp. 31 and 32.

尽管如此，值得注意的是，随着时间的推移，管理会计通过对不断变化的企业需求做出反应，已经提高了他们在决策中的地位。因此，我们要明确他们愿意且能够接受新的挑战。

自测题

安卓美达国际有限公司（Andromeda International plc）有两个运营部门：木星部门和火星部门，其部门经理享有相当大的自主权。高级管理人员使用投资报酬率评估部门经理的绩效。为便于衡量，所使用的资产包括非流动资产和流动资产。该公司可接受的最低投资报酬率为每年 15%，采用直线法计提折旧。

下一年度两个部门的部分预算如下：

单位：千英镑

	木星部门	火星部门
部门利润	260	50
非流动资产成本	940	1 200
流动资产	390	180

自编制预算以来，相关部门经理面对两个投资机会。具体如下：

1. 高级管理人员希望火星部门提高生产效率。为了帮助实现这一目标，他们授权部门经理购买一些新设备，成本为 30 万英镑。新设备的使用寿命为 5 年，每年可节省 9 万英镑的运营成本。

2. 木星部门可以销售一种新产品。这将在未来 5 年内每年增加 25 万英镑的销售收入。每年需要增加 6 万英镑营销成本，持有的存货将增加 9 万英镑。新产品的贡献利润率（对销售收入的贡献率为 3 100%）将为 30%。

要求：

（a）计算各部门的预期投资报酬率，假设：

（1）未采纳投资机会；

（2）采纳投资机会。

（b）评价在（a）中获得的结果，并说明部门经理和高级管理人员可能如何看待投资机会。

（c）讨论在计算投资报酬率时，使用账面净值（即扣减累计折旧后的成本）而不是账面总值（即扣除累计折旧前）作为评估非流动资产的基础的影响。

(d) 木星部门销售的产品目前需要从外部供应商购买零部件。计划明年火星部门将制造木星部门所需的零部件，并将其"出售"给木星部门。这将导致部门经理不得不为零部件设定一个内部转移价格。

概述一个有效的转移价格应该实现什么目标，（理论上）一个理想的转移价格应该以什么为基础，以及（在这种特殊情况下）转移定价的基础可能是什么。

📚 本章小结

本章的要点可概括如下：

分部

- 企业往往通过责任中心运营。
- 责任中心通常包括：
  - 成本中心，负责管理成本；
  - 利润中心，负责管理收入和成本；
  - 投资中心，负责管理收入、成本和投资。
- 责任中心允许进行责任核算（即管理人员对其特定领域负责）。
- 大多数大型企业都是通过部门运作的。
- 部门往往是利润中心或投资中心。
- 部门划分通常根据：
  - 产品或服务；
  - 地理位置。
- 分部管理的优势包括：
  - 及时掌握市场信息；
  - 提高管理积极性；
  - 管理层发展；
  - 提高专业知识；
  - 高级管理人员发挥战略作用；
  - 及时决策。
- 分部管理的不足包括：
  - 目标冲突；
  - 风险规避；
  - 管理部门的"附加福利"
  - 增加成本
  - 竞争。

部门绩效评价

- 部门利润衡量指标众多。指标是否合适由其使用目的决定。

- 投资报酬率（ROI）＝（部门利润/部门投资）×100%。
- 可以分为利润率和资产周转率两个部分。
- 部门利润和部门投资的定义可能不同，无论使用什么定义，都需要保持一致。
- 投资报酬率是一种相对指标，可能会产生误导。
- 可能导致拒绝有利活动，因为这些活动尽管产生了财富但它们会降低投资报酬率。
- 倾向于关注短期绩效。
- 剩余收益（RI）＝部门利润－资本投资费用（即投资额×资本成本）。
- 与产生的财富有关。
- 绝对指标，而不是相对指标。
- 倾向于关注短期绩效。
- RI 通常被认为是比 ROI 更好的绩效指标。
- 评估部门绩效需要一些比较基准，例如：
- 同一企业的其他部门；
- 同一部门以前的绩效；
- 部门同行的绩效；
- 预算（目标）绩效——可能是最好的比较基准。
- EVA® 也可用于衡量部门绩效。

转移定价

- 指为同一企业部门之间的产品/服务转移（销售和采购）设定价格。
- 这是一个重要的问题，因为转移定价直接影响部门利润，进而影响 ROI 和 RI。
- 转移定价具有以下目标：
- 部门独立性；
- 部门绩效评估；
- 优化企业利润；
- 部门资源分配；
- 税收最小化
- 最佳转移价格基于两个部门的机会成本。
- 在实践中，存在以下情况：
- 市场价格，通常最好，因为它们往往代表机会成本；然而，市场可能并不存在。
- 变动成本，代表具有剩余产能的供应部门的机会成本。
- 完全成本，通常加上利润加成，很少反映机会成本，往往转移效率低。
- 协商价格，使各部门更独立，但可能不公平。

非财务指标

- 由于环境的不确定性，非财务指标的使用日益增加。
- 非财务指标主要用于评价以下内容：
- 研发成果；

- 员工培训和员工士气；
- 产品/服务质量；
- 市场份额；
- 环境和社会问题。
- ■ 非财务指标应与财务指标整合到一个逻辑框架中，如平衡计分卡。
- ■ 管理会计通常负责报告非财务指标。

复习思考题

11.1 当企业试图将非财务指标纳入其管理报告时可能会遇到什么问题？

11.2 Westcott Supplies 有限公司有一个生产单一产品的运营部门。除了传统的 RI 和 ROI 指标，公司管理层希望使用其他衡量绩效和生产效率的指标来帮助评估该部门。确定管理层可能使用的四种指标（包括财务指标或非财务指标）。

11.3 Jerry 公司是一家大型计算机咨询公司，旗下有一个专门研究机器人技术的部门。你能找出三个非财务指标来帮助评估这个部门的绩效吗？

11.4 英国对企业部门的一项调查显示，协商价格是最受欢迎的转移定价方法。这是理论上最好的方法吗？为什么？

练习题

基础练习题

11.1 "在分部组织中，当发生大量的部门间转移时，完全的行动自主权是不可能的。"

要求：

(a) 在这种情况下，解释"分部组织"和"行动自主权"的含义。

(b) 自主权的好处是什么？

(c) 允许行动自主是否会出现问题？部门间的转移在哪些方面使完全自主成为不可能？

11.2 需要选择指标评价各部门和各部门管理人员的绩效。三项财务指标是：

- ■ 贡献；
- ■ 可控利润；
- ■ 投资报酬率。

要求：

(a) 就每一项指标做出解释：

  - ■ 每个指标的计算方法；

- 它们最适合用于什么目的；
- 每种指标的缺点。

（b）请举出可能适用于业务部门的三种不同的非财务指标，并考虑这些指标在与财务指标结合使用时一般会如何改进。

中级练习题

11.4 以下信息适用于 ABC 公司 A 分部明年的运营计划。

	单位：英镑
销售收入（10 万台，单价 12 英镑）	1 200 000
变动成本（10 万台，单价 8 英镑）	800 000
固定成本（含折旧）	250 000
A 分部投资（按原始成本计算）	500 000

每年期望最低投资报酬是资本成本的 20%。

该公司高度重视利润，并授予部门经理相当大的自主权。为了审查 A 分部的运营计划，召开了一次会议，考虑以下两种方案：

方案 X：A 分部以 11 英镑的价格向 ABC 公司以外的客户销售 2 万台设备。每台设备的变动成本与预算相同，但为了使产能增加 2 万台，需要增加一台生产机器，成本为 8 万英镑。该生产机器的使用寿命为 4 年，企业按直线法计提资产折旧，不会产生额外的固定成本。

方案 Y：在 A 分部目前的运营计划中，准备向 B 分部出售 2 万台设备。A 分部的竞争对手来自 ABC 公司外部，对手提出以每台 10 英镑的价格向 B 分部供货。A 分部打算采取与 ABC 公司外部报价相匹配的策略，以保留订单。

要求：

（a）计算以下三种情况下 A 分部的剩余收益（RI）：

（1）原计划；

（2）将方案 X 添加到原计划中；

（3）将方案 Y 添加到原计划中，简要解释影响 A 分部的每个方案的剩余收益。

（b）评估方案 Y 对 A 分部、B 分部和 ABC 公司的影响。记住，如果 A 分部不进行价格竞争，它将失去 B 分部的 2 万台订单。提出你认为合适的建议。

11.5 以下信息适用于 Telling 公司 Goodman 部门的预算业务。

	单位：英镑
销售收入（5 万套，单价 8 英镑）	400 000
变动成本（5 万套，单价 6 英镑）	(300 000)
贡献	100 000
固定成本	(75 000)
当期部门利润	25 000
部门投资	150 000

每年最低期望投资报酬是资本成本的 20%。

要求：

(a) (1) 计算部门的预期投资报酬率（ROI）。

(2) 计算部门的预期剩余收益（RI）。

(3) 对 (1) 和 (2) 的结果进行评价。

(b) 该部门有机会以 7.50 英镑的价格额外销售 10 000 套产品。每套变动成本与预算相同，但固定成本将增加 5 000 英镑。需要额外投资 20 000 英镑。如果经理接受了这一机会，剩余收益会发生多大变化，会朝着什么方向变化？

(c) Goodman 预计将其预算的 50 000 套销售量中的 10 000 套出售给夏普，这是 Telling 公司的另一个分部。一家外部企业承诺以 7.20 英镑的价格向夏普提供 10 000 套产品。如果 Goodman 提供的价格高于 7.20 英镑，夏普将从外部企业购买。如果从外部企业购买，Goodman 的固定成本仍要全部消耗，但变动成本可以完全避免。

(1) 如果 Goodman 以 7.20 英镑的价格出售产品，对 Telling 公司总利润有什么影响？

(2) 如果 Goodman 出售的价格高于 7.20 英镑，选择从外部企业购买，对公司总利润有什么影响？

11.6 Glasnost 公司是一家按分部组织的大型企业，分为东部和西部两个部门。两个部门从事相似的活动，集团管理层会对其绩效进行比较，以帮助对管理绩效做出判断。这两个部门都被视为投资中心。两个部门去年的财务绩效如下：

单位：千英镑

	西部部门		东部部门	
资金耗费		2 500		500
销售收入		1000		400
制造成本				
直接	(300)		(212)	
间接	(220)		(48)	
销售和分销成本	(180)	(700)	(40)	(300)
部门利润		300		100
分摊的不可控共同管理费用		(50)		(20)
本期利润		250		80

去年年初，西部部门在自动化生产线和新设备上投入了大量资金。东部部门的设备和厂房都相当老旧。东部部门大约 50% 的销售收入来自公司其他部门的内部转移。这些转移是以未经调整的现行市场价格为基础的。西部部门的跨部门转移很少。

公司管理层把投资报酬率作为一个主要的绩效指标。每年要求的最低报酬是资本成本的 10%。

要求：

(a) 计算你认为有助于评估两个部门的成本和绩效的任何比率（或其他指标）。

(b) 对这一绩效做出评价，说明在比较各部门或部门绩效方面需要关注的事项。

附录 A

自测题参考答案

第 2 章　决策的相关成本和收益

JB 有限公司

（a）

单位：英镑

项目	金额	说明
材料 M1		
400×3×5.50	6 600	原始成本无关紧要，因为使用的任何库存都需要更换。
材料 P2		
400×2×2.00（3.60−1.60）	1 600	这种材料的最佳替代用途是作为 P4 的替代品——有效机会成本为 2.00 英镑/千克。
元件（编号 678）		
400×1×50	20 000	
人工		
熟练员工：400×5×12	24 000	实际成本是每小时 12 英镑。
半熟练员工：400×5×10	20 000	
制造成本	3 200	只有额外的成本才是相关的；分摊总制造成本的方法无关紧要。
总相关成本	75 400	
潜在收入		
400×200	80 000	

显然，根据现有的信息，企业接受该合同可以实现盈利。

（b）答案可能包括：

■ 如果公司不持有 P2 材料，可能就无法在购买它的同时保留合同的受益权。在这种情况下，企业可能不会在特定条件下接受在其他条件下无法接受的价格。

■ 替代熟练员工的人能否胜任工作，并达到必要的质量标准。

■ 在合同结束时，JB 有限公司是否有信心在不增加企业成本的情况下裁掉额外的半熟练员工。

第 3 章　本量利分析

Khan 有限公司

（a）如果企业明年仅提供 Alpha 服务，盈亏平衡点将会是：

$$盈亏平衡点 = \frac{固定成本}{单位销售价格 - 单位变动成本} = \frac{40\,000}{30 - (15 + 6)} = 4\,445（单位/年）$$

（严格地说是 4 444.44，但是 4 445 是为了避免损失而必须提供的服务的最小单位数。）

（b）

	Alpha	**Beta**	**Gamma**
单位销售价格（英镑/单位）	30	39	20
变动材料成本（英镑/单位）	(15)	(18)	(10)
变动生产成本（英镑/单位）	(6)	(10)	(5)
贡献（英镑/单位）	9	11	5
工时（小时/单位）	2	3	1
贡献/工时（英镑）	4.50	3.67	5.00
优先顺序	第 2	第 3	第 1

（c）

单位：英镑

	耗用工时		**贡献**
提供：			
5 000 单位 Gamma	5 000	产生（5 000×5）	25 000
2 500 单位 Alpha	5 000	产生（2 500×9）	22 500
	10 000		47 500
		固定成本	(40 000)
		利润	7 500

这使得对 500 单位的 Alpha 和 2 000 单位的 Beta 的需求未得到满足。

第 4 章　完全成本法

Hector 有限公司

（a）基于订单成本法的定价：

单位：英镑

材料：			金额
	金属丝	1 000×2×2.20*	4 400
	织物	1 000×0.5×1.00*	500
人工：	熟练工人	1 000×(10/60)×24.00	4 000
	非熟练工人	1 000×(5/60)×15.00	1 250

续表

		金额
间接成本	$1\,000\times(15/60)\times(50\,000/12\,500)$	1 000
总成本		11 150
利润附加	12.5%	1 394
总投标价格		12 544

* 在传统的完全成本计算方法中，倾向于使用材料的历史成本。在这里使用"相关"（机会）成本并不一定是错误的。

（b）合同最低价格（以相关成本为基础）：

单位：英镑

			金额
材料：	金属丝	$1\,000\times2\times2.50$	5 000
	织物	$1\,000\times0.5\times0.40$	200
人工：	熟练工人	（没有熟练工人的实际成本）	—
	非熟练工人	$1\,000\times5/60\times7.50$①	625
最低合同价格			5 825

对于两种价格之间的差异，一部分是因为相关成本计算方法着眼于未来，一部分是因为相关成本计算方法考虑了机会成本，一部分是因为订单成本法的总成本具有利润附加。

第 5 章　竞争环境中的成本计算和成本管理

Psilis 有限公司

（a）完全成本（传统方法）：

单位：英镑

	基本品	优等品
直接人工（20 英镑/小时）	80.00（4 小时）	120.00（6 小时）
直接材料	15.00	20.00
间接成本	18.20（4.55*×4）	27.30（4.55*×6）
完全成本	113.20	167.30

* 总直接人工工时＝（40 000×4）＋（10 000×6）＝220 000（小时）。间接成本分配率＝1 000 000 /220 000＝4.55（英镑/直接人工工时）。

因此，当前售价为：

基本品：113.20×（1＋25%）＝141.50（英镑）

优等品：167.30×（1＋25%）＝209.13（英镑）

（b）完全成本（作业成本法）：

根据成本动因将成本在两种产品的总产量之间进行分配。

---

① 根据第 4 章自测题内容，7.50 似应为 15.0，原书如此，未作更改。——译者

单位：千英镑

作业	成本	成本动因	基本品	优等品
机器设置	280	设置次数	56（20/100×280）	224（80/100×280）
质量控制检查	220	检查次数	55（500/2 000×220）	165（1 500/2 000×220）
处理销售订单	240	处理订单数	72（1 500/5 000×240）	168（3 500/5 000×240）
日常生产	260	机器工时数	182（350/500×260）	78（150/500×260）
合计	1 000		365	635

单位间接成本为：

基本品：365 000/40 000＝9.13（英镑）

优等品：635 000/10 000＝63.50（英镑）

因此，按作业成本法计算的完全成本如下：

单位：英镑

	基础品	优等品
直接人工（20 英镑/小时）	80.00（4 小时）	120.00（6 小时）
直接材料	15.00	20.00
间接成本	9.13	63.50
完全成本	104.13	203.50
当前售价	141.50	209.13

（c）看起来优等品的售价仅略高于其生产成本。如果不能提高价格，管理者可能会考虑该产品是否值得继续生产。同时，基本品的利润要高得多，可以考虑降低价格以获得更多的销售收入。

间接成本与作业有关，更具体地说，与产品有关，但这并不意味着放弃生产优等品就能立即节省间接成本。例如，立刻解雇机器调试人员是不现实的；立即释放机器占用的工厂空间以节省成本也是不现实的。但从长远来看，有些成本是能避免的，这是明智的做法。

（d）有用的衡量指标可能包括：

- 处理销售订单消耗的销售收入百分比；
- 处理从批发商处收到的每个订单所需的平均时间；
- 处理通过邮购收到的每个订单所需的平均时间；
- 处理来自批发商的每个订单的平均总成本；
- 处理通过邮购收到的每个订单的平均总成本；
- 处理来自批发商的每个订单的员工单位成本；
- 处理通过邮购收到的每个订单的员工单位成本；
- 处理销售部门每名员工平均处理的销售订单数；
- 每 100 个从批发商处收到的销售订单中出现的处理错误数；
- 每 100 个通过邮购收到的销售订单中出现的处理错误数；

■ 无须人工干预即可修改或完成的销售订单百分比；

■ 与工作人员首次接触时解决的销售订单百分比。

（e）团队成员在理想情况下应具备以下技能：

■ 人际交往能力。指作为团队成员要有效处理员工对标杆管理表现出的消极态度的能力。

■ 沟通技巧。包括有说服力的辩论能力，流利地撰写报告，认真倾听团队成员和其他人提出的问题的能力。

■ 相关专业知识。以往在标杆管理和销售订单处理能力方面的经验和培训将有助于确保取得最佳结果。

■ 忠诚度。员工需要对活动的成功感兴趣并做出承诺，尤其是在面临困难挑战时。

■ 可靠性。在企业内部受到高度重视的个人提出的建议更有可能获得批准。

■ 项目管理技能。需要制定工作议程并确保在商定的时间内完成工作。

虽然单个团队成员可能不具备上述所有技能，但作为一个整体的团队应该具备这些技能。

第 6 章 预 算

Antonio 有限公司

（a）（1）截至 12 月 31 日的六个月的原材料存货预算（实际数量）：

单位：英镑

	7 月	8 月	9 月	10 月	11 月	12 月
期初存货（当月生产）	500	600	600	700	750	750
采购（余额）	600	600	700	750	750	750
	1 100	1 200	1 300	1 450	1 500	1 500
生产	(500)	(600)	(600)	(700)	(750)	(750)
期末存货（下月生产）	600	600	700	750	750	750

截至 12 月 31 日的六个月的原材料存货预算（以财务价值计算，即实际数量×8 英镑）：

单位：英镑

	7 月	8 月	9 月	10 月	11 月	12 月
期初存货	4 000	4 800	4 800	5 600	6 000	6 000
采购（余额）	4 800	4 800	5 600	6 000	6 000	6 000
	8 800	9 600	10 400	11 600	12 000	12 000
生产	(4 000)	(4 800)	(4 800)	(5 600)	(6 000)	(6 000)
期末存货	4 800	4 800	5 600	6 000	6 000	6 000

（2）截至 12 月 31 日的六个月的应付账款预算：

单位：英镑

	7 月	8 月	9 月	10 月	11 月	12 月
期初余额（当月付款）	4 000	4 800	4 800	5 600	6 000	6 000
采购（来自原材料存货预算）	4 800	4 800	5 600	6 000	6 000	6 000
	8 800	9 600	10 400	11 600	12 000	12 000
付款	(4 000)	(4 800)	(4 800)	(5 600)	(6 000)	(6 000)
期末余额（下月付款）	4 800	4 800	5 600	6 000	6 000	6 000

（3）截至 12 月 31 日的六个月的现金预算：

单位：英镑

	7 月	8 月	9 月	10 月	11 月	12 月
现金流入						
应收账款 （两个月前销售收入的 40%）	2 800	3 200	3 200	4 000	4 800	5 200
现金销售收入 （当月销售收入的 60%）	4 800	6 000	7 200	7 800	8 400	9 600
现金总流入	7 600	9 200	10 400	11 800	13 200	14 800
现金流出						
应付账款（来自应付账款预算）	(4 000)	(4 800)	(4 800)	(5 600)	(6 000)	(6 000)
直接成本	(3 000)	(3 600)	(3 600)	(4 200)	(4 500)	(4 500)
广告费	(1 000)	—	—	(1 500)	—	—
管理费用：						
80%	(1 280)	(1 280)	(1 280)	(1 280)	(1 600)	(1 600)
20%	(280)	(320)	(320)	(320)	(320)	(400)
新设备	—	—	(2 200)	(2 200)	(2 200)	—
现金总流出	(9 560)	(10 000)	(12 200)	(15 100)	(14 620)	(12 500)
现金净流入/（流出）	(1 960)	(800)	(1 800)	(3 300)	(1 420)	2 300
现金余额	5 540	4 740	2 940	(360)	(1 780)	520

结转的现金余额是从上个月的余额中减去当月的赤字（净流出）（或加上当月的盈余）得出的。

注意预算之间的关联；在本例中，原材料存货预算与应付账款预算关联，应付款预算与现金预算关联。

（b）以下是可能缓解预算显示的现金短缺的方法：

■ 提高现金销售比例。

■ 更及时地从赊购客户那里收款，例如在销售后的一个月内。

■ 保持较低的原材料和产成品库存水平。

■ 延长应付账款的支付期限。

■ 延迟支付广告费。

■ 为管理费用争取更多的信贷；目前只有 20%。

■ 推迟新设备的付款。

可以使用上述两种或多种方法的组合。

第7章　控制会计

Toscanini 有限公司

（a）

单位：英镑

	预算		实际
	原始预算	调整预算	
产销量	4 000	3 500	3 500
销售收入	16 000	14 000	13 820
材料	（3 840）	（3 360）（1 400 千克）	（3 420）（1 425 千克）
人工	（3 200）	（2 800）（175 小时）	（2 690）（172.5 小时）
固定间接成本	（4 800）	（4 800）	（4 900）
营业利润	4 160	3 040	2 810

单位：英镑

销售数量差异（4 160－3 040）	（1 120）	（A）
销售价格差异（14 000－13 820）	（180）	（A）
直接材料价格差异（（1 425×2.40）－3 420）	0	
直接材料用量差异（（（3 500×0.4）－1 425）×2.40）	（60）	（A）
直接人工价格差异（（172.5×16）－2 690）	70	（F）
直接人工效率差异（（（3 500×0.05）－172.5）×16）	40	（F）
固定间接成本差异（4 800－4 900）	（100）	（A）
净差异总额	（1 350）	（A）
预算利润	4 160	
减去净差异总额	1 350	
实际利润	2 810	

注：F 代表有利差异，A 代表不利差异。

（b）

■ 销售数量差异——销售经理。

■ 销售价格差异——销售经理。

■ 直接材料用量差异——生产经理。

■ 直接人工价格差异——人力资源经理。

■ 直接人工效率差异——生产经理。

■ 固定间接成本差异——不确定，视间接成本性质而定。

（c）可行的解释包括：

■ 销售数量。无效的营销会导致对产品的总体需求下降，也有可能形成供应不足。

■ 销售价格。营销不力似乎是唯一合乎逻辑的原因。

- 直接材料用量。材料使用效率低下，可能是因为人工效率低下，或材料质量不合格。
- 直接人工价格。加班时间减少或因业务量减少导致支付的生产奖金减少。
- 直接人工效率。不能更有效地工作。
- 间接成本。不能有效控制间接成本。

（d）显然，在需求减少 10 % 的情况下，并非所有的销售数量差异都可以归因于营销不力。

区分一般需求不足（计划差异）引起的销售数量差异和归因于管理者的销售数量差异可能是有用的。这样就可以更加公正地实施问责制。

单位：英镑

计划差异	896
"修正"销售数量差异（4 000−(10%×4 000))−3500)×2.24*	224
原始销售数量差异	1 120

* 2.24 英镑为预算边际贡献。

第 8 章　资本投资决策

Beacon 化工有限公司

（a）相关现金流如下：

单位：百万英镑

	第 0 年	第 1 年	第 2 年	第 3 年	第 4 年	第 5 年
销售收入		80	120	144	100	64
损失的销售额		(15)	(15)	(15)	(15)	(15)
变动成本		(40)	(50)	(48)	(30)	(32)
固定成本（注 1）		(8)	(8)	(8)	(8)	(8)
经营现金流		17	47	73	47	9
营运资本	(30)					30
资本成本	(100)					
相关现金流净额	(130)	17	47	73	47	39

注：
1．只有因项目而增加的固定成本（仅因项目而存在）才是相关的。折旧是无关紧要的，因为它不是现金流。
2．研发成本是无关紧要的，因为它的支出与是否生产 X14 的决定无关。

（b）投资回收期计算如下：

单位：百万英镑

	第 0 年	第 1 年	第 2 年	第 3 年
累计现金流	(130)	(113)	(66)	7

这些设备将在投入使用的第 3 年结束时收回初始投资。因此，投资回收期为 3 年。

（c）净现值计算如下：

单位：百万英镑

	第 0 年	第 1 年	第 2 年	第 3 年	第 4 年	第 5 年
折现系数（8%）	1.000	0.926	0.857	0.794	0.735	0.681
现值	(130.00)	15.74	40.28	57.96	34.55	26.56
净现值	45.09（第 0 年到第 5 年的净现值之和。）					

第 9 章　风险管理

Simtex 有限公司

（a）每年的净经营现金流将为：

单位：千英镑

销售收入（160×6）	960
变动成本（160×4）	(640)
相关固定成本	(170)
	150

然后可以计算新产品的预计净现值：

单位：千英镑

年现金流（150×3.038*）	456
设备残值（100×0.636）	64
	520
初始支出	(480)
净现值	40

＊这是四年折现系数的总和（0.893+0.797+0.712+0.636=3.038）。在现金流不变的情况下，这比计算出每年现金流的现值，然后将它们相加要快得多。

（b）（1）假设折现率是 18%。该项目的净现值为：

单位：千英镑

年现金流（150×2.690*）	404
设备残值（100×0.516）	52
	456
初始支出	(480)
净现值	(24)

＊0.847+0.718+0.609+0.516=2.690。

因此，折现率从 12% 增加到 18% 会导致净现值从 +40 下降到 -24；折现率每增加 1%，就会下降 10.67（即 64/6）。因此，当折现率约等于 15.75%（12+（40/10.67））时，净现值为零。（当然，这是内部收益率。）

这个较高的折现率代表现有资本成本数字增加约 31%。

（2）新设备的初始支出已经用现值表示，因此，为了使项目不再可行，支出必须增加，增加的数额等于项目净现值（即 40 000 英镑）——比规定的初始支出增加 8.3%。

（3）使项目不再盈利所需的年净现金流的变化计算如下：

设 Y＝年度经营现金流的变化。那么 Y×四年期的累计折现系数－NPV＝0，这可以重新排列为：

Y×四年期的累计折现系数＝NPV

Y×3.038＝40 000

Y＝40 000/3.038

＝13 167（英镑）

这比预计的现金流减少了 8.8%。

（4）使新产品不再盈利所需的残值的变化计算如下：

设 V＝残值的变化。那么 V×第四年末的折现系数－产品的净现值＝0。这可以重新排列为：

V×第四年末的折现系数＝产品的净现值

V×0.636＝40 000

V＝40 000/0.636

＝62 893（英镑）

该设备的残值下降了 62.9%。

（c）该产品的净现值为正，因此它将增加所有者权益。因此，应该生产该产品。敏感性分析表明，初始支出和年现金流是管理者需要考虑的最敏感的变量。

第 10 章　战略管理会计：竞争环境中的绩效评估和定价

Peverell 公司

（a）（1）调整后的税后净营业利润：

	单位：百万英镑
营业利润	38.0
EVA® 调整（加回利润）：	
营销成本	32.0
超额坏账准备	8.0
	78.0
税费（税率为 20%）	(15.6)
调整后的税后净营业利润	62.4

（2）EVA®：

EVA®＝NOPAT－(R×C)＝62.4－(12%×150)

＝44.4（百万英镑）

（b）成本加成法与目标成本法在定价方面的三个主要区别如下：

■ 在成本加成法中，产品的价格由成本决定，而在目标成本法中，则相反。

■ 采用成本加成法，通常在产品开发后实现成本效益，而采用目标成本法，则将成本效益纳入设计过程。

■ 采用成本加成法时，成本管理不是由市场需求驱动的，而采用目标成本法时，是由市场驱动的。

（c）可作为笔记本电脑企业内部运营的主要指标的三项非财务指标是：

■ 推向市场的新产品数量；

■ 需要售后服务的客户百分比；

■ 处理新订单所需的时间。

（d）在竞争激烈的经济环境中，这些不同的方法很难共存。为了吸引资金并确保管理人员保住工作，追求股东价值可能是必要的。致力于满足广泛的利益相关者需求的利益相关看法，在这样的环境中可能很难维持。

有人声称，追求股东价值对其他利益相关者产生了不利影响。有人认为，使用各种手段来提高股东价值，如恶意收购、削减成本和巨额管理层激励奖金，严重损害了某些利益相关者（如员工等）的利益。然而，如果要实现长期利益，对股东价值的承诺必须考虑到其他利益相关者的需求。其他利益相关者的不满可能会导致股东价值的损失。

第 11 章 部门绩效评价

安卓美达国际有限公司

（a）投资报酬率：

	木星	火星
(1)	(260/1 330)×100%＝19.5%	(50/1 380)×100%＝3.6%
(2)	(275/1 420*)×100%＝19.4%	(80/1 680**)×100%＝4.8%

* 利润将增加 15 000 英镑（（250 000×0.30）－60 000）。资产将增加 9 万英镑。

** 利润将增加 3 万英镑（90 000－60 000（折旧））。资产将增加 30 万英镑。

（b）木星部门采纳投资机会将带来 16.7%（15/90）的投资报酬率，高于公司可接受的最低投资报酬率。因此，管理层可能会看好这一机会。然而，采纳投资机会将降低该部门现有的投资报酬率，这可能意味着部门经理不愿意采纳机会。

火星部门采纳投资机会将带来 10%（30/300）的投资报酬率，低于公司可接受的最低投资报酬率。因此，管理层不希望采纳这一机会。然而，该机会将提高火星部门的整体投资报酬率，因此部门经理可能热衷于采纳该投资机会。

采纳每个投资机会可能都有理由，这些理由在问题中没有给出，但可能是令人信服的。例如，可能有必要将新产品引入木星部门，以试图确保提供给客户的产品系列是完整的。如果不这样做，就可能会导致整体销售额下降。对火星部门的投资可能很重要，这样可以确保长期生产力不落后于竞争对手。

（c）理想情况下，投资报酬率应使用所用资产的当前价值来计算。通过这样做，我们可以看到与这些资源的其他用途相比，回报是否令人满意。使用成本（或成本减去累计折旧）作为投资报酬率的基础，将根据过去的支出来衡量当前绩效。

账面总值未考虑所持有资产的年限。这可能是因为这些资产的使用寿命将尽，因此折旧很高。在这种情况下，账面总值可能产生较低的投资报酬率，并为新的投资机会提供过高的"门槛"。因此，账面总值不能很好地反映资产的当前价值。

使用账面净值可以克服上述问题，但在通货膨胀期间，这一指标可能会大大低于所用资产的现值。此外，还存在一个问题，即投资报酬率会随着时间的推移而提高，因为所用资产的价值在下降。部门经理可能不太愿意更换旧资产，因为这会导致投资报酬率下降。

（d）制定转移价格的主要目的是使每个部门的绩效能够单独评估，提高部门的自主权，并鼓励每个部门做出正确的决策，以使它们追求自身的最大利益，从而实现整个企业的最大利益。

原则上，最好的转移定价方法是机会成本。这是木星部门（采购部门）必须向（提供可接受的零部件质量）外部供应商支付的最低价格。对火星部门（销售部门）来说，这是其产品的最佳外部替代价格。

在这种情况下，最佳转移价格将取决于火星部门的特殊情况。如果它有多余的生产能力，它的机会成本将只是它为木星部门所做工作的变动成本。如果它满负荷运转，机会成本将是它对外出售零部件的价格。这是因为它需要拒绝向外界供应，以便腾出时间为木星部门提供零部件，问题是，这一成本可能比木星部门目前向外部供应商支付的价格更高。

附录 B

复习思考题参考答案

第 1 章 管理会计导论

1.1 会计是一种交流形式。它为那些对某一企业感兴趣的人提供了了解企业财务状况和经营业绩的手段。虽然语言在本质上是通用的，可以涵盖各种不同问题，但会计语言仅限于财务问题。因此，它的"词汇"广度不如语言。

1.2 大多数企业都过于庞大和复杂，管理者无法仅仅通过个人观察来了解和评估自己职责范围内发生的一切。但管理者需要掌握其控制范围内各个方面的信息。管理会计报告可以或多或少地向他们提供这些信息。因此，这些报告可以看作"管理者的眼睛和耳朵"，提供没有它们未必明显的见解。

1.3 下列与新服务有关的会计信息可能对管理者有用：
- 提供服务的成本；
- 服务的预期收入；
- 在不同的服务需求水平下的利润水平；
- 企业提供服务所需的资本投资；
- 将拟提供服务与其他现有机会或已经提供的类似服务的预期结果进行比较。

1.4 毫无疑问，会计人员有责任使他们的报告尽可能容易地被理解。因为会计人员工作的一个关键方面是与非会计人员沟通，所以他们不应该忽视这一点。同时，会计信息不能总是以一种完全没有会计知识的人能够成功理解的方式来表达。试图简化复杂的信息可能会扭曲信息的含义。因此，管理者也有责任了解编制财务会计报告的基础及其内涵。

第 2 章 决策的相关成本和收益

2.1 机会成本与本章提到的其他成本不同，机会成本不涉及资源（现金）支出，因此并不明显。机会成本不会导致财富的损失，而会导致财富潜在增长的损失。

实践中使用机会成本会出现的一个问题是，管理者是在信息不完全的情况下做出决策的。因此，并不一定清楚特定行动方案的机会成本。人为的偏见问题还可能导致机会成本被低估。

机会成本在我们分配稀缺资源时很重要。为了确保资源得到有效分配，应该评估替代最佳备选方案的机会成本。

2.2 编制财务会计报表的一个关键问题是可核实性。一般来说，历史成本可以通过相关证明材料（例如供应商的销售发票）来核实。尽管有人认为在编制财务会计报表时使用机会成本会使其